Juen

W0054427

Bob Ortega

Wal-Mart
Der Gigant der Supermärkte

Die Erfolgsstory von Sam Walton
und dem größten
Handelskonzern der Welt

Mit einem Zusatzkapitel von
Peter J. Rohleder

UEBERREUTER

Die Deutsche Bibliothek – CIP-Einheitsaufnahme

Ortega, Bob:
Wal-Mart – der Gigant der Supermärkte : die Erfolgsstory von Sam Walton und dem größten Handelskonzern der Welt ; mit Zusatzkapitel: wie Wal-Mart unseren Markt verändern wird / Bob Ortega.
– Wien : Wirtschaftsverlag Ueberreuter, 1999
(Manager-Magazin-Edition)
Einheitssacht.: In Sam we trust <dt.>
ISBN 3-7064-0585-7

Unsere Web-Adressen:

http://www.ueberreuter.at
http://www.ueberreuter.de

S 0498   1 2 3 / 2001   2000   1999

Alle Rechte vorbehalten
Aus dem Amerikanischen von Ursula Weigmann, Heidelberg
Originaltitel: „In Sam We Trust: The Untold Story of Sam Walton and How Wal-Mart Is Devouring America", erschienen bei Times Books, a division of Random House, Inc., New York
Copyright © 1998 by Bob Ortega
Copyright © der deutschsprachigen Ausgabe 1999
by Wirtschaftsverlag Carl Ueberreuter, Wien/Frankfurt
Umschlag: INIT, Büro für Gestaltung
Unter Verwendung eines Bildes der Bildagentur Tony Stone
Druck: Ueberreuter Print

Inhalt

Vorwort
zur deutschen Ausgabe

Wal-Mart – dieser Name steht in den USA für ein allumfassendes Handelsunternehmen.

In jedem Winkel der Vereinigten Staaten kann man bei Wal-Mart alle Güter des täglichen Bedarfs zu Niedrigpreisen einkaufen. Was in einer Kleinstadt in der tiefsten Provinz des Bundesstaates Arkansas begann, ist mittlerweile aus dem täglichen Leben von Millionen von Amerikanern nicht mehr wegzudenken.

Und doch war bisher über das Unternehmen selbst und über den Firmengründer Sam Walton vieles unbekannt. Sam Walton, der schon 1985 vom *Forbes* Magazin zum reichsten Mann Amerikas gekürt wurde, gab keine Interviews und war mit Auskünften über Wal-Mart ausgesprochen sparsam. Auch seine Nachfolger an der Unternehmensspitze halten sich an diese Politik.

Bob Ortega schildert im vorliegenden Buch den Werdegang des Sam Walton und die Geschichte seines expansionshungrigen Unternehmens. Akribisch recherchierte er Details von den frühen Tagen der Geschäftstätigkeit Waltons bis hin zu den Einzelheiten der heutigen Unternehmensstrukur. Ebenso beschreibt er die Strategien der Wettbewerber Wal-Marts, die anfangs wie übermächtige Giganten erschienen – nur um letztendlich von Wal-Mart um Längen geschlagen zu werden. Der unglaubliche Erfolg des Buches in den USA beweist, wie groß das Interesse der Amerikaner an dieser Erfolgsstory ist.

Aber auch hierzulande wird man über kurz oder lang an Wal-Mart nicht mehr vorbeikommen. Spätestens seit der Übernahme der deutschen Wertkauf- und Interspar-Märkte ist klar, daß Wal-Marts Expansionsdrang unsere Einzelhandelslandschaft nicht unberührt lassen wird. Im Gegenteil, man kann davon ausgehen, daß es Wal-Marts Absicht ist, auch in Europa zum unbestrittenen Marktführer im Einzelhandel zu werden. Ist dies angesichts der Situation in den USA eine Tatsache, die man nur noch hinnehmen kann? Wird Wal-Mart in zehn

Jahren auch hier die Handelslandschaft maßgeblich verändert haben? Werden die europäischen Herausforderer wie die Metro AG, Revue, Carrefour und Ahold sich schnell genug ändern können, um diesem internationalen Handelsriesen, seiner kundenzentrierten Servicekultur, seiner Einkaufs- und Verkaufsmacht und seiner technischen Überlegenheit eigene Antworten entgegensetzen zu können – oder werden sie kurzfristig ihre führende Stellung in Europa und in der Welt an Wal-Mart International verlieren?

Nicht nur Einzelhändler, sondern auch Verbraucher tun gut daran, sich jetzt über die Strategien des Unternehmens klar zu werden. Welche Handlungsmöglichkeiten sich für die betroffenen Händler ergeben und welche Konsequenzen daraus für die Konsumenten resultieren werden, erfahren Sie in dem Kapitel „Wie Wal-Mart unseren Markt verändern wird" am Schluß dieses Buches.

Genf, im Juli 1999
Peter J. Rohleder

Einleitung
Die Welt des Sam Walton

Als Samuel Walton 1992 starb, befand er sich im Besitz des größten Vermögens, das je ein Mensch in der Geschichte Amerikas angesammelt hatte. Das von ihm gegründete Unternehmen hatte sich von einem kleinen Geschäft im Ortskern eines Provinzstädtchens im Bundesstaat Arkansas zum größten Handelsimperium der Welt entwickelt.

In den Jahren nach Sam Waltons Tod legte der Wal-Mart-Konzern noch einmal eine so rasende Expansion an den Tag, daß er mit seinem Jahresumsatz von 118 Milliarden Dollar höher lag als die drei ehemals größten Einzelhandelsketten der Vereinigten Staaten zusammengenommen. Rechnet man diese Zahl auf die Einwohnerzahl der Vereinigten Staaten um, bedeutet dies, daß jeder Mann, jede Frau und jedes Kind in den Vereinigten Staaten durchschnittlich für mehr als 440 Dollar pro Jahr bei Wal-Mart einkaufen. Wal-Mart gehört – branchenübergreifend betrachtet – zu den größten Konzernen der Welt, beschäftigt mehr Mitarbeiter als General Motors, verfügt über eine Einkaufsstruktur, die keinen Winkel der Erde unberührt läßt, und plant, seine Größe langfristig noch einmal mehr als zu verdreifachen.

In den Vereinigten Staaten ist Wal-Mart der größte Verkäufer von Unterwäsche, Seife, Zahnpaste, Kinderbekleidung und vieler anderer Artikel. Auch beim Verkauf von Büchern, Videos und CDs liegt Wal-Mart auf den vorderen Rängen. Männer wie David Glass, Wal-Marts zielstrebiger Chief Executive Officer, und Rob Walton, Sams ältester Sohn und Chairman von Wal-Mart, beabsichtigen, aus Wal-Mart bis Ende der 90er Jahre auch die Nummer eins im Lebensmittelhandel zu machen. In Kanada wird die Einzelhandelsbranche völlig von Wal-Mart dominiert. Der Konzern ist mit seinen Handelsfilialen bis nach Mexiko, Argentinien, Brasilien, China, Indonesien und Deutschland vorgedrungen, und es gibt noch eine ganze Reihe anderer Länder, die ebenfalls auf seiner Liste stehen.

Doch all das ist im Grunde genommen zweitrangig.

Das eigentlich Interessante an der Person Sam Waltons und dem Einzelhandelskoloß, den er schuf, liegt hinter den Triumphen seines Unternehmens verborgen: Es ist die weitreichende Verbreitung der Lebensphilosophie und Denkweise Waltons, für die Wal-Mart heute sinnbildlich steht.

Diese Denkweise bildet die Grundlage von Wal-Marts erstaunlichem Erfolg. Doch darüber hinaus ist Wal-Mart auch eine Art Norm geworden, sowohl für das Einzelhandelsgewerbe als auch für die meisten Zweige der US-amerikanischen Wirtschaft und somit der internationalen Geschäftswelt.

Wie oft schon haben Fernsehmoderatoren und Journalisten, die für Tageszeitungen oder Fachzeitschriften schrieben, ein stark expandierendes Unternehmen als „Wal-Mart seiner Branche" bezeichnet? Und wie oft schon haben Kleinhändler erklärt, sie planten ihre Firma jetzt nach dem Vorbild von Wal-Mart umzugestalten?

Manchmal ist es einfach nur „in" und bequem, einem 900-Pfund-schweren Gorilla oder Möchtegern-Gorilla einer bestimmten Branche diesen Stempel aufzudrücken. Doch viele dieser mit Wal-Mart verglichenen Firmen wenden bei ihrer Geschäftsführung und gegenüber ihren Mitbewerbern tatsächlich genau dieselben Prinzipien an, die Sam Walton zu seinen eigenen erhoben hatte: Einen möglichst niedrigen Preis anbieten. Die Konkurrenz an Quantität überbieten. Die Kosten niedrig halten. Alles andere zweitrangig behandeln. Das hört sich zu einfach an? Schon möglich. Doch wenn diese Grundsätze mit der unbeirrbaren Zielstrebigkeit, die Walton und seine Apostel an den Tag legen konnten, angewandt werden, können sie gesellschaftliche Strukturen verändern und sowohl merklich als auch völlig unbemerkt das prägen, was wir den American Way Of Life nennen.

Wal-Mart repräsentiert den Höhepunkt einer besonderen Entwicklung des Einzelhandels. Vor ca. 200 Jahren existierte das Phänomen des „Verbrauchers" noch gar nicht. Es gab keine Kaufhausketten, keine Werbeindustrie, kein „Wir garantieren Zufriedenheit!". Im Amerika dieser Epoche ging man nicht zum Vergnügen einkaufen. Allein die Vorstellung, nach bestimmten Produkten zu lechzen, war einer breiten puritanischen Strömung innerhalb der amerikanischen Gesellschaft diametral entgegengesetzt. Die damals verkündeten Werte bestanden darin, einfach zu leben, hart zu arbeiten (der Ursprung der berühmten „Arbeitsethik"), sparsam zu sein und durch seinen Glauben zur Erlösung zu gelangen.

Doch mit Beginn des neunzehnten Jahrhunderts wurden diese Werte langsam aber beständig durch eine neue moralische Grundhaltung verdrängt. Als die Industrielle Revolution auch die Vereinigten Staaten erreichte, brachte die Massenproduktion der Fabriken, die Berge von Textilien, Metallwaren, Uhren oder Kleider auf den Markt warfen, ganz plötzlich und auf einschneidende Weise das

Phänomen der Nachfrage hervor. Dieses Füllhorn neuer Produkte mußte auf neuen Wegen verkauft werden. In New York, Philadelphia und Chicago öffneten die ersten Kaufhäuser ihre Pforten. Eisenbahnlinien und Telegraphenleitungen durchzogen bald das ganze Land und eröffneten Ladenbesitzern die neue Möglichkeit, Ware rasch zu bestellen und schneller als jemals zuvor in die Regale zu bekommen. Ein gänzlich neuer Industriezweig formierte sich aus dem Nichts: die Werbebranche. Sie sollte mit lockenden Bildern und cleveren Sprüchen die Menschen dazu animieren, Dinge zu kaufen, von denen sie gar nicht gewußt hatten, daß sie sie brauchten. Durch diese Entwicklung wurde Amerika, um es in den Worten des Kaufhaus-Pioniers John Wanamaker auszudrücken, zum „Land of Desire".

Als die Werbetreibenden diese Gier nach materiellen Gütern mehr und mehr zu schüren verstanden, setzte auch ein grundlegender Wandel der Werte ein.

Aus Kunden wurden Konsumenten, das Bemühen um neue Käufer wurde eine Tugend, und in einer einzigartigen amerikanischen Verkehrung der Moralvorstellungen wurden die materiellen Wünsche demokratisiert. Der Einzelhandel und die gesellschaftlichen Werte entwickelten sich Hand in Hand. Der Versandkatalog von Sears Roebuck & Co. wurde zur Bibel einer neuen Verbraucherkultur, die die Frohe Botschaft verkündete, daß vermehrter Konsum glücklicher mache.

Parallel zu dieser Entwicklung war der Aufstieg der Großkonzerne zu beobachten, die bald den Markt dominierten. Standard Oil und U.S. Steel wurden zu den Unternehmensriesen der Schwerindustrie; bei den Verbrauchergütern boomte Swift im Bereich Fleischverpackung, R.J. Reynolds in Sachen Tabak und Procter & Gamble bei Seifenartikeln. Für den Einzelhandel bedeutete das, daß immer wieder Kaufhauskonzerne wie Neumutationen zum Vorschein kamen, die die kleineren Handelsunternehmen schluckten, um später selbst einem noch neueren, aggressiver auftretenden Mitbewerber zum Opfer zu fallen. Woolworth, Penney, Sears, A&P, Kroger – sie alle dominierten einst das Marktgeschehen.

Die ersten kleinen Discount-Läden – sterile Verkaufsräume mit dem Ambiente einer Bushaltestelle, in denen man zu extrem niedrigen Preisen einkaufen konnte – begannen in den 30er Jahren am Rande der Einzelhandelsszene ihr Unwesen zu treiben, vergleichbar mit dem Auftreten der ersten kleineren Säugetiere im Zeitalter der Dinosaurier. Als die Amerikaner nach dem Zweiten Weltkrieg in den Jahren des Aufschwungs mehr Geld ausgaben als jemals zuvor, verzeichneten auch die Discounter einen deutlichen Zuwachs. Spätestens mit den 60er Jahren begann der Aufstieg der gigantischen Discounter-Ketten, die zwar noch immer eine sterile Atmosphäre ausstrahlten, sich jetzt jedoch in Form riesiger Kaufhäuser präsentierten, die mit Markenprodukten vollgepackt waren.

Die am schnellsten aufgestiegenen Handelsgiganten, wie etwa Kmart, bauten um die Großstädte herum einen Ring aus Filialen auf. Damit reagierten sie auf die wie Pilze aus dem Boden schießenden Vororte weit außerhalb des Innenstadtbereichs, und beschleunigten umgekehrt deren Entstehung maßgeblich. Etwa zum selben Zeitpunkt kam ein 44-jähriger Kaufmann – ein durchschnittlich erfolgreicher Geschäftsmann aus der tiefsten Provinz – auf einen großartigen Einfall: Warum sollte man das Discount-Konzept nicht auch einmal in Kleinstädten ausprobieren, die von allen Seiten als unbedeutende Absatzmärkte abgetan wurden? In den Jahrzehnten, die Sam Walton von Kindesbeinen an in der Provinz von Arkansas, Oklahoma und Missouri verbracht hatte, hatte er gelernt, daß die Menschen in den Kleinstädten einen genauso starken Wunsch nach all den wunderbaren Dingen verspürten, die ihnen die Verbraucherkultur verhieß, wie jeder Mann und jede Frau im Vorort einer Großstadt auch. Er wußte, daß in den abseits gelegenen Kleinstädten ein weitaus größeres Geschäftspotential lag, als man erwarten würde, und – vor allem – daß die Konkurrenz dort bei weitem nicht so stark war.

Dies war die glorreiche Idee, die ihm den Weg zu Reichtum und Vermögen ebnete, obwohl man sich bei Walton des Gefühls nicht erwehren kann, daß er – wäre er nicht auf diese Goldgrube gestoßen – eine andere Goldgrube aufgetan hätte. Er war ein Mann, der seine Freunde und Konkurrenten gleichermaßen mit einer Mischung aus kraftstrotzendem Ego und äußerster Bescheidenheit verblüffte. Er schien nie der Versuchung des Erfolgs zu unterliegen. Im Gegenteil – er genoß es, nicht in die Fallen des Reichtums und der Macht zu tappen. So holte er manchmal seinen Gast, ob einen Unternehmensmogul oder eine prominente Figur des öffentlichen Lebens, mit seinem ausgebeulten alten Truck ab, dessen Sitze nach nassem Hund stanken. Er konnte einen außergewöhnlichen, kameradschaftlichen Charme hervorkehren, oder aber er war unerbittlich und durchbohrte sein Gegenüber mit eisigen Blicken. Bereits als Schüler im College stand außer Frage, daß er für Großes bestimmt war. Allerdings wußte niemand, nicht einmal Walton selbst, welche großen Dinge dies genau waren. Die Rechtswissenschaft vielleicht oder doch die Politik? Versicherungen?

Ladenbesitzer einer provinziellen Kleinstadt wurde er nur auf das hartnäckige Drängen seiner Frau Helen hin. Ursprünglich hatte Sam geplant, ein Kaufhaus in Saint Louis zu erwerben. Sogar, nachdem er ein drittes Geschäft eröffnen konnte, versuchte er mit der Entwicklung von Einkaufszentren sein Geld zu verdienen, was er jedoch nach einer zweijährigen Phase reiner Verluste wieder aufgab.

Nachdem er sich jedoch erst einmal dem Discount-Geschäft verschrieben hatte, nahm er den Fuß nicht mehr vom Gaspedal. Obwohl man ihn als den größten Unternehmer seiner Zeit feierte, stritt Walton ab, irgendeine Begabung oder eine ungewöhnliche Fähigkeit zu besitzen, und gab offenmütig zu, daß er Ideen kopierte, wo er nur konnte. Wenn er aber doch ein Genie besaß, dann insofern, als er genau wußte, was er nicht wußte, seine eigenen Fehler als Geschäftsmann erkannte und – selbst als er Erfolge um Erfolge verbuchte – fest daran glaubte, daß er von fast jedem noch etwas lernen konnte. Er hörte nie auf, nach Mitteln und Wegen zu suchen, wie man Kosten einsparen und dadurch Ware günstiger verkaufen konnte. Er suchte ebenso häufig das Gespräch mit einem einfachen Verkäufer wie mit einem Industrieboß. Und in beiden Fällen zog er für sich etwas Nützliches aus dem Gespräch. Er besaß ein ruhelose, nagende Neugier, in deren Mittelpunkt er mit großer Konzentration seine individuellen Gesprächspartner und Situationen stellte. Bei Walton gab es selten Small-Talk. Hätte es das Klischee vom „Geschäftsmann mit Haut und Haar" noch nicht gegeben, es hätte speziell für ihn erfunden werden müssen.

Er war ein Mann, der sich unermüdlich bemühte, ein Händler erster Klasse zu werden. Sein starker Impuls zu verkaufen hat schließlich fast alles andere aus seinem Leben verdrängt. Der Mann, der seinerzeit Bibelkurse im College gehalten hatte, schrieb am Ende seines Lebens eine Autobiographie, in der Gott nicht einmal mit einem Wort erwähnt wurde und kein noch so kleiner Hinweis auf irgendeinen Glauben an eine Spiritualität zu entdecken war – abgesehen vielleicht von seinem Glauben an das freie Unternehmertum und die Marktwirtschaft. Er ging sonntags regelmäßig zur Kirche, doch an sechs Tagen pro Woche (und oft genug auch an sieben) kniete er vor dem Altar des Kommerz.

Natürlich war er nicht der Einzige, der sich so verhielt. Aber in seiner unerschütterlichen Hingabe an seine Arbeit, dem Vorbildcharakter seiner Worte – und vor allem seiner Taten – kann man ohne Übertreibung erkennen, daß er für den Glauben an den Konsum das verkörperte, was Mahatma Gandhi für den Glauben an die Gewaltlosigkeit war. Nicht umsonst verpflichten sich die Angestellten von Wal-Mart noch heute, dem Kunden zu dienen, „so wahr mir Sam helfe".

Innerhalb des Wal-Mart-Imperiums wurde er verehrt wie ein Heiliger. Sein Besuch in einer Filiale wirkte wie ein Stromstoß: die Angestellten schwirrten um ihn herum, wollten ihm die Hand schütteln und mit ihm sprechen. Sie waren so aufgeregt und euphorisch, als würde ihnen die englische Queen oder der Papst persönlich einen Besuch abstatten. Die Angestellten mochten die unprätentiöse Art von „Mr. Sam". Ihnen gefiel es, daß er einen klapprigen Pick-up fuhr und auch einmal mit seinen Jagdhunden im Schlepptau zu einem Besuch in ihrer Filiale vorbeischaute. Sie mochten seinen festen Händedruck, sein freundliches Lächeln – und vor allen Dingen gefiel es ihnen, daß er ihnen in die Augen sah und sich wirklich anhörte, was sie zu sagen hatten.

Er war sich seines Images sehr wohl bewußt, ebenso wie die Menschen, die ihn umgaben. Und er pflegte es auch. Zu keinem Zeitpunkt, nicht einmal als ihn die Wirtschaftszeitschrift *Forbes* sowie andere Zeitschriften in ihre Liste der reichsten Männer Amerikas aufgenommen hatten und er dadurch einer unerwünschten Aufmerksamkeit ausgesetzt wurde, beantragte er eine geheime Telefonnummer. Es gehörte zu den ungeschriebenen Gesetzen von Wal-Mart, daß selbst der kleinste Angestellte den Gründervater zu Hause anrufen durfte, und viele taten es auch. Noch sechs Jahre nach seinem Tod wurde Sam Walton im Telefonbuch von Bentonville geführt. Und Helen Walton nahm immer noch seine Anrufe entgegen.

Seine enorme persönliche Ausstrahlung lenkte von den vielen offensichtlichen Widersprüchen seines Handelns ab. Dank seiner Aura konnte er auch die Teile der Wal-Mart-Mythologie an den Mann bringen, die er zwar in den Mittelpunkt seiner Publicity-Aktionen stellte, die aber mit der Realität wenig zu tun hatten. Sam Walton hatte keinerlei Hemmungen, seine patriotische Kampagne für den Kauf US-amerikanischer Produkte – das „Buy American"-Programm – auch dann noch fortzusetzen und als sensationell zu verkaufen, als bereits ein zunehmender Teil der Produkte in den Kaufhausregalen unter ausbeuterischen Bedingungen in Ländern der Dritten Welt hergestellt wurde. (Und in der Tat stieg Wal-Mart branchenübergreifend betrachtet zum größten amerikanischen Importeur chinesischer Produkte auf, als sich seine Buy-American-Werbekampagne gerade auf dem Höhepunkt befand.*)

Es gelang ihm, seine Mitarbeiter, die für ihn fast zu Mindestlohn-Bedingungen arbeiteten, mit dem Versprechen zu motivieren, er würde sie an einem großzügigen Aktienoptionsprogramm teilhaben lassen, das es in dieser Form bei keinem anderen Unternehmen gebe. Dann hätten sie ebenfalls die Chance, reich zu werden. Und einige Angestellte fanden am Ende ihres Erwerbslebens auch wirklich ein paar goldene Eier im ihrem Nest, was vom Unternehmen immer und immer wieder denjenigen vor Augen geführt wurde, die sich noch für die Firma abplagten. Natürlich war keine Rede davon, daß die meisten schlechtbezahlten Angestellten zu früh ausschieden oder zu wenig geleistete Arbeitsstunden vorweisen konnten, um vom Erfolg des Unternehmens wirklich zu profitieren. Nicht einmal jeder fünfzigste Mitarbeiter konnte aus Wal-Marts Ruhestandsregelung, die auf einer Aktienbeteiligung am Konzern basierte, ein Minimum von 50.000 Dollar mit nach Hause nehmen. Verschwiegen wurde natürlich auch, daß der größte Vorteil des Rentenplans aus dem Blickwinkel des Vorstands darin lag, daß durch diese Regelung zusätzlich Aktien im Wert von 28 Millionen Dollar fest

---

* Diese Angaben beruhen auf den direkten und indirekten Importzahlen, die das *Journal of Commerce* 1994 in einem Ladungsmanifest für alle US-amerikanischen Häfen zusammengestellt hatte.

in Händen der Unternehmungsleitung blieben. Die meisten Mitarbeiter gaben sich der Illusion hin, sie kämen auf diese Weise dem großen Geld näher, so daß die Ausgaben für den Rentenplan von seiten des Konzerns bei weitem dadurch kompensiert wurden, daß man die Gewerkschaften auf Distanz und die Löhne niedrig hielt.

Doch genau dies reflektiert die Realität bei Wal-Mart: Hinter der warmen, mitmenschlichen Fassade ging es bei allem immer und ausschließlich um Kosten und Gewinne. Man schmunzelte darüber, daß Sam Walton seine Begleiter häufig um Kleingeld anpumpte, um unterwegs ein Telefonat oder ein Getränk zu bezahlen, und daß er lieber Economy-Class flog, weil ihm First-Class-Plätze zu teuer waren. Dies spiegle wider, so die allgemeine Interpretation, wie wenig Bedeutung Geld für den Milliardär im Prinzip hätte. In Wirklichkeit folgte Sam mit diesem Verhalten nur einem seiner eigenen ungeschriebenen Gesetze: Gib nie auch nur einen Penny aus, wenn es nicht unbedingt sein muß.

Für Walton gab es keinen Zweifel an der moralischen Unantastbarkeit der von ihm aufgestellten Geschäftsregeln. Er sprach mit großer Aufrichtigkeit davon, wie er die Unternehmensgewinne mit den „Partnern", wie er seine Mitarbeiter konsequent nannte, teilen wolle. Er sprach davon, daß er immer in Kontakt zu seinen „Partnern" bleiben und sie ständig auf dem Laufenden halten werde. Er sprach davon, daß man dem Kunden stets zu Diensten sein müsse, daß man ihm das geben solle, was er verlange, und immer noch ein wenig mehr als das. Und er setzte auch alles davon in die Tat um.

Doch eigentlich war sein Credo viel einfacher: Biete Niedrigstpreise an. Senke deine Kosten soweit wie möglich und höre nicht auf, sie zu senken, so daß Du auch weiterhin den besten Preis bieten kannst. Erziele Deinen Gewinn durch erhöhte Absatzmengen und nicht durch Preiserhöhungen.

So einfach war das. Im Namen der Kundenzufriedenheit wurde einfach alles dem Gebot untergeordnet: Du sollst den günstigsten Preis anbieten.

Alles andere ergab sich als logische Konsequenz daraus. Warum sind Wal-Mart-Kaufhäuser so riesig? Warum werden sie immer größer? Warum sind sie in den Stadtrandgebieten angesiedelt und nicht in der Innenstadt? Warum verkauft Wal-Mart Ware, die in Kinderarbeit hergestellt wurde? Warum ist der Konzern so vehement gegen eine gewerkschaftliche Vertretung eingestellt? Warum haben so viele seiner Lieferanten ihre Fabriken in ferne Länder verlegt? Warum ist gerade Wal-Mart das Unternehmen, dem heute in der Geschäftswelt am meisten nachgeeifert wird? Auf fast jede Frage, die man zum Thema Wal-Mart stellen kann, gibt es eine Antwort, die sich von dem beschriebenen Credo ableiten läßt. Auch Walton fand hierin die Antwort auf die einzige Frage, die ihn wirklich interessierte: Wie kann man mehr verkaufen?

Auch jetzt, nach Waltons Tod, wird seine Schöpfung noch immer von diesem Credo beflügelt. Walton hatte sich umgesehen und festgestellt, daß der lange Weg der Wirtschaftsgeschichte mit den sterblichen Überresten von Unternehmen gepflastert war, die nie ihren Kurs fanden, die immer wieder ihren Weg verloren, die vergaßen, was sie einmal wußten, die vergaßen, wem sie etwas verkaufen wollten, und die schließlich unter die Räder kamen, wenn ihr visionärer Gründer verstarb, ohne seine Vision an einen Nachfolger weitergegeben zu haben.

Und so spiegelt heute fast jeder Aspekt der Unternehmensphilosophie und -kultur von Wal-Mart Waltons Entschlossenheit wider, die Vision, die er für sein Unternehmen entwickelt hatte, nach seinem Tod weiterleben zu lassen. Walton, der seine Laufbahn als liebenswürdiger provinzieller Ladenbesitzer begann und sich bei den Pfadfindern und in der amerikanischen Baseball-Jugendorganisation Little League engagierte, entwickelte sich zum größten Kaufmann der Welt, indem er konsequent und zielstrebig allen anderen Belangen zweite Priorität einräumte und sich mit größter Intensität auf dieses eine Ziel konzentrierte. Und genauso entwickelte er auch Schritt für Schritt sein Unternehmen zu der einzigartigen Verkaufsmaschine, die Wal-Mart heute ist. Hinter der ausgesucht kundenfreundlichen Einstellung, die Walton seinen Mitarbeitern einzubleuen versuchte, steckt das technisch ausgefeilteste und effizienteste System, das weltweit je eingesetzt wurde, um Ware aus Fabriken in Kaufhausregale zu befördern. In diesem System sitzen nur Männer an den Schalthebeln – sogar 1998 war die Unternehmensspitze noch ausschließlich mit Männern besetzt – für die das Ziel, höhere Absatzzahlen zu erreichen, Vorrang vor allen anderen Belangen hat.

Es gehört nicht viel dazu, sich Sam Walton als Victor Frankenstein vorzustellen, der sich Ideen anderer Geschäftsleute zu eigen macht, sie – bildlich gesprochen – wie einzelne Körperteile zusammenfügt, hier eine Naht, dort einen Bolzen setzt und schließlich mit einem elektrischen Stromstoß eine Kreatur ins Leben ruft, die seinen Konkurrenten zwar Bewunderung abverlangen mag, doch von vielen seiner Mitmenschen als Monster betrachtet wird.

Eine herrliche Ironie – der das Wal-Mart-Management allerdings nichts Komisches abverlangen kann – steckt in der Tatsache, daß sich überall in den Vereinigten Staaten Hunderte von Kleinstädte und Vororte heftig dagegen zur Wehr setzen, daß auch sie von der gefürchteten Wal-Mart-Invasion überrollt werden, obwohl an vielen dieser Orte längst zahllose Warenhausketten existieren, die versuchen, Wal-Mart in jeder nur denkbaren Weise zu kopieren: Kmart, Target, Toys „R" Us, Home Depot, OfficeMax, Staples, CompUSA, Circuit City, Food Lion, Price Chopper, Barnes & Noble, Borders, Blockbuster Video, Rite-Aid, Petsmart und viele andere mehr. Wenn Kritiker Wal-Mart dafür an den Pranger stellen, daß der Handelsgigant die Geschäfte der Stadtzentren verdrängt habe, daß er schuld sei, daß es nun im Stadtrandgebiet überall gleich aussehe, daß es sein erklärtes Ziel sei, die gesamte Konkurrenz zu vernichten, daß er Produkte verkaufe, die unter ausbeuterischen Bedingungen im In- und Ausland hergestellt wurden, und daß er den Gewerkschaften ihre Einflußmöglichkeiten genommen habe und so weiter und so fort, dann machen diese Kritiker einen einzelnen Konzern zum Buhmann einer Entwicklung, die man als Gesamtphänomen betrachten muß.

Walton und Wal-Mart haben den Handel in einer ähnlichen Weise revolutioniert wie Henry Ford das Transportwesen. Man vergißt heute leicht, daß Ford weder das Auto noch das Fließband erfunden hat. Sein Lebenswerk bestand darin, diese beiden Erfindungen zu den neuen festen Größen von Wirtschaft und Gesellschaft zu machen, so daß ein Leben ohne Auto bzw. die industrielle Produktion ohne Fließband völlig undenkbar wurde.

Natürlich brachte die Tatsache, daß Autos nun für jedermann erschwinglich wurden, auch Nachteile mit sich: Die Freiheit, überall hinfahren zu können, führte zu Luftverschmutzung, Verkehrsstaus und zur Ausbreitung der Vororte. Wir wurden immer mobiler – und gleichzeitig entwickelte sich unser Gemeinschaftssinn zurück. Ware wurde am Montageband mit wesentlich höherer Geschwindigkeit und größerer Effizienz produziert. Doch dies führte auch dazu, daß hervorragend ausgebildete Handwerker ihre Arbeit verloren und nun für stupide und eintönige Fließbandarbeit eingesetzt wurden.

Ebenso hatten auch billigere Unterwäsche, Deodorants und Spielsachen ihre Auswirkungen auf die Gesellschaft. Wal-Marts Unternehmensphilosophie ist ein neues Paradigma unserer Zeit, denn das Unternehmen verkörpert ebenso den strahlenden Erfolg wie auch die dunklen Seiten der modernen US-amerikanischen Industriegesellschaft. Mit der enormen Anzahl von mehr als 3.000 Handelsfilialen – allesamt gigantische fensterlose Klötze umgeben von weiten Asphaltwüsten – besitzt Wal-Mart die Machtposition und Kaufkraft, Ware zu Preisen zu verkaufen, die kleinere Geschäfte nicht einmal im Einkauf erhalten. Und so gehen Stadt für Stadt in den Schaufenstern der innerstädtischen Bezirke die Lichter aus, da die betreffenden Ladenbesitzer aufgeben oder aber ins Stadtrandgebiet umziehen, wo sie ihr Geschäft neben dem großen Handelskoloß wieder eröffnen, weil hier die Kundschaft der ganzen Region zusammenströmt. Der Druck von Wal-Mart und seinen Mitbewerbern, Produkte mit geringstem Kostenaufwand herzustellen, hat dazu geführt, daß Hersteller in andere Länder ausweichen, wo Arbeitskräfte nur einen Bruchteil dessen kosten, was man für sie in den USA bezahlen muß. Zuweilen fährt man an einer dieser verlassenen Fabriken vorbei und liest vom Umzug des Unternehmens ins Ausland. Doch wahrscheinlich hat keiner von uns die neue Fabrik des Herstellers je von innen gesehen, es sei denn, unter uns befindet sich ein elfjähriges Mädchen aus Guatemala oder ein zwölfjähriger Junge aus Bangladesch. Kinder, die noch nicht lesen und schreiben gelernt haben, arbeiten in solchen Fabriken bis zu 16 Stunden am Tag hinter Stacheldraht-Zäunen und verdienen möglicherweise in vier bis fünf Tagen weniger als der durch diese Kostenmaßnahme arbeitslos gewordene Amerikaner in einer Stunde. Ja, natürlich versprechen die verantwortlichen Führungskräfte von Wal-Mart, Nike und vielen anderen Großkonzernen, keine Produkte zu verkaufen, die ihres Wissens nach in Kinderarbeit hergestellt werden. Und jedes Mal wenn sie dann doch erwischt werden, was immer und immer und immer wieder passiert, vergießen sie ein paar Krokodilstränen und behaupten, schockiert – zutiefst erschüttert – zu sein, daß etwas Derartiges sozusagen unter ihren Augen geschehen konnte.

Hier in den Vereinigten Staaten spielen heute Dienstleistungsunternehmen – allen voran Einzelhandelsketten und Restaurants – eine dominierende Rolle auf dem Stellenmarkt. Sie offerieren Arbeitsplätze, die spöttisch, aber nicht zu Unrecht „McJobs" genannt werden: Es sind Stellen mit hoher Fluktuation und einem Lohn an der Grenze zum gesetzlichen Minimum; es handelt sich häufig um befristete Stellen oder Teilzeitstellen; und natürlich verfügt die Arbeitnehmerschaft über keinerlei Interessensvertretung. In dieser schönen neuen Welt der Arbeit schneidet eine Stelle bei Wal-Mart sogar vergleichsweise gut ab: Zumindest sind ein paar seiner Mitarbeiter tatsächlich reich geworden und mit ein paar hunderttausend Dollar in den wohlverdienten Ruhestand getreten. Eine große Anzahl anderer Unternehmen, wie etwa Home Depot, Federal Express oder MCI Telecommunications, sind Wal-Marts Beispiel gefolgt, honorieren teilweise sogar Arbeiter im unteren Bereich der Unternehmenshierarchie mit Anteilen am Firmenkapital und haben sich mehr oder minder Waltons Leitsatz angeschlossen, den Angestellten das Gefühl zu vermitteln, daß sie an einer positiven Umsatzentwicklung Anteil haben. Der Reiz einer Beteiligung am Firmenkapital ist natürlich lange nicht so verlockend, wenn die Unternehmensaktien jahrelang vor sich hindümpeln, wie das bei den Wal-Mart-Aktien fast die ganzen 90er Jahre hindurch der Fall war.* Doch immerhin stellen sie einen realen Gegenwert dar.

* Kurz nach dem Zwei-zu-Eins-Aktiensplit im Februar 1993 stieg der Kurs einer Wal-Mart-Stammaktie auf 34,125 Dollar, sank dann aber im Verlauf der darauffolgenden Jahre bis auf 20 Dollar je Aktie. Vier Jahre und fünf Monate dauerte es, bis wieder das Kursniveau aus der Zeit direkt nach dem Aktiensplit erreicht war – und das trotz der größten Börsenhausse in der amerikanischen Geschichte. Zum Vergleich: der Dow-Jones-Industrieaktienindex stieg im genannten Zeitraum um mehr als 4.700 Punkte und überschritt die 8.000-Punkte-Grenze.
Als der Dow Jones im Frühling 1998 mit der 9.000-Marke liebäugelte, stiegen die Wal-Mart-Aktien auf ein Kursniveau zwischen 50 und 51 Dollar je Aktie.

Wie schon Walton es tat, heben die Führungskräfte von Wal-Mart gerne hervor, daß jeder ihrer mehr als 825.000 Mitarbeiter Teil der großen „Wal-Mart-Familie" sei. Und durch die Videoverbindung über Satellit zwischen allen Verkaufsniederlassungen, durch ständige Besuche vor Ort und durch riesige Jahreshauptversammlungen mit hohem Unterhaltungswert versuchen Firmenlenker wie CEO David Glass und Vice Chairman Don Soderquist, ihren Mitarbeitern mit großem Engagement ein Gefühl der Zusammengehörigkeit zu vermitteln. Oft beschwören sie den Geist von Sam und versichern ihren Mitarbeitern, daß er vom Himmel auf sie herabschaue. Aber natürlich hat noch jeder Mitarbeiter, der einen gewerkschaftlichen Vorstoß unternommen hat oder aber den Frevel beging, die Höhe seines Lohns in Frage zu stellen, wie tausend anderer seiner Kollegen mit befristeten Verträgen die Erfahrung gemacht, daß man aus dieser „Familie" schneller ausgestoßen werden kann, als einem lieb ist.

Viele Mitarbeiter hätten wirklich gerne das Gefühl, Teil einer Familie zu sein. Seit Sam Walton tot ist, hat das von ihm verkörperte, freundliche Gesicht des Unternehmens immer mehr Risse bekommen. Und die Widersprüche, von denen er so leicht ablenken konnte, sind jetzt, da die Erinnerung an ihn verblaßt, deutlicher sichtbar geworden. Seit seinem Tod wurden über 450.000 Mitarbeiter eingestellt. Als immer weiter expandierendes Unternehmen ist Wal-Mart für die amerikanische Gesellschaft von so großem Interesse, daß jeder Angestellte des Konzerns es automatisch aus Zeitung oder Fernsehen erfährt, wenn Wal-Mart z.B. einen Mitarbeiter entläßt, weil dieser sich mit einer Kollegin nach Feierabend traf, weil er einen gewerkschaftlichen Vorstoß wagte oder weil eine Mitarbeiterin ihren Vorgesetzen der sexuellen Belästigung beschuldigte. Man erfährt es, wenn sich ein Gemeinderat gegen die Eröffnung einer Wal-Mart-Filiale innerhalb seiner Stadtgrenzen entscheidet. Und wenn eine Nachrichtensendung wie *Dateline NBC* eine Filmreportage über zwölfjährige Mädchen ausstrahlt, die in Bangladesch Kleider für Wal-Mart nähen, und David Glass dann mit der Ausstrahlung eines ausgestopften Frosches vor der Kamera nichts anderes zu sagen weiß als: „Sie und ich definieren Kinder vielleicht unterschiedlich..." – wie kann da ein Angestellter von Wal-Mart nicht den Kopf schütteln und sich fragen, was hier eigentlich vor sich geht?

Natürlich ist die Art, wie Wal-Mart seine Geschäfte betreibt, typisch amerikanisch. Andere Einzelhandelsriesen unterscheiden sich von Wal-Mart nur insofern, als daß sie nicht ganz so schnell, so durchsetzungskräftig und so erfolgreich sind. Aus kaufmännischer Sicht florieren Wal-Mart und seine Nachahmer vor allem deshalb, weil das Wal-Mart-Konzept *funktioniert*. Hier liegt der Grund, warum es für alles – angefangen vom Buch bis zu Babyspielsachen – über ganz Amerika verstreut Dutzende solcher Ketten gibt. Waltons Credo, nach dem ethische oder moralische Belange eine nachgeordnete Rolle spielen – beispielsweise, ob man aus Kinderarbeit Gewinne ziehen darf oder nicht – ist auch für sie Leitspruch. Insofern folgen Wal-Mart und Hunderte anderer Unternehmen ausschließlich der Maxime des Wirtschaftswissenschaftlers Milton Friedman, einem selbsternannten Anwalt der Unternehmen, der durch die Behauptung berühmt wurde, die einzige soziale Verantwortung eines Unternehmens bestehe darin, seine Gewinne zu maximieren.

Sam Walton seinerseits sagte einmal, daß der größte Beitrag seiner Firma zur Gesellschaft darin bestehe, daß seine Kunden durch die von Wal-Mart angebotenen Niedrigpreise im Laufe der Jahre Milliarden von Dollar sparen konnten und so ein tatsächlicher Beitrag zur Erhöhung des Lebensstandards geleistet wurde.

Allerdings haben günstigste Sonderangebote in mancherlei Hinsicht auch ihren Preis. Möglicherweise bedeuten sie aber auch eine positive Entwicklung, die man auf den ersten Blick nicht sieht. Vielleicht haben Sie bereits Erfahrungen in die ein oder andere Richtung gemacht.

Doch sehen wir uns nun die ganze Geschichte einmal genauer an.

Kapitel 1
129 Milliarden Gründe, dem Tod zu trotzen

Wenn man den Tod vor Augen hat, fällt es leichter, die Gedanken zu ordnen.

Das erkannte auch Sam Walton, als er an einem schönen Novembertag 1989 auf einem weit abgelegenen Landstrich im Rio Grande Valley im Bundesstaat Texas einen eigentlich recht unbedeutenden Unfall hatte und wenige Zeit später einsehen mußte, wie kurz bemessen ein Leben doch sein konnte.

Walton kehrte von einem erfüllten Tag zu seinem Anwesen Campo Chapote zurück – er war über die Prärien gestreift und hatte Wachteln gejagt – als er feststellte, daß er sich aus dem Eishaus, das am Rande seines Jagdareals lag, ausgeschlossen hatte.

Das Campo Chapote war nicht gerade ein Ort, über den man in einem Lifestyle-Magazin berichtet hätte. Es bestand lediglich aus ein paar verbeulten Anhängern, die um eine Grillstelle herum gruppiert waren, ein paar Brunnen, einem Hundezwinger, einer Scheune, in der Sams alter Truck stand und wo er Geräte aufbewahrte, sowie dem Eishaus, das im Grunde genommen eher einem Schuppen glich. Das Jagdareal erstreckte sich über einen 80 Quadratkilometer großen Landstreifen etwa 130 Kilometer südwestlich von Corpus Christi. Wie sehr Walton in diesen Landstrich vernarrt war, läßt sich daran erkennen, daß dieser sonst so sparsame Milliardär ohne mit der Wimper zu zucken jährlich 120.000 Dollar Pacht an einen ortsansässigen Ranchbesitzer bezahlte, und zwar seit 1983, als er zum ersten Mal in Texas gejagt hatte. Es war jedoch die Jagd, die ihm am Herzen lag, und weniger das Umfeld. Auf dem Anwesen seines Bruders Bud hingegen, das nicht allzu weit entfernt lag, stand eine richtige Naturstein-Villa mit einem Swimmingpool.

Die Landschaft in dieser Gegend von Texas ist sehr weitläufig und so flach, daß sich die Jäger normalerweise auf eine Sitzbank setzen, die sie auf die Ladefläche ihres Allrad-Pickups montiert haben, und einfach das Fahrzeug auf der

Suche nach Wachteln langsam über die Prärie rollen lassen, während sie darauf warten, daß die Hunde anschlagen. Zuweilen legte Walton auch einige Strecken zu Fuß zurück.

Obwohl er erst wenige Jahre zuvor den Kampf gegen eine Leukämie-Erkrankung gewonnen hatte, war er mit 71 Jahren noch immer ein sportlicher Mann, der gerne einen flotten Schritt an den Tag legte, obwohl er in den vergangenen Monaten manchmal Schmerzen und Stiche verspürte, die er nicht richtig einordnen konnte.

Walton war eine schlanke Erscheinung mit weißem Haarkranz, einer schmalen Nase und einem sonnengegerbten faltigen Gesicht. Er liebte es, auf Wachteljagd zu gehen, und tat das nun bereits seit mehr als vierzig Jahren, seit ihn sein Schwiegervater zum ersten Mal mit auf die Jagd genommen hatte. Das war etwa zu der Zeit gewesen, als Walton sein erstes Geschäft, einen kleinen Five-and-Dime-Laden[Ü1] in Newport im Bundesstaat Arkansas, eröffnet hatte. Die Jagd war das einzige Privatvergnügen, für das er seine Arbeit auch einmal liegen ließ, obwohl er – und das war typisch für ihn – oft Möglichkeiten fand, beides miteinander zu verbinden. Es wäre für ihn unvorstellbar gewesen, zur Jagd in ein Revier zu fahren, ohne auf dem Weg bei einem oder zwei Wal-Mart-Filialen vorbeizuschauen.

Zu dem damaligen Zeitpunkt nutzte er sein Jagdareal oft für geschäftliche Zwecke. Ein paar Mal pro Jahr ließ er jeweils etwa zwei Dutzend Führungskräfte von Wal-Mart für ein Wochenende einfliegen. Es sei seine Absicht, daß sich die Manager auch einmal außerhalb des geschäftlichen Umfeldes kennenlernten, behauptete er. Doch einige seiner Führungskräfte hatten den starken Verdacht, daß dies lediglich eine Entschuldigung war, um im Jahr noch ein paar zusätzliche Wochenenden mit Arbeit und Jagd zu verbringen. Denn die Gespräche abends am Lagerfeuer drehten sich ebenso selbstverständlich um die Geschäftsentwicklung von Wal-Mart, als würden die Männer im Vorstandszimmer der Hauptgeschäftsstelle von Wal-Mart in Bentonville, Arkansas, sitzen. Selbst wenn er den ganzen Tag gejagt hatte, sprach Walton nicht über Belanglosigkeiten.

Öfters nahm er sich jedoch zur Jagd nur ein oder zwei Freunde zur Gesellschaft mit, oder aber er jagte alleine. Walton konnte erstaunlich geistesabwesend sein. Eine der Aufgaben von Walter Schiel, einem ehemaligen Rodeo-Cowboy aus Waller im Bundesstaat Texas, der jetzt auf der Ranch als Jagdführer und Hundebetreuer arbeitete, bestand darin, die Gewehre einzusammeln, die Walton hatte liegen lassen. Nachdem Dick Jones, der Ranchbesitzer, beobachtet hatte, wie

---

[Ü1] Anm. d. Übers.: Geschäft, das in erster Linie günstige Produkte (z.B. Kurzwaren und Haushaltsartikel) anbietet; Begriff leitet sich davon ab, daß alle Artikel in diesen Läden früher entweder mit fünf oder zehn Cent ausgezeichnet waren.

Walton sich ein paar Mal verlaufen hatte oder ihm auf einer Fahrt das Benzin ausgegangen war, überredete er ihn, sich ein Funkgerät zuzulegen. Mehr als nur einmal hatte es Walton danach gute Dienste erwiesen.

An diesem Nachmittag im späten November stand Walton mit Schiel vor dem Eisschuppen. Ein kleines Fenster stand offen, und Walton kletterte auf die Schultern des Cowboys und versuchte, sich hindurchzuzwängen. Er schaffte es, aber die Hundepfeife um seinen Hals blieb am Fenster hängen und rammte es in sein Brustbein.

Am nächsten Tag hatte er noch immer Schmerzen, doch er maß ihnen keine übergroße Bedeutung bei und ging trotzdem zur Jagd. Bis zum Ende des Tages waren die Schmerzen allerdings nicht besser geworden und strahlten nun in Schulter und Oberarm. Diese Schmerzen waren schlimmer als alles, was er an seltsamen Stichen und Schmerzen in den vergangenen Monaten gespürt hatte. Widerwillig entschied sich Walton, einen Arzt aufzusuchen. Er stieg in seine zweimotorige Cessna, die er ein paar Jahre zuvor – natürlich gebraucht – erworben hatte und flog nach Houston.[1]

Walton war seit 1982 zu regelmäßigen Kontrolluntersuchungen nach Houston gependelt, nachdem man bei ihm Haarzellenleukämie diagnostiziert hatte: eine Art Blutkrebs, in dessen Verlauf die weißen Blutkörperchen des Körpers zerstört werden. Walton war immer ein aktiver und energiegeladener Mann gewesen, der normalerweise schon vor Tagesanbruch aufstand und arbeitete, aber in diesem Jahr hatte er sich zunehmend erschöpft und abgespannt gefühlt. Zunächst war ihm der Gedanke gekommen, daß er vielleicht – wie es seine Frau Helen schon seit langem beklagte – einfach zu viel arbeitete. Er hatte daher damit begonnen, auch wenn es ihm eigentlich gegen den Strich ging, mehr Arbeit an seine Mitarbeiter zu delegieren. Er reduzierte seinen vollen Termin- und Reisekalender und versuchte, mehr Erholungszeiten einzuplanen, in denen er Tennis spielte oder auf die Jagd ging.

Doch das alles hatte nicht viel geholfen. Walton unterzog sich daher einer umfassenden und gründlichen Kontrolluntersuchung – wenn auch äußerst widerwillig, denn Arztbesuche waren ihm im Grunde genommen zuwider. Seine Ärzte in Arkansas stellten fest, daß sein Blut eine erschreckend niedrige Anzahl weißer Blutkörperchen aufwies. Sie teilten ihm mit, daß er unter einer chronischen Form von Leukämie leide, die er schon seit mindestens sechs oder sieben Jahren in sich trage. Was hatte zu ihrem Ausbruch geführt? Sie wußten es nicht. War sie heilbar? Sie konnten es ihm nicht sagen. Waltons Vermögen ermöglichte es ihm natürlich, die teuerste Behandlung in Anspruch zu nehmen, die es gab, und so überwies man ihn in das M.D. Anderson Hospital in Houston, eines der führenden Krebsforschungszentren des Landes. Hier erforschte ein Onkologe namens Jorge Quesada eine neue Behandlungsform der Haarzellenleukämie mittels Interferon, einem extrem teuren Stoff, der in einem aufwendigen Verfahren aus den weißen Blutkörperchen von Spendern gewonnen wurde. Damals benötigte man 300 Spender, um eine ausreichende Menge Interferon für die dreimonatige Behandlung eines einzigen Patienten zu gewinnen. Die Kosten einer solchen Behandlung lagen daher bei 10.000 Dollar pro Monat.

Quesada war kein Mensch, der Tatsachen schönte. Die Standardtherapie, so machte er deutlich, würde darin bestehen, Waltons Milz zu entfernen und danach eine Chemotherapie zu beginnen. Aber die Erfolgsquote dieser Therapie, so erklärte er seinem unglücklichen Patienten, liege bei lediglich 25 Prozent. („Erfolg" hieß in diesem Zusammenhang, daß der Patient fünf Jahre später noch am Leben war.) Walton war die Vorstellung, unters Messer zu müssen, zutiefst zuwider und er reagierte fast feindselig. Er erklärte kategorisch, daß ein chirurgischer Eingriff überhaupt nicht in Frage komme. Was gebe es denn sonst noch für Möglichkeiten?

Im Prinzip gebe es nur eine einzige Alternative, erläuterte Quesada: Walton könne Patient in seinem Interferon-Forschungsprogramm werden. Dieser Weg sei nicht ohne Risiken, so könnten beispielsweise Blutungen und opportunistische Infektionen auftreten. Außerdem seien Nebenwirkungen wie grippeähnliche Symptome und Erschöpfungszustände nicht auszuschließen. Doch obwohl Quesada zu diesem Zeitpunkt seine Interferon-Therapie erst an zehn Patienten mit Haarzellenleukämie erprobt hatte, war er offensichtlich von den ersten Ergebnissen seiner neuen Behandlungsmethode begeistert. Mithilfe des Interferon sei es den Patienten gelungen, die Anzahl ihrer weißen Blutkörperchen aufrechtzuerhalten und ihr Immunsystem zu stabilisieren, berichtete er Walton. Es handle sich jedoch, so fügte er hinzu, um eine Behandlung, die sich noch im Versuchsstadium befinde, und daher müßten die Ergebnisse trotz ihres vielversprechenden Charakters zunächst als vorläufig eingestuft werden. Und schließlich – meinte er lakonisch – könne man im schlimmsten Fall, d.h. wenn keine Besserung zu beobachten sei, immer noch auf Chirurgie und Chemotherapie zurückgreifen.

Sollte er also Versuchskaninchen spielen? Auch diese Vorstellung gefiel Walton nicht besonders gut. Er müsse in Ruhe darüber nachdenken, sagte er. „Er wollte vor allen Dingen sicher gehen, daß sich keine Überschneidungen zwischen seinem übervollen Terminkalender und dem Behandlungsplan ergeben würden", erinnerte sich Quesada. Walton war nach Bentonville zurückgeflogen, hatte die Situation mit Helen besprochen und im Oktober 1982 sogar einen persönlichen Brief in der internen Mitarbeiterzeitung *Wal-Mart World* veröffentlicht, in dem er alle 41.000 „Partner" des Unternehmens über die Diagnose informierte. In seiner gewohnt sachlichen und unprätentiösen Art versuchte er, die Bedeutung der Krankheit herunterzuspielen. Mit der Nebenbemerkung, daß er sich ansonsten in guter gesundheitlicher Verfassung befinde, hatte er geschrieben:

Mit großer Wahrscheinlichkeit wird meine Behandlung erfolgreich sein. Ich hoffe daher, meine Freunde, daß Ihr entschuldigt, wenn ich hier eine persönliche Angelegenheit zur Sprache bringe. Wir waren immer davon überzeugt, daß es gut ist, alles Angenehme und Unangenehme zur Sprache zu bringen, aufrichtig und offen über alles zu reden, was unser Unternehmen und unsere Wal-Mart-Familie angeht.

Auch wenn ich jetzt ein gesundheitliches Problem habe, habe ich eigentlich Glück, daß es gerade diese Krankheit ist. Ich vertraue vollkommen darauf, daß ich mit Hilfe der richtigen Behandlung in der Lage sein werde, die Dinge, die mir im Leben am meisten Freude machen, noch mindestens 20 oder 25 Jahre lang weiterzumachen. Ich werde immer noch zu Besuchen vorbeikommen – vielleicht nicht mehr ganz so oft – aber ich werde mir Mühe geben, Euch ab und zu sehen. Ihr wißt, wie sehr ich es liebe, Euch alle zu besuchen, um zu sehen, wie es Euch geht und wie wir unser Wal-Mart-Unternehmen weiter verbessern könnten, also werde ich sicherlich weiterhin vorbeikommen. Doch nun genug davon.

Ich hatte und habe das große Glück, mit der Unterstützung, Zuneigung und Loyalität von Euch, den wunderbaren Wal-Mart-Partnern, sicher sein zu dürfen. Zusammen können wir mehr als nur ein bißchen stolz auf das Erreichte sein. Ihr wißt, daß wir Partner sind und es bleiben werden. Ich habe einfach viel Glück gehabt in meinem Leben und habe das Gefühl, daß das sicher auch jetzt der Fall ist. Das Letzte, was ich jetzt brauche oder möchte, sind unnützes Mitleid und unnütze Gespräche über meine Gesundheit. Ich wollte nur einmal klar Schiff machen und möchte nicht, daß falsche Gerüchte kursieren, da ja viele von Euch über von den Untersuchungen wußten, denen ich mich in der letzten Zeit unterziehen mußte.

Schließlich erzählte er noch von ein paar Welpen, die er abrichten wolle. Der ungezwungene Stil seines Briefes gab nicht annähernd die wahre Gemütslage von Walton wider. Im Geschäftsalltag traf er gerne spontane Entscheidungen und verließ sich auf seinen Instinkt, der in all den Jahren der Kaufmannstätigkeit geschärft worden war. Doch dies war eine ganz andere Sache. Er fühlte sich völlig verloren. Seine Mutter war an Krebs gestorben, als sie 52 Jahre alt war, viel jünger also, als er jetzt war.

Er überlegte einen ganzen Monat lang hin und her, was er denn nur tun solle, und flog dann noch einmal nach Houston, um mehr über die neue Behandlungsmethode zu erfahren. Quesada begrüßte ihn mit der Neuigkeit, daß die Ärzte dank der Gentechnologie inzwischen in der Lage seien, synthetisches Interferon herzustellen. Der Stoff war somit bei weitem erschwinglicher und verfügbarer geworden, was für Walton natürlich überhaupt kein Thema gewesen war. Walton überhäufte Quesada und die anderen Ärzte mit Fragen über Risiken und Vorteile der Therapie. Noch einmal erklärte ihm Quesada unmißverständlich, daß vieles noch unerforscht sei, da das Mittel noch so neu sei. Walton fuhr wieder nach Hause und dachte noch einen ganzen Monat lang über die Behandlung nach, bis er schließlich beschloß, sie auszuprobieren.

Er lernte, sich selbst zu injizieren und sich von anderen eine Spritze geben zu lassen. Sein Behandlungsplan sah über den Zeitraum von einem halben Jahr eine tägliche Interferoninjektion und schließlich für weitere sechs Monate drei Interferonspritzen pro Woche vor. Noch vor Ablauf des ersten halben Jahres stellte sich heraus, daß man die Krankheit in ihrem Verlauf hatte stoppen können. Die Leukämiesymptome zeigten eine vorsichtige Besserung und wurden auch nicht mehr schlimmer. Es war schließlich doch so einfach gewesen.

Dies lag nun sieben Jahre zurück, und die Leukämie-Erkrankung hatte ihm eigentlich seit damals keine Sorgen mehr gemacht, auch wenn er weiterhin Quesada ein paar Mal im Jahr zu Kontrolluntersuchungen aufsuchte. Seinen jüngsten Arztbesuch hatte er etwa drei Monate vor seinem letzten Jagdausflug absolviert. Quesada war über eine kleine Veränderung bei der Anzahl der weißen Blutkörperchen beunruhigt gewesen, doch konnte er die Ursache nicht lokalisieren, weil Walton nie bereit war, die drei Tage, die Quesada zur Durchführung der erforderlichen Tests benötigte, im Krankenhaus zu bleiben.

Als Walton schließlich mit seinem unerklärlichen Schmerz im Brustbein und Arm anreiste, entnahmen die Ärzte etwas Knochenmark aus seinem Beckenknochen und stellten fest, daß hier eine bösartige Krebserkrankung des Knochenmarks, ein Plasmozytom, vorlag.

Dieses Mal war Quesadas Prognose ernüchternder. Die Krankheit war unheilbar. Sie war außerdem, so Quesada, viel aggressiver als die erste. Er machte Walton klar, daß Chemotherapie und Bestrahlungen zwar einen gewisse Besserung herbeiführen könnten, es aber schwierig sein würde, diese aufrechtzuerhalten.

Die Therapie würde außerdem eine härtere Gangart annehmen. Walton hatte unter den Nebenwirkungen des Interferon eigentlich nie ernsthaft gelitten; doch die Bestrahlungen und Chemotherapie würden ihren Tribut fordern, warnte Quesada. Die Krankheit selbst würde im besten Fall schmerzhaft und zuweilen quälend schmerzhaft sein. Waltons Knochen waren bereits angegriffen und nicht mehr sehr widerstandsfähig. Er müsse sich darauf gefaßt machen, immer zerbrechlicher zu werden und leicht zu ermüden.

Walton vertraute Quesada mehr als bei der Diagnose sieben Jahre zuvor, doch er stellte ihm auch dieses Mal wieder ganz präzise Fragen: Gab es nicht doch eine andere Form der Therapie, vielleicht etwas Natürlicheres, das er ausprobieren könnte? Außerdem klangen Chemo- und Bestrahlungstherapie so zeitaufwendig.

Mit Unterstützung seiner Familie, vor allem der seines Sohnes John, dessen Tochter ebenfalls Krebs gehabt hatte, untersuchte er alle Alternativen, bombardierte seine Ärzte mit Fragen über natürliche Heilverfahren, unkonventionelle Therapieformen, Vitamine und alles, was ihm Chemotherapie und Bestrahlung ganz oder teilweise würde ersparen können.

Er nahm mit *People Against Cancer* Kontakt auf, einer gemeinnützigen Gesellschaft in Iowa, die als Informationsanlaufstelle für Krebspatienten diente und diese über den aktuellen Stand der Krebsforschung und Therapieformen, einschließlich Behandlungsmethoden außerhalb der klassischen Medizin, informierte. Walton ging äußerst systematisch vor. Doch ihm wurde schnell klar, daß die Plasmozytom-Erkrankung mit an Sicherheit grenzender Wahrscheinlichkeit einen tödlichen Verlauf nehmen würde.[2] Schlußendlich entschied sich Walton höchst widerwillig für die konventionelle Chemo- und Bestrahlungstherapie.

Wie reagierte Walton auf die Perspektive, vielleicht schon bald sterben zu müssen? Diese Frage ist schwierig zu beantworten. Denn obwohl er bei Begrüßungen oft überschwengliche Freude an den Tag legte und es offensichtlich genoß, wenn die Wal-Mart-Angestellten ganz aus dem Häuschen gerieten und seine Kaufhausbesuche in stimmungsgeladene Massenveranstaltungen ausarteten, war Walton im Grunde genommen ein Mensch, der wenig persönliche Gefühle zeigte. Er redete nie über sich selbst, höchstens vielleicht einmal mit Helen, die ebenso verschlossen in bezug auf persönliche Angelegenheiten war wie er selbst. William H. Enfield, der mit den Waltons über vierzig Jahre lang befreundet war, sagte einmal: „Ich bin mit Helen so vertraut, wie man es nur sein kann, und war es mit Sam ebenso. Und doch habe ich von beiden vieles nie erfahren und auch nie versucht, in sie zu dringen."

Die Versuchung liegt nahe, anzunehmen, daß sich Walton angesichts seiner Situation gedrängt sah, sein Leben neu zu überdenken, sich beispielsweise zu fragen, ob er früher auf die Bremse hätte treten und mehr Zeit mit Helen, den Kindern und Enkeln verbringen sollen oder ob er die vielen Menschen, die sich für den Aufbau seines Einzelhandelsimperiums aufgerieben hatten, vielleicht hätte besser behandeln sollen.

Die Versuchung liegt nahe – und doch wäre es wahrscheinlich falsch, dies anzunehmen. Walton gab zu – als für ihn der Tod schließlich immer näher rückte – daß ihn zu später Nachtstunde gelegentlich Anflüge existentieller Zweifel überkamen. Doch letztendlich blieb es wohl dabei: bei leisen Anflügen von Zweifeln, die auch schnell wieder weggewischt waren. Doch dies war erst später. Direkt nach seiner Diagnose mußte er sich um wichtigere Entscheidungen kümmern.

Wie sich leicht vermuten läßt, hatte Walton bereits seit langem Vorkehrungen dahingehend getroffen, wer sein Nachfolger innerhalb des Unternehmens werden würde und was mit seinem Vermögen geschehen sollte, d.h. wie er es vor dem Zugriff des Fiskus schützen konnte. Um die Nachfolge hatte er sich bereits eineinhalb Jahre zuvor gekümmert: Im März 1988 hatte er als Chairman[Ü2] von Wal-Mart alles offiziell geregelt, indem er seinen Posten als Chief Executive Officer[Ü3] an David Glass, den President[Ü4] von Wal-Mart, abgab. In gewisser Weise schien der 55-jährige Glass bei Wal-Mart am falschen Platz zu sein; wie man ihm in seinen ersten Jahren als Nummer eins des Unternehmens mehr als einmal zu verstehen gab, konnte er Sam Walton nicht das Wasser reichen. Mit seinem stoischen Gesichtsausdruck, seiner vorsichtigen Ausdrucksweise und besonnenen Art war er schon auf den ersten Blick eine völlig andere Erscheinung, und es kostete ihn offensichtlich mehr als nur ein wenig Mut und Selbstüberwindung, wenn er vor der begeisterten Menge die Art von Stunts aufführen sollte, die Walton zum Herzstück der Unternehmenskultur gemacht hatte. Zum Beispiel, als Glass – mit Blumenketten behängt und einem Baströckchen um die Taille – vor einer grölenden Menge von Angestellten im Unternehmenshauptsitz den Hula-Hüftschwung vortanzen mußte, um den Höchststand der Wal-Mart-Aktie zu feiern. Der Auftritt hinterließ soviel Eindruck, daß Walton versprach, höchstpersönlich den Hula vor Wall-Street-Brokern zu tanzen, wenn das Unternehmen sein hochgestecktes Ertragsziel im laufenden Jahr erreichen würde.

Doch Walton hatte in Glass auch einen Menschen erkannt, der seinen eigenen, seltenen, raubtierhaften Instinkt für den Einzelhandel besaß. Zwölf Jahre lang hatte er sich bemüht, ihn für sein Unternehmen zu gewinnen, bevor er Glass 1976 endlich als Leiter des operativen Geschäfts in den Vorstand holen konnte. Bis David Glass seine Konkurrenten innerhalb des Unternehmens überrundet oder ausgesessen hatte und schließlich Chief Executive Officer wurde, hatte er bereits zwölf Jahre seiner Arbeitskraft in Wal-Mart investiert und vieles von dem in Gang gesetzt, was Jahre später eines der ausgetüfteltsten und effi-

---

Ü2 Anm. d. Übers.: Leiter des Unternehmensvorstandes mit Management-, Kontroll- und Repräsentationsfunktionen; übt starken Einfluß auf die Entscheidungen des Vorstandes aus; kann mit der Funktion des President und CEO zusammenfallen.
Ü3 Anm. d. Übers.: (oft auch abgekürzt: CEO) Spitzenposition im amerikanischen Unternehmensvorstand, Aufgabe: tägliche Geschäftsführung, CEO ist meist auch President
Ü4 Anm. d. Übers.: Spitzenposition in amerikanischen Unternehmen, fällt meist mit CEO-Position zusammen; entspricht etwa dem deutschen Vorstandsvorsitzenden

zientesten Logistik-Systeme der gesamten Einzelhandelsbranche zum Transport der Ware in die Kaufhausregale werden sollte.

In der Chronik von Wal-Mart fehlt es nicht an Geschichten über ausgelaugte Führungskräfte, die entweder kündigten, in Frührente gingen oder entlassen wurden, nachdem sie sich an der enormen Arbeitsbelastung, den endlosen Geschäftsreisen und dem erbarmungslosen Leistungsdruck – alles untrennbar mit der Arbeit für Sam Walton verbunden – völlig aufgerieben hatten. Mit großer Wahrscheinlichkeit war es genau dieser Streß, der für den Herzinfarkt des 50-jährigen Glass nach einer über Stunden dauernden Sitzung im Februar 1985 verantwortlich war. Doch Glass schien davon wenig beeindruckt. Nach einer denkbar kurzen Erholungsphase nahm er seine Arbeit in ihrem ganzen Umfang wieder auf. Ab diesem Zeitpunkt stand fest, daß er eines Tages am entscheidenden Hebel sitzen würde.

Was Waltons Vermögen betraf, das sich zum damaligen Zeitpunkt auf 20 Milliarden Dollar belief, hatte er – lange bevor das Vermögen oder Wal-Mart selbst existierte – Trusts für die Verwaltung seines Guthabens eingerichtet und Vorkehrungen getroffen, wie es seiner Frau und seinen Kindern schließlich zugute kommen würde. In dieser Angelegenheit war er nach langem Drängen seines Schwiegervaters Leland Stanford Robson, der als Bankier, Rechtsanwalt und Rancher in der Kleinstadt Claremore im Bundesstaat Oklahoma lebte, schon 35 Jahre zuvor tätig geworden.

Robson war für Walton am Beginn seiner Laufbahn vielleicht der wichtigste Mentor. Er brachte das Geld auf, um seinem Schwiegersohn den Einstieg in die Geschäftswelt zu ermöglichen, und hatte später im Grunde entschieden, was aus Waltons Vermögen werden sollte.

Robson war schon immer seinen eigenen Weg gegangen. Nach seiner Kindheit und Jugend in Georgia führte ihn sein Weg 1909 als 25-jährigen Straßenverkäufer von Töpfen, Pfannen, Bibeln und Bilderrahmen zunächst nach Oklahoma. Es gelang ihm, soviel Geld auf die hohe Kante zu legen, daß er für sein Jurastudium in Georgia selbst aufkommen konnte. Dann zog es ihn wieder nach Oklahoma, wo er im aufstrebenden Ölstädtchen Tulsa einen Laden eröffnete.

Bald änderte er jedoch seine Pläne und zog etwa 32 Kilometer nordwestlich in die gesetztere Kleinstadt Claremore. Dort heiratete er 1916 ein einheimisches Mädchen, Hazel Corrine Carr, die innerhalb von vier Jahren drei Söhne und eine Tochter – Helen – zur Welt brachte.

Robson war ein richtiger Naturbursche: ein Mann, der gerne auf Jagd oder zum Fischen ging und Hunde abrichtete. Er war zwar nicht besonders kultiviert, aber dafür ein richtiger Pferdehändler: gerissen, clever und immer auf dem Laufenden. Die Kanzlei von Robson war schnell zu einer festen Größe geworden und bald hatte er, wie das bei prominenten Bürgern einer Kleinstadt nun einmal so ist, überall seine Finger im Spiel. Er war zwölf Jahre lang als City Attorney[Ü5] tätig. Während der Großen Depression bot sich ihm die Gelegenheit, 7.500 Hektar Land zu einem günstigen Preis zu erwerben. Er griff zu und begann, sich eine Ranch aufzubauen. Im Jahre 1936 engagierte er sich als Mitbegründer der Rogers County Bank in Claremore, die er während der darauffolgenden dreißig Jahre nacheinander als Vorstandsmitglied, President und Chairman entscheidend prägte. Während des Zweiten Weltkrieges konnte er sich einen Sitz im Autobahnausschuß von Oklahoma sichern. Er erwarb nach und nach Anteile von Unternehmen aus verschiedenen Wirtschaftszweigen, wie etwa Kohlebergbau und Landwirtschaft.

Was jedoch für Sam Walton wichtig werden sollte, war, wie Robson sein Vermögen verwaltete. Schon früh hatte Robson für die Ranch und seine Familiengeschäfte die rechtliche Form der Personengesellschaft gewählt. In dieser „Familien-Gesellschaft" waren Helen und ihre Brüder gleichwertige Gesellschafter. Direkt nach dem Hochzeitstag seiner Tochter mit Sam Walton begann Robson, sich in die Finanzangelegenheiten des jungen Paares aktiv einzumischen. Als 1952 feststand, daß sich Waltons Five-and-Dime-Laden in Bentonville so gut entwickelt hatte, daß er ein zweites Geschäft 38 Kilometer entfernt in Fayetteville eröffnen konnte, überzeugte Robson seinen ehrgeizigen Schwiegersohn, daß auch er seine Geschäfte in einer Personengesellschaft organisieren sollte, in der die Familienmitglieder Gesellschafter waren. So kam es, daß Anfang 1953 der in Bentonville ansässige Rechtsanwalt William H. Enfield unter dem wachsamen Auge von Robson ein Dokument aufsetzte, durch das die Personengesellschaft Walton Enterprises ins Leben gerufen wurde und welches Sam, Helen und ihre vier Kinder – den damals achtjährigen Rob, den sechsjährigen John, den vierjährigen Jim und die dreijährige Alice – zu gleichwertigen Gesellschaftern machte.

„Im Laufe der Jahre", schrieb Walton in seinen Memoiren, „sind all unsere Anteile an Wal-Mart in diese Personengesellschaft eingeflossen. Das Führungsgremium der Walton Enterprises, d.h. wir, die Familie, trifft dann von Fall zu Fall eine Entscheidung auf Konsensbasis. Manchmal streiten wir uns, und manchmal nicht. Doch wir achten darauf, wieviel jeder erhält, und jeder erhält dieselbe Summe. Den Kindern wurden in all den Jahren dieselben Geldbeträge überwiesen wie Helen und mir, bis auf mein Gehalt, das ich als Geschäftsführer der Walton Enterprises in Anspruch nahm und das nach dem Wechsel nun auf meinen Sohn Jim übergegangen ist. Auf diese Weise konnten wir ein beträchtliches

---

Ü5 Anm. d. Übers.: städtischer rechtskundiger Beamter

Vermögen in Walton Enterprises anhäufen und liefen nicht Gefahr, uns zu verzetteln." [3]

So besaß die Personengesellschaft 1989 – von den 218 Millionen Wal-Mart-Stammaktien einmal abgesehen – einen umfassenden Bestand an Immobilien, vier Banken und die Hälfte einer fünften Bank und war auch noch an diversen anderen Geschäften beteiligt. Die Struktur der Personengesellschaft sah vor, daß Sam und Helen Walton zusammen einen 20-prozentigen Anteil an der Gesellschaft hatten und jedes ihrer Kinder 20 Prozent des Gesellschaftsvermögens besaß.

Als Sam Walton 1992 starb, ließ Helen Walton sein Testament sofort vom Kanzleigericht Arkansas versiegeln. Doch aus früheren Bemerkungen läßt sich schließen, daß Walton Vorkehrungen getroffen hatte, um seinen Anteil an der Personengesellschaft in einen Ehetrust für Helen umzuwandeln. Auf diese Art und Weise umging er die Nachlaßsteuer. Nach Helens Tod sollte der Trust offensichtlich an verschiedene karitative Organisationen, die Familien in Not helfen, übergehen, so daß auch hier weder die Walton-Kinder noch die Familien-Gesellschaft Erbschaftssteuer zu zahlen hätten. Es war vorgesehen, daß die betreffenden sozialen Einrichtungen nur einen Minderheitenanteil an der Familien-Gesellschaft erhalten sollten, so daß die Familienmitglieder angesichts ihres Löwenanteils am Gesellschaftskapital weiterhin alle Entscheidungen kontrollieren konnten.[4]

Durch die Übertragung von 80 Prozent seines Vermögens an seine Kinder zu einem so frühen Zeitpunkt konnte Walton jegliche Schenkungs- und Erbschaftssteuer umgehen. Er machte hierzu einmal eine Bemerkung, die ebensogut aus dem Munde seines Schwiegervaters hätte stammen können: „Die beste Möglichkeit, Erbschaftssteuern zu sparen, besteht darin, sein Vermögen weiterzugeben, bevor es an Wert gewinnt."[5]

Ein weiterer positiver Effekt der „Familien-Personengesellschaft" bestand nach Robsons Meinung darin, daß die Kinder schon sehr früh lernten, Verantwortung für das Familienunternehmen und für einander zu übernehmen.

Sam und Helen Walton beteiligten ihre Kinder bereits zu einem sehr frühen Zeitpunkt an größeren wie kleineren Familienentscheidungen. Auf einem Urlaub am Grand Teton, erinnerte sich der älteste Sohn Rob, „hatten wir die Gelegenheit, eine geführte Wanderung in die Berge mitzumachen. Ziel war ein Camp am See, wo man ein paar Tage bleiben und Fische fangen konnte. Da diese geführte Wanderung für damalige Verhältnisse sehr teuer war, stand fest, daß wir dafür das gesamte Geld, das wir mitgenommen hatten, ausgeben müßten. Daher nahmen wir eine Familienabstimmung vor, um darüber zu entscheiden, ob wir es tun sollten oder nicht. Die Entscheidung fiel positiv aus, und der Ausflug war ein voller Erfolg. Doch da wir nun all unser Geld verbraucht hatten, machten wir nur noch in den Black Hills einen kurzen Stop und fuhren dann in aller Eile wieder zurück nach Hause."[6]

Nachdem die Kinder herangewachsen waren und Bentonville verlassen hatten, setzte Sam Walton in paar Mal im Jahr an Plätzen wie dem Ritz-Carlton in Naples, Florida, oder dem Del Coronado in San Diego ein Familientreffen an, um mit seinen Kindern die Geschäfte von Walton Enterprises durchzusprechen. Die Familie erklärte sich mit seiner Entscheidung einverstanden, Jim, den Drittältesten, zum President von Walton Enterprises zu ernennen. Warum gerade Jim? Nun, er war – so empfand es Walton mit einer gewissen Genugtuung – fast ebenso knauserig wie sein Vater.

Rob Walton würde Chairman von Wal-Mart werden. Das stand fest. Als ältester Sohn hatte er längst begriffen, daß ihm irgendwann die Aufgabe zufallen würde, die Kontrolle über das Geschick des Handelskonzerns zu übernehmen. Er war ein intelligenter, wenn auch ruhiger Mann und hatte ein wenig Ähnlichkeit mit Sam Walton – er erbte dessen scharfe Gesichtszüge – doch im Prinzip war er ein völlig anderer Typ Mensch als sein Vater. Er kam zwar pflichtbewußt zum Campo Chapote, um sich Jagdausflügen anzuschließen, die Sam mit Managern oder Herstellervertretern, zum Beispiel von Procter & Gamble, unternahm, doch war Rob eigentlich kein Jäger. Während die anderen Männer zusammen zur Jagd wegfuhren, schlüpfte er lieber in seine Joggingschuhe und drehte eine einsame Runde. Bei Jahreshauptversammlungen von Wal-Mart und bei Besuchen in Wal-Mart-Filialen konnte Rob Walton der Öffentlichkeit bzw. den Angestellten gegenüber sogar noch reservierter sein als David Glass.

Er war jedoch auf die Thronfolge gut vorbereitet. Auf die ein oder andere Weise war er ja schon fast zeitlebens in die Unternehmensgeschichte verwickelt gewesen. Wie seine Brüder und seine Schwester hatte Rob schon als Kind im Geschäft in Bentonville mitgeholfen. Und Sam hatte ihn zuweilen mitgenommen, wenn er sich andere Kaufhäuser anschauen ging. Wie sein Vater war Rob in der High School ein Football-Star gewesen. In seinem Abschlußjahr schaffte er sogar den Sprung in das Auswahlteam der Bundesstaaten. Nach dem Collegeabschluß überredete ihn Helen, sich am Wooster College, einem kleinen presbyterianischen College in Ohio, einzuschreiben. Nach zwei Jahren wechselte er jedoch zur University of Arkansas, an der er 1966 sein Abschlußexamen ablegte.

Unmittelbar nachdem Rob 1969 noch ein zusätzliches Jurastudium an der Columbia-Universität in New York abgeschlossen hatte, wurde er von seinem Vater als Syndikus und Leiter der allgemeinen Verwaltung ins Unternehmen geholt. Doch zum Leidwesen von Sam war Rob nicht nach Bentonville zurückgekehrt. Statt dessen hatte er eine Stelle in einer Kanzlei in Tulsa im benachbarten Bundesstaat Oklahoma angenommen. Allerdings war er es, der die juristi-

sche Vorbereitung für den Börsengang von Wal-Mart hauptsächlich vorangetrieben hatte. Er fand es jedoch oft nicht leicht, seine Verpflichtungen in Tulsa
und seine Aufgabe als Syndikus von Wal-Mart unter einen Hut zu bringen.
Während er noch in Tulsa lebte, verließ er seine erste Frau und ihre gemeinsamen drei Kinder und heiratete seine Sekretärin Carolyn Funk. Nachdem Sam
jahrelang Druck auf ihn ausgeübt hatte, gab Rob Walton schließlich widerstrebend nach und zog mit seiner neuen Frau wieder nach Bentonville, um nun ausschließlich für Wal-Mart zu arbeiten.

1978 beförderte Sam Walton ihn zum Abteilungsleiter und nahm ihn in den
Vorstand von Wal-Mart auf. Im Jahre 1982 wurde Rob Walton zum Vice Chairman ernannt. Er hatte diesen Posten seitdem inne, obwohl er eine lange Zeit abwesend war, um für die Ironman Triathalons 1985 und 1986 in Hawaii zu trai-
nieren und schließlich auch an ihnen teilzunehmen. (Bei diesem Wettkampf
müssen die Teilnehmer ohne Unterbrechung fast vier Kilometer schwimmen,
180 Kilometer mit dem Rad fahren und schließlich einen 42,2-Kilometer-Mara-
thon zurücklegen.) In beiden Jahren schaffte er es bis ins Ziel und belegte sogar
Plätze im Mittelfeld. Wenn man seine langen Phasen der Abwesenheit von Wal-
Mart dahingehend interpretiert, daß der Kronprinz ein widerstrebender Anwärter auf die Führung des Unternehmens war – und viele taten dies – liegt man
wahrscheinlich gar nicht so falsch. Rob Walton gab dafür später allerdings folgende Erklärung: „Ich sah eine Zukunft vor mir, in der ich noch 20 Jahre lang
extrem hart arbeiten mußte, während mein Vater noch das eigentliche Sagen
hatte. Und irgendwann wäre er dann nicht mehr da, und ich müßte die volle Verantwortung übernehmen. So entschied ich mich, mir – solange noch Zeit war –
auch einmal eine Abwechslung zu gönnen."[7]

Ganz gleich ob er nun wirklich abgeneigt war oder nicht, sein Vater wußte,
daß Rob bereit war, das Zepter zu übernehmen.

Als nun Sam Walton die schlechte Nachricht von Dr. Quesada erhielt, mußte er sich also im Prinzip keine Sorgen mehr um sein Vermögen oder die Zukunft
seines Unternehmens machen. Helen und die Kinder waren versorgt und konnten ihre Angelegenheiten alleine regeln. Er durfte zuversichtlich sein, daß seine
Kinder die Wal-Mart-Aktien, die sich im Besitz der Personengesellschaft befanden, behalten würden und ihre Anteile nicht verkaufen und das Geld verprassen
würden – schließlich hatte er ihnen das immer und immer wieder eingeschärft.

Er war auch von Robs Fähigkeit überzeugt, die Familie in Wal-Mart-Angele-
genheiten gut zu vertreten, und glaubte fest daran, daß Glass und das von ihm
in den vergangenen Jahrzehnten aufgebaute Management-Team besser in der
Lage sein würden, Wal-Mart in seinem Sinne weiterzuführen, als irgend jemand
anders.

Walton war nie ein Mensch gewesen, der viel über sich selbst nachdachte, wie er auch bereitwillig zugab. Als er von der Knochenkrebs-Diagnose erfuhr, bestand sein erster Impuls sicherlich nicht darin, sein Leben neu zu überdenken oder sich zu fragen, ob er seine Zeit nicht hätte sinnvoller nutzen können. Was er allerdings tatsächlich zu tun schien – zumindest Äußerungen auf einem Wal-Mart-Treffen zufolge, das wenige Monate später stattfand – war darüber nachzudenken, welche Zukunft wohl vor dem Unternehmen lag, das seinem Leben seinen Sinn gab. Offensichtlich wollte er ganz sichergehen, daß seine wichtigste Nachkommenschaft, nämlich Wal-Mart, das von ihm gesteckte Ziel erreichen würde.

Widerwillig und mit einem extrem unguten Gefühl arbeitete er schon seit einigen Monaten mit einem Journalisten des *Wall Street Journal*, Eric Morgenthaler, der für ihn als Ghostwriter an einer Autobiographie schrieb. Sam Walton hatte dem Projekt nur zähneknirschend zugestimmt, nachdem ihn Helen, Rob und Alice Walton sowie David Glass und eine Reihe anderer Führungskräfte von Wal-Mart immer wieder dazu gedrängt hatten. Sie hatten Morgenthaler ein Büro in der Nähe der Empfangshalle eingerichtet, so daß er den Geschäftsbetrieb aus nächster Nähe beobachten konnte. So konnte Morgenthaler unter günstigen Bedingungen arbeiten, und es war ihm sogar gelungen – dank einer geheimen Koalition mit Waltons Sekretärin Becky Elliott – den Firmengründer, der eigentlich nie zu greifen war, höchstpersönlich zu einer Reihe von Interviews zu verpflichten.

In den Gesprächen wandelte Walton jede persönliche Frage über sein Leben ausnahmslos zu einem Diskussionspunkt über Wal-Mart um. Er verabscheute es so sehr, über sich selbst sprechen zu müssen, daß er mehrere Male damit drohte, das Buchprojekt sterben zu lassen. Nach seiner Rückkehr von Houston ließ Walton Morgenthaler in sein Büro kommen.

Er berichtete ihm ohne jeden Schnörkel von seiner Krebserkrankung und fuhr fort: „Ich muß mein Leben vereinfachen… Ich muß aufhören, Dinge zu tun, die ich nicht tun will." Und in einem zwar freundlichen, aber keinen Widerspruch duldenden Tonfall fügte er hinzu: „Ich wollte nie, daß dieses Buch geschrieben wird. Wir brechen das ganze Projekt ab."*

Unter „Vereinfachen" verstand Walton offensichtlich, sich noch mehr auf den größten Ehrgeiz seines Lebens zu konzentrieren; den Ehrgeiz, der ihn so manche Morgenstunde gegen vier Uhr ins Büro getrieben hatte; der ihn an ungezählten Samstagen an Sitzungen teilnehmen ließ; der ihn antrieb, mehr Kauf-

---

* Walton kaufte Morgenthaler die Notizen und Interviewmitschriften ab und überließ sie der Familie. Später konnte Walton dank des bereits vorhandenen Materials etwas leichter davon überzeugt werden, doch noch einmal seine Meinung zu ändern und eine Biographie schreiben zu lassen. Dieses Mal verpflichtete Walton den *Fortune*-Herausgeber John Huey als Ghostwriter, einen Journalisten, den er mochte, der aber das erste Mal nicht verfügbar gewesen war.

häuser im ganzen Land und auf der ganzen Welt zu besuchen als irgend ein anderer vor ihm – wovon er selbst felsenfest überzeugt war; der ihn dazu brachte, sich von seiner Frau und seinen Kindern auf Campingplätzen oder in Ferienorten abzuseilen, um die Kaufhäuser der Konkurrenz auszukundschaften, und der ihn noch Jahre, nachdem jeder andere längst in den Ruhestand gegangen wäre, an seinem überfüllten Terminkalender festhalten ließ.

Sein Ehrgeiz war es, das größte und erfolgreichste Unternehmen zu hinterlassen, das er über die Jahr aufbauen könnte, und – wie es ein Manager der Anfangsjahre, Charlie Baum, einmal ausdrückte – alle Konkurrenten zu überrunden.

Walton hatte schon früher häufig geäußert, daß für ihn Geld ab einem bestimmten Punkt nur noch eine untergeordnete Rolle spiele. Seine persönlichen Marotten, z.B. daß er mit seinen Schuhen prahlte, die er bei Wal-Mart so billig gekauft hatte, oder andere Führungskräfte um Wechselgeld anpumpte, hat sicherlich sein Image von einem zuweilen etwas absonderlichen Geizhals gefestigt.

Die gewisse Gleichgültigkeit gegenüber seinem Vermögen, von der sein Image in der Öffentlichkeit geprägt war, wurde durch seine vielfach zitierte Reaktion auf den großen Börsen-Crash vom 19. Oktober 1987 noch weiter zementiert. An diesem Tag fiel der Dow-Jones-Industrieaktienindex um 508 Punkte, die Wal-Mart-Aktien verzeichneten einen Kursrutsch von 23 Prozent gegenüber der vorangegangenen Woche, und der persönliche Nettoverlust für Walton belief sich auf 1,7 Milliarden Dollar. Walton war nach Little Rock gefahren, um andere Firmenleiter aus Arkansas anläßlich einer Pressekonferenz über das bundesstaatliche Hochschulprogramm zu treffen. Als er im Büro des damaligen Gouverneurs Bill Clinton ankam, fragten ihn Reporter, welche Wirkung der Börsenkrach auf ihn gehabt habe.

„Aber das ist doch alles nur Papier", sagte er, ohne nach außen im mindesten Trübsal zu blasen. „Es war Papier, als wir angefangen haben, und jetzt ist es auch nichts anderes."[8]

Ihm ging es nicht um Geld. Es war der Umfang seiner Geschäfte, der ihn interessierte. Die Ziele, die er sich setzte, waren stets atemberaubend hoch. Als Wal-Mart 1976 einen Umsatz von 340,3 Millionen Dollar auswies, den es mit Hilfe seiner 125 Handelsfilialen erzielt hatte, die im übrigen alle höchstens eine Tagesfahrt von Bentonville entfernt waren, besaß Walton genug Optimismus, um öffentlich zu verkünden, daß er die Umsatzzahlen innerhalb der nächsten fünf Jahre verdreifachen werde. „Schreiben Sie es an jede Wand, wenn Sie möchten", sagte er zu Jeannette Reddish, einer Journalistin, die über ihn einen Artikel in der *Financial World* schrieb. „Bis zum 31. Januar 1981 werden wir ein Unternehmen mit Milliardenumsatz sein."[9] Wie sich schließlich herausstellte, gelang es Wal-Mart sogar ein Jahr vor dem angepeilten Termin, die Marke von 1,25 Milliarden Dollar Umsatz pro Jahr zu erreichen.

Als Wal-Mart 1985 mit einem Umsatz von 6,4 Milliarden Dollar noch immer meilenweit hinter Kmart (Jahresumsatz: 22 Milliarden Dollar) und Sears (Jahresumsatz: 25,3 Milliarden Dollar) zurücklag, sprachen Walton und Glass bereits offen darüber, größter Handelskonzern der Vereinigten Staaten zu werden. Im gleichen Jahr prognostizierte Herbert Fischer, Unternehmensleiter von Jamesway Corp., einer anderen – in New Jersey ansässigen – regionalen Discount-Kette, daß auch er den Tag voraussehe, an dem Wal-Mart den Einzelhandelsriesen Kmart überrunden und zur Nummer eins der Discount-Branche aufsteigen werde.

Jetzt, im Jahre 1990 – in den Wochen, nachdem er Morgenthaler weggeschickt hatte – begann Walton auf seinem gelben Notizblock, der ihn überall hin begleitete, finanzielle Prognosen über die Umsatzzahlen von Wal-Mart im nächsten Jahrzehnt aufzustellen und seine Prognosen immer und immer wieder zu überarbeiten. Daß er Sears und Kmart einholen würde, war für ihn eine Sache der Selbstverständlichkeit. Dazu würde es in den nächsten beiden Jahren kommen, davon war er überzeugt, und so hatte er eine reelle Chance, es noch zu erleben. Was ihn aber viel mehr interessierte, war das Potential von Wal-Mart bis zum neuen Jahrtausend und darüber hinaus.

Bei der nächsten Jahreshauptversammlung legte Walton den jubelnden Aktionären mit großem Selbstbewußtsein die folgende Rechnung vor: Ob mit oder ohne ihn würde der Umsatz von Wal-Mart bis zur Jahrtausendwende 129 Milliarden Dollar erreichen und sich somit mehr als verfünffachen. Wal-Mart würde damit sowohl an Sears als auch an Kmart vorbeiziehen und das mächtigste Einzelhandelsunternehmen der Welt werden.

Für Sam Walton gab es daran nicht den geringsten Zweifel.

Kapitel 2
Der Krämer in Arkansas

Bevor Sam Walton kam, hätte man Bentonville in Arkansas vielleicht wohlwollend als ein verschlafenes Provinzstädtchen im südlichen Mittelwesten Amerikas bezeichnen können. Ein typischer Ort, an dem die Statue eines Konföderierten auf dem schattigen Marktplatz Wache hält, ein Ort, an dem es so wenig Verkehr gibt, daß man nicht einmal eine Ampel benötigt. Alles in allem ein wenig wahrscheinlicher Ort, um dort eine Goldgrube aufzutun.

Doch für Sam Walton wurde Bentonville schließlich genau das: eine Goldgrube. Sie bedeutete das Ende einer langen Suche nach einem besseren Leben, welche die Waltons vier Generationen hindurch von einem Ort zum anderen getrieben hatte.

Die Wurzeln der Walton-Familie lassen sich bis Virginia zurückverfolgen. Von dort machte sich William P. Walton im Jahre 1838 auf den Weg, um sein Glück als Farmer in der Nähe des kleinen Städtchens La Mine im Herzen von Missouri zu suchen. Wirklich interessant wird die Familienchronik mit einem seiner Söhne, Samuel W. Walton, der 1848 auf der Familienfarm geboren wurde. Wie sein nach ihm benannter, weit berühmterer Enkelsohn begann dieser Sam Walton seine Laufbahn als Besitzer eines kleines Gemischtwarenladens in La Mine. Zur damaligen Zeit kaufte man in kleinen Läden auf dem Lande ein. Oft waren die Ladenbesitzer Farmer, und das Warensortiment umfaßte Stoffe und Kleider, Werkzeuge und Besteck, Medikamente, Obst, Tabak und andere Gebrauchs- und Verbrauchsgegenstände. Häufig diente der Laden auch als Postfiliale. Tatsächlich war auch Sam Walton Postamtsleiter von La Mine.

Es war kein einfaches Geschäft. Die Familien der umliegenden Farmen, die bei ihm einkauften, verfügten nur zu bestimmten Zeiten im Jahr über Bargeld. Als Ladenbesitzer mußte er bereit sein, Eier, Gemüse oder andere Dinge ebenso als Zahlungsmittel zu akzeptieren wie Geld. Zweimal im Jahr fuhr man normalerweise in eine große Stadt – Sam Walton etwa nach Saint Louis – um ein bestimmtes Kontingent an Ware einzukaufen, das man in den nächsten sechs Monaten verkaufen wollte.

Walton hatte eine einheimische Farmerstochter geheiratet, als er zwanzig Jahre alt war. Doch sie starb nach der Geburt ihres sechsten Kindes im Jahre 1880. Vielleicht war es ihr Tod, der ihn aus La Mine trieb, vielleicht gab es auch einen anderen Grund. Fest steht, daß er kurze Zeit später seine Sachen packte und mit seinen Kindern das Städtchen verließ. In den nächsten Jahren zog er zweimal um, bevor er sich bei Verwandten einquartierte, die sich in der kleinen Stadt Diggins im Webster County, einem Verwaltungsbezirk im Südwesten von Missouri, niedergelassen hatten. Hier eröffnete Walton erneut einen Krämerladen und wurde Postmeister von Diggins. Darüber hinaus kaufte er eine Obstfarm und begann bald damit, Bau- und Nutzholz zu verkaufen und zu liefern.

Photos von Samuel Walton aus dieser Zeit zeigen einen fröhlichen Mann mit einer breiten Stirn und einem extravaganten Walroßschnurrbart. Am Heiligabend im Jahre 1883 heiratete er erneut, knapp zwei Jahre, nachdem er in Webster County angekommen war. Seine zweite Frau, Clara, brachte drei Söhne zur Welt. Doch als der Jüngste, Thomas, gerade ein Jahr alt war, starben Clara und dann Samuel Walton im Herbst 1894 kurz nacheinander. Die Einzelheiten, wie und warum sie starben oder welche Vorkehrungen sie – falls überhaupt – für ihre Kinder und Waltons Geschäfte getroffen hatten, sind nur vage zurückzuverfolgen. Charles Walton, sein ältester Sohn aus erster Ehe, taucht in den Unterlagen als Geschäftspartner seines Vaters auf. Doch aus Gründen, die im nachhinein schwer nachzuvollziehen sind, scheint Charles seinen jüngeren Brüdern und Schwestern sowie seinen Halbbrüdern, die allesamt auf verschiedene Verwandte verteilt wurden, mehr oder minder das Erbe entzogen zu haben.

Samuels jüngste Tochter Mollie zog nach Westen zu ihrem Onkel J. W. Walton. Nachdem er ein paar Jahre lang im Verwaltungsbezirk Webster County Sheriff gewesen war, hatte J. W. Walton risikofreudig beschlossen, nach Westen in die unterentwickelten und windigen Ebenen zu ziehen, wo er seiner Ansicht nach Chancen auf ein besseres Leben haben würde. Er hatte also fünf Jahre vor Mollies Anreise seine Heimat verlassen, um am historischen Land-Rush von Oklahoma teilzunehmen. Er war einer von über 50.000 Siedlern, die am 22. April 1889 die Möglichkeit erhielten, durch ein Wagenrennen bis zu 6,5 Hektar Land pro Mann eines ehemals indianischen Territoriums abzustecken und auf diese Weise darauf offizielle Besitzansprüche geltend zu machen. J. W. Walton hatte sich sein Stück Land nicht weit von der Stelle gesichert, an der später staatliche Vermesser die Planstadt Kingfisher elf Kilometer südlich des Cimarron-Flusses anlegen sollten.

Er hätte es vielleicht auch als Homesteader-Siedler zu etwas gebracht, aber Walton fand schnell eine weniger mühsame Art und Weise, seinen Lebensunterhalt zu verdienen. Nachdem er beobachtet hatte, wie sich viele andere Siedler in seiner näheren Umgebung verschuldet hatten und schließlich gezwungen waren, ihr Stück Land für ein geringes Entgelt zu verkaufen, entschloß er sich, hauptberuflich den Verleih von Geld zu betreiben und wurde Vertreter für Farmerkredite.* Die Geschäfte liefen hervorragend.

Er machte sich einen so guten Ruf als Geschäftsmann, daß ihn die Zeitung *Kingfisher Times* in einer ihrer ersten Ausgaben 1901 einen „vertrauenswürdigen Geschäftspartner" nannte und hinzufügte: „Er behandelt jeden anständig und ehrlich, und wir scheuen uns nicht davor zu behaupten, daß seine Weste – in einer Branche, in der Unterschlagungen an der Tagesordnung sind – wirklich makellos rein ist."[1]

Schon bald nach ihrer Ankunft in Kingfisher beendete seine noch junge Nichte Mollie ihre Ausbildung und trat eine Lehrerstelle für 35 Dollar im Monat an. Kurz danach ließ sie ihre drei Halbbrüder nachkommen und übernahm die Verantwortung für ihre Erziehung. Als Thomas, der jüngste der Brüder, seine High-School-Ausbildung beendet hatte, stieg er in das Kreditgeschäft seines Onkels J. W. Walton ein.

Doch eigentlich reizte ihn die Arbeit nicht sonderlich. Im Jahre 1917, als er 25 Jahre alt wurde, tat Thomas das, was jeder junge Mann aus Oklahoma, der etwas auf sich hält, nun einmal tut: Er heiratete die Tochter eines ortsansässigen Farmers und kaufte sich eine eigene Farm. Seine Frau, die achtzehnjährige Nannia Lee Lawrence, war zu diesem Zeitpunkt in ihrem ersten Jahr am College. Sie gab ihr Studium auf, wurde bald schwanger, und die beiden ließen sich auf einem Stück Land, das Thomas Walton ein paar Kilometer außerhalb der Stadt erworben hatte, nieder.

Sein Timing schien perfekt, um nicht zu sagen patriotisch: Die US-Regierung hielt zu dieser Zeit die Farmer an, so viel Ackerbau wie möglich zu betreiben, um den erwirtschafteten Überschuß in das vom Krieg gebeutelte Europa zu schicken. Der Erste Weltkrieg dauerte bereits drei Jahre an. Die Gewinne der Farmer waren berauschend. Inzwischen brachte Nannia am 29. März 1918, einem Freitag, im Farmerhaus ihren ersten Sohn zur Welt. Sie beschlossen, ihn nach dem Vater, den Thomas nie wirklich kennengelernt hatte, zu benennen und tauften ihn Samuel Moore Walton. Drei Jahre später folgte ihm ein zweiter Sohn, James L. Walton, genannt Bud.

---

* Wahrscheinlich agierte er als Regionalvertreter einer großen Versicherungsgesellschaft oder Staatsbank.

Doch plötzlich mußte Thomas Walton wieder darum kämpfen, den Kopf über Wasser zu halten. Nach 1918, als der Krieg zu Ende war, begannen die Landwirte in Europa mit erstaunlicher Geschwindigkeit, wieder ihre eigene Produktion aufzubauen. Dies bedeutete, daß sich bei den amerikanischen Farmern bald riesige Überschüsse ansammelten. Die Preise für Baumwolle, Mehl, Mais und andere Grundnahrungsmittel fielen ins Bodenlose. Die Depression der Nachkriegszeit stürzte eine große Anzahl von Farmern in tiefe Schulden.

Nach ein paar sehr harten Jahren gab Thomas Walton seine Farm auf. Er mußte sich wieder der Branche zuwenden, die er schon kannte: das Kreditgeschäft mit Farmern. Er zog mit seiner Familie nach Springfield im Bundesstaat Missouri, wo er für eine Kreditgesellschaft zu arbeiten begann, die seinem älteren Halbbruder Jesse Walton gehörte und eine Vertretung der Metropolitan Life Insurance Co. war. Bald zog er jedoch auf Jesse Waltons Anweisung mit seiner Familie in die Kleinstadt Marshall im Herzen von Missouri. Kurz danach hörte Thomas Walton allerdings auf, für seinen Bruder zu arbeiten, und wagte anstatt dessen die Gründung eines eigenen kleinen Versicherungs- und Kreditunternehmens.

Es war wirklich ein Wagnis. Sein Unternehmen ging innerhalb weniger Jahre Pleite. Es war der Beginn der „Great Depression", der großen internationalen Wirtschaftsdepression. Glücklicherweise überließ ihm Jesse Walton wieder eine Stelle in seiner Kreditgesellschaft, die sich als wesentlich robuster erwiesen hatte. Nach seinem Wiedereinstieg war Thomas Walton für die Räumung von Farmen zuständig. Es war nicht gerade eine amüsante Arbeit, aber sie war äußerst krisensicher.

Innerhalb der nächsten Jahre ließ er Hunderte von Farmen räumen und enteignete Menschen, die nicht in der Lage waren, ihre Kredite zurückzuzahlen, Familien, die in manchen Fällen seit Generationen diese Farmen besessen und auf ihnen gelebt hatten. Um der Kreditgesellschaft eine Expansion innerhalb des Bundesstaates Oklahoma zu ermöglichen, stimmte Walton 1931 zu, mit seiner Familie nach Shelbina, einer noch kleineren Stadt 120 Kilometer nordöstlich von Marshall zu ziehen.

Während dieser Jahre waren die Einkünfte von Thomas Walton zwar ausreichend, aber nicht gerade außerordentlich hoch. Sam Walton behauptete später, daß sein Vater einmal seine Armbanduhr (offensichtlich eine sehr schöne) gegen ein Mastschwein eintauschte, „um endlich wieder einmal Fleisch auf den Tisch zu bekommen."[2] Sam begleitete seinen Vater gelegentlich bei der Räumung einer Farm. Und auch wenn nicht sicher ist, ob diese Erfahrung tatsächlich eine Erklärung für sein späteres Verhalten bietet, so wurde in seinem Herzen damals zumindest der Keim für eine noch größere Spardisziplin angelegt, als man sie bei den meisten Kindern der Depression findet. Er selbst maß dieser unmittelbaren Konfrontation damit, wie Familien von ihrem Land vertrieben wurden, nicht eine solch große Bedeutung bei und kommentierte einmal nüchtern: „Es muß auf mich als Kind wohl einen gewissen Eindruck hinterlassen haben, auch wenn ich mich nicht daran erinnern kann, zu mir selbst gesagt zu haben: ‚Ich werde niemals arm sein.'" Sicherlich aber prägten diese Erlebnisse seine Eltern. „Eine Gemeinsamkeit, die es zwischen meiner Mutter und meinem Vater ganz gewiß gab, war ihre Einstellung zum Geld: Es wurde einfach nie ausgeben."[3]

Sam Walton war dreizehn, als sich die Familie in Shelbina niederließ. Bud war zehn Jahre alt. Die beiden Brüder verstanden sich sehr gut. Wie es für die meisten Kinder ihres Alters üblich war, hatten sie schon seit ein paar Jahren kleinere Jobs, die sie vor und nach dem Unterricht erledigten. Jeden Morgen melkte Sam Walton die Kühe, die sie besaßen. Seine Mutter füllte die Milch in Flaschen, während er in der Schule war, und nach dem Football-Training trug er die Flaschen aus. Er verteilte auch Zeitungen, verkaufte Zeitschriften-Abonnements und erzielte einen gewissen Umsatz aus der Aufzucht von Kaninchen und Tauben. Er fand sogar noch Zeit, um bei den Pfadfindern mitzumachen, und erreichte – ohne besondere Hilfe seines Vaters, der viel durch die Gegend reisen mußte und wenig Zeit für seine Kinder hatte – den Status eines Eagle Scout, schon kurze Zeit nachdem er nach Shelbina gezogen war. Er war damals der jüngste Eagle-Scout-Pfadfinder in der Geschichte von Missouri.

Da Thomas Walton soviel unterwegs war, übernahm Nan Walton im großen und ganzen die Aufgabe, die Jungen großzuziehen, sie zu erziehen und zu motivieren. Sie hegte große Ambitionen für ihre Söhne. „Sie las eine Menge und war sehr gebildet", erinnerte sich Sam Walton. Möglicherweise weil sie es lebhaft bedauerte, ihr Collegestudium abgebrochen zu haben, „stellte sie von Anfang an klar, daß ich das College besuchen und etwas aus mir machen würde", entsann er sich.[4]

Es gab da auch noch etwas anderes, was sie neben dem Abbruch ihrer Collegeausbildung bedauerte. Im Laufe der Jahre entwickelten sich Thomas und Nan Walton immer weiter auseinander. Die Gründe dafür wurden von keinem der beiden Söhne öffentlich angesprochen. Sam Walton vermied es, über seine Eltern zu sprechen, sowie er es gleichermaßen vermied, über irgend etwas Persönliches zu reden. Doch Helen, die fest davon überzeugt war, daß die Gegensätzlichkeit seiner Eltern Walton's Umgang mit seiner eigenen Familie geprägt hatte, veranlaßte ihn dazu, in seine Autobiographie eine persönliche Erinnerung einfließen zu lassen:

„Vater und Mutter waren die streitsüchtigsten Menschen, die jemals zusammengelebt haben... Sie waren immer gegensätzlicher Meinung und blieben eigentlich nur wegen Bud und mir zusammen."

„Da ich das älteste Kind war, kam es mir so vor, als bekäme ich das meiste von den Streitereien ab", fügte er hinzu. „Ich bin mir nicht sicher, wie das meine Persönlichkeit beeinflußt hat. Ich könnte mir höchstens vorstellen, daß darin die Motivation lag, mich stets mit Arbeit einzudecken. Auf alle Fälle schwor ich mir früh, daß – wenn ich jemals eine Familie haben sollte – ich sie niemals dieser Art von Gezänke aussetzen würde."[5]

Etwas Persönlicheres als diese Aussage war Sam Walton kaum zu entlocken. In seiner typisch bündigen Art hat Walton mit dieser Erinnerung vielleicht nicht wenig von dem Menschen preisgegeben, zu dem er sich entwickelte. Eines ist zumindest sicher: Er vermied es, sich mit Helen zu streiten. („Es war Teil unseres Abkommens vor unserer Ehe, daß wir uns nicht ständig zanken würden", sagte Helen Walton einmal in einem Fernsehinterview."[6]) Doch auch Sam Walton war klar, daß seine eigenen Tendenzen zum Workaholic seinem Bedürfnis als Kind entsprachen, sich der Zankerei seiner Eltern zu entziehen.

Keiner seiner engen Freunde äußerte jemals den Zweifel, daß Sam Walton seine Frau Helen – und die Kinder – hingebungsvoll liebte und sie ihm viel bedeuteten. Gleichzeitig können viele kopfschüttelnd Geschichten erzählen, die dem zu widersprechen scheinen, wie etwa wenn Sam auf Wachteljagd ging, während Helen an ihrem Geburtstag zu Hause saß. Während ihrer Ehe versuchte Helen immer und immer wieder, ihn dazu zu bewegen, mehr Zeit mit ihr und den Kindern zu verbringen. Und immer und immer wieder entschied er sich statt dessen dafür, sich mit Arbeit einzudecken – oder aber jagen zu gehen. Und so kam es, daß Helen Walton recht spät in ihrer Ehe auch begann, auf Wachteljagd zu gehen, nicht unbedingt, weil sie Spaß daran hatte (den hatte sie anscheinend eher nicht), sondern weil sie so zumindest etwas mehr Zeit mit Sam verbringen konnte.

„Seine Vorstellung von einem Feierabend bestand darin, zu Abend zu essen, sich hinzusetzen und zu lesen, zu lesen und zu lesen", berichtete Helen Walton. „Es war nicht leicht. Ich versuchte es so einzurichten, daß die Kinder ihren Vater nicht allzu sehr vermißten."[7]

Er entwickelte sich schließlich zu einem Mann, der – wie schon sein Vater und Großvater – am häuslichen Leben so gut wie gar nicht teilnahm. Sams Großvater, Samuel Walton, konnte natürlich nicht anders, war er doch gestorben, als sein Sohn Thomas noch ein Säugling war. Thomas Walton seinerseits mußte während der Wirtschaftsdepression dankbar sein, daß er überhaupt eine Arbeit hatte, selbst wenn dies bedeutete, daß er lange von zu Hause abwesend war. Sam Walton allerdings schloß sich im Laufe der Zeit freiwillig immer mehr von dem häuslichen Zusammenleben aus, selbst in den letzten Tagen seines Lebens. In seinen Memoiren legte er Wert darauf, seine Kinder mit dem Wortlaut zu zitieren, seine Abwesenheit hätte ihnen nichts ausgemacht und sie hätten sich nicht vernachlässigt gefühlt. Doch von seinen Freunden und Mitarbeitern und aus Helens vorsichtigen Äußerungen ist eigentlich zu schließen, daß er überwiegend abwesend war. (Helen erwähnt beispielsweise, daß Sam sich damit einverstanden erklärt hatte, die Kinder alle zwei Wochen zur Sonntagsschule zu bringen. Doch das Ende des Liedes war, daß sie selbst jede Woche an der Reihe war, da er sonntags immer im Büro war, auch wenn er dort den Samstag schon bis spät in die Nacht verbracht hatte.)

Die Arbeit stellte eine Art Sicherheit für ihn dar. Selbst als er im Krankenhaus im Sterben lag – so erinnern sich Freunde – konnte ihn nichts so sehr aufmuntern, wie wenn ein Filialleiter von Wal-Mart am Krankenhausbett erschien und mit ihm darüber plauderte, wie sich der Umsatz in seinem Kaufhaus entwickelt hatte.

Hauptsächlich auf Nan Waltons Drängen hin stimmte Thomas Walton zu, mit der Familie 1933, d.h. zu Beginn von Sams zweitem Jahr an der High School, noch einmal umzuziehen. Dieses Mal zogen sie nach Columbia, das mit fast 30.000 Einwohnern die größte Stadt zwischen Kansas City und Saint Louis sowie Standort einiger Colleges einschließlich der University of Missouri war. Nan Walton hoffte, der Umzug würde die Chancen ihrer Söhne auf eine Hochschulausbildung verbessern. Die Familie zog in ein großes zweistöckiges Backsteinhaus in der Nähe des Universitätsgeländes. Um die Studiengebühren bezahlen zu können, vermieteten sie drei von vier Zimmern, die sich im Obergeschoß befanden, an Studenten.

In den Sommerferien brach sich Sam Walton ein Bein, als er während eines Baseballspiels beim Home-Run in das Zielfeld rutschte. Doch trotz seiner Verletzung schien ihm der Schulwechsel zur Hickman High School in Columbia im darauffolgenden Herbst nicht schwerzufallen. Der freundliche, extrovertierte Junge war unter seinen Klassenkameraden rasch beliebt. Er wurde stellvertretender Klassensprecher seiner Junior Class[Ü1] und Jahrgangssprecher seiner Abschlußklasse. Wie sein Vater war Sam eher zierlich und mit 1,75 Metern nicht sehr groß. Neben Baseball spielte er jedoch auch Football und Basketball und liebte Wettkämpfe über alles. Im Jahre 1935 war er als Quarterback der „Kewpies" (benannt nach der in den Vereinigten Staaten seit Anfang der 20er Jahre beliebten, pummeligen Puppe mit großen Augen und dünnem Haarschwänzchen) maßgeblich daran beteiligt, daß seine Mannschaft eine ganze Saison lang ungeschlagen blieb und die Meisterschaft auf Bundesstaatenebene erreichte. Er nahm

---

Ü1 Anm. d. Übers.: vorletztes Jahr an einer Schule bzw. Hochschule vor den Abschlußprüfungen

an jeder erdenklichen Schulaktivität teil, arbeitete stundenweise in einem Five-and-Dime-Laden und trug die Campuszeitung *Columbia Missourian* aus. Natürlich ging er zum Studieren an die University of Missouri. Er etablierte sich schnell als Studentensprecher, wobei ihm die Beziehungen zugute kamen, die er zu den Untermietern seiner Eltern geknüpft hatte. Und er profitierte vom Kontakt zu den Collegestudenten, die er beim Austragen der Zeitungen für die Burschenschaften kennengelernt hatte. Er arbeitete als Bedienung und als Bademeister. Und er baute seinen Job als Zeitungsausträger aus, indem er Hilfskräfte anstellte und schließlich – wie er sich selbst erinnerte – mehr als 4.000 Dollar pro Jahr Gewinn erzielte.* Mit diesen Einnahmen bezahlte er Kleider, Studiengebühren, Essen und andere Dinge, wie etwa ein Auto, das er sich bereits in seinem zweiten Jahr am College leisten konnte. Auf dem Campus kursierte der Witz, daß es keinen Club gab, dem er nicht beitreten würde, nur um Clubsprecher zu werden. Er wurde Mitglied und Sprecher einer Studentenverbindung, Vorsitzender eines ROTC-Clubs[Ü2], Vorsitzender der Ehrengesellschaft für Abschlußschüler, Mitglied des Editionsausschusses für das Collegejahrbuch, Sprecher seiner Bibelklasse und Jahrgangssprecher seiner Abschlußklasse.

Nan Walton wollte, daß er Rechtsanwalt würde. Und er selbst phantasierte zuweilen sogar davon, Präsident der Vereinigten Staaten zu werden. Doch wenn er realistisch in die Zukunft blickte, sprach er davon, sich als Versicherungsvertreter etablieren zu wollen. In der High School war er mit einem Mädchen ausgegangen, dessen Vater Versicherungskaufmann war. Er erinnerte sich: „Ich hatte den Eindruck, daß er in rauhen Mengen Geld verdiente. Und Versicherungen schienen irgendwie zu mir zu passen, da ich davon ausging, daß ich im Verkaufen ganz gut war."[8]

Walton überlegte sich, noch ein Wirtschaftsstudium anzuschließen – ihn interessierte die Wharton School an der University of Pennsylvania in Philadelphia – doch letztlich entschied er sich aus finanziellen Gründen dagegen. Kurz vor den Abschlußprüfungen an der University of Missouri hatte er Vorstellungsgespräche bei Sears Roebuck & Co. und bei J.C. Penney Co. Beide boten ihm eine Stelle an.

Er entschied sich für Penney und wurde kurze Zeit später angewiesen, drei Tage nach seinem Studienabschluß seine neue Arbeitsstelle in einer Penney-Filiale in Des Moines, Iowa, anzutreten. Am 3. Juni 1940 begann er für 75 Dollar pro Woche** zuzüglich Provision seine Laufbahn bei Penney.

---

* Dies entspricht 1998 einem Gegenwert von 48.750 Dollar pro Jahr.
Ü2 Anm. d. Übers.: Abk. für „Reserve Officers Training Corps", etwa: Trainingskorps für Reserveoffiziere. Die Organisation betreibt auch intensive Jugendarbeit.
** Dies entspricht 1998 einem Gegenwert von 920 Dollar pro Woche.

Wenige Wochen nachdem er sein Studium beendet hatte, trennten sich seine Eltern. Nan Walton zog nach Kalifornien und fand eine Stelle in einer Rüstungsfabrik.

Sam Walton sagte später, daß es seine frühen Erfahrungen bei Penney gewesen seien, die ihn dazu brachten, seine Laufbahn im Einzelhandel einzuschlagen. Verkaufen – und vor allem zu versuchen, mehr zu verkaufen als seine Kollegen – machte ihm großen Spaß. Und er war gut. Er wurde zwar für seine Nachlässigkeit beim Erledigen von Formalitäten gerügt, doch dies war ja nur darauf zurückzuführen, daß er in Gedanken schon wieder mit dem nächsten Kaufabschluß beschäftigt war. Mit seinem Vorgesetzten, der von Waltons Einsatz überaus angetan war, kam er sehr gut aus. In der Mittagspause zog Walton gewöhnlich durch die Gänge der konkurrierenden Warenhäuser, wie etwa durch das nahegelegene Sears. Und er begann Bücher über das Einzelhandelswesen zu lesen. Er stellte schnell fest, daß ihm die Art der Geschäftsführung bei Penney gefiel, und zwar so sehr, daß er seinen Bruder Bud anrief und ihn dazu überredete, ebenfalls eine Managementlaufbahn bei Penney einzuschlagen. (Bud trat schließlich eine Stelle in einer Filiale im nahegelegenen Cedar Rapids an.)

Bei Penney griff Walton viele der Ideen auf, für deren Urheber man ihn später selbst hielt. So war es bei Penney beispielsweise üblich, Mitarbeiter „Partner" zu nennen, um ihnen stärker das Gefühl zu geben, wirkliche Teilhaber des Unternehmens zu sein. Eine andere Idee bestand darin, Filialleitern einige Anteile an ihrem Warenhaus zum Kauf anzubieten, um sie so durch eine persönliche Investition stärker an den Erfolg ihrer Filiale zu binden. Wieder eine andere Idee war das „Management durch Stippvisiten", wie einige Waltons Gewohnheit nannten, seinen Geschäften unermüdlich Besuche abzustatten. Diese Besuche gaben ihm die Möglichkeit, aus erster Hand zu erfahren, wie es den Filialleitern ging, an sie Tips weiterzugeben, neue Ideen, die man ihm präsentierte, sofort aufzugreifen und natürlich mit allen Mitarbeitern in Kontakt zu bleiben.

All diese Ideen waren strenggenommen das geistige Eigentum von James Cash Penney, und Penney betrachtete sie auch als den Ursprung seines Erfolgs. (Walton begegnete Penney nur einmal, als der Konzerngründer mit damals 65 Jahren seine Handelsfiliale in Des Moines besuchte. Walton erinnerte sich, daß Penney ihm zeigte, wie man etwas für den Kunden einpacken konnte, ohne allzuviel Schnur und Papier zu verbrauchen.) Penney und seine beiden Geschäftspartner hatten ihr erstes Warenhaus 1902 in Kemmerer im Bundesstaat Wyoming eröffnet. Im Jahre 1917 besaß Penney siebzehn Kaufhausfilialen mit einem jährlichen Umsatz von insgesamt 3,5 Millionen Dollar. 1923 waren es bereits 475 Kaufhäuser, und als Walton Trainee bei Penney wurde, umfaßte die

Penney-Kette knapp 1.600 Handelsfilialen. Nur Sears Roebuck und Montgomery Ward waren als Warenhauskette noch größer.

Walton gab seine Stelle bei Penney nach etwa 18 Monaten auf. Wie er in seinen Memoiren schrieb, verließ er das Unternehmen, da er sowieso davon ausgehen mußte, bald zum Militärdienst einberufen zu werden. Was er nicht erwähnte war, daß er mit seiner Kündigung auch einer emotionalen Zwickmühle entfliehen wollte.

Seit einiger Zeit traf er sich mit einer Frau namens Beth Hamquist, die als Kassiererin im Warenhaus arbeitete. Er hatte den Flirt verheimlicht, da die Politik von Penney es strengstens untersagte, daß sich Mitarbeiter miteinander verabredeten. (Auch diese Regel übertrug Walton später auf den Wal-Mart-Konzern, vielleicht aufgrund seiner eigenen Erfahrungen.) Als sich die Beziehung vertiefte, wollte Beth heiraten. Doch obwohl Walton sich ganz sicher war, daß er sie nicht heiraten wollte, hinterließ er bei ihr offensichtlich einen ganz anderen Eindruck, als er Des Moines im Januar 1942 verließ, um nach Oklahoma zu gehen.[9]

Kurz bevor er Penney verließ, war Walton von der Army aufgrund von Herzrhythmusstörungen als für den Wehrdienst untauglich befunden und ausgemustert worden. Er mußte jedoch für bestimmte Aufgaben weiterhin zur Verfügung stehen. Während er sich noch auf Abruf in Oklahoma aufhielt, fand er Arbeit in einer Schwarzpulverfabrik von Du Pont in der Kleinstadt Pryor, die nordwestlich von Tulsa lag. Wie viele andere Städte mit umfangreicher Rüstungsproduktion konnte sich auch Pryor vor Arbeitern nicht retten. Die nächste Unterkunft zu seiner Arbeitsstelle, die Walton damals finden konnte, war ein Zimmer im 30 Kilometer entfernten Claremore. Hier war es auch, wo er beim Kegeln die 22-jährige Helen Robson kennenlernte. „Mein damaliger Freund war gerade mit dem Kegeln an der Reihe", erinnerte sich Helen Walton, als sie ein junger Mann, der an der benachbarten Bahn spielte, angesprochen habe. „Dieser Kerl ließ sein rechtes Bein über den Sitz hängen und fragte mich einfach: ‚Haben wir uns nicht irgendwo schon einmal getroffen?'"[10]

Die beiden begannen bald, sich regelmäßig zu treffen. Doch schon früh wurde die junge Liebe durch einen Überraschungsgast auf die Probe gestellt: Beth Hamquist war mit dem Zug angereist, um den Mann zu besuchen, den sie offensichtlich noch immer als ihren Verlobten betrachtete. Waltons Vermieterin erlaubte ihr großzügig, in einem leeren Zimmer im Haus zu übernachten. Wie sich die Vermieterin erinnerte, machte Walton Beth nach ein paar Tagen endlich klar, daß in seinen Augen die Verlobung gelöst war. Die beiden hatten einen „fürchterlichen Streit", und Beth Hamquist verließ die Stadt mit dem nächsten Zug.[11]

Das alles entging Helen Robson nicht.

Aber dieser Vorfall hatte keine negativen Auswirkungen auf ihre Beziehung zu Walton, den sie ganz offensichtlich als geeigneten Ehepartner betrachtete – so wie er sie auch sah. Helen Robson war kein typisches Mädchen vom Lande. Zu ihrer Teenagerzeit war ihr Vater – ein Rechtsanwalt, Ranchbesitzer und Bankier – bereits einer der vermögendsten Männer in der gesamten Region. Freunde in Claremore können noch heute davon berichten, wie er seinen Kindern frühzeitig den Umgang mit Geld beibrachte: Er hatte ihr und ihren drei älteren Brüdern großzügige Girokonten eingerichtet, auf die sie zugreifen durften, um alles, was sie für nötig hielten, zu kaufen. Und selbstverständlich hatte er seine Kinder zu Gesellschaftern gemacht, die an der 7.500-Hektar-großen Ranch der Familie in gleichen Teilen beteiligt waren.

Sie war ein ruhiges, intelligentes Kind gewesen, das sich gerne an der frischen Luft aufhielt, sie war sportlich und wie ihre Mutter tief religiös. Auf der Abschlußfeier ihres Jahrganges an der High School von Claremore war sie als Klassenbeste die Festrednerin. Auch sie war zum Studieren nach Columbia, Missouri, gegangen und hatte sich im Herbst 1937 am Christian College eingeschrieben. Doch ihre und Waltons Wege hatten sich bei dieser Gelegenheit noch nicht gekreuzt. Nach zwei Jahren war sie an die University of Oklahoma in Norman gewechselt, die sie im Jahre 1941 mit einem Diplom in Wirtschaftswissenschaften verließ. Sie hatte sich während ihrer Studienzeit finanziell natürlich nicht über Wasser halten müssen. Sie war sportlich sehr aktiv gewesen, hatte geschwommen, gefochten und Feldhockey gespielt. Auch für die Musik hatte sie eine Schwäche: sie spielte Klavier und Fagott. Auf diesem Instrument gewann sie sogar einmal während ihrer High-School-Zeit einen überregionalen Wettbewerb.

Nach dem College begann sie in der Kanzlei ihres Vaters zu arbeiten. Eine ihrer Aufgaben bestand darin, die Bücher der Familienranch zu führen. Dort arbeitete sie noch immer, als Walton anfing, ihr den Hof zu machen. Als er schließlich zur Army einberufen wurde, hielt er um ihre Hand an. Obwohl die beiden sich erst wenige Monate kannten, gaben die Eltern beider Seiten bereitwillig ihre Zustimmung zu der Verbindung, und Helen Robson setzte den Hochzeitstermin fest: den Valentinstag 1943. Walton nahm Urlaub vom Militärdienst und flog von Los Angeles für drei Tage nach Oklahoma, um seine Hochzeit zu feiern. Bud Walton, der sich gerade bei der Navy zum Piloten ausbilden ließ, reiste aus Saint Paul, Minnesota, an, um Trauzeuge zu sein. Das frischvermählte Paar kehrte schließlich zusammen nach Kalifornien zurück.

Aufgrund seiner früheren Mitgliedschaft in einem ROTC-Club wurde Walton bei der Army als Zweiter Lieutenant eingesetzt. Für ihn war der Krieg wenig auf-

regend: Er war für die Sicherheitskräfte in verschiedenen Kriegsgefangenen-
lagern und Flugzeugfabriken in Kalifornien und Utah zuständig. Neben seiner
Arbeit las er Bücher über den Einzelhandel und trieb sich im Kaufhaus der Mor-
monenkirche ZCMI herum, um zu sehen, welche Geschäftsprinzipien man hier
verfolgte. Helen Walton wurde schwanger, reiste nach Oklahoma zurück und
brachte am 28. Oktober 1944 einen Sohn auf die Welt, den sie Samuel Robson
Walton tauften und Rob riefen.

Zwei Tage nach Japans bedingungsloser Kapitulation wurde Walton im
September 1945 als Captain aus der Army entlassen. Bereits vor seiner Entlas-
sung versuchte Helens Vater, L. S. Robson, das junge Paar zu überreden, nach
Claremore zu kommen.

Doch Helen Walton war gegen diesen Schritt und vertrat die Ansicht, daß
sie jetzt erst einmal ihren eigenen Weg gehen müßten. So zogen sie anstatt dessen nach Saint Louis, wo Sam Walton Tom Bates, einen alten Zimmernachbarn
aus Collegezeiten, aufsuchte, dessen Vater damals ein Warenhaus in Shelbina besessen hatte.

Bates arbeitete in der Schuhabteilung von Butler Brothers, einem Unternehmen, das Lizenzen für Filialen der Kaufhauskette Federated Stores und der
Five-and-Dime-Kette Ben Franklin verkaufte. Er schlug Walton vor, sich mit ihm
zusammenzutun und mit einem Kapitaleinsatz von 20.000 Dollar pro Person die
Lizenz für einen Federated Store in Saint Louis kaufen.

Dieses Lizenzgeschäft war ohne Frage eine sichere Sache, daran hatte Walton keinen Zweifel. Butler Brothers hatten eine lange und solide Firmenge-
schichte. Der Konzern war 1877 als Großhandelsunternehmen in Chicago gegründet worden und hatte seine Produkte an kleine Kaufhäuser und Geschäfte
im ganzen Land vertrieben. Als viele der kleinen unabhängigen Geschäfte, die
von Butler Brothers beliefert wurden, in den 20er und 30er Jahren durch die
großen Warenhausketten wie Woolworth und S.S. Kresge vertrieben wurden,
schlug das Handelsunternehmen zurück und verkaufte nun selbst Lizenzen für
unternehmenseigene Kaufhausfilialen.

Die Federated Stores waren recht erfolgreich. Walton wußte, daß er von seinem reichen Schwiegervater Geld leihen könnte, und die Vorstellung, ein großes
Kaufhaus im Zentrum einer Großstadt zu leiten, ließ seinen Puls höher schlagen.
Doch hier traf Helen Walton eine Entscheidung, deren Einfluß auf das kommen-
de Geschehen sie sich sicherlich niemals hätte vorstellen können: Sie übte ihr Ve-
torecht aus und sagte, sie würde sich in keiner Stadt mit mehr als 10.000 Einwohnern niederlassen. Sie erklärte auch, sie sei alles andere als glücklich mit der
Vorstellung, daß Sam sich einen Kompagnon nehmen wolle, denn sie habe in ihrer eigenen Familie erlebt, wie solche Partnerschaften „den Bach hinuntergingen".

Sam Walton nahm unter diesen Gesichtspunkten erneut seine Gespräche mit Butler Brothers auf. Es gab ja auch noch die Lizenzen für Ben-Franklin-Filialen: viele von ihnen lagen in Kleinstädten, wie sie von Helen bevorzugt wurden. Und schon bald erhielt er vom Konzern die Mitteilung, daß in Newport, Arkansas, ein Ben Franklin zum Verkauf stehe. Noch in seiner Army-Uniform sprang Walton in einen Zug und fuhr nach Newport, um sich die Filiale anzusehen. Vorerst wäre sie ganz in Ordnung, stellte er vor Ort fest. L. S. Robson stimmte bereitwillig zu, ihm 20.000 Dollar zu leihen. Mit diesen und weiteren 5.000 Dollar aus seinem und Helens Besitz* kaufte er die Filiale, und die Familie zog nach Newport.

Newport, ein wohlhabendes und zufriedenes Städtchen mit 5.000 Einwohnern, lag am White River, etwa 130 Kilometer nordöstlich von Little Rock, umgeben von Baumwoll- und Pecannuß-Farmen. In der Stadt gab es einige Industrieansiedlungen, unter anderem eine Schuhfabrik und ein Hüttenwerk. Und als Kreisstadt und Marktzentrum von Jackson County diente es auch als Verkehrsknotenpunkt für diesen Teil des Bundesstaates.

Waltons Geschäft lag neben einem J. C. Penney-Geschäft in der Front Street, der Hauptdurchfahrtsstraße der Stadt. Es war ein typischer Ben Franklin mit einer Verkaufsfläche von etwa 465 Quadratmetern und einer fünfzehn Meter langen Schaufensterfront. Hinter den einzelnen Verkaufstheken, die den Wänden entlang angeordnet waren, warteten die Angestellten auf Kundschaft und wickelten an dezentralen Kassen die Verkäufe ab. Nach einer zweiwöchigen Schulung in einem Ben Franklin in Arkadelphia, Arkansas, nahm Walton am 1. September 1945 im Alter von 27 Jahren sein erstes Warenhaus in Betrieb.

Bessere Voraussetzungen für einen Anfänger wie Walton konnte man sich eigentlich nicht vorstellen. Wie alle Lizenznehmer erhielt auch er Buchhaltungs-Handbücher, aus denen er lernte, wie man Bücher führte und eine Gewinn- und Verlustrechnung aufstellte. Er wurde angewiesen, welche Ware er zu welchem Preis kaufen sollte, wie er sie auszustellen habe und zu welchem Preis er sie wieder verkaufen konnte. Er war nicht gezwungen, sein gesamtes Sortiment bei Butler Brothers einzukaufen, doch ihm war ein kräftiger Rabatt sicher, wenn er mindestens 80 Prozent über sie bezog. Einzelhandelsexperten im Hauptsitz der Firma in Chicago berieten ihn in allen anfallenden Fragen: wieviele Hilfskräfte er benötigen würde, wieviel Werbung er treiben mußte, wie die Filiale nach einem Umbau aussehen sollte und so weiter und so fort. Keine einzige Entscheidung mußte er auf eigene Faust treffen.

---

* Der Gesamtpreis entspräche 1998 einem Gegenwert von 245.000 Dollar.

Die umfangreiche Hilfestellung hatte zwei Ziele: Zum einen sollte Lizenznehmern wie Walton dabei geholfen werden, mit anderen Warenhausketten erfolgreich zu konkurrieren, und zum anderen sollte auf diese Weise sichergestellt werden, daß alle Ben-Franklin-Filialen ein ähnliches Erscheinungsbild hatten und überwiegend dieselbe Produktpalette führten. Ben-Franklin-Filialen waren in provinziellen Kleinstädten zu finden und hatten in der Regel weniger Verkaufsfläche als die Kaufhäuser von Woolworth oder Kresge. Von der Unterwäsche bis zu Putz- und Kochutensilien, Spielsachen, Kosmetika und Kurzwaren gab es alles im Angebot. Viele Artikel kosteten weniger als einen Dollar. Ein typischer Ben Franklin war an sechs Tagen die Woche von neun bis siebzehn Uhr geöffnet und samstags sogar noch etwas länger.

Wie die Wirtschaftshistorikerin Sandra Vance beschreibt, war es zu dieser Zeit gang und gäbe, daß sich „konkurrierende" Händler in Kleinstädten absprachen, um Preise auf einem bestimmten Niveau zu halten, das normalerweise etwas über dem Preisniveau der konkurrenzintensiveren Städte lag. Das war eine bequeme Handhabung – doch Walton beschloß sofort, hier nicht mitzuspielen, vor allem, da sie für ihn alles andere als vorteilhaft war. Er hatte schnell herausgefunden, daß sein Ben Franklin im Durchschnitt 27.000 Dollar Umsatz pro Jahr erzielte hatte, während der konkurrierende Sterling Store auf der gegenüberliegenden Straßenseite, der einem gewissen John Dunham gehörte, im Durchschnitt über 150.000 Dollar jährlich umsetzte, obwohl er etwas weniger Verkaufsfläche hatte.

Schon früher – während seiner Lehrlingsjahre bei Penney – hatte Walton seine Mittagspause gerne damit verbracht, durch das nahe gelegene Sears und andere Geschäfte zu streifen, um zu sehen, wie diese ihre Geschäfte führten. Doch nun begann er damit, Dunham geradezu zu belästigen, indem er ständig über die Straße kam, lange und ausführlich die Auslagen des Rivalen studierte, Preise verglich und ohne jede Hemmung versuchte, alles über die Geschäfte des Mitbewerbers in Erfahrung zu bringen, und zwar so detailliert wie möglich. Er machte es sich regelrecht zur Gewohnheit. Auch auf Familienausflügen setzte er sich häufig ab, um Woolworth-, Kresge- oder irgendwelche anderen Warenhausfilialen, die für ihn von Interesse waren, aufzusuchen.

Je ernster er den Konkurrenzkampf mit Dunham nahm, desto mehr ärgerte es Walton, daß er beim Einkauf seiner Ware die Vorgaben von Butler Brothers befolgen mußte. Der Preisaufschlag war einfach viel zu hoch. Folglich begann er, in direkten Kontakt mit Herstellern zu treten. Die meisten weigerten sich jedoch zunächst, Ware direkt an ihn zu verkaufen, aus Furcht, sie würden damit Butler Brothers verärgern. Bald fuhr Walton sogar bis Tennessee und Missouri, um eine möglichst große Menge an Ware zu Großhandelspreisen einzukaufen,

und verkaufte diese nach seiner Rückkehr dann für einen Preis, der weit unter
dem üblichen lag. Er schloß sich mit einem Herstellervertreter aus New York namens Harry Weiner zusammen, der seine Ware direkt in Fabriken einkaufte und
sie für einen Aufschlag von lediglich fünf Prozent weitergab – ein großer Preisvorteil angesichts der 25 Prozent, die Butler Brothers veranschlagte.

Er fing an, die Strategie zu entwickeln, möglichst große Warenmengen mit
jeweils relativ kleinem Gewinn zu verkaufen, anstatt bei weniger Verkäufen hohe
Preisaufschläge anzusetzen. Walton, mit dem man über dieses Thema unendlich
lange diskutieren konnte, beschrieb einmal anhand des Beispiels „Damenslips",
wie er mit einem geringeren Preisaufschlag ein besseres Geschäft machte. Butler
Brothers verkaufte ihm Damenslips das Dutzend zu zwei Dollar fünfzig, und von
ihm erwartete man, daß er drei Stück für einen Dollar verkaufte. Das bedeutete
einen Bruttogewinn von einem Dollar fünfzig für jedes Dutzend Slips, das über
seine Ladentheke ging. Weiner verkaufte ihm ähnliche Damenslips für zwei
Dollar das Dutzend. Anstatt die zusätzlichen fünfzig Cent einzustecken, bot
Walton *vier* Slips zu einem Dollar an. Dadurch belief sich sein Bruttogewinn lediglich auf einen Dollar das Dutzend, d.h. fünfzig Cent *weniger* als zuvor. Doch
zu diesem günstigen Preis verkaufte er eine so große Menge an Damenslips, daß
sein Gesamtgewinn aus dem Verkauf von Slips in die Höhe schnellte.

Dieses Prinzip übertrug er nun auf alle Waren, die er günstig erwerben
konnte. Seine Geschäfte liefen so gut, daß er den Kredit seines Schwiegervaters
nach zweieinhalb Jahren zurückzahlen konnte und mit den Umsatzzahlen von
Dunham gleichzog. Walton nahm die Konkurrenzsituation sehr ernst. Eines Tages erfuhr er, daß Dunham sein Sterling Store erweitern wollte und kurz davor
stand, den Mietvertrag der Kroger-Lebensmittelfiliale nebenan gegen eine bestimmte Summe abzulösen. Walton sprang sofort in sein Auto und raste 224 Kilometer nach Hot Springs in Arkansas, wo der Besitzer der Kroger-Filiale wohnte, um Dunham das Geschäft wegzuschnappen. „Ich hatte keine Ahnung, was ich
damit anfangen sollte, aber ich wollte auf keinen Fall, daß Sterling es bekäme",
erinnerte er sich.[12]

Schließlich eröffnete Walton in den neuen Verkaufsräumen einen kleinen
Laden, den er Eagle Store nannte, und der mit seiner Verkaufsfläche von 232,5
Quadratmetern nie besonders gewinnbringend war. Das war aber auch nicht
nötig, denn er erfüllte seine Funktion, die nämlich darin bestand, seinem Rivalen eine Expansion unmöglich zu machen.

Angesichts der schwierigen Aufgabe, zwei Warenhäuser gleichzeitig zu leiten, überredete Walton seinen Bruder Bud, nach Newport zu kommen, um ihm
zu helfen. Die Brüder standen sich als Kinder sehr nahe, und Sam Walton hatte
lange versucht, Buds berufliche Karriere zu steuern. Bud war ein intelligenter

und begabter Junge mit einer völlig anderen Persönlichkeitsstruktur als sein Bruder. Er war nicht so extrovertiert wie Sam, auf der anderen Seite aber auch viel unbeschwerter.

Auch er war in der High School Klassensprecher gewesen. Aber Leistung schien für ihn nicht eine so bedeutende Rolle zu spielen wie für seinen älteren Bruder. Während Sam ein abstinenter Typ war, niemals rauchte und selten trank, war Bud beiden Lastern zugetan.

Bud war Sams Beispiel bereits früher gefolgt: Er hatte bei Penney seine Laufbahn gestartet, wie sein Bruder das Warenhaus nach einiger Zeit verlassen und schließlich in der Schwarzpulverfabrik in Pryor zu arbeiten begonnen. Aufgrund seines Rangs als Lieutenant der Navy wurde Bud während des Zweiten Weltkrieges als Anführer einer Staffel von Torpedobombern an Bord des Flugzeugträgers Manila Bay eingesetzt. Er war am Angriff auf Okinawa beteiligt. Jetzt kam er mit seiner Frau Audrey nach Newport, die er während seiner Ausbildung zum Piloten kennengelernt hatte.

Bud wurde zunächst stellvertretender Kaufhausleiter und arbeitete seinem Bruder zu. Dahinter steckte die Idee, daß er in dieser Phase genug über die Leitung eines Warenhauses lernen würde, um einmal sein eigenes Kaufhaus zu eröffnen. Im Gegenzug half er Sam und den Angestellten, die vielen ungeliebten Arbeiten zu verrichten wie Regale auffüllen, Fenster putzen, Schaufenster dekorieren und schließlich eine besonders schreckliche Arbeit, die sein Bruder liebenswürdigerweise ganz für ihn reserviert hatte: Sam Walton war eines Tages mit einer Popcorn-Maschine aufgetaucht und hatte sie auf dem Fußgängerweg vor dem Geschäft stationiert, um Kunden anzulocken. Dies funktionierte so gut, daß er sich 1.800 Dollar bei einer örtlichen Bank lieh, um dasselbe mit einer Softeis-Maschine zu versuchen. Tatsächlich zog sie noch mehr Kunden an und hatte sich in kürzester Zeit amortisiert. Doch die kleckernde Maschine mußte regelmäßig gereinigt werden. „Ich habe ihm niemals verziehen, daß ich diese verdammte Softeis-Maschine sauberhalten mußte", beschwerte sich Bud einmal mit einem Augenzwinkern. „Er wußte, daß ich Milch und Milchprodukte seit meiner Kindheit hasse."[13]

Doch Bud ging bald seine eigenen Wege. 1948 griff er kurz entschlossen bei der Lizenz für eine Ben-Franklin-Filiale in der Kleinstadt Versailles zu, die im Herzen von Missouri am Lake of the Ozarks liegt.

Zu dieser Zeit fand Sam Walton trotz der langen Arbeitstage, die jeder selbständige Geschäftsinhaber kennt, Zeit für viele außerberufliche Aktivitäten. Er ging häufig für ein paar Stunden aus dem Kaufhaus, um fischen oder jagen zu gehen. Schließlich hatte er inzwischen unter der Anleitung seines Schwiegervaters, der oft zu Besuch kam, gelernt, Wachteln zu jagen. Er wurde Vorsitzender der Industrie- und Handelskammer und bemühte sich darum, mehr produzierendes Gewerbe für die Stadt zu gewinnen, aus der viele Arbeiter während des Krieges für verschiedene kriegsrelevante Aufgaben an andere Orte abgezogen worden waren. Er trat dem Rotary Club bei und war Mitglied der Staudamm-Kommission des Verwaltungsbezirks Jackson County.

Helen brachte am 8. Oktober 1946 einen zweiten Sohn zur Welt, den sie John Thomas nannten. Nur zwanzig Monate später – am 7. Juni 1948 – wurde James Carr geboren, und schließlich kam am 7. Oktober 1949 die einzige Tochter der beiden, Alice, auf die Welt. Helen Walton schilderte dem Autoren Vance Trimble, wie sie die Situation damals erlebte: „Es war schwierig, weil er nachts so viel arbeitete... Ich gewöhnte mich daran, die Kinder abends ohne ihn ins Bett zu bringen.“[14]

Innerhalb von fünf Jahren steigerte Walton seinen Umsatz auf 250.000 Dollar pro Jahr und machte aus seinem Ben Franklin die umsatzstärkste Filiale im Umkreis von sechs Bundesstaaten.

Leider gehörte zu den Bewunderern seines Erfolgs auch sein Vermieter P. K. Holmes. Als Waltons Fünf-Jahres-Vertrag auslief, weigerte sich Holmes, ihn zu verlängern, weil er das Franchiseunternehmen für seinen Sohn erwerben wollte. Erst war Walton konsterniert, dann außer sich vor Zorn. Er stürmte zu einem Rechtsanwalt, der ihm nach einem Blick auf den Mietvertrag die Hiobsbotschaft verkündete: Walton hatte es versäumt, eine Verlängerungsklausel in den Mietvertrag aufnehmen zu lassen, und es gab von Rechts wegen nichts, was er tun konnte.

Holmes bezahlte ihm einen fairen Preis. Doch obwohl Walton für die Kaufhausfiliale, die Einbauten und das Inventar über 50.000 Dollar erhielt, ärgerte und demütigte es ihn, daß er hinausgeworfen wurde. Noch in derselben Woche bot er seinem früheren Rivalen Dunham den Mietvertrag für das Eagle Store an, so daß dieser nun endlich expandieren konnte. Dann begann Walton, sich nach einem anderen Kaufhaus umzusehen, das er irgendwo im Nordwesten von Arkansas kaufen konnte, um mit der Familie wieder näher zu den Robsons in Claremore zu ziehen. Außerdem hatte die nordwestliche Region von Arkansas den Vorteil, daß man von hier aus die Wachtelsaison in Oklahoma, Missouri und Kansas nutzen konnte.

Auch Robson war über Waltons Fehler in Newport schockiert gewesen. Daher begleitete er die Bemühungen seines Schwiegersohnes dieses Mal sehr aufmerksam und half ihm tatkräftig, sein Geschäft aufzubauen. Er fuhr mit Walton umher und suchte ein geeignetes Kaufhaus. Nach einigen Mißerfolgen fanden die beiden schließlich ein kleines Warenhaus, das im Ortskern der Provinzstadt Bentonville zu verkaufen war. Weder die Stadt noch das Warenhaus waren wirklich ideal. Die Stadt, nicht weit von den Ozark Mountains inmitten von Farmen, Apfelbaumplantagen und bewaldeten Hügeln gelegen, war mit einer Einwohnerzahl von ca. 3.000 Bewohnern etwa halb so groß wie Newport. „Ich hatte meine Bedenken, in diese Stadt zu ziehen, weil sie so klein war. Sie war noch kleiner als meine Heimatstadt", erinnerte sich Helen Walton.[15] Bentonville war 1837 gegründet worden und Kreisstadt des Verwaltungsbezirks Benton County. Doch als Handelszentrum hinkte es der nahegelegenen Kleinstadt Rogers hinterher, die davon profitierte, daß sie an der Hauptverbindungsstrecke der Eisenbahn lag.

Das Warenhaus selbst – darin waren sich Robson und Walton einig – war viel zu klein. Sie würden den Friseursalon nebenan mitmieten müssen, um über mehr Verkaufsfläche zu verfügen. Als sich Walton mit den Besitzern nicht über den Mietvertrag einigen konnte, übernahm Robson höchstpersönlich das Verhandeln – und focht schließlich einen Vertrag über eine Laufzeit von 99 Jahren durch.

Nachdem die Wand zum Friseursalon durchbrochen war, hatte Walton einen Verkaufsraum mit einer Fläche von 372 Quadratmetern in einer hervorragenden Lage: Man befand sich mitten im Ortskern, wo die Statue eines Konföderierten den Marktplatz überwachte und unweit der kleine Stadtpark mit dem kühlen Schatten von Eichen und Ulmen lag. Hier schlug damals das Herz der Stadt. Walton brachte die Einbauten aus seinem Eagle Store aus Newport hierher, hängte neue Leuchten auf und eröffnete im Juli 1950. Schon bei der Eröffnung warb er mit „Umbau-Sonderangeboten". Er nannte das Warenhaus, für dessen Kauf und Umbau er insgesamt 55.000 Dollar bezahlt hatte, „Walton's 5 & 10", obwohl es sich auch dieses Mal um eine Ben-Franklin-Lizenz handelte.

Wie schon in Newport engagierte sich Walton auch in Bentonville an örtlichen Aktivitäten, wurde Vorsitzender des Rotary Clubs und der Industrie- und Handelskammer, bewarb sich erfolgreich um einen Sitz im Stadtrat, wurde Vorstandsmitglied des Stadtkrankenhauses, arbeitete mit in einem Ausschuß, der Little-League-Baseballtuniere auf die Beine stellte, unterrichtete in der Sonntagsschule der presbyterianischen Kirche und engagierte sich in der Eltern-Lehrer-Initiative PTA.

Und noch immer fuhr er mit seinem Auto und einem behelfsmäßigen Anhänger nach Tennessee und Missouri, um Hersteller zu finden, mit denen er gute Geschäfte abschließen konnte. Bald wiederholte er seinen Erfolg von Newport. Im Oktober 1952 beschloß er, ein zweites Warenhaus im Stadtzentrum von Fayetteville, 38 Kilometer südlich von Newport und Sitz der University of Arkansas, zu eröffnen. Dieses Mal war er mutig genug, sich nicht mit einer Ben-Franklin-Lizenz abzusichern. Das gab ihm die Freiheit, bei jeder Ware zugreifen zu können, die ihm günstig unter die Finger kam, ohne sich Gedanken darüber machen zu müssen, ob achtzig Prozent seiner Ware auch wirklich über Butler Brothers bezogen wurde.

Für die Leitung des neuen Warenhauses warb er den Filialleiter eines TG&Y-Kaufhauses in Tulsa ab, nachdem er eines Tages dort hereinspaziert und äußerst beeindruckt gewesen war von dem, was er sah. „Ich mußte nach Fayetteville umziehen und unentgeltlich halbe Tage für Walton arbeiten, bis das Geschäft eröffnete. Ich erinnere mich, wie ich auf einer Matte im Lagerraum schlief", erzählte Willard Walker, der spätere Filialleiter. „Aber er versprach mir, daß ich einen Anteil am Gewinn erhalten würde, und diese Vorstellung gefiel mir."[16]

Noch vor der Geschäftseröffnung stieß Walton auf einen Artikel, in dem berichtet wurde, daß man in zwei Ben Franklins in der Provinz von Minnesota die sogenannte „Selbstbedienung" eingeführt hatte. Das war für ihn ein völlig neues Konzept. Anstelle von Verkäufern, die im gesamten Kaufhaus hinter Theken mit einzelnen Kassen auf die Kundschaft warteten, gab es hier nur an einer zentralen Stelle am Ausgang Kassen und Kassierer. Die Kunden mußten nicht mehr darauf warten, daß sie ein Verkäufer bedienen kam, sondern holten sich die gewünschte Ware selbst hinter den Theken vor, brachten alles zur Kasse und zahlten für alle Artikel auf einmal. Erklärtes Ziel war, den Umsatz zu steigern, da die Kunden jetzt nicht mehr darauf warten mußten, bedient zu werden. Außerdem konnten die Kosten und damit auch die Preise gesenkt werden, da man weniger Personal benötigte. Walton fuhr über Nacht mit einem Bus nach Minnesota, um sich das Ganze mit eigenen Augen anzusehen. Da ihm das Konzept gut gefiel, eröffnete er das Warenhaus in Fayetteville als Selbstbedienungsladen und übertrug das Konzept noch im folgenden Jahr auch auf sein Kaufhaus in Bentonville.

Für das neue Selbstbedienungskonzept machte er kräftig Werbung. Die Preise, so versprachen riesige Werbetafeln, seien eindeutig ausgezeichnet, die Verkäufer jederzeit bereit zu helfen, und in den Kaufhäusern ständen „federleichte Einkaufskörbe zur Verfügung, in die man auf seinem Weg von Theke zu Theke die Waren seiner Wahl legen könne."[17]

Angesichts des Erfolgs, den die beiden Warenhäuser mit dem neuen Konzept erzielten, wurde Walton jetzt mutiger. Auf einer seiner 350 Kilometer langen Fahrten in den Norden nach Kansas City, wo sich das Lager der Butler Brothers befand, erfuhr er, daß am Rande der Großstadt ein Bauprojekt geplant war, in dessen Mitte ein sogenanntes „Einkaufszentrum" entstehen sollte, d.h. eine Ansammlung von Geschäften mit insgesamt 9.300 Quadratmetern Verkaufsfläche und großzügigen Parkplatzmöglichkeiten, welches unter anderem ein Lebensmittelgeschäft, eine Drogerie sowie einen Ben Franklin beherbergen sollte.

Das war ein weiteres, völlig neues Konzept, für das sich Walton sofort begeisterte.

Doch er besaß nicht genug Eigenkapital, um sich allein an die Sache zu wagen. Er rief seinen Bruder Bud an, der zu ihm in den neuen Vorort Ruskin
Heights kam, um sich das Projekt Einkaufszentrum anzusehen. Auch ihm gefiel
die Idee, und die beiden nahmen einen Kredit auf, der hoch genug war, um in
gleichen Teilen in den Ben-Franklin-Lizenzvertrag einzusteigen. Die Filiale
eröffnete im Jahre 1954 und war sofort ein großer Erfolg: Im ersten Jahr erzielten die Brüder einen Umsatz von 250.000 Dollar und einen Gewinn von 30.000
Dollar.

Euphorisiert von diesem Erfolg begann Walton zu träumen – aber nicht davon, noch mehr Warenhäuser zu eröffnen, sondern von dem Vermögen, das er
als Projektentwickler ähnlicher Einkaufszentren machen könnte. Sein Optimismus wurde auch nicht durch die Tatsache geschmälert, daß er wenig Eigenkapital besaß und außerdem völlig unbekanntes Territorium betrat. Walton legte
10.000 Dollar für den Kauf eines 16 Hektar großen Grundstücks in Little Rock
auf den Tisch. Natürlich war er mit der Idee der Einkaufszentren auf dem richtigen Weg, doch das Konzept war noch zu neu, um bei den Investoren, die er
dringend benötigte, offene Ohren zu finden. Selbst Waltons Schwiegervater
wollte nicht anbeißen. Es kam soweit, daß Walton von Haustür zu Haustür
gehen mußte, um mit Unterschriftslisten die Stadtverwaltung dazu zu bringen,
die Straße zu seiner Baustelle zu befestigen. Nach zwei frustrierenden Jahren
und einer Investition von 25.000 Dollar in die Projektentwicklung des Einkaufszentrums beschloß er, daß es jetzt an der Zeit sei – wie er es ausdrückte – die
Prügel einzustecken und dem Verlustgeschäft den Rücken zu kehren.

Jetzt, da er wieder seine gesamte Zeit dem Einzelhandel widmete, stellte
Walton fest, daß er keine Lust mehr hatte, so viele Stunden über enge, gewun-
dene Landstraßen zu fahren, die sich durch diesen Teil Amerikas schlängeln. Er
rief Bud an und bat ihn noch einmal um ein Treffen in Kansas City: Dieses Mal
sollte er ihn beim Kauf eines Flugzeugs beraten. Bud, der seinen Bruder für
einen notorischen Raser hielt – eine Meinung, der sich fast alle Familienmitglieder und Freunde anschlossen – versuchte es ihm auszureden, da er überzeugt war, daß sein Bruder in einem Flugzeug eine noch größere Bedrohung
für die Menschheit darstellte. Doch Sam Walton, den man nicht so leicht um-
stimmen konnte, kaufte sich natürlich trotzdem ein Flugzeug – einen alten einmotorigen Zweisitzer, Modell Air Coupe, der 160 Kilometer pro Stunde zurück-
legte.* Bud, der ebenso viele Vorbehalte gegenüber dem rostigen Flugzeug

---

* Für dieses Flugzeugmodell wurde seinerzeit von Macy's damit Werbung gemacht, daß der Motor während der Fahrt nie ausfalle.

hegte wie gegenüber den Flugkünsten seines Bruders, weigerte sich fast zwei Jahre lang, im Flugzeug mitzufliegen. Und tatsächlich explodierte eines Tages der Auspuffstutzen des Motors, kurz nachdem Walton von der Startbahn in Fort Smith, Arkansas, abgehoben hatte. Doch Sam Walton, der wohl beim Fliegen stets einen Schutzengel hatte, gelang es, mit dem abgestorbenen Motor ein paar Kreise zu ziehen und eine glimpfliche Landung durchzuführen.

Dank seiner neuen Mobilität konnte Walton nun damit beginnen, seine erwirtschafteten Gewinne in die Eröffnung weiterer Kaufhäuser zu investieren – einige von ihnen in Form Ben-Franklin-Filialen, einige als unabhängige Warenhäuser. Und so eröffnete er Kaufhäuser in den Kleinstädten der gesamten Region, angefangen von Little Rock, Springdale und Siloam Springs im Bundesstaat Arkansas bis hin zu Neodesha und Coffeyville im benachbarten Bundesstaat Kansas. An einigen Geschäften war Bud als Geschäftspartner beteiligt, an anderen Robson oder die beiden Brüder von Helen Walton. Jedem neuen Kaufhausleiter, den er einstellte, bot er die Möglichkeit, bis zu 1.000 Dollar Eigenkapital in sein Warenhaus zu investieren und Gesellschafter mit beschränkter Haftung zu werden.

Im Jahre 1962 beschloß er, sich an ein größeres Ben-Franklin-Format zu wagen und eröffnete in Saint Robert, Missouri, ein 1.210 Quadratmeter großes Kaufhaus, das er Walton's Family Center nannte. Die Stadt selbst war noch jung und hatte bislang lediglich 1.500 Einwohner, lag jedoch direkt neben dem Militärstützpunkt Fort Leonard Wood. Der Erfolg des Kaufhauses war so überwältigend, daß Sam schnell beschloß, zwei weitere Family Center – eines davon in Bentonville – zu eröffnen, und im darauffolgenden Jahr das Kaufhaus in Saint Robert auf 1.860 Quadratmeter Verkaufsfläche vergrößerte. In diesem Jahr erzielte er in Saint Robert einen Umsatz von zwei Millionen Dollar, den zweithöchsten Umsatz der über 2.500 Ben-Franklin-Filialen im ganzen Land. Bis zum Jahre 1962 umfaßte das Reich, in dem Walton mit seinen Geschäftspartnern Bud Walton und den Robsons regierte, sechzehn Kaufhäuser. Er war somit der größte Lizenznehmer von Ben Franklin sowie der größte Betreiber unabhängiger Warenhäuser in den Vereinigten Staaten.

Von seinem verunglückten Ausflug in die Entwicklung von Einkaufszentren einmal abgesehen, ritt Walton auf einer Erfolgswelle. Er hatte inzwischen einige grundlegende Strategien gefunden, die zu seinem Markenzeichen werden würden: als Standorte für seine Warenhäuser Kleinstädte zu wählen, in denen die Konkurrenz durch größere etablierte Kaufhausketten geringer war; die direkte Kontaktaufnahme mit Herstellern, um Ware möglichst günstig einzukaufen; den eigenen Preisaufschlag niedrig zu halten und die Ware billiger zu verkaufen, um den Gesamtumsatz damit in die Höhe zu treiben; das Auskundschaften guter Ideen bei der Konkurrenz, und schließlich das Angebot an seine Kaufhausleiter, einen Anteil an ihrem Kaufhaus zu erwerben, mit dem Ziel, qualifizierte Führungskräfte anzulocken und bei Laune zu halten.

Doch wie Walton aus der Lektüre von Wirtschaftszeitschriften und aus Gesprächen mit Herstellern und Lieferanten wußte, zeichnete sich von der Ostküste her eine gravierende Entwicklung ab, die genau für die Art von Einzelhandel eine Bedrohung darstellte, die Walton mit seinen erfolgreichen Kaufhäusern repräsentierte.

Die nächste große Herausforderung würde für ihn folglich darin bestehen, dieser Bedrohung die Stirn zu bieten.

Kapitel 3
Warenumschlag und Massenmarkt

Um zu verstehen, welch revolutionäre Entwicklung dem Einzelhandel bevorstand, muß man sich ein klares Bild davon machen, warum und wie Walton es gelang, Anfang der 60er Jahre diese Goldgrube in all den kleinen Provinzstädtchen aufzutun. Zunächst einmal bildete der Einzelhandel für sich genommen nach dem Ende des Zweiten Weltkriegs – als die enormen Wirtschaftsüberschüsse der Kriegsjahre in die Verbraucherwirtschaft einflossen – bereits eine wahre Goldgrube. Die Amerikaner verdienten Löhne, wie man sie noch nie in der Geschichte Amerikas erlebt hatte, und gaben entsprechende Unsummen von Geld aus, so daß die Hersteller und Händler mit der Nachfrage kaum Schritt halten konnten. In der Provinz wurde die Flut von Konsumgütern durch die neuen Kaufhäuser in die Kleinstädte gebracht. Die Warenhauskette Ben Franklin verzeichnete beispielsweise zwischen den Jahren 1947 und 1960 einen Zuwachs von 1.277 auf 2.500 Filialen.

Mit den neu eröffneten Warenhäusern ging auch eine neue Art des Kaufens und Verkaufens einher – zumindest insofern neu, als die entfernt gelegenen Kleinstädte nun Zielgruppe von Walton und seinesgleichen wurden. Denn diese Provinzstädte holten erst jetzt eine Reihe von durchgreifenden Veränderungen des Einzelhandels nach, die zum Teil schon vor Waltons Geburt ihren Anfang genommen hatten.

Die Selbstbedienung ist dafür ein Beispiel. Mehr als 40 Jahre zuvor, im Jahre 1916, hatte ein Unternehmer aus Memphis namens Clarence Saunders eine Lebensmittelkette gegründet, die ganz auf diesem neuen Konzept beruhte. Damals mußte man normalerweise beim Einkauf in einem Lebensmittelladen, wenn man endlich an der Reihe war, einen Verkäufer bitten, die gewünschte Ware aus den Regalen hinter der Theke zu holen. Er wickelte diese dann in Papier und ließ sie dem Kunden nach Hause bringen. Das Lebensmittelgeschäft von Saunders, Piggly-Wiggly, war auf aufsehenerregende Weise anders. Wenn sich die Kunden ein Gefäß mit Bohnen beispielsweise genauer anschauen wollten, konnten sie sich das Gefäß einfach selbst aus dem Regal nehmen.

Die Ware legten sie in Körbe (eine weitere Innovation), um sie zu den zentralen Kassen am Ausgang des Kaufhauses zu bringen und mußten sie dann auch *eigenhändig nach Hause tragen*. Für die Staaten im südlichen Mittelwesten des Landes war dies eine absolute Neuheit. Im Gegenzug konnte Saunders natürlich seine Waren, die alle deutlich mit Preisen ausgezeichnet waren, billiger anbieten, da er weniger Personal benötigte und so Kosten einsparen konnte.

Bereits zuvor hatte sich im Nordosten des Landes die Great Atlantic & Pacific Tea Co., genannt A&P, zum größten Einzelhandelsunternehmen Amerikas entwickelt. Dies war ihr vor allem dadurch gelungen, daß sie übliche Serviceleistungen wie etwa die Lieferung frei Haus einstellte und so ihre Kosten reduzieren und wesentlich niedrigere Preise anbieten konnte. Doch die erstaunliche Entwicklung, die der Einzelhandel einschlug und schließlich Phänomene wie Sam Walton und seine gigantische Discounter-Kette hervorbrachte, hatte ihren Ursprung eigentlich schon früher, nämlich im Aufbau des Eisenbahn- und Telegraphennetzes Mitte des 18. Jahrhunderts.

Kaufleute auf dem Lande – Männer wie Waltons Großvater beispielsweise – hatten immer zweimal im Jahr in die großen Marktstädte fahren müssen, um sich eine Warenmenge für die nächsten sechs Monate zu besorgen, die sie selbst zurücktransportieren mußten. Beide technische Errungenschaften zusammengenommen boten nun den Kaufleuten zum ersten Mal eine praktische Alternative. Sie konnten innerhalb weniger Minuten telegraphische Bestellungen aufgeben und sie umgehend bestätigen lassen. Die Eisenbahn wiederum stellte ein schnelles und zuverlässiges Transportmittel für die Lieferung der Ware dar, und die Kaufleute konnten sich darauf verlassen, daß die bestellte Ware auch einigermaßen rechtzeitig ankommen würde.

Die Samuel Waltons dieser Zeit hatten daher – sofern sie an einer Eisenbahnstrecke lagen – mehr Zeit, sich um die Organisation ihres Ladenbetriebs zu kümmern. Und es war nicht mehr nötig, daß sie von jedem angebotenen Artikel im Lager genug Vorrat für sechs Monate hatten. Sie konnten somit ein breiteres Warensortiment anbieten und sogar größere Mengen der gewünschten Ware liefern als zuvor. Das wirkte sich positiv auf ihre Gewinnspanne aus, weshalb sie wiederum ihre Preise senken konnten.

Im Zuge dieser Entwicklung entstand auch die Berufssparte der Handlungsreisenden, die im Alltag und im Varieté bald beliebte Zielscheibe von Witzen wurden. Großhandelshäuser in Chicago und anderen Metropolen Amerikas schickten Handelsvertreter zu den Ladenbesitzern in die Provinz, um ihnen die neuste

Ware zu präsentieren und um Aufträge entgegenzunehmen. Chicago wurde aufgrund seiner Lage als Hauptknotenpunkt des Eisenbahnnetzes im Westen Amerikas Standort für die größten Großhandelskonzerne der Vereinigten Staaten – Konzerne, die alles bisher Dagewesene in dieser Branche an Größe übertrafen. Das Handelsunternehmen Marshall Field & Co., das ein eigenes Kaufhaus betrieb und gleichzeitig als Großhändler für andere Einzelhandelskaufleute agierte, verzeichnete zwischen 1865 und 1900 einen Umsatzzuwachs von 9,1 Millionen Dollar auf 36,4 Millionen Dollar. (Zwei Drittel davon waren dem Umsatz als Großhändler zuzuschreiben.) Das war fast 100 Mal mehr als der durchschnittliche Umsatz, den die größten Einzelhändler bzw. Großhändler Amerikas in den 40er Jahren des 19. Jahrhunderts erzielt hatten. Und der Grund dafür lag auf der Hand: Marshall Field hatte seinen Absatzmarkt erheblich erweitern können.

Die Aufgabe der Handlungsreisenden bestand aber nicht nur darin, die Umsätze zu erhöhen. Sie sollten auch auskundschaften, wie die wirtschaftliche Situation vor Ort war, ob die Kaufleute kreditwürdig waren und so weiter, und diese Information an ihre Arbeitgeber weiterleiten.

In diesem System war die Kreditwürdigkeit ein wichtiger Faktor, da die Kaufleute ihre Ware normalerweise nicht im voraus oder bei Lieferung bezahlten. In der Regel war das Zahlungsziel 20 Tage, wobei für eine Zahlung innerhalb von zehn oder weniger Tagen oft ein prozentueller Nachlaß gewährt wurde. Für die Großhändler war es von entscheidender Bedeutung zu wissen, wann und wieviel Kredit sie gewähren konnten, da es von den Zahlungseingängen abhing, ob sie die Hersteller rechtzeitig bezahlen und ihre eigenen Kosten niedrig halten konnten.

Die Handelsvertreter standen den einzelnen Ladenbesitzern auch mit Rat und Tat zur Seite, wenn es zum Beispiel darum ging, wieviel Ware sich auf Lager befinden sollte, wie man seine Produkte ausstellte und sogar wie man die Bücher führte – also genau die Art von Hilfestellung, die der junge Sam Walton von der Ben-Franklin-Handelskette erfuhr.

Jeder Großhändler baute sich ein möglichst ausgedehntes Netz von Einkaufsagenturen auf, um an neue Produkte und Hersteller zu kommen. Marshall Field besaß in den 70er Jahren des 19. Jahrhunderts beispielsweise nicht nur Einkaufsvertretungen in New York und anderen Städten an der Ostküste, sondern auch jenseits des Atlantiks in Manchester und Paris. Für jede Produktlinie, wie etwa Herrenoberhemden, gab es einen eigenen Einkäufer, der in engem Kontakt mit den jeweiligen Herstellern stand und zuweilen exakte Vorgaben machte, wie das spezielle Produkt auszusehen habe.

Beim Großhändler wurde die Ware ausgepackt, neu verpackt, beschriftet und versandt. In den 90er Jahren des 19. Jahrhunderts umfaßte das Sortiment der größeren Handelshäuser bis zu 6.000 Artikel, die von ca. 1.000 Herstellern gefertigt wurden. Die Großhandelsunternehmen richteten eigene Versandabteilungen ein, in denen die Angestellten Bestellungen aufnahmen, den Versand der Ware abwickelten und Verhandlungen mit der Eisenbahngesellschaft führten. Und dann kam ein neues Konzept auf: der sogenannte „Warenumschlag". Dieser Begriff gibt an, wie oft die Ware im Lager innerhalb einer bestimmten Periode – in der Regel einem Jahr – verkauft und wieder ersetzt wird. Je höher der Warenumschlag bei einer bestimmten Anzahl von Angestellten und bei gleichbleibenden Bedingungen, desto niedriger die Kosten pro Einheit. Dieser neue Begriff ermöglichte es plötzlich, die Effizienz von Kaufhäusern zu messen. Wie der Historiker Alfred D. Chandler Jr. berichtet, bestand die häufigste Ermahnung von Marshall Field an seine Führungskräfte und die von ihm belieferten Einzelhändler, „dafür zu sorgen, daß das Lager schnell ‚umgeschlagen' wird."[1] In den 80er Jahren des 19. Jahrhunderts lag der Warenumschlag von Marshall Field im Durchschnitt bei fünf Mal pro Jahr.

Der Erfolg der Großhandelsunternehmen führte in den größeren Städten zur Eröffnung weiterer Warenhausfilialen. Einige waren – wie im Falle von Marshall Field – nur das Nebenbetätigungsfeld der Großhandelsunternehmen. Andere, wie Bloomingdale's und Macy's, entstanden aus kleinen Geschäften für Kurzwaren oder Bekleidung, die ihr Sortiment erweiterten. Und für die ländliche Kundschaft gab es zu dieser Zeit noch eine weitere Innovation: die großen Versandhäuser wie Montgomery Ward und Sears Roebuck & Co. In jenen Tagen entstanden auch die ersten „Kaufhausketten", deren Filialen im 20. Jahrhundert nach und nach die kleineren Städte und Vorstadtviertel eroberten.

Die neuen Waren- und Versandhäuser ahmten die Großhändler der ersten Stunde nach, indem sie ein äußerst breitgefächertes Warensortiment anboten: Von Möbeln über Bücher und Küchenartikel bis hin zu Schmuckwaren konnten die Kunden alles erwerben, was ihr Herz begehrte oder was sie glaubten, unbedingt haben zu müssen. Und all diese Handelsunternehmen verfolgten die Strategie, ihren Gewinn nicht durch höhere Preise zu steigern, sondern durch eine Vergrößerung des Umsatzvolumens. Früher staubten Produkte, die sich nicht verkaufen ließen, einfach in den Regalen ein. Doch die neue Maxime des Warenumschlags ließ die Einzelhändler nun regelmäßige Anstrengungen unternehmen, schlecht verkäufliche Ware loszuwerden, indem sie die jeweiligen Preise herabsetzten und mit Sonderangeboten warben. Der immer schärfere Konkurrenzkampf rief eine völlig neue Verkaufsdynamik hervor: Wenn jemand wie Richard Sears seinen Kunden eine Geld-zurück-Garantie in Aussicht stellte, um ihr Vertrauen zu gewinnen, mußten die anderen Unternehmen gleichziehen und ebenfalls eine solche Garantie anbieten.

Die Steigerung des Warenumschlags wurde allerorts zum absoluten Unternehmensziel erhoben. Im Jahre 1887 schlug Macy's sein Lager bereits unglaubliche zwölf Mal pro Jahr um. Aufgrund des phänomenalen Warenflusses brauchte Macy's nur eine geringe Gewinnspanne zu veranschlagen – verkaufte also zu niedrigeren Preisen als die Konkurrenz – und erzielte dennoch höhere Gewinne als die entsprechenden spezialisierten Einzelhandelsgeschäfte, wie etwa Fachgeschäfte für Damen- und Herrenmode. Der Konkurrenzkampf war für die kleinen Ladenbesitzer in der Stadt und für die sie beliefernden Großhändler ruinös. Sie schlossen sich daher zusammen und forderten neue Gesetze, die sie vor den Niedrigpreisen der großen Warenhäuser schützen sollten. Ihren Protesten schlossen sich bald auch die Ladenbesitzer in der Provinz an, die in den 80er und 90er Jahren des 19. Jahrhunderts befürchten mußten, im Kampf gegen die Versandhäuser unter die Räder zu kommen.

Es hatte bereits vor dem Bürgerkrieg Großhändler und andere Kaufleute gegeben, die Kataloge gedruckt und einige ihrer Artikel per Post versandt hatten – in der Regel an Ladenbesitzer auf dem Lande. Doch erst in den 70er Jahren des 19. Jahrhunderts gründete Aaron Montgomery Ward das erste Unternehmen, bei dem man einen großen Anteil der Ware ausschließlich über den Postweg erwerben konnte. Von seinem winzigen Büro über einem Pferdestall in Chicago verschickte er im Jahre 1874 seinen ersten Versandhauskatalog. „Cheapest Cash House in America"[Ü1] verkündete das Umschlagblatt großspurig. Im Jahre 1887 umfaßte der 540 Seiten starke Katalog bereits mehr als 24.000 Verkaufsgegenstände.

In demselben Jahr schloß der ehemalige Eisenbahnangestellte und Straßenverkäufer Richard Sears, der mit seinen Showbusiness-Qualitäten an den amerikanischen Zirkusgründer P.T. Barnum erinnerte, sich mit dem Besitzer eines Uhrenreparaturgeschäftes namens Alvah Roebuck zusammen, um Uhren über den Postweg zu verkaufen. Bald kamen Schmuck, Fahrräder, Arzneimittel und Bekleidung hinzu, und um die Jahrhundertwende konnte man bereits alles – vom leichten Einspänner bis zum Grammophon – von Sears und Roebuck erhalten. Von Anfang an schrieb Sears fast die gesamte Werbung selbst. Er pries einfach alles an – von der brustvergrößernden Creme („Keine macht wie sie einen vollen runden Busen!") bis zum „Heidelberg"-Gürtel, der angeblich stimulierend wirken sollte. Doch einmal abgesehen von den Übertreibungen, die seine Kataloge füllten, wußte Sears zumindest ganz genau, wo der Schlüssel zum Erfolg lag. „Unser Leben selbst verlangt doch nach Volumen", schrieb er in seiner üblich zurückhaltenden Art, „und wenn ein Feuer nicht genügend wärmt, muß ich mir eben fünf Feuer anzünden."[2]

Ü1 Anm. d. Übers.: etwa: „Amerikas billigstes Warenhaus für Bargeldkauf"

Es war Sears natürlich klar, daß man das angestrebte Volumen am einfachsten durch den Verkauf der Ware zu Niedrigstpreisen erreichen konnte. Zu diesem Zweck brachte er einmal einen Hersteller von Nähmaschinen dazu, für ihn den Einkaufspreis pro Stück stark zu reduzieren. Er selbst ging danach im Verkauf mit seinem Preis von 15,55 Dollar auf 12,50 Dollar. Die Umsatzzahlen schnellten daraufhin in eine Spitzenhöhe von 19.000 Bestellungen innerhalb eines einzigen Monats und so gingen die Gewinne aus diesem Bereich natürlich auf Höhenflug. Dieselbe Taktik wandte er seit diesem Zeitpunkt auf jede Produktlinie an, bei der das möglich war. Auf dem Umschlagblatt seiner Kataloge brüstete sich Sears in Anspielung auf seinen Erzrivalen Montgomery Ward als „Cheapest Supply House On Earth"[Ü2].

Die Umsätze des Versandunternehmens verzeichneten zwischen 1891 und 1900 einen rasanten Anstieg von 138.000 Dollar auf 10,6 Millionen Dollar und verdreifachten sich bis 1905 noch einmal auf 37,8 Millionen Dollar.

Sears umfaßte bald 24 Abteilungen: Für jede der Produktlinien gab es eine Abteilung, die den Einkauf abwickelte, die Preise festlegte und Werbeprospekte zusammenstellte. Zur Bewältigung der Warenflut, die sich durch die Hauptgeschäftsstelle des Unternehmens in Chicago wälzte, entwickelte das Unternehmen ein Vertriebssystem, das für die damalige Zeit an ein technisches Wunder grenzte. Mit ihm konnten 100.000 Bestellungen pro Tag bearbeitet werden – das waren mehr Transaktionen, als noch fünfzig Jahre zuvor von einem einfachen Ladenbesitzer in seinem ganzen Leben abgewickelt wurden. Im Katalog von 1905 wurde das Szenario folgendermaßen beschrieben: „Kilometerlange Gleise verlaufen durch, in und um das Gebäude herum, um Waren in Karren aufzunehmen, zu transportieren und an eine bestimmte Stelle zu befördern. In unserem phantastischen Werk ist angefangen von Aufzügen, mechanischen Förderanlagen, endlosen Zahnradketten über Laufbänder, Rutschen, Automaten und Transportgeräte bis hin zu Rohrpostanlagen jedes mechanische Gerät im Einsatz, das man sich vorstellen kann, um Arbeitskräfte zu sparen und eine effizientere Abwicklung zu ermöglichen."[3]

Henry Ford soll in jungen Jahren, noch bevor er das Fließband populär machte, unter den Besuchern gewesen sein, die eigens nach Chicago reisten, um sich diesen Inbegriff an Wirtschaftlichkeit mit eigenen Augen anzuschauen.

Während Sears und Montgomery Ward ihren Warenumschlag immer weiter erhöhten und ihre Gewinnspanne und Preise reduzierten, wurden die Protestrufe der Ladenbesitzer aus der Provinz und ihrer Großhändler auf Landesebene immer deutlicher zu hören. Oft spielten diese Kaufleute rassistische Stimmun-

---

Ü2 Anm. d. Übers.: etwa: „Billigstes Warenhaus der ganzen Welt"

gen aus und verbreiteten das Gerücht, daß Richard Sears und Montgomery Ward
Schwarze seien. Manche hielten öffentliche Verbrennungen von Sears- und
Ward-Katalogen ab. Sears seinerseits reagierte mit genußvollem Sarkasmus. In
seinem Katalog von 1902 schrieb er einen Leitartikel mit der Überschrift „Kom-
pliment an den Einzelhandelskaufmann". Darin war zu lesen: „Wenn ein bestimmtes Produkt aus unserem Katalog mit einem Dollar ausgezeichnet ist und
Ihr Geschäft vor Ort für denselben Artikel einen Dollar fünfzig verlangt, möchten wir Sie hiermit ausdrücklich zugunsten ihres ortsansässigen Ladenbesitzers
darauf hinweisen, daß die Differenz von fünfzig Cent nicht ein zusätzlicher Gewinn ist, den er für sich einstreicht." Dies liege daran, so Sears weiter, daß dieser als kleiner Kaufmann nicht die großen Mengen wie Sears einkaufen könne.[4]
Was er damit natürlich indirekt zum Ausdruck brachte war, daß Sears immer billiger als alle anderen sein würde.

Der Aufruhr fand im Jahre 1912 einen gewissen Höhepunkt, als die Ladenbesitzer und Großhändler versuchten, als Lobby ihren Einfluß gegen ein Gesetz
im amerikanischen Kongreß in Washington geltend zu machen, das auf eine
Ausdehnung des Postpaketdienstes ausgerichtet war, von dem die Versandunternehmen schließlich existentiell abhängig waren.

Für die Protestierenden stand fest – und damit bewiesen sie eine helle Vor-
aussicht – daß das Gesetz den Ruin für provinzielle Ladenbesitzer, Handlungs-
reisende und Großhändler bedeuten würde. Sears und Montgomery Ward verhielten sich während des unerbitterlichen Kampfes unauffällig, ließen jedoch
Gruppen von Farmern und Fabrikarbeitern Geld zukommen, die sich lautstark
für einen erweiterten Paketdienst stark machten. Auf diese Weise gewannen die
Versandunternehmer schließlich die Schlacht.

Doch in jenen Tagen war noch ein anderer Herausforderer der Einzelhandelsbranche im Anmarsch: die Kaufhauskette. Die frühesten Ketten spezialisierten sich auf diejenigen Artikel, die von den großen Kaufhäusern bislang im
großen und ganzen vernachlässigt worden waren, zum Beispiel Lebensmittel,
Arzneimittel oder Einrichtungsgegenstände. Doch als die Kaufhausketten
expandierten und die Zahl ihrer Filialen immer mehr anstieg, begannen sie in
direkte Konkurrenz zu den Warenhäusern und Versandunternehmen zu treten.

Der Lebensmittelkonzern A&P war die erste größere Einzelhandelskette. Er
wurde im Jahre 1859 von George F. Gilman in New York als Great American Tea
Co. gegründet. Gilman war zunächst im Lederhandel tätig gewesen, hatte dann
aber irgendwann die Erkenntnis, daß die Leute billigeren Tee wollten. Die meisten Lebensmittelgeschäfte setzten für Tee einen Preis wie für ein Luxusgut an
und machten damit recht große Gewinne, welche die geringere Gewinnmarge
der anderen Grundnahrungsmittel kompensieren sollte. Gilman, der zunächst

ausschließlich Tee verkaufte, konzentrierte sich rein auf das Umsatzvolumen und bot den Tee zu einem sehr günstigen Preis an, da er die Gewinnspanne niedrig ansetzte. Im Laufe von sieben Jahren eröffnete er allein in Lower Manhattan eine ganze Kette mit 26 kleinen Teeläden. Er startete auch einen Teeversand. Ein paar Jahre später benannten Gilman und sein Partner George Hartford ihr Unternehmen in Great Atlantic & Pacific Tea Co. um und unternahmen weitere Vorstöße für eine Expansion. Um 1880 expandierten sie mit 100 Geschäften bis weit in den Süden hinein, zum Beispiel bis Norfolk im Bundesstaat Virginia, und in den nördlichen Mittelwesten, wie etwa bis Saint Paul im Bundesstaat Minnesota. Nach und nach wurde das Produktangebot auf Kaffee, Kakao, Gewürze, Extrakte, Zucker und Backpulver erweitert, und so kam es, daß A&P im Jahre 1900 einen Umsatz von 5,6 Millionen Dollar erzielte. Inzwischen gehörten auch die allgemeinen Nahrungsmittel zum Sortiment des Lebensmittelkonzerns, man verfügte über einen eigenen Großhandel und experimentierte im Jahre 1913 zum ersten Mal mit dem Konzept eines „economy store"[Ü3], hinter dem der Gedanke steckte, Nahrungsmittel so günstig wie möglich anzubieten.

In diesen „economy stores" wurde auf einige übliche Dienstleistungen verzichtet, wie etwa auf die Lieferung frei Haus oder auf den Verkauf von Briefmarken, so daß man in der Lage war, einiges an Kosten zu sparen. Ein Großteil der Kostenersparnis wurde durch Preissenkungen an den Kunden weitergegeben, wodurch es zu schwerwiegenden Reibungen zwischen den Lieferanten und A&P kam. Es kam soweit, daß die Firmenführung von Cream of Wheat Co. sich weigerte, Erzeugnisse an A&P zu verkaufen, empört darüber, daß diese pro Packung Weizenmehl lediglich zwölf Cent anstelle der üblichen vierzehn Cent verlangte. Solche Auseinandersetzungen, auf die sich die Presse stürzte, erzeugten beim Käufer natürlich erst recht den Eindruck, daß man bei A&P wohl das meiste Geld sparen konnte. Und dies war von nicht zu unterschätzender Bedeutung, da damals die Durchschnittsfamilie laut offizieller US-Statistik ca. 28 Prozent ihres Einkommens für Nahrungsmittel ausgab. (In den 1990ern lag dieser Wert bei etwa 16 Prozent.)

Unter dem neuen Format expandierte A&P mit atemberaubender Geschwindigkeit. George und John Hartford, die inzwischen die Leitung des Konzerns übernommen hatten – Gilman war in Ruhestand getreten – eröffneten innerhalb von drei Jahren 7.500 Geschäfte. Zwar trennten sie sich nach kurzer Zeit wieder von etwa der Hälfte der Filialen, doch das war nur die natürliche Konsequenz aus der A&P-Strategie, große Absatzmärkte erst einmal zu sättigen und dann die weniger umsatzkräftigen Filialen abzustoßen.

Ü3 Anm. d. Übers.: etwa: „Spar-Geschäfte"

1929 besaß A&P bereits über 15.000 Filialen und schloß das Geschäftsjahr mit einem Umsatz von 173 Millionen Dollar, was mehr war als der Umsatz von Sears, Montgomery Ward und J.C. Penney zusammengenommen. Bald erschienen die ersten Imitatoren auf der Bildfläche.

Eine weitere Warenhauskette mit Pioniercharakter wurde von Frank W. Woolworth gegründet, der im Jahre 1879 in Lancaster im Bundesstaat Pennsylvania sein erstes Warenhaus eröffnete, in dem alle Artikel höchstens zehn Cent kosteten. Die Woolworth-Kette umfaßte im Jahre 1900 bereits 59 Filialen und verzeichnete einen Umsatz von fünf Millionen Dollar. Nach der Übernahme von einer konkurrierenden Kaufhauskette nach der anderen gehörten im Jahre 1912, dem Jahr ihres Börsenganges, schließlich 596 Filialen mit einem Umsatz von insgesamt 50 Millionen Dollar zum Woolworth-Imperium. Und ebenso wie sich bereits einige Unternehmen – später bekannt unter Firmennamen wie Kroger und Grand Union – an A&P orientiert hatten, wurde Woolworth das große Vorbild von Kaufhausketten wie Kresge und McCrory.

Beim Einkauf gingen die Filialketten nicht wesentlich anders vor als die anderen großen Einzelhandelsgesellschaften. Der größte Unterschied bestand darin, daß die einzelnen Verkaufsniederlassungen der Kette weit verstreut waren, so daß hier ein größerer Verwaltungsaufwand nötig war. Normalerweise wurden die rasch wachsenden Absatzgebiete in Regionen unterteilt, für die jeweils ein Regionalleiter zuständig war. Die Mitarbeiter des Regionalleiters statteten den Kaufhausfilialen regelmäßige Besuche ab, um zu überprüfen, wie die einzelnen Filialleiter zurechtkamen.

Verglichen mit einem unabhängigen „Tante-Emma-Laden" war eine Kaufhausfiliale jedoch wesentlich leichter zu betreiben. Als unabhängiger Ladenbesitzer mußte man sich alles selbst beibringen und gleichzeitig Buchhalter, Einkäufer, Verkäufer, Werbefachmann und oft auch Hausmeister in einer Person sein. Große Ketten hingegen wie etwa A&P und Woolworth sowie Lizenzgeber wie Ben Franklin stellten für ihre Kaufhausleiter ein Handbuch zusammen, das eine Art Zusammenfassung der Erfahrung vieler Hunderter Filialleiter darstellte. Dies verschaffte Neueinsteigern einen immensen Vorteil. Auf der Verwaltungsebene fielen Aufgaben wie Buchhaltung, Werbung und Einkauf in den Aufgabenbereich ganz bestimmter Angestellter. Diese Mitarbeiter hatten zwar folglich ein großes Arbeitspensum zu bewältigen, doch es war im großen und ganzen immer dieselbe Arbeit. (In einem kritischen Artikel über die Betriebsführung eines Unternehmens behauptete Theodore Levitt 1978 gegenüber der amerikanischen Wirtschaftszeitschrift *Fortune* sogar einmal, daß es – genau aus diesen Gründen – einfacher sei, eine Warenhauskette wie Kmart zu leiten als ein kleines Gemischtwarengeschäft in eigener Regie zu betreiben.)

Doch angesichts der Veränderungen in den Vereinigten Staaten zu Beginn des 20. Jahrhunderts waren die Voraussetzungen für eine Expansion der Kaufhausketten ohnehin äußerst günstig. So wanderten beispielsweise immer mehr Menschen von den Farmen in die Städte ab und hatten hier natürlich leichteren Zugang zu den Warenhäusern. Im Jahre 1800 lebten laut offizieller US-Statistik sechs Prozent der Bevölkerung in Städten mit mindestens 2.500 Einwohnern – für damalige Verhältnisse also in städtischen Gebieten. Im Jahre 1900 waren es bereits vierzig Prozent, und 1920 lebten über 51 Prozent der US-amerikanischen Bevölkerung in einem städtischen Gebiet, die jetzt als Ansiedlung mit mindestens 8.000 Einwohnern definiert wurden. Die Zuwanderung in die Städte war für die Versandhäuser von Nachteil. Sie paßten sich dieser Entwicklung jedoch dadurch an, daß sie eigene Kaufhausfilialen eröffneten. Sears zum Beispiel besaß 1924 noch keine einzige Verkaufsstelle, 1929 waren es jedoch bereits 324.

Der Visionär, der die treibende Kraft hinter Sears neuer Strategie war, hieß Robert Wood, hatte lange bei der Army gedient und war allen als „Der General" bekannt. Er ist eine der Schlüsselfiguren in der Geschichte des US-amerikanischen Einzelhandels – und auch eine der kuriosesten.

Wood, der bei Sears vierzig Jahre lang das Sagen hatte, war in seinen späten Jahren ein reaktionärer Dickkopf und Anhänger von McCarthy und war sein Leben lang Antisemit gewesen, obwohl ihm ein Jude einst den Weg zum Erfolg geebnet hatte. Er hielt das Unternehmen unter eiserner Kontrolle, wenngleich er behauptete, Sears sei eigentlich weniger eine Kapitalgesellschaft als vielmehr eine „kooperative Demokratie". Am Ende seiner Tage schlurfte er ziellos, sabbernd und mit zerzaustem Haar durch die Gänge der Hauptgeschäftsstelle von Sears. Und doch war er es, der Sears zu einem der größten Einzelhandelskonzerne der Welt gemacht hat und eine unwiderrufliche Entwicklung in der US-amerikanischen Landschaft in Gang setzte.

Interessanterweise hatte Wood zuvor beim Erzrivalen Montgomery Ward versucht, das Steuer in Richtung unternehmenseigener Verkaufsfilialen zu drehen: Im Jahre 1921 – als er noch bei Ward arbeitete – schrieb Wood ein langes Memorandum, indem er auf die Stärken und Schwächen von Kaufhausfilialen hinwies und Ward vorschlug, seine eigenen Verkaufsniederlassungen zu eröffnen. Wood wies darauf hin, daß die kleineren und mittelgroßen Städte, in denen Filialen nur in Form von Lebensmittelgeschäften zu finden waren, ein äußerst vielversprechendes Geschäft erwarten ließen. Sein Memorandum wurde jedoch völlig ignoriert, und ein paar Jahre später wurde er aufgrund von Meinungsverschiedenheiten mit seinem Vorgesetzten gefeuert. Dies war einer der größten Fehler, der von einem Unternehmen in der Geschichte des Einzelhandels je begangen wurde. Aufgrund der Entscheidung von Julius Rosenwald, dem damaligen Chairman von Sears, Wood sofort einzustellen und seine Idee umzusetzen, war Sears in der Lage, sich einen nicht mehr einzuholenden Vorsprung vor dem Handelskonzern Ward zu sichern, der erst Jahre später damit begann, eigene Verkaufsstellen zu eröffnen.

Wood behauptete immer, er verschlinge statistische Aufstellungen wie andere Leute Groschenromane. Er erkannte nicht nur frühzeitig die Abwanderungstendenzen der Bevölkerung in die Städte, sondern auch das sich abzeichnende Wirtschaftswachstum im Süden und Westen Amerikas. Und ihm war zu einem sehr frühen Zeitpunkt klar, wozu diese Veränderungen zusammen mit dem Boom der Automobilbranche, dem Bau von Autobahnen und der Ausdehnung der Vororte führen würden.

Die Autos würden sicherlich großzügige Parkflächen benötigen, das stand fest. Daher überzeugte Wood Sears, große Grundstücke in der Nähe von Autobahnausfahrten – weit außerhalb der Stadtzentren – zu kaufen, wo das Land billig war und die Kaufhäuser in die Mitte von riesigen Parkplatzflächen positioniert werden konnten. Er sagte später, daß „die Bedeutung des Standortfaktors im Laufe der Zeit – angesichts der steigenden Autoverkäufe, der gravierenden und zunehmenden Parkplatznot in den Einkaufsbereichen der Innenstadt und aufgrund der immer lästigeren Staus auf Landstraßen und Autobahnen – immer größer wurde. Dadurch konnten wir unsere anfänglichen Fehler sowie die Überlegenheit und Cleverness vieler unserer Mitbewerber kompensieren. So konnten wir mit erstaunlicher Geschwindigkeit wachsen und überwältigende Gewinne erzielen."[5] Anfang der 30er Jahre folgten die traditionellen Warenhäuser in den Stadtzentren seinem Beispiel und fingen allmählich an, in den neuen Vororten, die bereits einen Ring um die Großstädte und Metropolen bildeten, Verkaufsniederlassungen zu eröffnen.

A&P, Woolworth und Sears – die Ketten, die allmählich den Einzelhandel dominierten, verdankten dies vor allem der Tatsache, daß sie ihre Ware zu einem soviel niedrigeren Preis anbieten konnten als die Ladenbesitzer, die sie gnadenlos verdrängten. Das hohe Umsatzvolumen – der schnelle Warenumschlag – erzeugte einen steten Fluß an Bargeld, der den Kaufhausketten eine enorme Flexibilität bot, um neue Verkaufsniederlassungen zu eröffnen, mit Herstellern zu verhandeln und auf jede erdenkliche Art und Weise ihre Geschäfte vorwärts zu treiben.

Ihnen stand es frei zu expandieren, indem sie neue Produktlinien in ihr Programm aufnahmen, neue Kaufhäuser eröffneten oder andere Möglichkeiten fanden, den Verkauf der Ware zu fördern, die bereits zu ihrem Sortiment gehörte. Sie konnten niedrigere Preise anbieten und dennoch höhere Gewinne erzielen als die kleinen unabhängigen Ladenbesitzer.

Die Kaufhausgesellschaften, Versandhäuser und Filialunternehmen machten die Familien, die an ihrer Spitze standen, zu den reichsten Leuten in den Vereinigten Staaten: die Gimbels, die Wanamakers, die Woolworths und noch einige andere. In vielen Fällen gelang es den Unternehmensgründern und ihren Familien, sich die Zügel nicht aus der Hand nehmen zu lassen, da sie durch den enormen Bargeldfluß über genügend Liquidität verfügten, um nicht Unternehmensanteile verkaufen zu müssen.

Doch jetzt schlossen sich die kleinen Kaufleute – wie bereits bei ihrem Kampf gegen die Kaufhausgesellschaften und Versandhäuser – zusammen, um gegen die noch größere Bedrohung durch die Kaufhausketten vorzugehen. Ein authentischer Beleg ihrer Befürchtungen ist das 1922 erschienene Buch *Meeting Chain Store Competition*[Ü4], in dem ein unheilvoller Tonfall mitschwingt. So lauten die ersten Zeilen: „Jeder Ladenbesitzer, dem ein Kettenladen Konkurrenz macht, denkt, keiner müsse ihm erklären, um was für ein Unternehmen es sich handelt. Für ihn ist es ein Mitbewerber, der seine Preise auf niedrigstem Niveau ansetzt und von außen durch einen seelenlosen Konzern gesteuert wird. Die Prinzipien, die dahinterstecken, kennt er nicht und sie interessieren ihn auch nicht. Er hat mit konkreten Umständen und nicht mit Theorien zu kämpfen, mit der Notwendigkeit, daß seine Geschäfte florieren und seine Kundschaft nicht vor seinen Augen langsam aber sicher an den Kettenladen verloren geht, der mit bunten Werbetafeln und einer Flut von Preisschildern die Käufer aufdringlich auf sich aufmerksam macht."[6]

In dem Buch wurde mit großem Nachdruck an die Kaufleute appelliert, sich mit ihren Freunden, Bankiers, Vermietern, Lieferanten und anderen Geschäftspartnern zusammenzuschließen, um gegen die Bedrohung seitens der Filialunternehmen vorzugehen. Und genau das geschah auch. Im nächsten Jahr, d.h. 1923, legten sympathisierende Parlamentsvertreter in Missouri einen Gesetzesvorschlag für die Besteuerung von Kaufhausketten vor. Ziel war, die Chancengleichheit herzustellen. Das Gesetz wurde zwar zurückgewiesen, doch im Jahre 1927 stimmten 15 Bundesstaaten über einen ähnlichen Gesetzesvorschlag ab, und zwei der Staaten – Georgia und North Carolina – verabschiedeten schließlich ein entsprechendes Gesetz. Ein anderer Bundesstaat, Maryland, stellte die Expansion der Filialgesellschaften innerhalb der eigenen Staatengrenze unter Strafe.

Es kam zu einem regelrechten Public-Relations-Krieg. Um einen Eindruck von der Stimmung, die damals zwischen den verfeindeten Parteien herrschte, zu vermitteln, hier der Originalton von William K. Henderson aus Shreveport,

---

Ü4 Anm. d. Übers.: etwa: Der Konkurrenz durch Kaufhausketten die Stirn bieten

Louisiana, bekannt als „Old Man Henderson", dessen Radiosendung von der Hälfte aller Rundfunkanstalten des Landes übertragen wurde: „Wache auf, amerikanisches Volk! Wir können diese Kaufhausketten mit der Peitsche verjagen. Wir können diese ganze unheilvolle Welt in die Flucht jagen, wenn wir im Recht sind... Ich werde Euer Anführer sein. Ich werde sie erbarmungslos mit der Peitsche hinausjagen, wenn Ihr mich unterstützt. Innerhalb von 30 Tagen werden sie vertrieben sein, wenn Ihr alle ihre Verkaufsniederlassungen boykottiert."[7]

Henderson gründete eine Interessengemeinschaft mit dem klingenden Namen „Merchant's Minute Men"[Ü5], der die Bürger in ihrem Kampf gegen die Kaufhausketten für zwölf Dollar beitreten konnten.

Doch auch nachdem die Zwölf-Dollar-Schecks und Überweisungsaufträge in großen Mengen eintrafen, blieben die Menschen „ihren Läden" nicht fern. Die günstigen Preise zogen sie einfach magisch an.

Die Kaufleute vor Ort und ihre Berufsverbände kämpften mit Beginn der großen Wirtschaftsdepression noch verzweifelter um ihre Existenz. Bis 1939 hatten 27 Bundesstaaten ein Besteuerungsgesetz für Kaufhausketten verabschiedet, obwohl viele der ersten Gesetze in diese Richtung wieder aufgehoben worden waren. Wirtschaftshistoriker sind sich noch immer uneins darüber, inwieweit die Besteuerung tatsächlich eine Expansion der Kaufhausketten verzögern konnte. Fest steht allerdings, daß diese neue Form der Besteuerung Anlaß für die Unternehmen war, ihre Niederlassungen in einem größeren Format zu bauen, anstatt mehr von ihnen zu eröffnen, was ironischerweise die Konkurrenzsituation für die benachbarten unabhängigen Ladenbesitzer noch verschärfte.

Ein weiteres Instrument, das von vielen Bundesstaaten geschaffen wurde, um die Filialgesellschaften an einer weiteren Expansion zu hindern, war das „Fair-Trade-Gesetz", das Herstellern gestattete, den Preisaufschlag zu steuern, indem sie einen Mindestpreis für den Verkauf des Produkts im Einzelhandel festlegen konnten. Den Kaufhausketten war es somit auf legalem Wege nicht mehr möglich, diese Preise zu unterbieten. (In den 50er Jahren wurden diese Bundesgesetze durch eine Reihe von Gerichtsentscheidungen nach und nach verwässert oder sogar ganz rechtsunwirksam gemacht. Einige überlebten jedoch bis in die 90er Jahre hinein.)

Als größte Einzelhandelskette der USA war A&P das Hauptziel der Anti-Kaufhausketten-Kampagne. Im Jahre 1936 schlossen sich Berufsverbände von Lebensmittelhändlern und Kaufleuten mit Gewerkschaften und anderen Interessengruppen zusammen, um das Robinson-Patman-Gesetz durchzubringen.

Ü5 Anm. d. Übers.: etwa: „Engagierte Kaufleute"

Diese Vorlage stellte eine massive Attacke gegen A&P dar und sollte dem Lebensmittelkonzern den Todesstoß versetzen. Der Abgeordnete Wright Patman gab sogar unumwunden zu, daß das Gesetz, das auf den Schutz der kleinen Ladenbesitzer vor Ort abzielte, direkt gegen A&P gerichtet war. Getarnt als kartellrechtliche Schutzmaßnahme wollte das Gesetz vor allem verhindern, daß Filialunternehmen aufgrund ihrer Größe und Kaufkraft Ware von Herstellern im Einkauf günstiger erhalten und den Kunden so Niedrigpreise anbieten konnten. Doch auch wenn das Gesetz ein gewisses Handikap für die Kaufhausketten bedeutete, war letztendlich das gesetzliche Wirrwarr um seine unendlich vielen Lücken das viel größere Ärgernis.

Patman versuchte es zwei Jahre später noch einmal mit einem Gesetz zur Besteuerung von Kaufhausketten, dieses Mal für die gesamten Vereinigten Staaten. Dieser Vorstoß scheiterte jedoch am Ausschuß des Repräsentantenhauses für Haushaltsfragen, nachdem allein A&P etwa 500.000 Dollar für die Bekämpfung des Gesetzes ausgegeben hatte.

Zumindest hatte A&P bis zu diesem Zeitpunkt gelernt, wie man sich wirkungsvoll gegen solche Attacken wehrte. Zu diesem Zweck beauftragten die Hardford-Brüder die Public-Relations-Firma Carl Byoir & Associates, die sie bereits beim Kampf gegen den ersten Patman-Gesetzesentwurf herangezogen hatten. Sie sollte eine Werbekampagne starten, die die Vorteile von Kaufhausfilialen anpries – zum einen für die Käufer, die Niedrigangebote suchten, und zum anderen für die Farmer, die die Ketten auf ihrer Seite hatten. In einer dieser PR-Anzeigen wurde beschrieben, wie der Verkauf von Grapefruit im Jahre 1936 durch eine Werbeaktion von A&P um das Dreifache stieg – obwohl es auf dem Markt ein Überangebot an Grapefruit gab – und die Farmer so trotz einer Rekordernte keine Verluste hinnehmen mußten.

Da sie mit dem Rücken zur Wand standen, umwarben die Hardfords auch die Gewerkschaften, die 1936 noch zu den erklärten Feinden von A&P gehört hatten. Während A&P sich früher eher von Filialen ganz getrennt hätte, als eine Gewerkschaftsvertretung zuzulassen, unterzeichnete man 1938 und 1939 eine Reihe von Gewerkschaftsverträgen, woraufhin viele Gewerkschaften ihre Einstellung änderten und sich gegen den Gesetzesvorschlag von Patman stark machten.

Doch auch die Ablehnung des Gesetzesentwurfs stellte nicht das Ende der heftigen Attacken dar. Im Jahre 1939 erstattete das Justizministerium Strafanzeige gegen A&P wegen wettbewerbsfeindlicher Geschäftsaktivitäten. Die Anklage stützte sich auf eine Petition des Amerikanischen Berufsverbandes der Lebensmittelhändler. Sieben Jahre lang dauerte das Verfahren gegen den Konzern, das er schließlich 1946 verlor und das ihn 175.000 Dollar Bußgeld kostete. Im

Anschluß daran wurde gegen A&P ein Zivilverfahren eröffnet, an dem der Konzern fast zerbrochen wäre. Doch der Konzern konnte das Verfahren fünf Jahre lang verschleppen, bis die Eisenhower-Regierung an die Macht kam. Unter Eisenhower, der Großkonzernen sehr gewogen war, zog sich das Justizministerium lammfromm aus dem Verfahren zurück und ließ A&P im wesentlichen ungestört seine Unternehmenspolitik weiterverfolgen.

Warum der Konzern schließlich doch unter die Räder kam, hat allerdings ganz andere Gründe: Er war nicht in der Lage, mit einer noch stärkeren Konkurrenz Schritt zu halten, die in Form des modernen Supermarkts auf der Bildfläche erschien.

Der Vater des modernen Supermarktes war Michael Cullen, den man fast den Sam Walton seiner Zeit nennen könnte. Cullen, ein 64 Jahre alter Lebensmittelhändler und Lagerleiter bei der Lebensmittelkette Kroger, schrieb 1930 einen gewagten und gepfefferten Brief an den President von Kroger, in dem er ihn um ein Gespräch bat und ihm ein radikal neues Geschäftskonzept vorschlug. Er hatte die Vision – wie er es beschrieb – „monströse" Geschäfte zu bauen, die drei- bis viermal so groß wie ein normales Lebensmittelgeschäft sein sollten. In diesen geräumigen Geschäften würde man, so seine Idee, ein riesiges Sortiment an Markenartikeln für den Lebensmittelbereich und andere Sektoren anbieten. Um Kosten einzusparen, würde man weder die Lieferung nach Hause noch Kredite anbieten. Die Geschäfte würde man in Gegenden mit niedrigen Mieten bauen, wie etwa Industriegebiete, wo man auch zu geringen Kosten große Parkflächen bereitstellen konnte. Man würde direkt vom Hersteller kaufen, um Kosten zu sparen. Und man würde etwa ein Viertel der Ware zum Einkaufspreis verkaufen, um Kunden anzulocken, die bei ihrem Besuch dann auch andere Produkte mitnehmen würden.

In dem Brief beschrieb er seine Vision folgendermaßen: „Wenn ich eine zweiseitige Werbebroschüre verteilen und darin 300 Artikel zum Selbstkostenpreis und 200 Artikel annähernd zum Selbstkostenpreis anbieten würde – mehr Werbung müßte ich wahrscheinlich gar nicht machen – würden alle, unabhängig von ihrer Einstellung zu Kaufhausketten, mir die Türen einrennen. Es gäbe einen riesigen Tumult. Ich müßte die Polizei rufen, und die Kunden in Gruppen einteilen, um sie hereinlassen zu können. Ich würde die Menschen aus dem Sklaven-Land der hohen Preise in das gelobte Land der niedrigen Preise führen."[8]

Cullen war auch ein eifriger Befürworter der Selbstbedienung. Obwohl Piggly-Wiggly bereits Zeichen gesetzt hatte, bewahrten Kroger und die meisten anderen Lebensmittelläden (wie auch die anderen Einzelhandelsgeschäfte) zur damaligen Zeit noch den überwiegenden Teil ihrer Ware hinter Theken auf, an denen Angestellte die Kundschaft bedienten. Cullen wies darauf hin, daß man Kosten einsparen könne, indem man auf einen Großteil des Personals verzichtete und die Ware in Griffnähe der Kunden auf Regalen positionierte.

Cullen scheute sich nicht, auch Kosten- und Umsatzprognosen beizulegen: Er prognostizierte, daß eine so geführte Verkaufsstelle das Zehnfache des Umsatzes sowie den zehnfachen Gewinn einer typischen, damals den Markt dominierenden A&P-Filiale erzielen würde. Er brüstete sich damit, daß er das Konzept bereits auf eine seiner Kroger-Filialen in dem kleinen Bergbau-Städtchen West Frankfort, Illinois (14.000 Einwohner) angewandt habe und er in einem Jahr trotz der Konkurrenz durch eine A&P-Filiale einen Gewinn von 15.000 Dollar vorweisen konnte.

Er schloß den Brief mit folgenden Sätzen, mit denen sich auch Sam Walton Jahrzehnte später hätte identifizieren können: „Der Gedanke, der einzig und allein immer an erster Stelle steht, heißt: Wie kann ich mehr verkaufen als die anderen? Was kann ich tun, damit in meinem Unternehmen mehr Geld fließt? Die Antwort ist sehr einfach: Es geht ausschließlich darum, die Gemeinkosten niedrig zu halten, denn allein durch die Senkung der Gemeinkosten kann der Mitbewerber geschlagen werden."[9]

Es sollte nicht verwundern, daß die Führungsspitze von Kroger nicht das geringste Interesse zeigte und sich nicht einmal mit Cullen zusammensetzen wollte. Heutzutage sind wir Amerikaner bereits so gewöhnt an die Art von Geschäften und die Art von Einkauf, wie er sie sich vorstellte und beschrieb, daß man leicht vergißt, wie neu und seltsam diese Ideen damals gewirkt haben müssen. Für die konservativen Kroger-Leute war Cullen ein Phantast. Nach dieser kühlen Abfuhr kündigte Cullen sofort seine Stelle bei Kroger und eröffnete mit Hilfe eines Geldgebers noch in demselben Jahr sein erstes King-Kullen-Lebensmittelgeschäft in Queens in der New York City. Die Wirtschaftszeitschrift *Business Week* berichtete 1933, daß er acht Lebensmittelfilialen besaß und durchschnittlich mehr als eine Million Dollar pro Jahr umsetzte. 1936 gehörten bereits 15 Ladengeschäfte zu seiner Kette – als er plötzlich starb, angeblich wegen Überarbeitung.

Es gab keinen willensstarken Nachfolger. Ohne Cullen und seinen todsicheren Instinkt welkte seine aufblühende Lebensmittelkette dahin. Doch die Wirkung, die sein neues Konzept bis zu seinem Tod bei einem großen Kundenkreis hinterlassen hatte, war nicht mehr zu leugnen. Und dieses Mal gab es auch kein Zurück mehr. Bereits Saunders hatte bei seinem Lebensmittelgeschäft Piggly-Wiggly mit dem Selbstbedienungskonzept großen Erfolg gehabt, doch ihm war die Kontrolle über sein Unternehmen an Übernahme-Geier der Wall Street verloren gegangen, die die Firma aufteilten und wieder verkauften. Es gibt auch andere frühe Beispiele für Lebensmittelläden mit Selbstbedienung, die sogar bis 1896 zurückreichen. Doch für viele Historiker – so auch Richard Tedlow – steht fest, daß Cullens durchschlagender Erfolg der Zündfunke für die Verbreitung des modernen Supermarktes im ganzen Land war.*

Es sollte noch ein anderes innovatives Konzept erwähnt werden, das man fast als direkten Vorläufer des modernen Discount-Einkaufszentrums bezeichnen könnte. Es handelt sich hierbei um den Big-Bear-Supermarkt, der 1932 in Elizabeth, New Jersey, in einer leeren Automobilfabrik seine Pforten öffnete. Dieser Kaufmarkt mit seinen für damalige Verhältnisse unglaublichen 4.650 Quadratmetern – d.h. dem Zwanzigfachen eines normalen Lebensmittelgeschäftes – hatte nicht nur Nahrungsmittel im Angebot, sondern auch Eisenwaren, Arzneimittel, Autozubehör, Radios und Farben. Im Supermarkt gab es ein Café und eine Mittagstheke. Die Anfangsinvestition von 10.000 Dollar wurde durch einen Gewinn von über 166.000 Dollar im ersten Jahr mehr als ausgeglichen.

Die Kombination von Lebensmitteln und allgemeinen Gebrauchsgütern, wie sie das Konzept des Big-Bear-Supermarktes vorsah, konnte sich im Einzelhandel jahrzehntelang nicht durchsetzen. Doch dann schossen die Supermärkte wie Pilze aus dem Boden. In dieser Zeit wuchs die Zahl der Menschen, die sich einfach hinter das Lenkrad ihres Autos setzen konnten, um einkaufen zu fahren, gewissermaßen stündlich. Das bedeutete natürlich auch, daß sie bereit waren, etwas weiter zu fahren – z.B. in eine Gegend mit niedrigeren Grundstückspreisen – wenn sie dadurch Geld sparen konnten. Als auch A&P im Jahre 1938 auf diesen Zug aufsprang, waren die Supermärkte auf dem besten Weg, sich eine Vorherrschaft im Einzelhandel zu sichern. In den darauffolgenden Jahrzehnten trennten sich A&P und andere Lebensmittelketten von ihren kleinen, älteren Filialen. Die Supermärkte wurden immer größer und größer. Zur Warenauswahl der Supermarktketten kamen zunehmend Produkte, die traditionelle Lebensmittelhändler nicht in ihrem Sortiment führten. Tausende kleiner unabhängiger Lebensmittelgeschäfte mußten schließen, und viele der ehemaligen Ladenbesitzer arbeiteten schließlich in den Supermärkten, gegen die sie den Konkurrenzkampf verloren hatten.

Ende der 50er und Anfang der 60er Jahre investierten die Einzelhandelskonkurrenten – wie etwa Safeway – große Summen, um neue und immer größere Supermärkte in den neu gebauten Vororten zu errichten. Zu den Lebensmit-

---

* William H. Albers, President von Kroger, der Cullens Vorschlag zurückgewiesen hatte, hatte bis 1937 wohl seinen Standpunkt geändert. Als er auf der Gründungssitzung des Supermarket Institute in jenem Jahr eine Rede hielt, nannte Albers Michael Cullen „den Mann, der die Vision und die Zuversicht hatte, um das aufzubauen und vorwärts zu bringen, was uns allen, meine Damen und Herren, heute als Supermarkt-Industrie bekannt ist."

teln kam zunehmend auch Ware aus anderen Bereichen hinzu, wie etwa Schulbedarf, saisonabhängige Produkte, Kosmetika, rezeptfreie Medikamente und Schreibwaren, da diese Artikel eine höhere Gewinnspanne ermöglichten als Nahrungsmittel. A&P konnte damit nicht Schritt halten. Anstatt verstärkt in neue Supermarktfilialen zu investieren, entschied der President des Vorstands, Ralph W. Burger, der 60 Prozent des Unternehmenskapitals besaß, 90 Prozent der Firmengewinne in Form von Dividenden an die Aktionäre auszuzahlen. Natürlich kam von dieser Seite kein Protest. Aber das bedeutete, daß die wenigen neuen Supermärkte, die A&P bauen ließ, ihre Pforten erst sehr spät öffneten. Die Unternehmensspitze von A&P hielt an zu vielen veralteten, kleinen Geschäften fest und wagte sich zu spät an Bereiche außerhalb des Lebensmittelsektors. Daneben begingen Burger und andere A&P-Spitzenleute noch eine ganze Reihe anderer strategischer Fehler, so daß die Umsätze und Gewinne in ihrem Abwärtstrend nicht mehr aufzuhalten waren. 1965 wurde A&P von Sears überholt, das mit 6,4 Milliarden Dollar Umsatz (gegenüber 5,1 Milliarden Dollar Umsatz bei A&P) jetzt das größte Handelsunternehmen Amerikas war. Nach einer Serie von Pleiten, Patzern und Fehlgriffen entschloß sich der neue Chief Executive Officer von A&P 1975, ein Drittel aller A&P-Filialen zu schließen. Doch da auch in den folgenden Jahrzehnten ein Rückschlag nach dem anderen erfolgte, mußte das Unternehmen auch in den folgenden Jahrzehnten noch weiter um das Überleben kämpfen.

Genauso, wie die Entstehung der Supermärkte auf einigen der ursprünglichen innovativen Ideen von A&P basierte, nämlich dem Konzept der Niedrigpreise und des hohen Umsatzvolumens, wurde die Strategie von Cullen und anderen Lebensmittelhändlern, ihre Kosten möglichst niedrig zu halten, später von Leuten wie Sam Walton und Harry Cunningham (CEO von Kresge, später Kmart) auf die Großhandelsebene übertragen. Das führte zur Entstehung der großen Discount-Ketten, die den Einzelhandel der 80er Jahre dominierten.

In der Naturgeschichte sind klimatische Veränderungen oft der Auslöser für die Entwicklung neuer Spezies, während andere Arten, die sich nicht an die neuen Lebensbedingungen anpassen, allmählich verschwinden: So verhielt es sich mit dem Erscheinen der großen Säugetiere und dem Aussterben der Dinosaurier, die nach dem Einschlagen riesiger Meteoriten dem Kälteeinbruch zum Opfer fielen.

Auf eine ähnliche Weise beeinflußte der plötzliche Umschwung im Wirtschaftsklima zu Beginn des Zweiten Weltkriegs das Gesicht des Einzelhandels in den Vereinigten Staaten. Während der Kriegsjahre führte die Defizitfinanzierung zu einem enormen wirtschaftlichen Aufschwung. Das Bruttosozialprodukt stieg zwischen 1939 und 1945 von 91 Milliarden auf 166 Milliarden Dollar an. 17 Millionen neue Arbeitsplätze wurden geschaffen. In jenen Tagen begannen die Amerikaner, die während der Wirtschaftsdepression unter großen Entbehrungen gelitten und sehr sparsam gelebt hatten, trotz kriegsbedingter Knappheiten Geld auszugeben wie niemals zuvor. Die durchschnittlichen Ausgaben pro Person bei Kaufhausbesuchen schnellte von zwei Dollar vor dem Krieg auf zehn Dollar im Jahre 1943.

Zur Überraschung vieler Kaufleute bedeutete das Ende des Krieges nicht auch das Ende des wirtschaftlichen Booms. Sowohl die fortgesetzten hohen Beschäftigungszahlen, die steigenden Löhne und Gehälter als auch die Regierungspolitik der Liberalisierung von Verbraucherkrediten trugen allesamt dazu bei, den Umsatz des Einzelhandels in die Höhe zu treiben. Und die steigenden Preise, die mit dem Boom einhergingen, bildeten schließlich die Grundlage für die neuen Akteure auf der Niedrigkosten-Bühne: die Discount-Händler.

In den späten 30er und frühen 40er Jahren machte eine ganze Reihe von Unternehmern Anleihe beim Konzept des Supermarktes und eröffneten „Discount-Geschäfte", in denen Markenartikel made in Amerika, z.B. Uhren, Kameras, Schmuck, Radios und Haushaltsgeräte, zu weit niedrigeren Preisen als in den üblichen kleineren oder größeren Kaufhäusern zu kaufen waren. Die beiden Brüder Steven und Phillip Masters bieten ein typisches Beispiel hierfür. Im Jahre 1937 gründeten sie in einer günstigen Gegend von New York City das Discount-Unternehmen Masters Inc. – ein zunächst unbedeutendes Kaufhaus für Radios und Haushaltsgeräte. Wie die meisten frühen Discounter kauften die Masters-Brüder ihre Waren direkt vom Hersteller, verkauften nur gegen Bargeld und verzichteten sowohl auf einen Lieferdienst als auch auf andere Serviceleistungen. Ihr Discounter lag weit ab von jeglichen typischen Einkaufszonen, war klein und ohne jeglichen Firlefanz. Das war absolut typisch. Discount-Geschäfte wurden oft in alten Bürogebäuden oder Lagerhallen untergebracht, denn der Standort war egal – Hauptsache die Miete war günstig.

Nach dem Zweiten Weltkrieg vermehrten sich die Discounter sprunghaft. Als die Produktion von Verbrauchsgütern, die während der Kriegszeiten vernachlässigt worden war, im Jahre 1953 endlich mit der Nachfrage gleichzog, versuchten die Hersteller von Markenartikeln, ihr Produktionsvolumen möglichst auf dem hohen Niveau von vorher zu halten. Und so wandten sich viele an die Discount-Händler, die aufgrund ihrer drastisch niedrigen Preisaufschläge einen hohen Umsatz verzeichneten. Die Wirtschaftshistorikerin Sandra Vance schätzt, daß Discounter in jenen Tagen durchschnittlich 15 Prozent auf die Herstellerpreise aufschlugen gegenüber 38,8 Prozent, die von den konventionelleren Warenhäusern veranschlagt wurden.

Hinzu kam, daß es für Discounter immer einfacher wurde, die noch verbleibenden unpräzisen Fair-Trade-Gesetze zu umgehen. Der nächste Schritt bestand im Bau von Filialen. Die Masters-Brüder zum Beispiel besaßen 1958 bereits acht Filialen mit einem breiten Warensortiment.

E. J. Korvette, ein weiteres Unternehmen, das eine Vorreiterrolle in diesem Bereich spielte, verkaufte 1958 sein Firmenkapital und wurde eine Aktiengesellschaft. Eugene Ferkauf, dessen Vater in New York mit Reisegepäck gehandelt hatte, war der Gründer von Korvette. 1948 hatte er ein Geschäft mit 93 Quadratmetern Verkaufsfläche im zweiten Stock eines Hochhauses in New York eröffnet und Koffer etwa ein Drittel unter dem üblichen Einzelhandelspreis angeboten. Nachdem er das Erdgeschoß hinzugemietet hatte und das Angebot um Bekleidung und Haushaltswaren erweitert hatte, vergrößerte Ferkauf sein Unternehmen bis 1953 um vier Filialen. 1954 eröffnete er ein 2.668 Quadratmeter großes Geschäft in New York, um dann weniger als ein Jahr später auf Long Island einen gigantischen Discounter mit sage und schreibe 14.900 Quadratmetern Verkaufsfläche einzuweihen. Um sich diese Dimension vor Augen zu führen, muß man sich zwei nebeneinander liegende Fußballfelder vorstellen, über die ein Dach gespannt ist. 1960 gab es bereits in vier Bundesstaaten zwölf Korvette-Filialen. Der Warenumschlag belief sich auf bis zu zwölf Mal pro Jahr – ein normaler Schnitt für einen Discounter, aber mehr als doppelt so viel wie der Warenumschlag eines gewöhnlichen Kaufhauses, der bei vier bis fünf Mal pro Jahr lag.*

1962 belief sich der Umsatz des gesamten Discount-Sektors auf zwei Milliarden Dollar pro Jahr, und viele der größten Einzelhandelsunternehmen Amerikas, vor allem die Kaufhausketten mit gemischtem Sortiment, rissen ihr Lenkrad herum, um eine neue Richtung einzuschlagen. In diesem Jahr wurden in jedem Führungsgremium jeder x-beliebigen Kaufhauskette detailliert ausgearbeitete Kampagnen wie militärische Strategien diskutiert. Harry Cunningham, CEO der Five-and-Dime-Kette Kresge, sah die offensichtlichen Erfolge von Niedrigpreis-Ketten wie etwa Korvette und stürzte sich mit Kresge kopfüber in das Discount-Geschäft. Er legte dem Vorstand seinen Plan vor, innerhalb der nächsten zwei Jahre 38 Discounter unter dem Firmenemblem Kmart zu eröffnen. Kresges traditioneller Rivale im Bereich Gemischtes Sortiment, Woolworth, ließ auch nicht lange auf sich warten. Drei Monate nachdem Kresge im März 1962 das erste Kmart-Kaufhaus in einem Vorort von Detroit eingeweiht hatte, eröffnete Woolworth seinen ersten Woolco-Discounter in Columbus im Bundesstaat

---

* Als Macy's seine Ware im Jahre 1887 zwölfmal umschlug, waren die Kaufhäuser die Billiganbieter jener Tage. Im Laufe der Jahre hatte sich der Warenumschlag jedoch verlangsamt, da immer mehr Luxusartikel und teure Ware ins Sortiment der Kaufhäuser aufgenommen wurden, d.h. mehr auf eine hohe Gewinnspanne als auf ein hohes Umsatzvolumen abgezielt wurde.

Ohio. Die frühen Woolco-Filialen waren riesig – die Verkaufsflächen lagen zwischen 10.600 bis 16.600 Quadratmetern – und waren normalerweise in ein Einkaufszentrum integriert bzw. lagen in der Nähe eines solchen.

Auch Dayton Corporation, eine regionale Kaufhauskette mit Unternehmenssitz in Minneapolis, eröffnete im Jahre 1962 vier Discounter-Filialen unter dem Namen Target. Viele andere große Einzelhandelsunternehmen fingen ebenfalls an, in den Discount-Sektor vorzustoßen. Als Standort und Hauptabsatzgebiet wählten fast alle – wie etwa Korvette, Kresge, Woolworth oder Dayton – Vororte von Großstädten, da man auf eine große und zuverlässige Kundschaft angewiesen war, um den für einen erfolgreichen Geschäftsbetrieb notwendigen Umsatz zu garantieren.

Auch Sam Walton hatte in Bentonville inzwischen mit großem Interesse vom Wachstum der Discounter-Ketten gelesen. 1960 reiste er entschlossen an die Ostküste, um sich eine Discount-Filiale von Korvette anzuschauen und mit Ferkauf zu sprechen. In seiner direkten, unverblümten Art löcherte er stets alle Gründer von Discounter-Ketten, die sich zu einem Gespräch mit ihm bereit erklärten, so auch die Gründerväter von Spartan's, Zayre und Mammoth Mart. Und er vertiefte sich immer intensiver in die Geschäftsführung und die einzelnen Geschäftsvorgänge von Unternehmen des Discount-Sektors.

Zum Teil war Walton auch besorgt, daß seine Warenhäuser irgendwann mit den Discountern nicht mehr mithalten könnten – schließlich war der gnadenlose Wettbewerb bereits in vollem Gange. Ein in Texas angesiedeltes Großhandelsunternehmen namens Gibson Products Co. hatte im Jahre 1958 damit begonnen, seine Großhandelsniederlassungen in Discount-Filialen umzuwandeln und verkaufte dafür Lizenzen. Der Firmengründer Herbert R. Gibson hatte beschlossen, seine Gibson's Discount Center in Kleinstädten einschließlich Fayetteville im Bundesstaat Arkansas zu eröffnen, womit er in direkte Konkurrenz zu Waltons Kaufhäusern trat. Gibsons Credo lautete: „Buy it low, stack it high, sell it cheap.“[Ü6 10]

Es kam jedoch auch hinzu, daß das Discount-Konzept gut zu Waltons eigenem Impuls paßte, statt einer hohen Gewinnspanne ein großes Umsatzvolumen in den Mittelpunkt seiner Unternehmenspolitik zu stellen. Er war überzeugt, daß seine Warenhaus-Filialen unter die Räder kommen würden, wagte er nicht den Schritt in den Discount-Sektor. Die unerwartet hohen Umsätze seines neuen Walton's Family Center in Missouri, einer Stadt mit nur 1.500 Einwohnern, überzeugten ihn, daß er immerhin einen Trumpf in der Hand hielt: Das Potential dieser Provinzstädtchen war größer, als sich irgend jemand vorstellen konn-

---

Ü6 Anm. d. Übers.: etwa: „Kaufe billig, lege ein großes Lager an, verkaufe günstig.“

te. Seit seinem Besuch an der Ostküste hatte Walton darüber nachgedacht, selbst in die Discount-Branche einzusteigen, und überlegt, wie er es in den Kleinstädten, die ihm so vertraut waren, am besten bewerkstelligen konnte. Anfang 1962 faßte er einen Entschluß: Er würde nach Chicago gehen und Butler Brothers einen Vorschlag unterbreiten.

Kapitel 4
Von Niedrigpreisen und Umsatzrekorden

Sam Walton hatte sich dazu entschlossen, in den Discount-Sektor einzusteigen, nachdem er auf seiner Fahrt entlang der Ostküste 1960 beobachtet hatte, wie sich die Menschenmassen auf Sonderangebote von Discountern stürzten.

Er mußte immer wieder an diese Bilder denken. Er ertappte sich nach seiner Rückkehr immer wieder dabei, wie er auf Flügen oder Rundfahrten Ausschau nach geeigneten Standorten hielt und Kleinstädte nicht daraufhin überprüfte, wo ein weiterer Ben Franklin stehen könnte, sondern wo es möglich wäre, einen riesigen Discounter – selbstverständlich mit reichlich Parkplatzfläche – zu bauen. Er begann, das Interesse seiner Bankiers zu wecken, indem er ihnen erzählte, wie Discounter im ganzen Lande wie Pilze aus dem Boden schossen, wie schnell die neuen Ketten expandierten und daß ein Großteil von ihnen offensichtlich hohe Gewinne erzielte. Es war ein Markt, der noch völlig offen war.

Doch auch wenn Walton es nicht abwarten konnte, aktiv zu werden, und so überzeugt er auch war, daß er Erfolg haben würde – er war sich auch ganz sicher, daß er das Wagnis nicht allein eingehen wollte. Er hatte ja bereits einmal sehr viel Zeit und Energie in die Projektentwicklung eines Einkaufszentrums gesteckt und war schließlich daran gescheitert, daß er – wie ihm inzwischen klar war – über viel zu wenig Kapital verfügt hatte. Um ganze Sache machen zu können, d.h. um sich *jetzt* im Discount-Markt einen möglichst großen Anteil zu sichern, würde er mehr Eigenmittel benötigen, als er im Augenblick mühelos auftreiben konnte. Deshalb wollte er sich für dieses Projekt einen finanzkräftigen Partner suchen.

Dies war die Ausgangssituation für seine Reise zum Hauptsitz der Butler Brothers in Chicago. Einen Termin zu bekommen war nicht schwer – schließlich war Walton der größte Betreiber von Ben-Franklin-Filialen in den Vereinigten Staaten. Ihnen sein neues Projekt zu verkaufen war allerdings eine völlig andere Angelegenheit. Wahrscheinlich ahnte Walton schon, daß dies erst der Beginn einer frustrierenden Suche nach einem gutbetuchten Geschäftspartner und Geldgeber war.

Stellen wir uns die Szene vor: Walton an der einen Seite des Tisches, ein paar der führenden Leute von Butler Brothers an der anderen. Während Walton immer wieder auf seine Notizen auf dem ihn ständig begleitenden gelben Schreibblock blickt, berichtet er von den hervorragenden Umsätzen in seinem neuen großformatigen Ben Franklin in Saint Robert. Er stellt die Behauptung auf, daß in den kleinen Provinzstädten mehr zu holen sei, als die meisten Handelsunternehmen vermuten, und daß dieser Markt – vor allem in Arkansas und benachbarten Bundesstaaten – noch so gut wie unberührt von der boomenden Discounter-Branche sei. Wie lange das jedoch noch der Fall sein werde, wisse keiner. Einige Discounter würden bereits in kleinere Märkte vordringen, wie zum Beispiel das Gibson's Discount Center, das für ihn in Fayetteville inzwischen eine ernstzunehmende Konkurrenz darstelle.

Jetzt kommt er zur Sache: Er plant, eine Discounter-Kette mit Dutzenden von Filialen aufzubauen, die er allesamt in Kleinstädten eröffnen möchte und deren Umsatz nach kurzer Zeit denjenigen von Saint Robert in den Schatten stellen werde. Wenn Butler Brothers bereit wäre, in diesem Discount-Projekt als Großhändler zu fungieren, ihm wie bei den Ben-Franklin-Filialen Ware zu verkaufen und ihn in der Verkaufsförderung zu unterstützen, könne er eine Kaufhauskette mit unvorstellbarem Gewinnpotential für Butler Brothers und für sich auf die Beine stellen. Eines sei jedoch Voraussetzung: Damit dieses System funktioniere, müsse Butler Brothers den üblichen Preisaufschlag von 20 bis 25 Prozent auf die an ihn verkaufte Ware um die Hälfte oder sogar mehr kürzen.

Die geringere Gewinnspanne würde durch das höhere Umsatzvolumen mehr als ausgeglichen, fügt er hastig hinzu. Doch bevor die Leute von Butler Brothers mit einem Wort dazu Stellung nehmen, ist es bereits klar, was sie sagen werden. Sie machen Gesichter, als hätte man sie gerade dazu aufgefordert, ihr Portemonnaie auszuhändigen.

Ihr Nein kann gar nicht schnell und heftig genug vorgebracht werden. Die Logik von Waltons Argumenten mag ihnen vielleicht sogar einleuchten, doch sein Angebot ist für sie ebenso unattraktiv wie Michael Cullens Vorschlag gegenüber der Lebensmittelkette Kroger drei Jahrzehnte zuvor.

Sieht man einmal von der beamtenhaften Trägheit und Ablehnung neuen Ideen gegenüber ab, die ja für die meisten Großunternehmen typisch sind, war dies zugegebenermaßen nicht unbedingt der beste Zeitpunkt, um einen so radikalen Vorschlag bei Butler Brothers auf den Tisch zu bringen. Zwei Jahre zuvor war der Einzelhandelskonzern Butler Brothers für 53 Millionen Dollar von dem in Ohio angesiedelten Firmenkonglomerat City Products Corp. übernommen worden. Die neuen Besitzer hatten sofort angeordnet, die Ben-Franklin-Kette zu modernisieren, und zum Zeitpunkt des Gespräches zwischen Butler Brothers und Walton war man immer noch hauptsächlich damit beschäftigt, das Geschäft wieder auf Vordermann zu bringen. Die Butler-Brothers-Leute konnten oder wollten nicht sehen, was Walton sah, nämlich wie groß die Bedrohung der Kaufhäuser durch die Discounter tatsächlich war. Walton eine Sonderrolle einzuräumen und Rabatte anzubieten, hätte zweifellos dazu geführt, daß auch andere Lizenznehmer niedrigere Preisaufschläge verlangt hätten, und das stand einfach nicht zur Debatte.

Die nächste Station von Walton war Dallas, wo er sich an seinen größten Konkurrenten Herb Gibson wenden und ihn bitten wollte, ihm den Kauf einiger seiner Lizenzen vorzufinanzieren. Wie so oft war Walton einfach losgeflogen, ohne zuvor einen Termin zu vereinbaren. Gibson ließ ihn daher ein paar Stunden im Vorzimmer warten. Als sie sich endlich zusammensetzten, war Gibson längst nicht so diplomatisch wie die Herren von Butler Brothers. Er stellte ein paar kurze Fragen bezüglich der Eigenmittel von Walton, zeigte sich wenig beeindruckt und schickte ihn einfach wieder weg.[1]

Nun verminderten sich die Waltons Möglichkeiten zusehends. Nachdem er von Dallas zurückgekommen war, fuhr er nach Rogers, eine Kleinstadt in der Nähe von Bentonville. Rogers war der Standort, den sich Walton als günstigen Ausgangspunkt für sein neues Konzept ausgesucht hatte. Vielleicht würde sich ja Max Russell, der in Rogers einen Ben Franklin betrieb, mit ihm zusammentun und einen großen Discounter eröffnen.

Fehlschlag. Russell, der auch als Immobilienkaufmann erfolgreich und vollauf ausgelastet war, teilte ihm mit, er sei ebenfalls nicht interessiert.

Im Rückblick mag es verwundern, daß sich Russell und all die anderen, an die sich Walton wandte, eine solche Gelegenheit entgehen ließen. Doch in den Augen dieser Menschen waren Waltons Eigenmittel außerordentlich dürftig, und sein neues Konzept klang riskant. Sie spürten zwar, wie überzeugt er vom Erfolg seiner Idee war, zweifelten jedoch daran, daß Walton in den Kleinstädten, die er ausschließlich als Standorte wählen wollte, das enorme Umsatzvolumen erzielen konnte, mit dem ein Discounter die geringe Gewinnspanne kompensieren mußte. In jenen Tagen war es noch alles andere als offensichtlich, daß das Discounter-Konzept eines Tages als Sieger der Einzelhandelsbranche hervorgehen würde. Von einigen wenigen Ausnahmen abgesehen – beispielsweise Korvette – steckte hinter den meisten Discount-Unternehmen sehr wenig Kapital.

Die Filialen machten einen schäbigen Eindruck, die Ware wurde verkauft, indem man Sonderangebote, Second-Hand-Ware und Einzelposten als Köder einsetzte, Markenprodukte waren nur selten im Angebot. Discount-Märkte gab es bereits seit Jahrzehnten auf der Bildfläche Amerikas, ohne daß man sie einen Erfolg nennen konnte. Für viele Einzelhandelsunternehmen klang daher das Discount-Konzept nicht gerade attraktiv.

Walton wollte auch deshalb unbedingt einen Geschäftspartner finden, weil er durch eine Kreditaufnahme in eine gewisse Abhängigkeit geraten war. Ein Jahr zuvor hatte Walton sich nämlich überreden lassen, Mehrheitsanteile an der Bank von Bentonville zu kaufen. Er hatte hierzu bei einer Bank in Texas Geld aufgenommen und war nun bis über beide Ohren verschuldet. Hinzu kam, daß er ohne die Zustimmung seines Bankiers in Dallas keine neuen Kaufhäuser eröffnen durfte.

Sein Bankier hieß James H. Jones, war 31 Jahre alt und stellvertretender Geschäftsführer der Republic National Bank in Dallas und wie Walton ein äußerst ehrgeiziger Mann. Er war in dem kleinen Dorf Alpena im Nordwesten von Arkansas aufgewachsen, hatte an der Universität von Arkansas sein Studium abgeschlossen und an der Southern-Methodist-Universität sowie der Harvard Business School noch ein Studium der Bankbetriebslehre angehängt. Nachdem er 1954 von Harvard abgegangen war, fing er sofort bei der Republic National Bank an. Ein paar Jahre lang betreute er die Geschäfte seiner Bank mit anderen Banken und Unternehmen in Arkansas und Missouri, und entschloß sich dann, selbst eine Bank zu kaufen.

Er entschied sich für die mit Schwierigkeiten kämpfende Bank von Bentonville und holte sich die beiden Männer, die die Mehrheitsanteile an der First National Bank von Fayetteville hielten, der größten Bank im Nordwesten von Arkansas, als Geschäftspartner an seine Seite. Nachdem jedoch rivalisierende Banken gegen eine Erweiterung der First National Bank protestiert hatten, sprangen seine Geschäftspartner wieder ab, weil sie – wie sie behaupteten – befürchten mußten, daß ihre Geschäftsbeziehungen zu den anderen örtlichen Banken unter der neuen Koalition leiden könnten. Man schlug Jones jedoch vor, sich mit Walton in Verbindung zu setzen.

„Sie sagten mir: ‚Dieser Walton ist total ehrgeizig. Hat eine Reihe von Ben Franklins.'", erinnerte sich Jones. „Ich hatte noch nie von ihm gehört."

Zufälligerweise war Walton erst kurze Zeit zuvor Vorstandsmitglied in der Bank von Bentonville geworden. Sein Freund, der Rechtsanwalt William Enfield, hatte Walton gebeten, in der Bank Einfluß zu nehmen, um etwas – irgend etwas – in bezug auf den neuen Besitzer der Mehrheitsanteile, Cornell Smith, zu unternehmen. Smith, der aus New York stammte und nach Bentonville gezogen war, um die Bank zu leiten, hatte für die Einheimischen etwa soviel Verständnis wie ein Marsmensch für Erdbewohner.

„Es gab einen älteren Kunden, der auf einer Weide von ein paar Hundert Hektar nördlich von Bentonville eine Viehwirtschaft betrieb", erinnerte sich Enfield. „Er hatte erhebliche Einlagen in der Bank und war sehr einflußreich. Eines Tages – er war gerade draußen auf der Weide gewesen – fiel ihm ein, daß er noch etwas in der Bank erledigen mußte. Er sprang also in seinen Wagen, fuhr in die Stadt und platzte in das Büro von Smith. Smith sah die mit Dreck verschmierten Stiefel des Manns vor ihm und fuhr ihn an: ‚Runter von meinem Teppich!'" Der empörte Ranchbesitzer zog seine gesamten Einlagen aus der Bank ab und ging zur Konkurrenz.

Nach Enfields Aussagen schrumpften die Einlagen der Bank innerhalb eines Jahres von 3,5 Millionen Dollar um fast ein Drittel. Walton, der die Bank auch für einige seiner eigenen Transaktionen benötigte, war schnell dazu bereit, Bankanteile in einem Wert von ein paar hundert Dollar zu erwerben und dem Vorstand beizutreten.

Nur kurze Zeit später kam Jones aus Dallas bei Walton zu einem überraschenden Besuch vorbei und versuchte ihn davon zu überzeugen, sofort einen Mehrheitsanteil an der Bank zu erwerben. Er behauptete, davon könnten Waltons andere Geschäfte profitieren und die Republic National Bank könnte ihm dann Kredite in unbeschränkter Höhe zu einem Zinssatz von 3,5 Prozent zur Verfügung stellen. Walton hörte sich alles sehr genau an, sagte dann allerdings: „Ich kenne mich mit Bankgeschäften nicht genug aus... Ich bin eigentlich nicht interessiert...", berichtete Jones. Nachdem Sam jedoch ausführlich mit Helen darüber gesprochen hatte, änderte er seine Meinung.

Jones fuhr mit seiner Frau nach Bentonville, um die Waltons persönlich kennenzulernen. Als sie vor dem Haus der Waltons saßen und über den Kauf der Bankanteile sprachen, bat Jones Walton, ihm eine private Vermögensbilanz vorzulegen. „Er sagte jedoch: ‚Ich habe noch keine aufgestellt.'... Er holte eine braune Papiertüte und einen Stift und begann Zahlen aufzuschreiben. Im Prinzip hatte er kaum Eigenmittel. Er besaß drei Warenhäuser, die noch nicht abbezahlt waren, und das Haus. Ich sagte: ‚So wird das wohl nicht gehen.'"

Walton verfügte auch nicht über ausreichende Sicherheiten. Doch dann erwähnte Helen das Treuhandvermögen, das ihr Vater für sie angelegt hatte, und ihren Anteil an dem 8.100 Hektar großen Grundstück in Oklahoma, das den Mitgliedern der Robson-Familie zu gleichen Teilen gehörte. Und so gewährte Jones dem Paar schließlich aufgrund von Helens Bürgschaft (und der Zustimmung ihres Vaters) einen Kredit von 350.000 Dollar. Smith, der mittlerweile nur allzu glücklich war, der Wildnis von Arkansas zu entkommen, verkaufte ihnen im Herbst 1961 bereitwillig seinen Mehrheitsanteil.

Jones mußte also – wie es ihr Abkommen vorsah – sein Einverständnis geben, bevor Walton neue Warenhäuser eröffnen konnte. Schließlich mußte die Republic National Bank seine Projekte ja finanzieren. Walton begann daher sofort Jones die Gewinne, die man im Discount-Sektor erzielen konnte, schmackhaft zu machen. Jones gefiel das Konzept, und so wie er die Marktentwicklung beurteilte, hatte Walton auch recht, diese Richtung einzuschlagen. Doch er hatte seine eigenen Vorstellungen. Noch bevor Walton von Butler Brothers, Gibson und Russell abgewiesen worden war, stritten Jones und er sich monatelang darüber, wo nun der beste Standort für den ersten Discounter in Rogers sei. Nachdem sich Walton all jene Absagen geholt hatte, einigten sich die beiden schließlich darauf, einen Discounter mit 1.480 Quadratmetern Verkaufsfläche ein paar Häuserblocks vom Stadtzentrum entfernt zu eröffnen.

Bud Walton stimmte zu, drei Prozent des erforderlichen Kapitals beizusteuern. Weitere zwei Prozent kamen von Don Whitaker, einem schroffen, einäugigen Landsmann, den Walton von einem TG&Y-Kaufhaus in Abilene, Texas, abgeworben hatte, um ihn zum Leiter des Discounters zu machen. Dies war Walton nur gelungen, weil er ihm einen Anteil am Unternehmen und eine Gewinnbeteiligung versprochen hatte. Walton setzte das Haus der Familie als Sicherheit ein – wobei Helen wiederum als Bürge fungierte – und brachte die restlichen 95 Prozent des benötigten Kapitals auf.

Bob Bogle, der die Ben-Franklin-Filiale von Walton im Ortskern von Bentonville leitete, war im übrigen derjenige, der die Idee für den späteren Namen von Waltons Discounter-Kette hatte. Die Geschichte, wie Bogle Leiter der Ben-Franklin-Filiale wurde, zeigt, wie unkonventionell Walton in den frühen Jahren bei seiner Suche nach Führungskräften vorging. Bogle und Walton hatten sich Anfang der 50er Jahre im Rotary Club von Bentonville kennengelernt. Beide liebten die Wachteljagd, und Bogle, der für den Bundesstaat Arkansas als Gesundheitsinspektor arbeitete, lud Walton oft ein, mit ihm auf der Farm seines Bruders in Kansas oder der Farm seines Vaters in Missouri jagen zu gehen.

Als Walton 1955 beschloß, einen Filialleiter für sein Warenhaus in Bentonville anzustellen, wandte er sich beiläufig an Bogle und fragte ihn, ob er jemanden kenne, der für diesen Posten in Frage käme. „Ich sagte, ich würde mich umschauen", erinnerte sich Bogle. Ein paar Monate später „als wir gerade zu einem Treffen in den Rotary Club gehen wollten, fragte er mich, ob ich jemanden gefunden hätte, und ich sagte, ich würde mich jetzt darum kümmern", erzählte

Bogle. „Er sagte: ‚Ich nehme an, Sie selbst wären nicht an dem Posten interessiert?' Ich antwortete: ‚Ich glaube eigentlich nicht, aber ich kann mir ihren Vorschlag ja erst einmal anhören.' Am selben Abend noch gingen wir zu ihm nach Hause. Er hatte die Geschäftsbücher vom Büro mitgenommen und legte mir das Umsatzvolumen und den Nettogewinn des Warenhauses dar.

Er sagte, er wolle jemanden speziell für die Leitung der Filiale einstellen, da er plane, noch ein Dutzend Warenhäuser zu eröffnen. Helen fiel fast vom Stuhl. Sie hatte von den Plänen ihres Mannes nichts gewußt. Sie sagte, in ihren Augen seien drei Warenhäuser mehr als genug."

Doch Helens Einwände stießen auf taube Ohren. Im weiteren Verlauf des Gesprächs bot Walton Bogle dasselbe Gehalt, das er als öffentlich bestellter Gesundheitsgutachter erhielt, zuzüglich 25 Prozent des Nettogewinns, den das Kaufhaus abwerfen würde. Er fügte hinzu, daß Bogle auf Wunsch auch einen Anteil an der Filiale kaufen könne und auch an jedem weiteren Kaufhaus, das er eröffnen werde. Die Tatsache, daß sich Bogles Einzelhandelserfahrung auf einen kurzen Job in einer Drogerie namens Rexall Drug Store in Tallequah, Oklahoma, während seiner Collegezeit beschränkte, schreckte Walton nicht im geringsten ab.

Der Unternehmenslegende nach stellte Walton seine Leute deshalb auf diese Art ein, weil er sich bei Menschen stets mehr auf seinen Instinkt als auf deren Lebensläufe verließ. Aber eigentlich hatte er gar keine andere Wahl. Es war nicht leicht, erfahrene Führungskräfte für seine bescheidenen Kaufhäuser zu gewinnen, die so weit von jeglicher Großstadt entfernt waren.

In diesem Fall nun hatte ihn sein Instinkt wirklich nicht getäuscht. Bogle machte seine Arbeit so gut, daß Walton all seine Kinder als Jugendliche in das Warenhaus zum Arbeiten schickte: Seine Söhne arbeiteten im Lager, und Alice bediente die Popcorn-Maschine. Bogle seinerseits investierte jeden Penny, den er erübrigen konnte, in die neuen Filialen, die Walton eröffnete.

Als die Bauarbeiter letzte Hand an das neue Discounter-Gebäude in Rogers anlegten, flogen Bogle und Walton zusammen nach Fort Smith, Arkansas, um sich bereits nach einem neuen Standort für einen weiteren Discounter umzusehen. Während Walton am Steuer seines einmotorigen Tri-Pacer-Flugzeugs saß (dem Nachfolger des defekten Air Coupe), holte er aus seiner Jackentasche ein Stück Papier mit ein paar handschriftlichen Notizen. Er reichte es Bogle und sagte: „Dieses Kaufhaus in Rogers, das wir gerade bauen, hat zwar eine Adresse, aber noch keinen Namen. Wir müssen ihm noch einen Namen geben."

Bogle sah sich die verschiedenen Namensvarianten an, die Walton durchgespielt hatte und die je drei bis vier Wörter lang waren. „Ich bin nun mal Schotte", sagte er, „und deshalb würde ich etwas Kürzeres nehmen – aber der Namen

Walton muß drin bleiben." Bogle schrieb in Großbuchstaben WALMART auf den Zettel und gab ihn Walton zurück.

Und was die Reklameschilder betraf, wären die Kosten für sieben Buchstaben sicherlich auch geringer als für einen längeren Namen, fügte er hinzu. Walton warf einen Blick auf den Zettel, steckte ihn wieder in seine Jackentasche und ging zu einem anderen Thema über.

Ein paar Tage später schaute Bogle an der Baustelle vorbei, um zu sehen, wie die letzten Arbeiten vorangingen. „Rayburn Jacobs, unser damaliger Schilderhersteller, war bereits vor Ort, hatte das *W*, *A* und *L* bereits montiert und bestieg gerade die Leiter mit dem *M*", erinnerte er sich.

Walton wählte den Namen allerdings nicht, um Kosten für die Reklameschilder zu sparen. Alles in allem hieß das Warenhaus immerhin noch: „Wal-Mart Discount City". Auf kleineren Schildern daneben war zu lesen, was das neue Kaufhaus auszeichnete: „Unsere Preise sind günstiger" und „Wir garantieren Zufriedenheit".

In den Anzeigen, mit denen die Eröffnungsfeier am 2. Juli 1962 angekündigt wurde, versprach Whitaker, das Kaufhaus würde „jeden Tag Niedrigpreise" anbieten – ein Versprechen, das später eines der Hauptbestandteile von Wal-Marts Unternehmenspolitik werden würde.

Wie bei vielen bedeutenden Momenten in der Wirtschaftsgeschichte, die ein neues Zeitalter einläuteten, erkannte man erst Jahrzehnte später seine epochale Bedeutung: Erst Jahrzehnte später feierte Wal-Mart die Eröffnung des Kaufhauses in Rogers als den Beginn des eigenen Aufstiegs, und ebenso lange dauerte es, bis Wal-Mart als Standartenträger einer Revolution im Einzelhandel anerkannt wurde. Es handelte sich hierbei um eine Revolution, die nicht nur das gesamte Kaufverhalten der Vereinigten Staaten veränderte, sondern auch die Produktionsweise und die Produktionsorte der verkauften Ware. Sie war ein Katalysator bei der Entwicklung unserer Gesellschaft von einer Produktions- zu einer Dienstleistungsgesellschaft. In Tausenden von Kleinstädten entstand so eine neue Wirtschaftsordnung, und auch vor den stark bevölkerten Vorstädten Amerikas machte sie nicht Halt.

All dies war damals natürlich nicht im Geringsten abzusehen. Das Kaufhaus selbst hatte nichts an sich, weswegen seine Konkurrenten aus der Einzelhandelsbranche sich hätten Sorgen machen müssen. Daß bei Bau und Einrichtung Kosten gespart wurden, konnte man der Atmosphäre anmerken. Metallstangen hingen voller Kleider, und auf Tischen türmten sich Berge von Ware – angefangen von Autozubehörteilen über Spielzeuge bis hin zu Sportartikeln. Es gab drei Kassen. Das Kaufhaus hatte eine Belegschaft von 25 Mitarbeitern – überwiegend

Frauen, deren Lohn von 50 bis 60 Cent pro Stunde deutlich unter dem gesetzlichen Minimum von 1,15 Dollar pro Stunde lag. In Zeitungsannoncen warb man damit, daß nur erstklassige Ware verkauft würde: „Bei uns finden Sie nichts Zweitklassiges oder Fabrikausschuß – das wäre gegen unsere Unternehmenspolitik." Doch dies entsprach nicht ganz der Wahrheit: Ein Gutteil der Ware war Ausschuß oder Ramsch.[2] Viele Hersteller weigerten sich, ihre Produkte an Discounter zu verkaufen, vor allem an die kleineren, von denen sie nicht abhängig waren. Walton war also gezwungen, die Ware aufzutreiben, wo er nur konnte, und dabei war der niedrige Preis wichtiger als die Produktqualität.

Doch genau diese Preise lockten die Kunden in sein Geschäft. Damals wurde von den meisten Einzelhändlern genau der Preis verlangt, der von den Herstellern empfohlen wurde. Die Werbeprospekte zur Eröffnung des Wal-Mart in Rogers boten da etwas ganz anderes: Ein Bügeleisen von Sunbeam gab es für 11,88 Dollar verglichen mit der Preisempfehlung des Herstellers von 17,95 Dollar, eine Polaroid-Kamera für 74,37 Dollar gegenüber 100 Dollar und ein Baseball-Handschuh von Wilson für 5,97 Dollar im Vergleich zu 10,80 Dollar. Den Kunden wurden durchweg Einsparungen von 20 bis 30 Prozent versprochen, und es gab auf fast jeden Artikel eine Herstellergarantie.

Im ersten Jahr beliefen sich die Umsätze des Discounters auf 700.000 Dollar – das war etwa dreimal so viel wie der typische Umsatz einer der von Walton betriebenen Ben-Franklin-Filialen. Aber in demselben Zeitraum erzielte Waltons Kaufhaus in Saint Robert, das Walton's Family Center, einen Umsatz von fast zwei Millionen Dollar. Und es gab noch einen Vorfall, der Walton unsicher werden ließ, ob er mit seinen Discount-Aktivitäten fortfahren sollte: Schon am Tag der Eröffnung seines Wal-Mart waren grimmig aussehende Führungskräfte von Butler Brothers aus Chicago im Kaufhaus aufgetaucht, das natürlich in direkte Konkurrenz zur Ben-Franklin-Filiale von Max Russell gegangen war. Waltons Erinnerungen zufolge stellte man ihm damals ein Ultimatum, keinen weiteren Discounter zu bauen.

Und in den nächsten beiden Jahren hielt sich Walton auch daran. Er eröffnete anstatt dessen zwei weitere Walton's Family Center, und zwar eines in Berryville, Arkansas, und ein anderes in Bentonville. Im Jahre 1964 allerdings entschloß er sich – Ultimatum hin oder her – mit zwei weiteren Wal-Mart-Filialen auf den Markt zu gehen und eröffnete in Harrison und Springdale, Arkansas.

Der Discounter in Harrison war typisch für die frühen Wal-Mart-Filialen. Er wurde in einem leeren Gebäude auf einem ehemaligen Gelände für Viehauktionen untergebracht und lag direkt an der Autobahnumgehung in Richtung Stadtmitte. Die Verkaufsräume waren mit einem schlichten Betonboden ausgestattet, hatten eine Höhe von 24 Metern, und die Ware lagerte auf hölzernen Paletten.

Es gab zunächst keine Kundentoiletten. Trotz der schlechten Erfahrung, die er mit dem Mietvertrag in Newport gemachte hatte, neigte Walton noch immer dazu, Formalitäten zu überspringen. Nachdem er sich mit dem Gebäudebesitzer in Harrison, Rex Younes, über die Einzelheiten des Mietvertrags geeinigt hatte, fragte dieser, ob er den Vertrag nun schriftlich aufsetzen solle. Walton antwortete: „Ihr Wort genügt mir, Mr. Younes, wenn Ihnen meines auch genügt…"[3] Younes stimmte zu, und sie beschlossen das Geschäft mit einem Handschlag.

Das Kaufhaus in Harrison war Anlaß einer besonderen Geschichte, die als legendäre Episode in die Firmenchronik einging. Und zwar war dies die Geschichte der Eröffnungsfeier: Walton wollte bei der Eröffnung unbedingt großes Aufsehen erregen. Er wollte damit dem Kaufhaus natürlich einen guten Start verschaffen, aber er hoffte auch, einen Besucher zu beeindrucken, den er ausdrücklich eingeladen hatte, nämlich einen Mann, den er unter allen Umständen in sein Unternehmen holen wollte. Walton wußte: wenn er immer mehr Kaufhäuser betreiben, ausstatten und steuern wollte, wenn er wie geplant expandieren wollte, dann mußte er mehr erfahrene Einzelhandelskaufleute an Land ziehen – vor allem Menschen, die auf den Gebieten stark waren, in denen er Schwächen hatte, wie etwa Vertrieb oder Finanzen.

Ein Freund von Walton, der eine regionale Discount-Drogeriekette namens J.W. Crank Co. mit Unternehmenssitz in Springfield im Bundesstaat Missouri leitete, hatte ihm wiederholt von einem jungen Finanzgenie vorgeschwärmt, der seiner Ansicht nach im Unternehmen wahre Wunder vollbrachte. Sein Name war David Glass. Bald umwarb Walton Glass auf das Heftigste. Er überredete ihn, nach Harrison zu kommen, um sich Waltons neuen Discounter anzuschauen.

Das Kaufhaus öffnete an einem schwül-warmen Augusttag. Glass erinnerte sich später beim Erzählen der Geschichte, daß das Thermometer auf 46 Grad Celsius stand. Walton hatte eine große Ladung reifer Wassermelonen organisiert und sie am Eingang des Kaufhauses aufgetürmt. Außerdem gab es ein paar Esel, auf denen die Kinder reiten konnten. In der großen Mittagshitze begannen die Wassermelonen jedoch zu platzen, und der süße klebrige Saft floß über den Vorplatz des Kaufhauses und mischte sich mit den Ausscheidungen der Esel zu einem ekelerregenden Matsch, den die Kaufhausbesucher mit ihren Schuhen im ganzen Gebäude verteilten. Glass war angewidert. Er lehnte das Angebot von Walton ohne Umschweife ab. „Er war ja ein ganz netter Kerl, aber ich schrieb die ganze Sache ab", so Glass später.[4]

Auch wenn das Kaufhaus in Harrison und Waltons Werbeversuche ziemlich plump wirkten, gab es so wenig Konkurrenz für dieses und für die anderen frühen Discounter, daß sie einfach erfolgreich sein mußten. Und mit jedem der regelmäßigen Besuche, die Walton seinen Kaufhäusern abstattete, wurde auch das Gesamterscheinungsbild der Märkte besser. In den darauffolgenden Jahren eröffnete Walton zwar noch ein paar andere Kaufhäuser, doch seine Aufmerksamkeit konzentrierte sich zunehmend auf seine Wal-Mart-Discounter. Er eröffnete einen Wal-Mart 1965, vier weitere in den nächsten beiden Jahren und dann jeweils 1968 und 1969 noch einmal weitere fünf, wobei er sich als Standort stets für Provinzstädte und die Kreisstädte von Verwaltungsbezirken entschied. Im Jahre 1969 befanden sich 18 Wal-Marts in seinem Besitz (zwei davon in Oklahoma, fünf in Missouri und die anderen in Arkansas) sowie vierzehn andere Kaufhäuser (einschließlich neun Ben Franklins). Alle Wal-Marts waren nur eine kurze Flugstrecke bzw. ein paar Autostunden von Bentonville entfernt. Die Größe der Wal-Marts bewegte sich zwischen den 1.012 Quadratmetern Verkaufsfläche im provinziellen Morrilton, Arkansas, und den 4.048 Quadratmetern eines Wal-Mart-Riesen im Stadtrandgebiet von North Little Rock.

Fast immer war Wal-Mart das größte Einzelhandelsunternehmen der jeweiligen Stadt. Das war ja auch der Grund, warum – mit Ausnahme von North Little Rock – sich Walton gerne an die Kleinstädte mit weniger als 25.000 Einwohnern hielt. Er hatte sich ausgerechnet, daß er seine Ware – zum Beispiel in Berryville – zu Preisen anbieten konnte, die sonst nur in Großstädten wie etwa Fayetteville geboten wurden. Er spekulierte darauf, daß die Menschen angesichts des zeitlichen Aufwands wahrscheinlich auf eine längere Autofahrt verzichten und lieber in sein Kaufhaus kommen würden. Und seine Konkurrenz in der Discounter-Branche war wirklich minimal. Nur wenige der etwa 900 anderen Discount-Unternehmen, die es Ende 1969 gab, suchten ihren Absatz in Städten, die auch nur annähernd so klein waren, wie die von Walton bevorzugten.

Und von diesen wenigen – zu ihnen zählte Gibson, Gamble-Skogmo mit Unternehmenssitz in Minneapolis, Fed-Mart mit Geschäftsstelle in San Diego und Woolworth, das unter dem Firmenemblem Woolco ein paar Discounter in Städten mit etwa 25.000 Einwohnern eröffnete – überlappte nur Gibsons Absatzmarkt mit dem von Walton. Und das auch nur dort, wo Walton sich für etwas größere Städte entschieden hatte.

Waltons Geschäftsführung war damals sicherlich nicht die professionellste. Er war viel zu sparsam, um Marktuntersuchungen durchführen zu lassen. Viel lieber beurteilte er eine Stadt, indem er die Anzahl der Autos auf dem zentralen Parkplatz der Stadt oder auf der Hauptdurchfahrtsstraße zählte. Waltons erstes Büro war eine vollgepackte Rumpelkammer im hinteren Teil seines Kaufhauses in Bentonville gewesen: Orangenkisten dienten ihm als Regale, und eine Sperrholzplatte als Schreibtisch. Dann verbesserte er sich, indem er in drei kleine

Räume mit schiefem Boden einzog, die über der zentral gelegenen Kanzlei seines Anwalts Enfield in Bentonville lagen. Walton führte all seine Bücher und Konten mit der Hand.

Die Discounter selbst waren meist – wie Walton selbst zugab – ausgesprochen häßlich. Da er kaum Eigenkapital besaß und bis über die Ohren verschuldet war, hatte sich Walton vorgenommen, mit der Miete nicht höher als neun Dollar pro Quadratmeter zu gehen, selbst wenn das für ihn bedeutete, daß er in Gebäude ausweichen mußte, die von anderen Einzelhändlern verschmäht wurden. Seinen Discounter in Morrilton eröffnete er in einer stillgelegten Abfüllfabrik von Coca-Cola. Bei der Eröffnung waren noch die Rohrleitungen im Boden zu sehen, die Elektrokabel hingen von der Decke, und es gab keine Klimaanlage. Es kam sogar vor, daß bei einzelnen Eröffnungsfeiern nicht genug Kassen vorhanden waren und die Angestellten daher das eingenommene Geld und das Wechselgeld in einer Zigarrenschachtel verwahren mußten.

In einem Ben Franklin war die Lagerhaltung ein Kinderspiel: Jede Filiale hatte im wesentlichen dasselbe Warensortiment und verfügte über einen Produktkatalog, aus dem der Lizenznehmer alle Waren je nach Bedarf nachbestellen konnte. Das war bei Wal-Mart ganz anders. Das Warensortiment hing ganz davon ab, welchen Fang Walton gerade gemacht hatte. „Wir hatten eigentlich kein festumrissenes Warensortiment, sondern nahmen alles, was uns die Vertreter billig anbieten konnten", berichtete Claude Harris, einer der ersten Filialleiter bei Walton. Walton machte mit wenigen Zwischenhändlern regelmäßig Geschäfte, und kaum einer von diesen gab ihm die Ware auf Kredit. „Eine ganze Reihe von Unternehmen verkaufte uns die Ware nur gegen Vorkasse", erzählte Harris. Viele Großunternehmen verkauften an Walton überhaupt nicht, andere wieder – wie etwa Procter & Gamble – „versuchten uns vorzuschreiben, wie viel wir zu kaufen und zu welchem Preis wir zu verkaufen hätten", erinnerte sich Harris.

Walton war entschlossen, Produkte von möglichst vielen Herstellern wie Procter & Gamble zu bekommen, und zwar weltweit. Er hatte bei seinen ständigen Kaufhausbesuchen und -vergleichen gesehen, daß die besten Discounter alle dieselbe Strategie anwandten: Man nehme Markenartikel aus dem Bereich Gesundheit und Schönheitspflege – wie zum Beispiel Zahnpasta, Seife und Shampoo – lege davon einen großen Vorrat an und verkaufe sie zum Einkaufspreis.

Man gab sie also an den Kunden zu genau dem Preis weiter, zu dem man sie selbst eingekauft hatte. Und wenn man diese Artikel dann als Sonderangebote anpries und heftig die Werbetrommel rührte, lockte dies die Kunden an, die bei ihrem Gang durchs Kaufhaus dann auch andere Ware in den Einkaufswagen legten. Und diese Artikel waren zwar auch billig, aber in ihrem Preis war eine Bruttogewinnspanne von bis zu 30 Prozent enthalten.

Doch zunächst mußte Walton angesichts seiner Standorte in der Provinz und den geringen Einflußmöglichkeiten seines Unternehmens eigentlich jede Ware, die er bekommen konnte, auch nehmen. Ganz gleich was ihm günstig unter die Finger kam – es mußte für ihn als Zugpferd herhalten.

„Wir hatten keine geregelten Geschäftsabläufe", erinnerte sich Walton. „Wir hatten kein Bestellsystem. Wir hatten kein festes Warensortiment. Wir hatten selbstverständlich keine Computer. Vom heutigen Standpunkt aus betrachtet muß ich wirklich sagen, daß wir am Anfang vieles mehr schlecht als recht abgewickelt haben. Aber wir schafften es, unsere Produkte so billig es nur ging zu verkaufen, und das hat uns in den ersten zehn Jahren über Wasser gehalten."

Es zählte immer nur eines: „Die Kunden sollten den Namen Wal-Mart stets mit Niedrigpreisen und garantierter Zufriedenheit assoziieren. Sie sollten davon ausgehen können, daß es nirgendwo einen günstigeren Preis für einen bestimmten Artikel gab und sie uns bei Mißfallen das Gekaufte wieder zurückbringen konnten."[5]

Wenn er Markenware bekommen konnte, war das ein zusätzlicher Pluspunkt. Als er beispielsweise seinen dritten Wal-Mart in Springdale eröffnete, konnte sich Walton durch ein günstiges Angebot mehrere Lastwagenladungen mit der Markenzahnpasta Crest und dem Frostschutzmittel Prestone sichern, die er für 27 Cent pro Tube bzw. 26 Cent pro Liter anbot. „Es kamen sogar Leute aus Tulsa [d.h. aus über 160 Kilometern Entfernung], um die Zahnpasta und das Frostschutzmittel zu kaufen", erinnerte sich Clarence Leis, einer der ersten Filialleiter. „Der Andrang war so groß, daß die Feuerwehr uns schließlich die Auflage machte, die Türen jeweils nur für fünf Minuten zu öffnen und dann zu schließen, bis eine gleiche Menge Kunden das Kaufhaus wieder verlassen hatte."[6]

Was die anderen Produkte betraf, schlug Walton nie mehr als 30 Prozent auf den Einkaufspreis auf, selbst wenn er mehr hätte verlangen können, ohne damit über dem offiziellen Listenpreis der Hersteller zu liegen. Wenn man etwas billiger bekommt, wird der günstige Preis weitergegeben, ermahnte er seine Filialleiter, denn langfristig gesehen, würde es dem Umsatz zugute kommen, wenn die Leute immer und immer wieder die Erfahrung machten, daß Wal-Mart einfach die besten Preise hatte.

Während der gesamten 60er Jahre war es mindestens ebenso schwer, gute Führungskräfte zu finden, wie Qualitätsware zu bekommen. Und nicht jedes Mal, wenn Walton sich in seiner unkonventionellen Art um neue Manager bemühte, funktionierte das ebenso gut wie bei Bogle, dem Gesundheitsinspektor von Arkansas. Wie die Abfuhr zeigt, die er sich von David Glass bei der Eröffnungsfeier des Wal-Mart in Harrison holte, war es nicht einfach – selbst für ei-

nen so charmanten und energischen Mann wie Walton – erfahrene Kaufleute
dazu zu überreden, ihre gegenwärtige Position gegen ein für damalige Verhältnisse fragwürdiges und riskantes Abenteuer einzutauschen.

Walton durchstreifte stets die konkurrierenden Warenhäuser und schaute
sich nach langjährigen Führungskräften um. Leis beispielsweise leitete ein Kaufhaus namens McCrory in Vinita im Bundesstaat Oklahoma, als Walton eines Tages hereinspazierte und sich ihm vorstellte. Leis stimmte bald zu, nach Bentonville zu kommen, wo er für ein paar Tage bei den Waltons zu Hause wohnte,
während die beiden Männer miteinander verhandelten.

Doch auch Erfahrung mit der Leitung eines Warenhauses war noch lange
keine Garantie für ausreichendes kaufmännisches Denken: Leis, der inzwischen
stellvertretender Leiter der Wal-Mart-Filiale in Rogers war, erhielt eines Tages
einen Anruf von Walton, sein Inventar liege um 20.000 Dollar über dem Plan und
er solle den Wareneinkauf solange einstellen, bis sein Lager wieder unter Plan
liege. Ein paar Wochen später besuchte Walton den Wal-Mart in Rogers und blieb
verwundert vor einem Ladentisch für Männerhemden stehen, der wie leer gefegt
war. Als er eine Erklärung verlangte, antwortete ihm Leis naiv, er habe doch sein
Gesamtinventar abzubauen und deshalb keine Hemden nachbestellt.

„Nun gebrauchen Sie doch Ihren gesunden Menschenverstand", erwiderte
ihm Walton. „Sie dürfen doch nie zulassen, daß Ihnen die Hemden oder andere
wichtige Waren ausgehen. Was ich gemeint habe war, daß man sich nicht zusätzlich mit nutzlosem Kram eindecken sollte, wenn sich das Lager nur langsam
leert."[7]

Claude Harris, der seine Laufbahn in der Woolworth-Kette begonnen hatte
und 1960, als Walton ihn abwarb, ein Kaufhaus in Memphis leitete, erinnerte
sich: „Es war ganz offensichtlich, daß viele der Filialleiter nicht wußten, wie man
ein Kaufhaus führte." Harris nahm bei einigen der Woolworth-Handbücher Anleihe und legte eine Reihe von Waltons frühen Geschäftsführungsrichtlinien
fest. Diese Richtlinien betrafen die Leitung von Discountern, die Bestellung von
Ware, den Umgang mit Mitarbeitern, usw.

Die meisten der Filialleiter, die Walton in den ersten Jahren einstellte, waren keine Hochschulabsolventen, und dies blieb auch so bis weit in die 80er Jahre hinein: Seine Führungskräfte rieten Walton davon ab, Akademiker einzustellen, da diese angeblich nicht bereit waren, hart genug zu arbeiten. So wurde die
praktische Arbeit für Walton die eigentliche Ausbildung dieser Männer. Walton
mußte seine Filialleiter daher sehr genau überwachen und ließ sie beispielsweise Wochen- und Monatsberichte abgeben. In jedem Bericht mußte der – wie
Walton ihn nannte – „Bestseller-Artikel" genannt werden. Auf diese Weise wollte Walton seine Mitarbeiter dazu bringen, genauer hinzuschauen, welche Ware

sich gut verkaufen ließ und warum. Immer und immer wieder forderte er seine Führungskräfte auf, die Konkurrenz nicht aus dem Auge zu lassen. Als ein Gibson-Kaufhaus in Rogers eröffnete, beauftragte Leis seine Abteilungsleiter, nachts die Mülltonnen hinter dem Gibson's nach Preisetiketten und ähnlich Interessantem zu durchwühlen.

Zu Bewerbungsgesprächen mit Anwärtern auf eine Leitungsposition lud Walton auch stets die Ehefrau mit ein. In der Regel war Helen Walton auch anwesend. Walton war der Ansicht, daß die Wahl der Ehefrau sehr viel Aufschluß über den Charakter eines Mannes gab. Hinzu kam, daß – wie auch Harris bestätigte – die Arbeit unter Walton „ein anspruchsvoller Job war. Die beiden wußten, daß die Unterstützung der Ehefrau eine große Rolle spielte." Oft mußte die Frau des Bewerbers ebenfalls von der Idee, die hinter Wal-Mart steckte, überzeugt werden – eine Aufgabe, die häufig Helen Walton persönlich übernahm. Ein typisches Beispiel hierfür ist die Anstellung von Ferold Arend 1966.

Arend, der schließlich sogar President von Wal-Mart wurde, arbeitete als Regionalleiter für die Warenhauskette J.J. Newberry, als Walton an ihn herantrat. Sam und Bud Walton flogen nach Omaha, um Arend und seine Frau zu treffen, und überredeten das Paar, mit ihnen nach Bentonville zurückzufliegen. Anschließend flogen sie noch zusammen nach Conway, Arkansas, wo der fünfte Wal-Mart gerade im Bau war. Doch Arend zeigte sich unbeeindruckt: Der Wal-Mart in Bentonville wirkte ziemlich desorganisiert, und der Standort in Conway – direkt neben einem übelriechenden Viehhof – war für ihn ein Graus. Er lehnte Waltons Angebot ab. Doch Walton ließ sich nicht so leicht einen Korb geben. Schon bald nahm er wieder Kontakt zu Arend auf und legte ihm die Umsatzzahlen des neuen Discounters in Conway vor: Er erzielte an einem einzigen Tag denselben Umsatz wie manche der Newberry-Kaufhäuser, für die Arend zuständig war, in einem Monat. Arend fielen natürlich fast die Augen aus dem Kopf. Seine Frau war jedoch entschieden dagegen, in eine – wie sie meinte – provinzielle Stadt mit Wildwestmanieren zu ziehen. Die Waltons mußten noch einen weiteren Besuch bei den Arends abstatten, bis Helen sie davon überzeugen konnte, daß man in Bentonville ganz gut leben konnte.

Für die Besetzung des Finanzleiterpostens mit James Henry, einem Buchhalter aus dem nahegelegenen Harrison, benötigte Walton ein ganzes Jahr. Auch Ron Mayer, der Henrys Nachfolger und sogar kurze Zeit Chairman und CEO von Wal-Mart war, wies Waltons Angebote wiederholt ab, bevor er als Vice President im Juli 1969 Mitglied des Unternehmensvorstands wurde und zwar zu einem weit höheren Gehalt, als Walton ihm anfangs geboten hatte. Und es würden zwölf Jahre vergehen, bis David Glass seine Meinung änderte und sich dem Unternehmen anschloß.

Diejenigen, die sich anwerben ließen, stellten rasch fest, daß Walton ein mörderisches Tempo anschlug. Er arbeitete gern bereits beim Frühstück, d.h. um fünf Uhr oder oft schon um vier Uhr morgens in einem Café im Ortskern von Bentonville. „Sein verdammter Pick-up hatte ein Loch im Auspuff", berichtete Enfield, der sowohl Waltons Nachbar als auch sein Rechtsanwalt war, „und ich hörte ihn jeden Morgen." Tagsüber war er unterwegs, besuchte Filialen und besprach sich mit den Filialleitern. Es konnte auch durchaus vorkommen, daß er um sechs Uhr abends noch im Büro seiner leitenden Angestellten vorbeischaute – wenn diese gerade nach Hause gehen wollten – sie am Ärmel packte und mit ihnen noch ein paar Dinge durchsprechen wollte.

Doch es ging nicht nur um die langen Arbeitszeiten. Walton erwartete, daß ihm die Führungskräfte jederzeit zur Verfügung standen, wenn er sie brauchte. Während der Wachtelsaison verschwand er regelmäßig für ein paar Stunden am Nachmittag mit seinen Hunden und dem Gewehr, doch nach seiner Rückkehr wollte er genau da weitermachen, wo er aufgehört hatte. Walton hatte nie Zeit zu warten. Als Jack Shewmaker, der später kurze Zeit auch einmal President von Wal-Mart war, zum Unternehmen stieß, erlaubte es sich Walton, ihn während seines Einzugs in ein neu gemietetes Haus in Bentonville anzurufen – er war gerade dabei, die Möbelpacker anzuweisen, wohin sie die Kisten stellen sollten – und auf der Stelle für zwei Wochen nach Saint Robert im Bundesstaat Missouri zu beordern, wo er die Eröffnung eines neuen Wal-Marts abwickeln sollte.

Bis Ende der 60er Jahre hatte Walton seinen Sitz im Stadtrat sowie seine Vorstandschaft bei der Industrie- und Handelskammer und dem Rotary Club abgegeben. Als seine Söhne noch zur Schule gingen, hatte er sich im örtlichen Pfadfinderverein engagiert. Doch als sie älter wurden, trat Walton bei den meisten seiner Aktivitäten kürzer, um sich ganz aufs Geschäft zu konzentrieren.

Abgesehen davon, daß er sich zuweilen zur Wachteljagd davonstahl, bestand seine einzige Erholung darin, daß er zur Mittagszeit ungefähr eine Stunde Tennis spielen ging. Einer seiner bevorzugten Tennispartner war George Billingsley, der bei einem Immobilienunternehmen, das sich in Familienhand befand, für den Verkauf zuständig war. Billingsley behauptete, Walton hätte deshalb sooft mit ihm gespielt, weil „ich mich jederzeit freimachen konnte, und Sam wollte auf keinen Fall jemanden aus dem Büro von seiner Arbeit abhalten."

Walton gab seinen Filialleitern großen Spielraum bei der Leitung ihres Kaufhauses, erwartete aber, daß sie Initiative zeigten, wenn es um die Verkaufsförderung ging. „Man wurde niemals dafür gefeuert, daß man etwas *ausprobierte*", erzählte Harrison. „Sam sagte uns immer: ‚Ich werde Euch nicht feuern, weil Ihr einen Fehler gemacht habt – aber wenn Ihr denselben Fehler zweimal macht, dann schon.'"

Ein anderer Filialleiter der ersten Stunde berichtete: „Wenn man die Arbeit so machte, wie er es erwartete, bezahlte er einen guten Lohn." Doch trotz seiner kameradschaftlichen Art und Bereitschaft, seinen Führungskräften Raum für eigene Ideen zu geben, kannte Walton „bei Unfähigkeit kein Pardon", so der Filialleiter. „Er konnte Menschen gegenüber sehr hart sein." Walton konnte sich keine Sentimentalitäten leisten. Er zögerte nicht, sich von Angestellten zu trennen, die für eine gewisse Position nicht geeignet erschienen. Noch 1966 hatte er den Buchhalter James Henry regelrecht bekniet, als Finanzleiter ins Unternehmen einzusteigen. Doch als er drei Jahre später das Gefühl hatte, daß Henry sein Arbeitspensum nicht bewältigte, setzte er Ron Mayer ohne mit der Wimper zuzucken an dessen Stelle. Henry verließ das Unternehmen wenige Monate später.

Bis zu diesem Zeitpunkt verdiente das Vertriebssystem für Waltons neue Discounter nicht wirklich seinen Namen. Die Belieferung der Kaufhäuser war ein permanentes Problem, und eines, das mit jeder neuen Filiale natürlich schlimmer wurde. Jeder konnte für den Fahrdienst eingezogen werden. So hatte beispielsweise Sams ältester Sohn Rob kaum seinen Führerschein in der Tasche, als er bereits eines Nachts mit einem Lastwagen voller Ware zu einem Wal-Mart die Autobahn hinunter fahren mußte.

Der Vertrieb ist einer der Schlüsselfaktoren, um Wal-Mart zu verstehen. Denn was macht ein Einzelhändler eigentlich anderes, als dem Kunden die gewünschte Ware vom Hersteller aus der Fabrik zukommen zu lassen?

Waltons Dilemma bestand darin, daß die meisten seiner Filialen zu klein waren, um Warenlieferungen palettenweise von den Herstellern abzunehmen. Er mußte daher ein eigenes Lagersystem aufbauen. Walton wäre begeistert gewesen, mit Vertriebsagenturen zusammenzuarbeiten – den Mittelsmännern der Branche, die Ware in großen Mengen vom Hersteller zu den Einzelhändlern brachten. Doch seine Filialen lagen in Städten, die zu klein und zu provinziell waren, um für diese Zwischenhändler interessant zu sein. Donald G. Soderquist, später Vice Chairman von Wal-Mart, gab dafür folgende Erklärung: „Seitens der Speditionsgesellschaften war es nicht vorgesehen, regelmäßige Warenlieferungen in kleine Absatzmärkte durchzuführen – ganz im Gegensatz zu dem konstanten Lieferstrom in die großen Städte wie Memphis oder Saint Louis. Unser Vertriebssystem entstand daher sozusagen aus der Notwendigkeit, die einzelnen Filialen einigermaßen rationell und zuverlässig zu beliefern."[8]

Als Übergangslösung mietete Walton eine Garage in der Nähe seines Warenhauses in Bentonville an. Hier packten Angestellte Herstellerlieferungen aus, packten sie zu kleineren Einheiten um und riefen dann Transportunternehmen an, welche die Ware zu den jeweiligen Filialen transportieren sollten. Mitte der 60er Jahre wurde Walton klar, daß er ein richtiges Lagerhaus bauen mußte und jemanden brauchte, der ein effizienteres Vertriebssystem entwickeln konnte.

Bereits zu diesem Zeitpunkt versuchte er anhand der Berichte, die ihm jeder Filialleiter vorlegen mußte, so viel Information wie möglich über sein Inventar zu sammeln: Wieviel Ware befand sich in jeder Filiale, was verkaufte sich gut und was nicht, wann mußte man ein bestimmtes Produkt nachbestellen und wann war es angeraten, die Preise bei schwer verkäuflichen Artikeln herabzusetzen? Walton wußte, daß sich die Regale schneller leeren würden und der Umsatz profitieren könnte, wenn er die Möglichkeit hätte, diese Daten effizienter zu verwalten. Allerdings brauchte er hierzu jemanden mit Spezialkenntnissen. Über diesem Problem brütete jahrelang.

Nachdem er sich entschlossen hatte, seinen zweiten und dritten Wal-Mart zu eröffnen, war Walton 1964 noch einmal nach Chicago geflogen. Er wollte einen letzten Versuch unternehmen, die Butler Brothers dazu zu bewegen, seine Discounter mit Ware zu beliefern. Auch dieses Mal erhielt er eine klare Absage, doch er schien nicht allzu enttäuscht. Direkt nach seinem Gespräch nahm er einen jungen Manager namens Soderquist beiseite, nicht um mit ihm über seinen Vorschlag zu sprechen, sondern über Computer. Eifrig auf seinen gelben Schreibblock mitnotierend, wollte Walton alles von ihm wissen: Wie wurden bei Ben Franklin Computer eingesetzt, in welchen Bereichen wurden sie verwendet und welche Anwendungsgebiete waren in der Zukunft geplant?

Am nächsten Morgen – es war ein Samstag – ging Soderquist in einer neuen Kmart-Filiale einkaufen, die erst kürzlich in einem Vorort von Chicago ganz in seiner Nähe ihre Pforten geöffnet hatte. Während er durch das Kaufhaus schlenderte, fiel ihm eine bekannte Gestalt auf, die mit einem Angestellten etwas abseits stand und mit Feuereifer auf einen Notizblock schrieb. Es war Walton. Als Soderquist sich ihm näherte, konnte er hören, wie Walton den Angestellten mit Fragen bombardierte: Wie oft wurde Ware nachbestellt? Wie groß waren die Bestellmengen? Wie waren die Lieferzeiten bei Bestellungen?

Walton kniete sich auf alle Viere hin und öffnete eine Schiebetür an einem Warenschrank, in dem zusammengefaltete Kleidungsstücke lagen, und fragte den Angestellten, wie sie es denn bewerkstelligten, bei Nachbestellungen genau zu wissen, wieviel Kleidungsstücke sie noch auf Lager hatten.

Soderquist unterbrach die beiden schließlich. „Ich sprach ihn an: ‚Sind Sie das, Sam Walton?' Er schaute zu mir hoch und erwiderte: ‚Oh, Don! Hallo! Was machen Sie denn hier?' Ich sagte: ‚Ich kaufe ein. Und was machen *Sie* hier?' Er entgegnete: ‚Oh, ich bilde mich nur weiter. Das ist alles.'"[9]

Im Jahre 1966 nahm Walton an einem Computerkurs in Poughkeepsie im Bundesstaat New York teil, den IBM finanzierte – und zwar aus zwei Gründen: Zum einen wollte er mehr über die computerunterstützte Datenverwaltung erfahren und zum anderen hoffte er, einen guten Computerfachmann kennenzulernen. In seiner typisch hartnäckigen Art hängte sich Walton an einen Mann namens Ron Mayer, der ebenfalls an dem Kurs teilnahm und sich ihm als Finanzleiter der Warenhauskette A.L. Duckwall Co. in Kansas vorgestellt hatte. Im Laufe ihrer Gespräche gewann Walton immer mehr den Eindruck, daß Mayer sich mit Computern sehr gut auskannte. Walton versuchte sofort an, ihn für Wal-Mart zu gewinnen.

Es dauerte jedoch noch drei Jahre, bevor Walton ihn überreden konnte, im Mai 1969 nach Arkansas zu kommen, um sich das Unternehmen persönlich anzuschauen. Bei dieser Gelegenheit kam es auch fast zu einem Flugzeugunglück, an dem Walton nicht ganz unschuldig war. Fast jeder der damaligen Führungskräfte kann mit Genuß einige haarsträubende Abenteuer von Flügen mit Walton erzählen. Doch Mayer ist dem Tod wohl wirklich gerade noch von der Schippe gesprungen. Walton machte mit Mayer in seinem neuen Flugzeug, einem schnellen zweimotorigen Beech Baron, eine Tour zu allen Wal-Mart-Filialen. Als sie über Carthage, einer Kleinstadt im Südwesten von Missouri, ankamen, überprüfte Walton mit einem schnellen Blick nach unten, ob die Landebahn frei war – der Flugplatz war zu klein für einen Kontrollturm – und setzte dann zur Landung an. Doch in dem Moment, als der Beech Baron den Boden berührte, sah Walton plötzlich ein anderes Flugzeug, einen Piper Cub, der offensichtlich direkt auf die Landebahn vor ihnen zufuhr. Rechtzeitig anzuhalten war unmöglich. Walton drückte den Gashebel wieder nach vorne und versuchte, an Geschwindigkeit zu gewinnen, um einen Satz über das Flugzeug zu machen. Während sie geradewegs auf den Piper Cub zurasten, riß er also das Steuer mit aller Kraft wieder zurück. In letzter Sekunde hoben sie ab und flogen haarscharf über das Flugzeug hinweg.

Wenn die beiden Männer auch ihre Besichtigungstour wegen dieses Ereignisses nicht unterbrachen, so gingen doch noch einmal zwei Monate ins Land, bevor Mayer Waltons Stellenangebot annahm.

Und endlich fand Walton auch einen geeigneten Mann für die Leitung des Lagers. Auf Arends Empfehlung hin waren Sam und Helen Walton 1968 nach Omaha geflogen, um sich ein 9.200 Quadratmeter großes Vertriebszentrum, das der Newberry-Kette gehörte, anzuschauen. Sie stellten sich dem Leiter des Vertriebszentrums vor und baten ihn, sich umschauen zu dürfen. Der Leiter, Bob Thornton, hatte noch nie etwas von Walton gehört und sagte, er führe keine Lagerbesichtigungen durch. Doch Walton beschwatzte ihn eine Weile und überredete Thornton nicht nur zu einer Lagerführung, sondern auch zu einem gemeinsamen Mittagessen. Noch am selben Abend führte Walton Thornton und seine Frau auch zum Abendessen aus, in dessen Verlauf er sie überzeugte, Bentonville zu besuchen – auch um mit Thornton eventuell über einen Posten bei Wal-Mart zu sprechen.

Dieses Timing war unschlagbar:

Thornton hatte gerade herausgefunden, daß Newberry ihn in ein größeres Vertriebszentrum nach New York versetzen wollte, und die Aussicht, an die Ostküste ziehen zu müssen, war sowohl für ihn als auch für seine Frau einfach furchtbar.

Daher rief Thornton Walton ein paar Tage später an und sagte ihm, er könne am kommenden Wochenende einen Flug der Frontier Airlines nach Fayetteville nehmen. „Walton sagte: ‚Wunderbar! Aber an diesem Wochenende findet ein Arkansas-Footballspiel statt, und ich verpasse nie ein Arkansas-Spiel. Passen Sie auf: Ich werde meinen Wagen am Flughafen abstellen und dem Parkwächter den Schlüssel geben. Er soll Ihnen dann erklären, wie Sie nach Bentonville kommen, und am Abend bin ich wieder bei Ihnen‘", erinnerte sich Thornton.

„Nun ja, meine Frau und ich kamen also in Fayetteville an – in unseren besten Kleidern und gut vorbereitet auf das Vorstellungsgespräch – erhielten vom Parkplatzwächter die Schlüssel und erwarteten, vielleicht einen Cadillac oder etwas ähnliches vorzufinden. Es standen etwa fünfzehn Autos auf dem Parkplatz, und so begann ich, den Schlüssel an jedem Auto auszuprobieren, bis er schließlich bei einem zweitürigen Chevy Biscayne, Jahrgang 1964, paßte. Der Wagen war völlig verdreckt: Die Sitzpolster war zerrissen, am Boden lagen Knochen, und auf dem Rücksitz war überall Stroh verteilt. Ich ging zurück und wollte mit dem Parkplatzwärter klären, ob ich mich nicht geirrt hätte, da ich mir nicht vorstellen konnte, daß das der richtige Waren war. Er sagte: ‚Ich weiß nicht, wie der Wagen aussieht, aber wenn der Schlüssel paßt, dann nehmen Sie ihn doch.‘ Später erfuhr ich, daß dies der Wagen war, mit dem Walton zur Jagd fuhr."

Worauf hatten sie sich da nur eingelassen, fragten sich die Thorntons, und fuhren zum Haus von Ferold Arend, den sie noch aus dessen Newberry-Tagen kannten. Am nächsten Morgen, als Walton Thornton sein zukünftiges Büro im Ortskern von Bentonville zeigte, dachte Thornton bei sich, daß sein Büro in Omaha ja schöner und größer war. Doch Bentonville schien um Klassen besser als New York. Und Walton versprach ihm, ein Vertriebszentrum zu bauen, das er leiten würde. „Er fragte mich, wieviel Geld ich zuletzt verdient hatte", erinnerte sich Thornton. „Ich schwindelte ein bißchen und gab etwas mehr an, doch er erwiderte, er würde mir 3.000 Dollar pro Jahr mehr zahlen als das."

Thornton verbrachte sein erstes Jahr damit, verschiedene Vertriebszentren im ganzen Land zu besichtigen und Pläne für ein neues 9.200 Quadratmeter großes Lager mit entsprechender Bürofläche zu erstellen. Seiner Ansicht nach war das das Minimum für ein Wal-Mart-Lager. Für ihn gab es auch noch eine andere Motivation, den Lagerbau schnell in Gang zu bringen: die Büroräumlichkeiten im Stadtzentrum war inzwischen so beengt, daß man schon die Wand zum Nachbarn eingerissen hatte, um ein Büro für Thornton zu schaffen, das dann über einem Schuhgeschäft lag. Nun saß er also in einer Art Dachkammer ohne Heizung oder Klimaanlage.

Ein halbes Jahr später schockte Walton Thornton dadurch, daß er eines Tages eher beiläufig erklärte: „Ich glaube, wir werden wohl doch noch kein Vertriebszentrum bauen, aber mach' Dir keine Sorgen, Bob, ich habe jede Menge Arbeit für Dich." Für Thornton war das ein Schlag ins Gesicht. Völlig perplex erwiderte er Walton, daß die Leitung eines Lagers das Einzige sei, woran er Interesse habe. Doch Walton blieb stur. Aufgebracht, aber auch unsicher, was er nun tun sollte, arbeitete Thornton weiterhin an seinen Plänen, und nachdem er schließlich zusammen mit Walton, Arend und drei weiteren Mitarbeitern eines der ersten computerunterstützten Vertriebszentren des Landes in Wisconsin besucht hatte, gab Walton endlich nach und stimmte zu, auch eines bauen zu lassen.

Er kaufte für etwa 25.000 Dollar ein 600 Ar großes Grundstück am Stadtrand. Doch von Anfang an zeigte er größte Sorge, nicht einen Penny mehr auszugeben, als er für nötig hielt. Ohne Thornton davon zu unterrichten, gab er dem Architekten Anweisung, die Größe des geplanten Lagers auf 5.520 Quadratmeter zu reduzieren, wobei das Lagerbüro zusätzliche 1.100 Quadratmeter in Anspruch nehmen sollte.

Es widerstrebte Walton auch, für das Lager ein automatisiertes Beförderungssystem anzuschaffen – eine Art Schienensystem mit in den Boden eingelassenen Gleisen und Karren für den Transport der Ware innerhalb des Vertriebszentrums. Für Thornton war dies ein Transportsystem, das in einem Lager unentbehrlich war und zudem nur 60.000 Dollar kostete. Für Walton waren es 60.000 Dollar, von denen er nicht einsah, daß er sie ausgeben mußte. „Ich glaube nicht, daß wir das uns leisten können, Bob", sagte er. Thornton erwiderte: „Wenn wir keines anschaffen, dann gehöre ich nicht hierher, denn ich weiß nicht, wie man ein Vertriebszentrum ohne dieses Beförderungssystem leiten soll." Walton wägte für einen Moment beide Seiten ab und stimmte dann widerstrebend zu, das Geld zur Verfügung zu stellen.

Jahrzehnte später erklärte Walton sein Verhalten im Rückblick folgendermaßen: „Jeder bei Wal-Mart weiß, daß ich mich gegen alle Ausgaben für techni-

sche Neuerungen aufs Heftigste gewehrt habe. Und alle erzählen natürlich liebend gern, wie sehr ich mich gegen die neue Technologie aufgebäumt habe und
wie sie wie die Löwen kämpfen mußten, um sie durchzusetzen. Doch die Wahrheit ist die: Es war für mich wichtig, sie über die wirkliche Notwendigkeit und
Qualität dieser neuen Apparate und Systeme nachdenken zu lassen. Ich bin nämlich der Ansicht, daß sich meine Mitarbeiter etwas mehr Mühe geben und sich
mit den Dingen mehr auseinandersetzen, wenn sie mich überzeugen müssen,
daß sie im Recht sind. Wenn ich die technischen Neuheiten wirklich nicht gewollt hätte, hätte ich auch nicht das Geld dafür locker gemacht."[10]

Was Walton dabei unter den Tisch fallen ließ ist, daß es einen weiteren
Grund dafür gab, daß er sein Portemonnaie nur höchst ungern zückte: Ihm war
unwohl bei dem Gedanken an den knapp Zwei-Millionen-Dollar-Kredit, den er in
jenen Tagen aufgenommen hatte, um mit seinen Wal-Marts weiter zu expandieren.

In vielerlei Hinsicht prägte Waltons eiserne Spardisziplin nach und nach die
gesamte Unternehmenskultur „Immer die Kosten niedrig halten". Walton war
beispielsweise außer sich vor Freude, als Thornton entdeckte, daß Kühllastwa-
gen, die Tiefkühl-Hähnchen von Arkansas nach New York transportierten,
anschließend leer wieder zurückfuhren, und es arrangierte, daß die Lastwagen
auf ihrem Rückweg zu einem Spottpreis Konfektionsware für Wal-Mart transportierten.

Manchmal wäre es auch besser gewesen, Walton hätte seine Sparsamkeit
nicht so sehr übertrieben. Sein erstes, für 525.000 Dollar erbautes Lager war fast
vom Tag der Eröffnung im November 1969 an zu klein. Obwohl das Vertriebszentrum für weniger als die Hälfte der Ware, mit der die Wal-Mart-Filialen beliefert wurden, zuständig war (der Rest waren Direktlieferungen vom Hersteller), mußte Walton – bevor ein Jahr vergangen war – noch einmal tief in die
Tasche greifen und das Zentrum auf 11.040 Quadratmeter erweitern. Hätte er
von Anfang an ein größeres Lager bauen lassen, wäre er also günstiger wegge-
kommen. Während der 70er Jahre kämpfte das Vertriebszentrum permanent mit
dem Problem, mit der Expansion von Wal-Mart Schritt halten zu müssen.

Waltons Widerstände gegen neue Technologien und arbeitserleichternde
Geräte führten dazu, daß die Lastkraftfahrer und Arbeiter an der Laderampe in
Bentonville 1976 erste Versuche unternahmen, sich gewerkschaftlich zu organisieren. Und in den darauffolgenden fünf Jahren gab es auch im zweiten Vertriebszentrum des Unternehmens in Searcy, Arkansas, zwei Vorstöße in eine
ähnliche Richtung. Um sich die Gewerkschaften vom Leib zu halten, sah sich
Walton gezwungen, seinen Lkw-Fahrern über Jahre hinweg überdurchschnitt-
liche Löhne zu zahlen.

Das Vertriebssystem hinkte Wal-Marts Wachstum soweit hinterher, daß im Searcy-Zentrum bereits Ware abgeladen, umverpackt und wieder versandt wurde, bevor alle vier Wände standen oder das Dach auf dem Gebäude war. „Wir hatten noch keine Heizung, im ganzen Gebäude war der Boden voller Schlamm, und die Lastwagen blieben bei ihrer Anfahrt im Matsch stecken", erinnerte sich Thornton. Und auf die Frage, warum die Arbeiter sich damals wohl zu organisieren versuchten, lieferte er folgende Erklärung: „Ich glaube nicht, daß es dabei um den Lohn ging. Wir forderten einfach zu viel, wenn man bedenkt, daß sie pro Woche 60 Stunden arbeiten mußten."

Bald war Waltons zögerliches Ausgabeverhalten immer wieder Anlaß zu heftigen Auseinandersetzungen mit Mayer, dem gerade erst angeworbenen Computer- und Finanzgenie. Als selbstbewußter, zielgerichteter Mensch wußte Mayer genau, wohin er wollte, und wollte diese Ziele auch schnell erreichen. Er war von Walton dazu eingestellt worden, die wesentlichen Voraussetzungen für eine großangelegte Expansion von Wal-Mart – d.h. ein ausgefeiltes Kommunikations-, Vertriebs- und Transportsystem – zu schaffen. Und der 34-jährige Mayer sollte Walton dabei behilflich sein, andere junge Führungskräfte anzuwerben, die sich mit der neuen Technologie bestens auskannten.

Als sich Mayer in sein Aufgabegebiet stürzen wollte, fand er es sehr irritierend, daß Walton nicht erkannte, wie überaus dringend die ganze Angelegenheit war, und ständig auf die Bremse trat. Mit Thorntons Rückendeckung forderte Mayer von Walton, das Vertriebssystem zu optimieren und auszubauen. Mayer drängte auch unaufhörlich, ein unternehmensweites Datenverarbeitungssystem einzuführen, mit dessen Hilfe man abrufen könne, welche Ware von welcher Filiale benötigt werde und wann. Später zeigte sich, daß dieses System unverzichtbar war, um das wachsende Wal-Mart-Reich überhaupt regieren zu können.

Angesichts seines riesigen Schuldenberges und einer scheinbar endlosen Serie von Finanzengpässen begann Walton Anfang 1969 über eine andere Form der Geldbeschaffung nachzudenken: den Verkauf von Unternehmensanteilen an ein öffentliches Publikum. Schließlich fuhren seine Kaufhäuser solide Gewinne ein.

Im Rechnungsjahr 1969* erzielten die 27 Wal-Mart-Filialen und die anderen Kaufhäuser des Unternehmens zusammen einen Umsatz von 21,4 Millionen Dollar und einen Nettogewinn von 650.000 Dollar. Doch die Kaufhäuser gaben auch nicht annähernd das Kapital frei, das Walton zur Begleichung seiner Schul-

---

* Die zwölf Monate des Rechnungsjahres 1969 enden am 31. Januar 1969.

den benötigte und das es ihm erlaubte – so wie er sich dies wünschte – ein schnelleres Tempo beim Bau von einem Dutzend oder mehr neuen Filialen pro Jahr an den Tag zu legen. Der Bau und die Ausstattung für jeden neuen Wal-Mart kosteten durchschnittlich fast 500.000 Dollar.

Und Walton war auch mit seinen Bankiers in Dallas nicht mehr allzu glücklich. Jones hatte die Republic National Bank verlassen und war jetzt Geschäftsführer der National Bank of Commerce in New Orleans. Mit seinem Abgang war das Interesse der Republic National Bank an Waltons Finanzbedarf verpufft. Eines Tages verweigerte ein leitender Angestellter der Bank Walton telefonisch seinen Kreditspielraum von 1,5 Millionen Dollar. Walton, der Gefahr lief, in Verzug zu geraten, konnte es nicht fassen. Als er feststellte, daß er mit seinen Argumenten am Telefon keinen Schritt weiterkam, sprang er in seinen Beech Baron, flog nach Dallas und marschierte in die Republic National Bank, um die Sache direkt zu regeln. Doch auch hier hatte er keinen Erfolg. In Panik rief er Jones an, der ihm sagte, er solle sich in sein Flugzeug setzen und zu ihm in sein Büro nach New Orleans kommen. Er versprach, bis zu seiner Ankunft im Büro auf ihn zu warten. Jones schickte eine Limousine, um Walton am Flughafen abzuholen, und so unterschrieb Walton in Jones' Büro am selben Abend einen ungesicherten Schuldschein in Höhe von 1,5 Millionen Dollar und bekam das dringend benötigte Geld.

Doch Walton wußte, daß diese Art von SOS-Finanzierung keine Zukunft hatte. Zusammen mit Bud Walton, Mayer und ein paar anderen hatte er bereits Überlegungen angestellt, ob es sinnvoll sein könnte, mit dem Unternehmen an die Börse zu gehen.

Helen Walton war absolut gegen diese Idee. Sie sprach mit befreundeten Paaren über ihre Sorge, was Walton auf Anweisung der Börsenaufsichtsbehörde bei einer ersten Aktienemission des Unternehmens würde offenlegen müssen. Es gefiel ihr gar nicht, was dann über die Privatfinanzen ihres Mannes an die Öffentlichkeit kommen könnte. Sie fragte sich auch, ob ein Börsengang des Unternehmens nicht zur Folge hätte, daß ihm die Leitung des Unternehmens entgleiten würde. Und sie schien Angst davor zu haben, daß ihr Ehemann dann vielleicht noch weniger Zeit für sie hatte.

Es ging dabei nicht nur um die Kinder. Anfang 1969 waren alle vier bereits aus dem Haus. Rob Walton schloß gerade sein Jurastudium an der Columbia-Universität in New York City ab und überlegte gerade, eine Stelle in einer Kanzlei in Tulsa anzutreten. John Walton war gesund und unversehrt aus dem Vietnamkrieg zurückgekehrt, wo er bei den Green Berets als Militärarzt gedient hatte. Für seinen Einsatz wurde er mit den Auszeichnungen Purple Heart und Silver Star geehrt. Wie sein älterer Bruder war John in der High School von Bentonville ein Football-Star gewesen und hatte es bis zum Auswahlteam der Bundesstaaten gebracht. Und wie Rob war auch er auf das Wooster College gegangen. Doch nach zwei Jahren hatte John seine Eltern völlig vor den Kopf gestoßen, als er seine College-Ausbildung abbrach und in die Army eintrat. Als John seinen Vertrag beim Militär bereits unterschrieben hatte und eine Ausbildung bei einer Spezialeinheit beginnen sollte, hatte Sam Walton ihn noch dazu zu überreden versucht, sich für einen Platz an der Offiziersschule zu bewerben. Aber, so erinnerte sich Tom L. Harrison, ein Nachbar und Freund der Familie, John wollte schon immer seinen eigenen Weg gehen.

Nach seiner Rückkehr aus dem Krieg nahm er Flugstunden und erklärte sich schließlich bereit, im Unternehmen seines Vaters als Pilot zu arbeiten. Doch er ließ keinen Zweifel daran, daß ihn eine Karriere im Unternehmen nicht im mindesten interessierte.

Auch Jim Walton hatte als Schüler Football gespielt, war in der Junior Class der High School von Bentonville Klassensprecher gewesen und hatte 1965 die High School abgeschlossen. Jetzt studierte er Wirtschaftswissenschaften an der University of Arkansas. Alice, die Jüngste, war stellvertretende Sprecherin ihrer Abschlußklasse gewesen und hatte 1967 die High School abgeschlossen, um am Trinity College in San Antonio Wirtschaft zu studieren. Sie war jetzt in ihrem zweiten Studienjahr. Keines der Kinder schien jedoch besonders erpicht, eine wichtige Funktion im Unternehmen ihres Vaters zu übernehmen, obwohl Sam Walton nicht verheimlichte, daß ihm das gefallen würde.

Und ebenso wie die Kinder zumindest ambivalente Gefühle bezüglich einer Laufbahn bei Wal-Mart hegten, erging es auch Helen Walton mit Sams immer größerem Einsatz für sein Unternehmen. Helen hatte schon eine ganze Zeit lang versucht, die Bremsen anzuziehen, doch im Laufe der Jahre war ihr Veto immer weniger gehört worden. „Ich erinnere mich, wie Sam Helen einmal versprach, daß er bei einem Bestand von 18 Filialen aufhören würde zu expandieren", erzählte Enfield. „Das muß so etwa 1960 gewesen sein."

Doch wie ehedem ließ sich Sam Walton auch dieses Mal nicht von seiner Idee abbringen. Er und Bud redeten auf ihren Jagdausflügen fast ununterbrochen über ihren Bedarf an Barmitteln und wie man ihn am besten decken konnte. Mangelnde Liquidität hatte sie bereits gezwungen, fünf Grundstücke, auf denen sie eigentlich neue Discounter hatten bauen wollen, wieder zu verkaufen. Bud Walton, der ein etwas weniger risikofreudiger Typ war als sein älterer Bruder, gefiel die Vorstellung, mit Wal-Mart an die Börse zu gehen, viel weniger als Sam, doch auch er mußte zugeben, daß die Zahlen dafür sprachen.

Einer der wenigen anderen, mit denen Walton darüber sprach, war ein leitender Angestellter der Lebensversicherungsgesellschaft, die ihm das Kapital zum Bau des Lagers in Bentonville bereitgestellt hatte. Die Gesellschaft gehörte Stephens Inc., einem mächtigen Investmenthaus in Little Rock. Und der clevere Kontaktmann der Versicherungsgesellschaft hatte über Waltons Pläne mit Jackson Stephens, dem Geschäftsführer des Investmentkonzerns, gesprochen. Stephens hatte in seiner Laufbahn noch nicht viele Plazierungen von Wertpapieremissionen vorgenommen – eigentlich erst eine. Doch diese eine hatte seinen Appetit geweckt auf den Profit, den man bei diesem Geschäft erzielen konnte, und so schickte er den jungen Bond-Verkäufer Mike Smith, der die erste Aktienemission beaufsichtigt hatte, zu Sam nach Bentonville.

Walton steckte Smith in sein Flugzeug und flog mit ihm einen Tag lang von einer Wal-Mart-Filiale zur anderen, wobei er mindestens einmal die Orientierung verlor – was recht häufig passierte, wenn Walton das Steuer übernahm. Die Geschichte mit dem SOS-Kredit von Jones fiel zeitlich gesehen genau in dieses Stadium, d.h. als Smith und Stephens in Little Rock die Papiere für den Börsengang vorbereiteten.

Walton bat seinen Sohn Rob, der sein Jurastudium inzwischen beendet hatte und nach Tulsa gezogen war, zu prüfen, welche Optionen es für sein Unternehmen gab. Rob erklärte, der erste Schritt sei selbstverständlich, die Unternehmensschulden zu konsolidieren. Also flogen Sam Walton und Mayer an die Ostküste und versuchten, einen Fünf-Millionen-Dollar-Kredit aufzutreiben. Ihre erste Anlaufstelle war die New Yorker Niederlassung der Lebensversicherungsgesellschaft Prudential Life Insurance Co. Ein paar Jahre zuvor hatte die Leitung von Prudential Walton einen Kredit über eine Million Dollar verweigert, doch Walton wußte, daß sie inzwischen anderen Einzelhandelsunternehmen Kredit gewährte hatte. Walton – seinen gelben Notizblock in der Hand – legte dem Kreditsachbearbeiter die Prognosen für die Unternehmensentwicklung dar. Demzufolge würden die Umsatzzahlen, welche im Rechnungsjahr 1969 bereits 21,4 Millionen Dollar erreicht hatten, innerhalb der nächsten Jahre bis zum Rechnungsjahr 1974 um mehr als das Siebenfache auf über 150 Millionen Dollar steigen. Wie sich Walton erinnerte, „erläuterte [ich dem Sachbearbeiter] unsere Strategie, in die Kleinstädte zu gehen, wo es keine Konkurrenz gab, und machte ihm deutlich, wieviel Potential unserer Meinung nach dort vorhanden war und nur darauf wartete, ausgeschöpft zu werden."[11]

Wie sich später herausstellte, waren die Prognosen eher noch zu niedrig gegriffen: Die Umsatzzahlen von Wal-Mart lagen im Rechnungsjahr 1974 bei 167,6 Millionen Dollar. Doch auf sein Gegenüber mußten solch dreiste Prognosen zu diesem Zeitpunkt absolut wirklichkeitsfremd wirken. Er wies daher das Kreditgesuch ab. Als nächstes flogen Walton und Mayer nach Boston zum Firmensitz der Versicherungsgesellschaft Massachusetts Mutual Insurance Co. Die zuständigen Entscheidungsträger hörten sich alles an und boten Walton dann freundlich einen Kredit über 2,5 Millionen Dollar an, wenn er mit einem Zinssatz von 9,75 Prozent einverstanden wäre und ihnen eine 15-jährige Option auf den Kauf von 45.000 Wal-Mart-Aktien zum Emissionskurs gewähren würde (der dann letztendlich bei 16,50 Dollar pro Aktie lag). Walton fühlte sich schlichtweg über den Tisch gezogen. Doch was blieb ihm anderes übrig als zuzustimmen? Für die Versicherungsgesellschaft war es ein Bombengeschäft: Zum Plazierungskurs gerechnet kosteten 45.000 Aktien 742.500 Dollar. 15 Jahre später – nach sieben Aktiensplits und einem ungebrochenen Aufwärtstrend – war dasselbe Aktienpaket knapp 300 Millionen Dollar wert.

Als die Pläne für den Börsengang immer konkreter wurden, beschloß Walton zum Entsetzen von Smith und Stephens, sich noch einmal bei konkurrierenden Investmentgesellschaften umzuhören, die über mehr Erfahrung auf dem Gebiet der Wertpapierplazierung verfügten. Als er sich einmal in New York zum Wareneinkauf aufhielt, spazierte er einfach – er hatte sich wieder einmal nicht um einen Termin gekümmert – in das Bürogebäude von White, Weld & Co., einem Investmenthaus, das kurz zuvor die Discounter-Kette Pamida mit Firmensitz in Omaha in eine Aktiengesellschaft umgewandelt hatte. Er stellte sich der Dame am Empfang vor und fragte, ob er mit jemandem über den Börsengang seines Unternehmens sprechen könne. Sie reagierte schnell und leitete ihn an Harmon „Buck" Remmell weiter, einen Mann aus Arkansas, der wenige Jahre zuvor nach New York gezogen war. Remmell und White, Weld & Co. waren schnell damit einverstanden, als Führungsgruppe die Plazierung der Emission zu garantieren, und erlaubten Stephens – auf die Bitte von Walton hin – als Garantiegruppe ein Drittel der Aktienemission zu übernehmen.

Nun mußte noch ein letzter Schritt unternommen werden: Walton mußte sowohl das Unternehmen als auch seine „Familien-Gesellschaft" vollständig neu strukturieren. Ursprünglich war jede neue Filiale als eigenständiges Unternehmen gegründet worden, wobei er selbst, sein Bruder Bud, seine Schwiegereltern und Verwandte seiner Frau, eigene Verwandte und einige führende Köpfe von Wal-Mart unterschiedlich große Anteile an diesen Unternehmen hielten.

Jeder Anteil sämtlicher 31 Unternehmen mußte nun bewertet und einer bestimmten Anzahl von Aktien der neuformierten Aktiengesellschaft zugewiesen werden.*

Im Februar 1970 tauschte jeder der Anteilseigner sein Kontingent in eine entsprechende Anzahl der insgesamt 1,3 Millionen Wal-Mart-Stammaktien um.

---

* Das neue Unternehmen wurde am 31. Oktober 1969 in Delaware unter dem amtlichen Namen Wal-Mart Inc. eingetragen. Zwei Monate später wurde der Name in Wal-Mart Stores Inc. umgeändert.

Das Ganze lief darauf hinaus, daß sich die Waltons 69 Prozent der Unternehmensanteile sicherten, andere Verwandte und Führungskräfte erhielten zusammen acht Prozent, und 23 Prozent bzw. 300.000 Aktien wurden für die Emission reserviert. Doch als die Aktienkurse im Herbst absackten, verschob man die Aktienemission noch einmal. Schließlich ging das Unternehmen am 1. Oktober 1970 an die Börse. Die Wall Street nahm davon kaum Notiz. Eine kleine Anzahl institutioneller Anleger sicherte sich den Großteil der angebotenen Aktien.

Der Börsengang erbrachte dem Unternehmen etwa 4,6 Millionen Dollar netto, eine lächerliche Summe für Wall-Street-Verhältnisse, aber eine ganze Menge für Walton. Vieles davon wurde für die Tilgung der Schulden und letzte Zahlungen für Thorntons neues Vertriebszentrum verwendet.

Der Wert von Waltons Anteil an Wal-Mart belief sich damals auf knapp 15 Millionen Dollar. Er würde sich nie mehr für sein Unternehmen persönlich verschulden müssen.

Aber das Beste an der ganzen Angelegenheit war, daß er mit der Expansion von Wal-Mart jetzt *richtig* loslegen konnte.

Kapitel 5
Die Männer
hinter dem Erfolg

Zur Zeit seines Börsenganges war Wal-Mart ein winziger Punkt in der Landschaft des Einzelhandels – viel zu klein, um in der Liste der 71 größten Discounter-Ketten des Landes Eingang zu finden, die jedes Jahr vom Einzelhandelsmagazin *Discount Merchandiser* aufgestellt wurde. Die Liste wurde vom Handelsriesen Kmart angeführt, der 1970 zwei Milliarden Dollar Umsatz erzielte, d.h. mehr als 45mal so viel wie Wal-Mart.

Es wurde schnell deutlich, welch unbedeutende Rolle das Unternehmen in den Augen der Wall-Street-Börsianer spielte. Jede Kapitalgesellschaft muß eine Jahreshauptversammlung für ihre Aktionäre abhalten. Im ersten Frühling nach Wal-Marts Börsengang überredete Mike Smith vom Investmenthaus Stephens Inc. einen skeptischen Walton dazu, die Hauptversammlung von Wal-Mart nicht in Bentonville, sondern einem Motel in Little Rock namens Coachman's Inn abzuhalten. Smith behauptete, daß Börsenanalysten und Aktionäre, die nicht in Arkansas lebten, dann eher zur Hauptversammlung kämen, da Little Rock als Hauptstadt von Arkansas von den großen Fluglinien angeflogen wurde – im Gegensatz zum abgelegenen Bentonville.

Zum Leidwesen von Smith kamen die Analysten der Wall Street jedoch nicht gerade in Strömen zur Jahreshauptversammlung. Es wäre vielleicht angemessener – angesichts der geringen Anzahl von Börsianern, die Wal-Marts Einladung zu diesem frühen Zeitpunkt überhaupt folgten – von einem Tröpfeln zu sprechen. Auch die Hauptaktionäre blieben fern. Daher verlegte Walton die nächste Hauptversammlung nach Bentonville. Doch Smith hatte jetzt eine andere, diesmal zugkräftigere Idee. Um Analysten einen Anreiz zu geben, aus New York anzureisen, schlug er vor, aus der Aktionärsversammlung eine kostenlose und unterhaltende Veranstaltung zu machen: Der Flug und die Unterkunft sollten frei sein, und zwar nicht nur für eine Nacht. Wal-Mart, regte er an, sollte für seine Gäste ein ganzes

Wochenende im Bella Vista reservieren, einem Naherholungsgebiet mit Wohn-
anlagen etwas nördlich von Bentonville, das neben Golfplätzen, Tennisanlagen
und Seen für Bootsfahrten noch viele andere Attraktionen bot.

Walton war skeptisch und haßte den Gedanken, daß das Unternehmen für
die Kosten würde aufkommen müssen, stimmte aber schließlich murrend zu, es
einmal auszuprobieren.

Es funktionierte. Von Jahr zu Jahr waren es mehr Analysten und Hauptaktionäre, die nach Bentonville kamen. Walton kommandierte seine Manager speziell dafür ab, Besucher vom Flughafen abzuholen, sich um sie persönlich zu kümmern, sie im Unternehmen herumzuführen und Zeit mit ihnen zu verbringen.
Nach jeder Jahreshauptversammlung, die immer an einem Freitag in der Hauptgeschäftsstelle des Unternehmens abgehalten wurde, gab es ein großes Firmenpicknick. Die Gäste wurden auch eingeladen, an der Samstagmorgen-Besprechung der Führungskräfte von Wal-Mart teilzunehmen. Anschließend gingen sie
und die Manager Golf spielen, fischen oder unternahmen zusammen irgend etwas
anderes, das von Unternehmensseite für das jeweilige Jahr organisiert worden war.

Natürlich gab es noch einen anderen Grund, warum das Unternehmen immer
mehr Aufmerksamkeit auf sich zog: sein Wachstum. Walton hatte sich in erster Linie für den Börsengang entschieden, um schneller expandieren zu können. 1970 hatte das Unternehmen acht neue Warenhäuser gebaut – sieben davon waren Wal-Marts
und ein erstes erschloß den Bundesstaat Louisiana – und hatte ein Drittel seiner bestehenden 18 Wal-Mart-Filialen umgebaut oder erweitert. Die Anzahl der Mitarbeiter stieg auf 1.500. Doch Walton strebte nun eine Verdoppelung dieser Zahlen an.

Ein paar Monate nach Wal-Marts Umwandlung in eine Kapitalgesellschaft
richteten Sam und Bud Walton und die anderen Führungskräfte eine Grund-
stücks- und Bauabteilung ein. Bud Walton, den Sam für einen zähen Verhandlungspartner hielt und der mit ihm über den geeigneten Standort einer neuen
Filiale stets einer Meinung war, übernahm die Leitung der Abteilung. Ihre Aufgabe bestand hauptsächlich darin, Grundstücke für Kaufhäuser zu sichten, die
Finanzierung klarzumachen und einige der Gebäude auch in eigener Regie zu
bauen. (Andere wurden von Bauinvestoren gebaut, die diese dann an Wal-Mart
vermieteten.) In diesem Jahr kamen vierzehn neue Filialen zum Wal-Mart-Im-
perium hinzu und im nächsten Jahr folgten sechzehn. (Die Abteilung baute auch
vier Filialen wieder auf, die durch Feuerbrände bzw. einen Tornado zerstört worden waren.) Im Januar 1973 gab es 55 Wal-Mart-Filialen in fünf Bundesstaaten:
Arkansas, Missouri, Kansas, Oklahoma und Louisiana.*

---

* Wal-Mart operiert wie viele andere Einzelhandelsunternehmen auf Basis eines Rechnungsjahres, das am 31. Januar endet. So um-
faßt das Rechnungsjahr 1973 beispielsweise die letzten 11 Monate des Jahres 1972 und den ersten Monat von 1973. Neben den 55 Wal-
Mart-Filialen betrieb das Unternehmen damals noch immer neun Vollsortiments-Kaufhäuser. (Im Verlauf der vorangegangenen Jahre waren sieben verkauft bzw. in Wal-Mart-Discounter umgewandelt worden.)

Die Walton-Brüder wandten in jenen Tagen zwei Kriterien bei der Wahl neuer Standorte für ihre Filialen an. Das erste Kriterium lautete: Wähle immer Kleinstädte als Standorte, wo sich Wal-Mart nicht der Konkurrenz durch andere Discounter stellen muß. Das zweite lautete: Baue alle Filialen in einem Radius einer Tagesfahrt von Bentonville. So lagen die Discounter nahe genug am Vertriebszentrum, um schnell mit Ware beliefert werden zu können, und nahe genug für Waltons fünf Regionalleiter, um schnell bei den Filialen zu sein und sie immer im Blick behalten zu können.

Thomas Jefferson war einer dieser Regionalleiter. Er hatte 21 Jahre lang als Einzelhandelskaufmann bei Sterling Stores Erfahrung gesammelt, bevor er 1972 zu Wal-Mart stieß. Und wie das soft bei den frühen Führungskräften von Wal-Mart der Fall war, traf er diese Entscheidung aufgrund einer persönlichen Begegnung mit Sam Walton. Während seiner ersten Jahre in Newport war Jefferson als Abteilungsleiter von Sterling häufig im Kaufhaus von Waltons Rivalen John Dunham vorbeigekommen. Bei einem dieser Besuche lernte er Walton kennen, der nie genug davon bekommen konnte, die Kaufhäuser seiner Konkurrenten auszuspionieren. Die beiden Männer verstanden sich auf Anhieb, und Jefferson machte es sich zur Gewohnheit, Walton zum Frühstück zu treffen, wenn er nach Newport kam. „Wir trafen uns immer um zehn vor sechs", erinnerte sich Jefferson. „Gewöhnlich saß er auf der Bordsteinkante und las das *Wall Street Journal.*" Seither waren sie immer in Kontakt geblieben, und als Jefferson zwei Jahrzehnte später seinem Unmut über seine Perspektiven bei Sterling freien Lauf ließ, nutzte Walton die Gelegenheit, ihm eine Stelle anzubieten. Als Dankeschön brachte Jefferson beim Wechsel von Sterling Stores zu Wal-Mart ein halbes Dutzend erfahrener Führungskräfte mit.

Als Regionalleiter wurde ihm ein Geschäftswagen zur Verfügung gestellt – ein Plymouth. Damals mußte man als Führungskraft bei Wal-Mart „schon ganz schön Glück haben", eines der beiden unternehmenseigenen Flugzeuge benutzen zu dürfen, berichtete Jefferson. Wie die anderen Regionalleiter legte auch er auf seinen wöchentlichen Touren von Filiale zu Filiale fast 100.000 Kilometer pro Jahr in seinem Plymouth zurück. Jedes Jahr wurden die Fahrzeuge durch neue Modelle ersetzt. Die meisten Führungskräfte, die im Unternehmen auf der operativen Seite tätig waren, verbrachten vier oder fünf Tage pro Woche im Außendienst. Am Ende der Woche trafen sie sich dann gewöhnlich Freitag abends oder Samstag morgens in Bentonville, um die Ergebnisse ihrer Kaufhausvisiten auszutauschen. Walton fand sich dort samstags manchmal schon um drei Uhr morgens ein, um die einzelnen Berichte der Handelsfilialen durchzugehen, bevor dann alle um 7.30 Uhr zur Besprechung eintrafen.

Irgendwann baute Wal-Mart natürlich Filialen in so großer Entfernung von Bentonville, daß die Regionalleiter in ihren Bezirk nicht mehr mit dem Auto fahren konnten, sondern fliegen mußten. Doch bis zu diesem Zeitpunkt galt das unantastbare Gesetz, daß die Kaufhäuser innerhalb eines bestimmten Radius vom Vertriebszentrum zu liegen hatten, um leicht erreichbar zu sein. Wie wir gesehen haben, sah sich Walton schon früh gezwungen, ein eigenes Lager für Wal-Mart zu bauen und die Filialen in den von ihm anvisierten Kleinstädten selbst mit Ware zu beliefern. Walton mußte also ein eigenes Vertriebssystem für Wal-Mart aufbauen und wandte hierzu eine Strategie an, die solange hielt, bis es schließlich von Küste zu Küste Wal-Marts gab: „Wir entfernten uns mit einer neuen Filiale immer soweit von einem Lager, wie es möglich war", erinnerte sich Walton. „Danach füllten wir dieses Absatzgebiet mit weiteren Filialen auf, Bundesstaat um Bundesstaat, Kreisstadt um Kreisstadt, bis wir den Markt vollständig gesättigt hatten."[1]

Und Sättigung bedeutete, daß Wal-Mart beispielsweise um Springfield, Missouri, in einem Radius von 160 Kilometern schließlich vierzig Filialen plazierte.

„Wir sättigten den Absatzmarkt im Norden von Arkansas. Wir sättigten den Markt in Oklahoma. Wir sättigten den in Missouri... Manchmal übersprangen wir aber auch ein Absatzgebiet, etwa als wir den Wal-Mart Nr. 23 in Ruston, Louisiana, eröffneten, aber noch keine Filiale im Süden von Arkansas hatten. In diesem Fall deckten wir nachträglich den übergangenen Absatzmarkt ab", führte Walton aus.[2]

Wenn im anvisierten Absatzgebiet größere Städte lagen, wandte Walton jene Strategie an, die bei seinem Ben Franklin in Ruskin Heights in Kansas City so gut funktioniert hatte (und die Robert Wood bereits Jahrzehnte zuvor bei Sears erprobt hatte): Er baute einen Wal-Mart weit außerhalb des Stadtzentrums und wartete, bis ihm das Wachstum der Vororte die Kunden bis vor die Tür seines Kaufhauses brachte. Heute sind deshalb in Dutzenden von Großstädten Wal-Mart-Filialen ringförmig um die Stadtperipherie angeordnet.

Walton betrachtete die Sättigungsstrategie auch als eine Möglichkeit, Geld zu sparen. Wenn eine Filiale in der Nähe einer anderen eröffnet wurde, war der Name Wal-Mart den Menschen in dieser Region Waltons Überzeugung nach bereits so vertraut, daß man – abgesehen von einer großangelegten Werbeaktion zur Eröffnung – gar nicht mehr viel Werbung für die neue Filiale treiben mußte. Außerdem ließen sich Kosten sparen, indem man nur einen Werbeprospekt pro Monat drucken ließ statt jede Woche, wie dies die größeren Discounter, z.B. Kmart, taten.

Die Idee, bestehende Gebäude günstig zu erwerben und zu Wal-Mart-Filialen umzufunktionieren – wie etwa in Morrilton, wo das Gebäude früher eine Abfüllanlage von Coca-Cola gewesen war – ließ man bald wieder fallen. Anstatt dessen entwickelte die von Bud Walton geleitete Bauabteilung fünf verschiedene Kaufhaus-Entwürfe mit Verkaufsflächen zwischen 2.760 und 5.520 Quadratmetern, die von Sam Walton im übrigen „Ausstechfiguren" genannt wurden, womit er auf das gleichförmige Aussehen und den Massencharakter der auf ihrer Grundlage produzierten Filialen anspielte. Abhängig von der Größe der Stadt wurde dann jeweils einer dieser Entwürfe ausgeführt. Oft flogen die beiden Walton-Brüder in eine Stadt und studierten die Straßen, die Stadtstruktur sowie Standort und Art der Mitbewerber, während sie niedrig über der Stadt kreisten. Wenn sie sich auf einen günstigen Standort geeinigt hatten, landeten sie häufig direkt vor Ort, versuchten herauszufinden, wem das Grundstück gehörte, und begannen unverzüglich, das Geschäft anzukurbeln.

Als Jim Walton, Sams jüngster Sohn, in die Firma einstieg, nahm ihn Bud sofort unter seine Fittiche und führte ihn in das Grundstücksgeschäft ein. Nach seinem Schulabschluß an der High School in Bentonville 1965 hatte Jim Walton sein Universitätsstudium nicht unbedingt zielstrebig absolviert. Für seinen Abschluß im Bereich Wirtschaftswissenschaften an der University of Arkansas benötigte er sechs Jahre. Im Jahr danach, d.h. 1972, verbrachte er seine Zeit mit Faulenzen, Herumreisen und einer Pilotenausbildung, bevor er sich schließlich zu Sams Freude damit einverstanden erklärte, bei Wal-Mart zu arbeiten. (Sam und Helen Walton machten sich zeitweise Sorgen – völlig unbegründet, wie sich herausstellte – ob auch nur eines ihrer Kinder wohl jemals zu irgendeiner Arbeit zu motivieren wäre.)

Das Äußere von Jim Walton widersprach völlig dem Bild einer typisch konservativen Führungskraft von Wal-Mart. An der Universität waren seine langen, zotteligen Haare und sein ungepflegter Bart ebenso wenig aufgefallen wie seine Blue jeans. Doch in jenen Tagen war die Länge der Haare noch Ausdruck einer persönlichen oder sogar politischen Haltung. Bei den Wal-Mart-Angestellten galten etwas längere Koteletten und vielleicht noch ein gepflegter Schnurrbart als das höchste der Gefühle. An ihnen gemessen war Jim ein richtiger Hippie.

Doch hinter dem Flower-Power-Image, das Jim sich gab, steckte in Wirklichkeit ein ausgekochter Geschäftsmann. Jim Walton machte sich sein Äußeres zunutze, indem er auf der Suche nach geeigneten neuen Standorten einfach irgendwo mit dem Flugzeug landete, sein Fahrrad auspackte und durch die jeweilige Stadt radelte, ohne die Aufmerksamkeit der ortsansässigen Geschäftsleute auf sich zu ziehen. Er befragte Grundstückseigentümer, ohne seine eigentlichen Interessen preiszugeben. Und er machte sich rasch einen Ruf als erbarmungsloser Verhandlungspartner, der sogar noch zäher war als sein Onkel

Bud – wie Sam Walton gerne behauptete. Doch Jim Walton blieb nur kurze Zeit bei Wal-Mart. Er bevorzugte den Posten des President bei der „Familien-Gesellschaft" Walton Enterprises, die im Jahre 1972 bereits eine Reihe von Banken und anderen Firmen besaß.

Vom ältesten Sohn Rob abgesehen machten alle Walton-Kinder im Unternehmen ihres Vaters nur möglichst kurz Station. John Walton versuchte einmal zu erklären, warum zumindest er so ungern unter seinem Vater arbeitete: „Man weiß nie, ob man einen Posten nur aufgrund seiner Familienverbindungen bekommt oder weil man ihn sich wirklich verdient hat. Also versucht man es in einer anderen Firma und lernt erst dort, um was es wirklich geht."[3] John, der nach seiner Rückkehr aus Vietnam als Pilot bei Wal-Mart arbeitete, verließ die Firma nach weniger als einem Jahr und begann für Unternehmen in Louisiana, Mississippi, Texas und Arizona Baumwollfelder vom Flugzeug aus mit Schädlingsbekämpfungsmitteln zu besprühen. Von den vier Walton-Kindern besaß er die größte Freiheitsliebe. Er hatte z.B. Hobbys wie Sporttauchen und Fallschirmspringen. Im Jahre 1973 heiratete er eine Frau, die er bereits seit mehreren Jahren kannte, Mary Ann Gunn, die sich seinem Nomadendasein anschloß. Nach drei Jahren wurde die Ehe wieder geschieden.

Alice, die 1971 das Trinity College in San Antonio abschloß, kam kurz nach Hause, um für Wal-Mart im Einkauf zu arbeiten. Doch auch sie stellte schon bald fest, daß sie kein besonderes Interesse am Familienbetrieb hatte, und ging nach New York City. Nach einem Jahr in Arkansas und New York überredete sie James Jones, den Sam in den Vorstand von Wal-Mart berufen hatte, ihr eine Stelle in seiner Bank in New Orleans zu beschaffen. Sie zog in das French Quarter und begann in der High Society von New Orleans ein sehr aktives gesellschaftliches Leben.

Nur Rob Walton, der älteste Sohn, verbrachte den Großteil seines Erwerbslebens bei Wal-Mart. Nicht daß dies seine ureigene Entscheidung gewesen wäre, aber wie hätte er ablehnen können, als sein Vater ihn darum bat, ihm bei der juristischen Abwicklung des Börsenganges von Wal-Mart behilflich zu sein? Wie hätte er ablehnen können, als Sam ihn im Anschluß darum bat, eine Leitungsposition bei Wal-Mart zu übernehmen und schließlich Syndikus des Unternehmens zu werden?

Zunächst bestand Rob darauf, die Arbeit für Wal-Mart von Tulsa aus zu erledigen, da alles danach aussah, daß er in seiner Kanzlei, die ihm schon während seines Jurastudiums an der Columbia-Universität eine Stelle angeboten hatte, bald Partner werden könnte. Dann begann er aber eine Affäre mit einer Sekretärin in der Kanzlei namens Carolyn Funk und verließ seine Frau Patti und die drei gemeinsamen Kinder, um sie zu heiraten. „Als Rob Patti sitzen ließ, war das für Helen ein Weltuntergang", erinnerte sich Jim Jones.

Vielleicht fiel es ihm durch seine erneute Heirat leichter, Tulsa zu verlassen, vielleicht war es aber auch der unablässige Druck von Sam, nach Hause zu kommen und ausschließlich für Wal-Mart zu arbeiten. Auf jeden Fall gab Rob Walton schließlich nach und zog nach Bentonville, um dort zu leben.

Und während Wal-Mart immer weiter expandierte, versuchte Sam Walton seinem wachsenden Stamm an Führungskräften den ihm eigenen Sinn für Sparsamkeit einzuimpfen. Reiste jemand beispielsweise nach New York, um Ware einzukaufen, machte er es zur Auflage, daß die Reisespesen ein Prozent des Einkaufsbetrages nicht übersteigen durften. Die Wal-Mart-Angestellten wohnten daher in billigen Hotels nahe des Madison Square Garden und gingen zu Fuß, anstatt ein Taxi zu nehmen. Und wenn er selbst nach New York fahren mußte, versuchte Walton möglichst viele der Punkte auf seiner Liste an einem einzigen Tag abzuhaken, um seinen Aufenthalt so kurz wie möglich zu halten. Aus diesem Grund versuchte er auch, Termine mit Konfektionsherstellern außerhalb der normalen Geschäftszeiten zu vereinbaren, d.h. sehr früh am Morgen oder sehr spät am Abend.

Wenn der Bau und die Ausstattung einer neuen Filiale abgeschlossen waren, wurden die Abteilungsleiter anderer Wal-Mart-Filialen abberufen, um bei der Eröffnungsfeier mit Hand anzulegen. Walton gelang es mindestens einmal – natürlich mit dem Hintergedanken, Hotelzimmerkosten zu sparen – die versammelte Mannschaft davon zu überzeugen, im noch unmöblierten Haus des zukünftigen Filialleiters in Schlafsäcken zu übernachten.

Manchmal sah er jedoch auch ein, daß er über die Stränge schlug. Ein Beispiel: Walton mißfiel die Vorstellung außerordentlich, daß er Leute dafür bezahlen sollte, herumzusitzen. Als Wal-Mart erste Piloten fest einstellte, hielt es Walton für eine gute Idee, daß die Piloten nicht untätig herumsitzen und auf ihre Fluggäste warten, sondern statt dessen in die Wal-Mart-Filialen gehen sollten, um den Bestellungsbedarf an Ware in den einzelnen Abteilungen zu überprüfen. Die Piloten wehrten sich sofort mit Händen und Füßen. Nachdem er sich mehrere Monate lang ihr Murren anhören mußte, ließ er die Idee mit großem Bedauern wieder fallen. Und als die neue Geschäftsstelle und das neue Vertriebszentrum des Unternehmens in Planung waren, empörte sich Walton über die Kosten für den Teppichbodenbelag, da er Teppich als überflüssigen Luxus betrachtete. Aber letzten Endes ließ er sich dann doch zu dieser Extravaganz in manchen Räumen überreden.

Inzwischen ließ sich der umfassende Einfluß der neuen Führungskräfte, die Walton in zunehmendem Maße einstellte und die eine Menge Erfahrung mit sich brachten, in jedem Winkel des Unternehmens spüren. So war der Regionalleiter Jefferson einer von mehreren Einsteigern, die darauf hinwirkten, daß die Wal-Marts appetitlicher aussahen und effizienter arbeiteten.

Ron Mayer und Royce Chambers, Datenverarbeitungsspezialist und Protegé von Mayer, überzeugten Walton, hochmoderne Registrierkassen anzuschaffen, ganz zu schweigen vom Computersystem für die Hauptgeschäftsstelle in Bentonville, mit dem jederzeit Umsatz- und Bestelldaten abgerufen werden konnten. Bereits 1973 konnte das Computersystem die Daten von 22 Filialen erfassen. Gemessen an der späteren Entwicklung war das System natürlich einfach gestrickt. Die Daten konnten nicht sofort übertragen werden, sondern mußten erst gesammelt und dann über Nacht verschickt werden. Dennoch war Wal-Mart aufgrund dieser Informationen in der Lage, Kosten zu senken, denn man konnte zu jedem x-beliebigen Zeitpunkt feststellen, wann wieder Ware bestellt werden mußte. Im Verlauf der darauffolgenden Jahrzehnte, als das System immer schneller und effizienter wurde, sicherte sich Wal-Mart auf diesem Gebiet einen entscheidenden Vorsprung über seine technisch unterentwickelten Rivalen. Der Warenfluß zu den Filialen konnte reguliert werden und war daher weder zu schnell noch zu langsam, sondern genau richtig.

Zu dieser Zeit kämpften Bob Thornton und seine Mitarbeiter im Vertrieb noch immer mit unzureichenden Kapazitäten. 1972 erweiterten sie das Vertriebszentrum in Bentonville ein weiteres Mal und bauten sogar ein eigenes Vertriebszentrum für Textilien – ebenfalls in Bentonville. Schließlich sah Walton – wenn auch widerwillig – die Zeit für gekommen, dem Unternehmen eine eigene Lkw-Flotte an die Seite zu stellen.

Währenddessen verkaufte oder schloß Walton nach und nach seine Ben Franklins und Walton's Family Center, wobei er mancherorts auch eine Umwandlung in Wal-Marts vornahm. Waren es 1968 noch 16 Kaufhäuser gewesen, sank dieser Geschäftzweig bis 1973 auf neun und bis 1974 schließlich auf zwei Kaufhäuser.

In fast jeder Hinsicht erfreute sich Wal-Mart Anfang 1974 eines unglaublichen Erfolgs. Kmart, der Branchenführer, hatte zwar mit einem Umsatz von 4,6 Milliarden Dollar für 1973 noch einen riesigen Vorsprung, doch die Umsatzzahlen von Wal-Mart hatten sich in den vorangegangenen fünf Jahren immerhin auf 167,6 Millionen Dollar fast verachtfacht. Außerdem dominierten die Wal-Marts fast immer die Kleinstädte, in denen sie sich befanden. Zweimal hatte Wal-Mart inzwischen einen Zwei-zu-Eins-Aktiensplit erklärt. Mit einer zweiten Aktienemission im Jahre 1972 waren über neun Millionen Dollar erzielt worden, und Wal-Mart wurde angesichts der gestiegenen Anzahl von Aktionären daraufhin an der New Yorker Börse gehandelt. Sam Waltons Imperium umfaßte inzwischen 78 Handelsfilialen in sechs Bundesstaaten, wobei für das laufende Jahr 1974 noch 24 weitere geplant waren. Und mit erfahrenen Führungskräften wie Ferold Arend und talentierten Neulingen wie Ron Mayer an seiner Seite konnte Walton durchaus optimistisch in die Zukunft schauen.

Walton begann nun, dem Druck seiner Frau nachzugeben, die darauf drängte, er solle das Steuer doch endlich abgeben. Helen Walton war eine recht hartnäckige Frau. Bereits seit dem Moment, als sie im Besitz von drei Kaufhäusern waren, hatte sie immer wieder versucht, Sam davon zu überzeugen, sich aus dem Geschäftsleben etwas zurückzuziehen und nicht mehr alles so ernst zu nehmen.

Und er hatte ihr immer wieder versprochen, daß der Zeitpunkt dazu bestimmt bald kommen würde, vielleicht nach der Eröffnung der nächsten drei, vier Filialen. Doch gleichzeitig warf er mit schneller Hand Zahlen auf seinen gelben Notizblock und rechnete sich aus, wieviel Umsatzwachstum sein Unternehmen in den nächsten fünf Jahren erzielen könnte.

Obwohl er sich über ihre starken und prinzipiellen Einwände gegen einen Börsengang des Unternehmens einfach hinweggesetzt hatte und obwohl er seither sogar noch mehr Zeit mit seiner Arbeit verbrachte als zuvor, hatte Helen nie aufgegeben, ihn dazu überreden zu wollen, sich zur Ruhe zu setzen.

In der Situation von 1974 waren ihre Argumente offensichtlich überzeugender denn je. Sam Walton war 56 Jahre alt, und Helen war 54. Er hatte 25 Jahre in den Aufbau seines Unternehmens investiert. Nach dem Aktiensplit und der günstigen Kursentwicklung der Wal-Mart-Aktie war ihr Nettovermögen in den vergangenen vier Jahren fast auf das Zehnfache angestiegen. Das Aktienpaket bei Wal-Mart, Helens Anteil am Robson-Vermögen sowie ihre anderen Besitztümer waren inzwischen zusammengenommen über 130 Millionen Dollar wert.

Der Druck auf Sam wurde durch Ron Mayer verstärkt, der zunächst nur andeutete, später dann jedoch unmißverständlich zum Ausdruck brachte, daß er das Unternehmen verlassen würde, wenn er nicht die Möglichkeit bekäme, es selbst zu leiten. Mayers Hauptrivale auf die Führungsposition bei Wal-Mart war der zweite Spitzenmann unter Walton, nämlich Ferold Arend. Arend arbeitete natürlich schon längere Zeit für Walton und hatte mit seiner vorausgegangen 21-jährigen Laufbahn bei der Warenhauskette J.J. Newberry weit mehr Einzelhandelserfahrung vorzuweisen als Mayer. Walton hielt viel von Arend, und zwar soviel, daß er ihn 1970 in den Vorstand berufen hatte. Doch 1972 hatte er auch Mayer in den Vorstand geholt.

Mit 44 Jahren war Arend zwar nur fünf Jahre älter als Mayer, doch in Waltons Augen repräsentierte er die alte Garde. Und das war der Auslöser für Waltons Entscheidung. Wie er in seinen Memoiren schrieb, „hatte ich damals wirklich das Gefühl, daß Ron für die Zukunft des Unternehmens unabdingbar war... Er machte keinen Hehl daraus, daß er – was ich vollkommen respektierte – sich das Ziel gesetzt hatte, einmal ein Unternehmen zu leiten, vorzugsweise Wal-Mart. Eines Tages sagte er mir unverblümt, daß er aussteigen und sich ein anderes Unternehmen suchen werde, bekäme er jetzt nicht diese Chance. Ich dachte daher ein paar Tage darüber nach und machte mir wirklich Sorgen, daß wir Ron tatsächlich verlieren könnten. Dann sagte ich zu mir: ‚Nun, ich werde alt, und wahrscheinlich können wir auch ganz gut zusammenarbeiten. Ich werde ihn zum Chairman und CEO ernennen, werde mehr von dem tun, was mir Spaß macht, mich ein bißchen zurückziehen und natürlich weiterhin bei meinen Filialen vorbeischauen.'"[4]

Und so kam es, daß Walton im November 1974 Helens Drängen nachgab. Er ernannte Mayer zum Chairman und CEO und beförderte Arend zum President und Leiter des operativen Geschäfts. Walton zog mit seinen Schreibtischphotos und den anderen Utensilien aus seinem eigenen spartanischen Büro in Mayers etwas kleineres Zimmer.

Doch es war natürlich längst nicht so einfach, Sam Walton dazu zu bringen, sich aus dem Geschäftsalltag auch praktisch zu verabschieden. Obwohl er eigentlich im Ruhestand war, blieb Walton Vorsitzender der Geschäftsführung – und war schließlich immer noch Hauptaktionär von Wal-Mart.

Das war für ihn Anlaß genug – falls er überhaupt einen benötigte – sich weiterhin in alle Angelegenheiten einzumischen. Er sagte, er wolle nun mit Helen Reisen unternehmen und mehr Zeit mit der Wachteljagd verbringen. Und eine gewisse Zeit lang tat er dies auch. Aber natürlich machte er ständig Kaufhausvisiten, wohin er auch kam, und tauchte dann in der Hauptgeschäftsstelle in Bentonville immer wieder mit neuen Ideen auf, die zudem mehr wie Befehle als wie Vorschläge klangen. So kam Walton beispielsweise 1975 von einer Reise aus Südkorea und Japan zurück und berichtete tief beeindruckt von der ungewöhnlichen Atmosphäre, die er in einer Tennisballfabrik in der Nähe von Seoul erlebt hatte. „Es war das erste Mal, daß er eine Gruppe von Arbeitern bei einem dieser Firmenrituale erlebte", berichtete Helen Walton. „Er konnte nicht abwarten, nach Hause zu kommen, um diese Idee bei den wöchentlichen Samstagmorgen-Besprechungen und mit den Angestellten in den Warenhäusern auszuprobieren."[5] Bald suchte er die Geschäftsstelle von Wal-Mart weit häufiger auf, als es wahrscheinlich sowohl Mayer als auch Helen Walton lieb war.

Von außen betrachtet schien die Übergabe nahtlos funktioniert zu haben. Für die meisten Discounter war 1974 ein hartes Jahr. Im Oktober zuvor hatte die OPEC (Organisation Erdöl Exportierender Länder) ein Ölembargo gegen die Vereinigten Staaten verhängt, und der Ölpreis hatte sich innerhalb von nur zwei

Monaten vervierfacht. Dies hatte dazu beigetragen, daß das Land in eine Rezession mit zweistelliger Inflationsrate gerutscht war.* Für die meisten Discounter war diese wirtschaftliche Konstellation fatal. Dicht an dicht in Großstädten und Vorstadtvierteln angesiedelt, wurden sie Opfer eines gnadenlosen Preiskampfes, der ihnen nicht erlaubte, ihre Preise zu erhöhen, obwohl die Löhne, Schuldzinsen, Versandkosten und andere Ausgaben, die sie zu tragen hatten, ständig weiterstiegen. Hier bildete Wal-Mart eine Ausnahme. Da es in den Provinzstädten wenig Konkurrenz gab, war Wal-Mart nur gemäßigtem Druck bezüglich seiner Preise oder Personallöhne ausgesetzt. Das Unternehmen ging nicht nur unbeschadet aus der Rezession hervor, die Umsatzzahlen für das Jahr schnellten sogar um 41 Prozent auf 236,2 Millionen Dollar in die Höhe, während die Kette auf 104 Filialen anwuchs.

Mit Mayer am Steuer baute Wal-Mart nun ein neues, technisch fortschrittlicheres Vertriebszentrum auf. Wie immer war es längst überfällig und selbst nach seiner Eröffnung mußten sich die Angestellten des neuen Vertriebszentrums sehr anstrengen, um mit der Bestellflut der weiter ansteigenden Anzahl von Wal-Mart-Discountern Schritt halten zu können. Mayer schilderte in seinem Geschäftsbericht von 1975 den Aktionären voller Stolz, daß ein Großteil der Ware „von den eintreffenden Güterwaggons oder Lastwagen direkt auf die abtransportierenden Lkws umgeladen werden, ohne daß im Zentrum Liegezeiten entstehen."[6] Mayer, der konsequent und aggressiv in die Fußstapfen von Walton trat, versprach auch, daß der Umsatz im nächsten Jahr die 300-Millionen-Dollar-Grenze überschreiten würde. „Wir werden", so schrieb er, „mit unseren Preisen eine effizientere Verkaufsförderung betreiben und wettbewerbsfähiger sein als jemals zuvor in der dreißigjährigen Geschichte des Unternehmens."[7]

Innerhalb der Führungsriege des Konzerns wuchsen jedoch die Spannungen. Sam Walton hatte von Anfang an eine Einer-für-alle-alle-für-einen-Mentalität kultiviert, um Barrieren zwischen den Hierarchien abzubauen und Gruppenbildungen zu verhindern.

Er ließ Umsatz- und Gewinnzahlen an gut sichtbaren Stellen aushängen, z.B. in den Lagerräumen der Kaufhäuser, so daß alle Mitarbeiter sie sehen konnten. Alle waren mit einander per Du. Die Türen der Büroräume blieben stets offen. Bei den regelmäßig stattfindenden Besprechungen Samstag morgens berichtete jeder Regionalleiter von den positiven Dingen, die er auf seinen Kaufhausvisiten beobachtet hatte. Nach der Besprechung strömten alle wieder in ihren jeweiligen Bezirk aus, um die guten Ideen weiterzuleiten, so daß alles, was in einer Filiale gut funktionierte, schnell auf die anderen Filialen übertragen

---

* Der Verbraucherpreisindex stieg in diesem Jahr um 12,3 Prozent.

werden konnte. Walton hatte niemals Hemmungen, seine Angestellten – ganz gleich welcher Ebene – nach neuen Einfällen oder guten Ideen zu fragen, angefangen vom Arbeiter an der Laderampe bis zum Abteilungsleiter, und er erwartete von seinen Führungskräften, daß sie nicht nur ihm ihre Vorschläge unterbreiteten, sondern gute Ideen auch untereinander austauschten. Zwar brachte er seine Leute oft dazu, aufs Bitterste miteinander zu konkurrieren, doch Walton war auch immer als neutraler Schiedsrichter zur Stelle, wenn man ihn brauchte.

Jetzt gab es drei Männer, die diese Rolle übernehmen wollten. Arend und Mayer waren, zum Teil auch aufgrund der Konkurrenzsituation zwischen ihnen, niemals gute Freunde gewesen. Jetzt war Arend überhaupt nicht mehr bereit, sich Mayer unterzuordnen, wenn sie unterschiedlicher Meinung waren – was immer häufiger der Fall war – und die beiden Männer kamen immer weniger miteinander aus. Walton schwirrte noch immer durch die Gegend und versuchte – wenn er gerade daran dachte – sich nicht zuständig zu fühlen, beobachtete jedoch mit grimmigem Gesicht, wie die Spitzenkräfte und die mittlere Führungsebene – viele der leitenden Angestellten verdankten ihre Stelle entweder Mayer oder Arend – allmählich zwei getrennte Lager bildeten. Arend hatte Walton dabei geholfen, einen Großteil der Filialleiter und Regionalleiter anzuwerben, und diese waren ihm gegenüber fast ebenso loyal wie gegenüber Walton. Auf der anderen Seite waren viele der jüngeren, fortschrittlich eingestellten Führungskräfte in der Geschäftsstelle des Unternehmens Mayers Protegés gewesen und schlugen sich daher auf seine Seite. Die von Walton so sehr gewünschte unternehmensinterne Kommunikation fiel in sich zusammen. Es kam immer häufiger dazu, daß der Firmengründer, der sich ja eigentlich schon im Ruhestand befand, einen Streit nach dem anderen schlichten mußte. Und da er auch von seinem Temperament her nicht in der Lage war, einen Schritt zurückzutreten und die beiden Männer ihren Hahnenkampf alleine ausfechten zu lassen, geschah es immer öfter, daß er sich selbst eine Lösung zurechtlegte und die Entscheidungen von beiden, besonders diejenige von Mayer, überging.

Im Rechnungsjahr 1976, das am 31. Januar 1976 endete, waren die Umsätze von Wal-Mart um 44 Prozent auf 340,3 Millionen Dollar in die Höhe geschnellt. Das Unternehmen gab einen weiteren Aktiensplit bekannt. Doch in der Hauptgeschäftsstelle des Unternehmens hing der Haussegen schief. Wie sich Al Miles, der spätere Leiter des operativen Geschäfts, erinnerte, fühlte man sich aufgrund der erbitterten Rivalität zwischen Arend und Mayer „fast gezwungen, sich für die eine oder andere Partei zu entscheiden".

„Allmählich stellten sich vor unseren Augen Nachlässigkeiten ein, die es in unserem Unternehmen nie zuvor gegeben hatte, und immer häufiger kam es zu

Vorfällen, die keinem von uns angenehm waren. Unsere vordringliche Aufgabe, einen effizienten Betrieb der Niederlassungen sicherzustellen und uns um die Wal-Mart-Angestellten zu kümmern, wurde von vielen überhaupt nicht mehr ernst genommen. Wir Bezirksleiter besprachen uns samstags morgens am Telefon, und glauben Sie mir, es war ein Gefühl, als ob man den Strick schon um den Hals hätte. Ich übertreibe nicht. Wir hatten wirklich ein solches Gefühl. Ich erinnere mich auch, daß Sam, als er sich wieder häufiger im Büro blicken ließ, äußerst angespannt wirkte."[8]

Sicher ist allerdings auch, daß Walton – nachdem er sich jahrzehntelang um nichts anderes als den Einzelhandel gekümmert hatte – im Ruhestand eine Leere empfand, die weder durch Jagen, Reisen oder Freizeitgestaltung mit Helen befriedigend gefüllt werden konnte. Wal-Mart definierte sein Leben. Er konnte nicht einfach seinen Hut nehmen und gehen.

Im Juni 1976 hatte Walton das Gefühl, nun lange genug zugesehen zu haben. Er teilte Mayer mit, daß er den Posten des Chairman und Chief Executive Officer wieder übernehmen würde. Wenn Mayer den Wunsch habe zu bleiben, dann könne er Vice Chairman und Finanzleiter werden. Wie Walton erwartete, lehnte Mayer dieses Angebot ab, da es einem beruflichen Abstieg gleichkam, und verließ das Unternehmen.

Der Öffentlichkeit gegenüber gab Walton für seinen Wiedereinstieg in die Firma eine Erklärung ab, mit der er die gesamte Verantwortung für den Wechsel übernahm. Er erwähnte nichts vom Streit zwischen Mayer und Arend oder irgendwelchen anderen Problemen, nahm statt dessen alle Schuld auf sich und erklärte, daß er einfach noch nicht bereit gewesen sei, in Rente zu gehen. „Ich war eigentlich noch gar nicht darauf vorbereitet, in eine passive Rolle zu schlüpfen", äußerte er gegenüber Journalisten des Wirtschaftsmagazins *Wall Street Journal* und fügte hinzu: „Ich wollte mir auch keinen Zwang antun, um mich partout aus allen geschäftlichen Angelegenheiten von Wal-Mart herauszuhalten".[9]

Als nächstes wartete auf Walton eine böse Überraschung, die er einem Vorstandsmitglied von Wal-Mart zu verdanken hatte: Jack Stephens war der jüngere von zwei Brüdern, die die Firma Stephens Inc. in Little Rock leiteten und Walton bei seinem Börsengang mit Wal-Mart unterstützt hatten. Seither saß Jack Stephens im Vorstand von Wal-Mart. Die Ernennung hatte auf der Hand gelegen: Stephens Inc. war das größte Investment- und Brokerhaus außerhalb New Yorks, und Jack Stephens war einer der einflußreichsten Männer in Arkansas.

Sein Bruder Witt – Wilton Robert Stephens – hatte die Firma gegründet. Die Brüder hatten nicht unbedingt blaues Blut in den Adern. Witt Stephens begann seine Karriere als Bibel- und Schmuckverkäufer. Er erwarb sein Vermögen während der großen Wirtschaftsdepression, indem er damals für einen Spottpreis Bundesobligationen erwarb, die vom Bundesstaat Arkansas zur Tilgung seiner Schulden in Umlauf gebracht wurden. Als die Obligationen während des Zweiten Weltkriegs zum Nennwert eingelöst werden konnten, machte er ein wirklich gutes Geschäft. Auch in der Nachkriegszeit war er mit seinen Obligationsgeschäften weiterhin erfolgreich, band seinen Bruder Jack bald in die Geschäfte mit ein und gründete ein Familienunternehmen. Nach wenigen Jahren gehörten die Brüder zu den vermögendsten und mächtigsten Männern im gesamten Bundesstaat. In den darauffolgenden Jahrzehnten investierten sie in Erdöl und Erdgas, Immobilien, Einkaufszentren, Pflegeeinrichtungen und scheinbar jede Art von Geschäft, das sich in und um Arkansas herum anbot.

Etwa zu dem Zeitpunkt, als Walton das Steuer an Mayer übergab, hatte Jack Stephens damit begonnen, sich für den Kauf einer eigenen Discounter-Kette namens Ayr-Way, die vierzig Filialen in Indianapolis umfaßte, zu interessieren. Mayer war eigentlich der erste gewesen, der vom Verkauf der Kette gehört hatte. Er war nach Indianapolis geflogen, um sich die Filialen genauer anzusehen, die ein gutes Geschäft für Wal-Mart zu versprechen schienen. Doch Walton hatte sich – in einer ihrer vielen Auseinandersetzungen – gegen eine Übernahme ausgesprochen. Sein Argument war, daß man Illinois überspringe, wenn man zum jetzigen Zeitpunkt Indiana als Absatzmarkt in Angriff nehme. Dies lasse sich nicht mit der Unternehmensstrategie vereinbaren, nur in Gebiete vorzudringen, die sich an bereits bestehende Wal-Mart-Märkte und -Vertriebswege anschlossen. Mayer, dem beim Gedanken an den Kauf der Kette das Wasser im Mund zusammenlief, wandte sich daher an Stephens mit der Bitte um Unterstützung. Als Stephens sich die Sache jedoch genauer anschaute, erwachte sein Interesse, Ayr-Way selbst zu erwerben.

Er stellte kurzerhand eine Gruppe von Investoren zusammen, die Ayr-Way für 19,9 Millionen Dollar erwarb. Als Mayer Wal-Mart verließ, bot Stephens ihm sofort den Posten des Chairman in seinem Unternehmen an. Und Mayer versetzte bei seinem Wechsel Walton noch einen letzten Schlag, indem er ein halbes Dutzend Spitzenleute von Wal-Mart – überwiegend Mitarbeiter, die er selbst zu Wal-Mart gebracht hatte – abwarb. Zu denen, die Wal-Mart den Rücken kehrten, gehörten der Controller, der Leiter der Datenverarbeitungsabteilung, ein Top-Vertriebsmann und andere.

Die Börsenanalysten waren geschockt von dieser Abwanderung, und der Aktienkurs von Wal-Mart stürzte in die Tiefe. Der Kurssturz erwies sich jedoch nur als vorübergehend.

Kurze Zeit später überging Walton einfach eine ganze Reihe erfahrener Führungskräfte im Unternehmen, um einen frechen, aber talentierten jungen

Mann namens Jack Shewmaker zum Leiter des operativen Geschäfts zu ernennen. Er wurde somit nach Walton und Arend die Nummer drei im Unternehmen. Eine Vielzahl langjähriger Führungskräfte kündigten daraufhin aus Ärger, übergangen worden zu sein. „Bis alles vorüber war", sagte Walton später, „hatte uns mindestens ein Drittel unserer gesamten Führungsspitze verlassen."[10]

Falls Walton sich über die Rolle, die Jack Stephens bei all dem spielte, ärgerte, so sagte oder zeigte er es zumindest nie. Stephens (der über diese Geschichte nicht einmal zwanzig Jahre später sprechen wollte) blieb noch fast zwei Jahre im Vorstand von Wal-Mart, bevor er seinen Sitz mit der verspäteten Begründung aufgab, seine Führungsposition bei einer konkurrierenden Einzelhandelsgesellschaft könne eventuell einen Interessenkonflikt darstellen.

Obwohl Mayer jetzt endlich in einem Unternehmen die vollkommene Führungsgewalt innehatte, mißlang es ihm trotz seines Teams von ehemaligen Wal-Mart-Führungskräften, aus Ayr-Way einen zweiten Wal-Mart zu machen. Es stellte sich heraus, daß es gar nicht so einfach war, das Rezept Waltons auf ein bereits bestehendes Unternehmen zu übertragen. Weniger als vier Jahre später trennte sich Stephens von der Discounter-Kette, die unter der Leitung von Mayer nicht einmal um eine einzige Filiale gewachsen war. Stephens verkaufte sie an Dayton-Hudson Corp., ein Einzelhandelsunternehmen mit Standort in Minneapolis, das Ayr-Way in seine Discounter-Kette Target integrierte.

Mayer war an diesen Umstrukturierungen nicht mehr beteiligt. Er ließ sich in Indianapolis nieder und führte eine Reihe unterschiedlicher Geschäfte, angefangen vom Geschenkladen über Fachhandlungen für Golf- und Tennisbedarf bis hin zu Modehäusern. Anstatt ein zweiter Sam Walton zu werden, wurde aus ihm lediglich – falls das das richtige Wort ist – ein Multimillionär, nicht zuletzt wegen seiner Wal-Mart-Anteile, die er nie verkauft hatte.

Kurz nachdem Stephens Ayr-Way verkauft hatte, übernahm er auf Waltons Einladung hin wieder einen Sitz im Vorstand von Wal-Mart.

Kapitel 6
Die Kronprinzen

Für Sam Walton war der Verlust eines Drittels seiner Führungsspitze in diesem kurzen Zeitraum nicht annähernd so tragisch, wie man hätte vermuten können. Er wußte, daß er selbst einen Großteil der Abgänge zu verantworten hatte. Und angesichts des schnellen Wachstums von Wal-Mart hatte der von Ron Mayer ausgelöste Exodus von Führungskräften nur ein Problem von Wal-Mart verstärkt, das bereits seit längerem existierte: der Mangel an erfahrenen Einzelhandelskaufleuten. Wal-Mart verwandelte sich allmählich in einen Großkonzern. Zwischen 1970 und 1976 vervierfachte sich die Anzahl der Angestellten auf 6.000, und seither wuchs diese Zahl um durchschnittlich fast 100 Mitarbeiter pro Woche. Bis zum Ende des Jahrzehnts würde Wal-Mart 21.000 Menschen beschäftigen.

Angesichts dieser Größenordnung ließ es sich gar nicht vermeiden, daß Walton und seine – alten wie neuen – Führungskräfte ein anderes Verhältnis zu der rasch wachsender Menge einfacher Wal-Mart-Angestellten aufbauten.

Walton hatte seine Unternehmenshierarchie immer bewußt flach gehalten, d.h. es gab relativ wenige Hierarchieebenen zwischen oben und unten. In den Kaufhäusern arbeiteten die Angestellten unter einem Abteilungsleiter, der dem jeweiligen stellvertretenden Filialleiter sowie dem Filialleiter selbst untergeordnet war. Etwa zwölf Filialleiter unterstanden einem Bezirksleiter. Die Verantwortung für eine Gruppe von drei oder vier Bezirksleitern trugen die Leiter Bezirke in der Hauptgeschäftsstelle des Unternehmens, deren Führungskraft wiederum Jack Shewmaker – die neue Nummer drei von Wal-Mart – war.

Doch Walton hatte auch direkte Wege von der Spitze bis zur untersten Stufe vorgesehen. In der Aufbauphase hatte er soviel Zeit wie möglich mit Besuchen der einzelnen Filialen verbracht, da er wußte, daß er immer ein wachsames Auge auf die von ihm eingestellten Einzelhandelsnovizen haben mußte. Während

Mayers Interregnum hatte Walton Woche um Woche fast pausenlos „im Außendienst" verbracht, um immer darüber auf dem laufenden zu sein, was in den Niederlassungen vor sich ging.

Ein Journalist des Wirtschaftsmagazins *Forbes*, der im Jahre 1977 einmal mit Walton unterwegs war, hat für uns die Stimmung auf einer dieser Kaufhausvisiten festgehalten:

„Er [Walton] plaudert gerade charmant mit den Verkäuferinnen im Aufenthaltsraum des Personals – einem schäbigen kleinen Hinterzimmer. Die Frauen sind von ihm tief beeindruckt.

‚Ihr Kaufhaus macht sich wirklich gut', lobt er sie mit deutlichem Arkansas-Akzent. Er hat silbergraues Haar, ist sonnengebräunt, wirkt dynamisch und sehr kultiviert. ‚Es beeindruckt mich wirklich sehr, wie Sie in den Abteilungen alles präsentieren', fährt er fort. ‚*Sie* sind diejenigen, denen Wal-Mart seinen Erfolg eigentlich zu verdanken hat.' Er fordert die Anwesenden auf, Verbesserungsvorschläge vorzubringen, und eine Frau mittleren Alters, die für die Meterware zuständig ist, meldet sich und berichtet, daß sie mehr Stoff verkauft, seit sie ihn in fertig gefalteten Stücken anbietet statt vom Ballen. Da die Stücke Restposten sind, erhält sie vom Hersteller außerdem einen guten Preis.

‚Notieren Sie sich das bitte, Al', weist Walton den Leiter der Verkaufsförderung an, der im Türrahmen des überfüllten Zimmers steht. Der Abteilungsleiter kritzelt seine Notizen auf einen gelben Schreibblock. ‚Vielen Dank, Nadine', bedankt sich der Chairman [d.h. Walton] bei der Frau."[1]

Der *Forbes*-Journalist beschreibt weiter, wie Walton den Tip in der nächsten Wal-Mart-Filiale, die er besucht, weitergibt, wie er sich mit dem Filialleiter über die Probleme bei der Lagerung von Kfz-Zubehörteilen und über ähnlich profane Dinge unterhält. Walton gab sich mit solchen Kleinigkeiten aus zweierlei Gründen ab: Erstens wußte er, daß ein Kunde einen wiederholten Kaufhausbesuch von solchen Details abhängig macht, ob z.B. eine bestimmte Ölfiltermarke im Regal liegt oder nicht, ob ein Angestellter Zeit hat, ihm zu helfen oder nicht, und ob die Kundentoiletten sauber sind. Und zweitens hielten seine Besuche die Filialleiter und Angestellten auf Trab und vermittelten zudem den schlechtbezahlten Mitarbeitern das Gefühl, daß Walton und seine Führungskräfte sich für sie verantwortlich fühlten und wissen wollten, was sie zu sagen hatten.

Walton legte stets Wert darauf, jeden Angestellten, der ihm über den Weg lief, zu fragen, wie es ihm denn ginge, ob es irgendwelche Probleme gebe, welche Verbesserungsvorschläge er hätte und so weiter und so fort. Und er legte Wert darauf, auch persönliche Fragen zu stellen und sich jedes Gesicht und jeden Namen einzuprägen. Seine private Telefonnummer war immer im öffentliche Telefonbuch eingetragen, und es war nicht ungewöhnlich, daß sich ein Angestellter mit Problemen telefonisch direkt an ihn wandte. Eine beliebte Episode der Unternehmenslegende erzählt, wie Walton, der eines Nachts nicht schlafen konnte, um drei Uhr morgens im Vertriebszentrum mit mehreren Schachteln Donuts bei den Arbeitern an der Laderampe auftauchte, um mit ihnen einen Plausch zu halten. Er fragte sie, was denn noch im argen läge, und sie beklagten die unzureichende Anzahl an Duschen, woraufhin er ihnen sofort versprach, zusätzliche Duschen zu installieren.

Doch es war Walton auch klar, daß es bald so viele Niederlassungen geben würde, daß er jede höchstens einmal im Jahr besuchen könnte. Er hatte daher den Besuch der Filialen institutionalisiert. Auch andere Führungskräfte wurden nun auf Kaufhaustour geschickt. Doch es waren in erster Linie die Leiter Bezirke, die nun die Hauptrolle in diesem System übernahmen. An den vier Tagen, die sie pro Woche im Außendienst bei den einzelnen Filialen verbrachten, gehörte es zu ihren Aufgaben, nicht nur mit dem Leiter jeder Filiale zusammenzuarbeiten, sondern auch mit der gesamten Belegschaft, und man erwartete von ihnen, daß sie ihr Wissen sowohl weitergaben, als auch ständig erweiterten – und natürlich jede vorhandene Störungsquelle aus dem Weg räumten.

Walton hatte sich größte Mühe gegeben, die langsam entstehende Unternehmenskultur von Wal-Mart bewußt zu gestalten. Er mußte beispielsweise seine Angestellten erst mühevoll überzeugen, daß die Türen für sie wirklich offen waren, daß sie ihre Probleme und Sorgen gegenüber ihren Vorgesetzten jederzeit äußern konnten, sogar Walton selbst gegenüber, ohne dafür gerügt oder gar entlassen zu werden. Ein Teil der Herausforderung bestand nun darin, diese Einstellung im Bewußtsein der Tausenden von neuen Mitarbeitern fest zu verwurzeln – sie sozusagen zu „wal-martisieren", wie einige schließlich den Prozeß nannten, in dem die Mitarbeiter auf Linie gebracht wurden.

Um den Angestellten das Gefühl zu geben, daß sie trotz ihrer niedrigen Löhne einen Anteil am Erfolg von Wal-Mart hatten und ihr Vermögen parallel zu dem des Unternehmens anwachsen würde, stellte Walton Vergünstigungen in einem Ausmaß in Aussicht, wie sie Mitarbeitern von nur wenigen anderen Einzelhandelsunternehmen angeboten wurden: Er beteiligte die einfachen Angestellten am Gewinn. Er ermunterte sie, die aufstrebende Wal-Mart-Aktie zu erwerben, und bot ihnen in diesem Zusammenhang Sonderkonditionen an. Und er setzte den Mitarbeitern die unterschiedlichsten Arten von Boni in Aussicht, wenn sie mit ihrer Filiale ein bestimmtes Ziel erreichten.

Allerdings entsprach diese Großzügigkeit gegenüber seinen Angestellten – und hier darf man sich nicht täuschen lassen – nicht unbedingt seinem Naturell oder war etwa ein grundlegendes Bedürfnis von Walton. Nein, sie entstand bei ihm wie so vieles andere aus reinem Pragmatismus. Obwohl er es gewiß nicht so ausgesprochen hätte, war dies für ihn nämlich ein wirksames Mittel, die Gewerkschaften auf Distanz zu halten.

In den 70er Jahren versuchten Mitglieder der Einzelhandelsgewerkschaft in den Kleinstädten Clinton und Mexico im Bundesstaat Missouri, die Angestellten von Wal-Mart-Filialen für eine gewerkschaftliche Vertretung zu gewinnen. Für die regionalen Vertreter dieser Gewerkschaft war dies eine Überlebensfrage: Die großen neuen Wal-Mart-Discounter bedrohten sowohl die Existenz der älteren kleinen Kaufhäuser als auch die höheren Gehälter der gewerkschaftlich organisierten Angestellten dieser Kaufhäuser. Sie hielten die Zeit für gekommen, die Angestellten der 25 Wal-Mart-Filialen für die Gewerkschaftsbewegung zu gewinnen. Walton war zu seinen Filialleitern und Führungskräften großzügig, da er wußte, daß er nur so Männer mit Erfahrung anlocken und bei der Stange halten konnte. Er zögerte auch nicht, Mitarbeitern für gestiegene Umsatz- und Gewinnergebnisse höhere Gehälter, großzügige Aktienoptionen, Gewinnbeteiligungen und andere Vergünstigungen in Aussicht zu stellen – allerdings nur Mitarbeitern des oberen Managements. Angestellte, die bei Wal-Mart auf Stundenbasis arbeiteten, waren für ihn – nun, wie soll man sagen – eher ein Gebrauchsgegenstand.

„Zu Beginn war ich sehr knauserig. Ich bezahlte meine Angestellten wirklich nicht sehr gut", gab Walton später in seiner Autobiographie zu. „Das Einzige, was wir für unsere Mitarbeiter taten, war ihnen ihren Stundenlohn zu zahlen, und ich glaube, dieser Lohn lag auf dem niedrigsten Niveau, das wir uns erlauben konnten."[2]

Das war nicht übertrieben. In der Anfangsphase nutzte Walton eine Ausnahmeregelung, die es Kleinunternehmen offiziell gestattete, Angestellte sogar unter dem gesetzlich vorgeschriebenen Mindestlohn zu bezahlen. Als das Arbeitsministerium in den 50er Jahren auf das Ausmaß seiner Geschäftstätigkeit aufmerksam wurde, wies man ihn an, seinen Angestellten wenigstens den Mindestlohn zu zahlen. Gegen diese Aufforderung zog Walton vor Gericht.

Er bediente sich des schwachen Arguments, daß jedes seiner Kaufhäuser ein unabhängiges Unternehmen sei und daher unter die Ausnahmeregelung falle. Er verlor den Prozeß, doch er hielt weiter an seiner Einstellung zu Niedriglöhnen fest – auch als die Wal-Marts in Clinton und Mexico eröffnet wurden.

Jahre später entschuldigte Walton seine damalige Grundhaltung mit dem ausschließlichen Blick auf die Umsatzzahlen. „Egal, wie in einer Einzelhandelsgesellschaft die Kosten verteilt sind, der Posten Löhne und Gehälter ist einer der wichtigsten fixen Kostenpunkte", sagte er, „und die Fixkosten gehören nun einmal zu den entscheidenden Positionen, auf die man achten muß, um eine gewisse Gewinnspanne aufrechtzuerhalten." Er habe sich damals in den Kopf gesetzt, seine Fixkosten unter allen Umständen niedrig zu halten, und sei deshalb für die Tatsache blind gewesen, daß „man einen um so größeren Gewinn für sein Unternehmens erzielen kann, je mehr man ihn mit seinen Partnern teilt – sei es in Form von großzügigen Gehältern, finanziellen Anreizen, Prämien oder Sonderkonditionen bei Aktienbezug – … denn der Umgang der Führungsspitze mit den Partnern auf der unteren Ebene spiegelt sich exakt im Verhalten dieser Partner gegenüber den Kunden wider."[3]

Helen Walton, die für die Angestellten von jeher mehr Mitgefühl zeigte als ihr Mann, hatte schon früher Vorschläge in eine solche Richtung gemacht und versucht, Sam davon zu überzeugen, mehr für seine Mitarbeiter zu tun. Aber sie schien dabei keinen Erfolg zu haben. Einmal – sie redeten bei einem Autoausflug gerade über sein Gehalt und die hohen Gehälter und Prämien, die er seinen Spitzenleuten zahlte – sprach sie ihn direkt darauf an, er solle doch einen größeren Teil der Gewinne und Erträge mit allen Angestellten teilen.

„Zum damaligen Zeitpunkt schien ihn mein Standpunkt nicht sehr zu überzeugen", sagte sie in ihrer üblichen bescheidenen Art.[4] Doch dann änderte sich alles.

Kurz nachdem Sam Walton einen Wal-Mart in der Kleinstadt Mexico im Osten von Missouri eröffnet hatte, hörte er, daß es dort Schwierigkeiten gebe. Die Einzelhandelsgewerkschaft warb im großen Stil um Unterstützung für eine Angestellte namens Connie Kreyling, die man entlassen hatte, weil sie von einer Gewerkschaft im Kaufhaus gesprochen hatte. Die anderen Mitarbeiter schienen sich mit ihrer Kollegin zu identifizieren und waren verärgert, und viele beschwerten sich bitterlich, daß sich ihr Filialleiter wie ein fürchterlicher Despot aufführen würde.

Das letzte, was Walton wollte, war eine Gewerkschaftsvertretung, doch er war sich auch nicht sicher, wie er mit der Situation umgehen sollte. Dann erzählte ihm ein Freund von einem Anwalt für Arbeitsrecht aus Omaha namens John E. Tate, der erst kürzlich einen Gewerkschaftsvorstoß von Arbeitern in einem Vieh-Auktionszentrum in Mexico, Missouri, unterbunden hatte. Das sei genau der richtige Mann für ihn, sagte sein Freund.

Und so begann eine Beziehung, die Wal-Marts Firmencharakter stark prägen würde.

Tate war ein professioneller Bekämpfer der Gewerkschaften. Er hatte bereits Hunderte von Gewerkschaftsinitiativen im ganzen Land erfolgreich niedergeschlagen. Für ihn war es nicht nur ein Job: er haßte die Gewerkschaften von ganzem Herzen. Das Erlebnis, das sein Leben so nachhaltig beeinflußt hatte, war ihm im Sommer 1936 widerfahren, d.h. im vorletzten Jahr vor seinen Abschlußprüfungen an der High School in Winston-Salem, North Carolina. Man hatte Tate einen Sommerjob für 25 Cent pro Stunde in einer Tabakfabrik angeboten, die Reynolds Tobacco Co. gehörte und in der sein Vater als Aufseher arbeitete.

Am ersten Tag versuchte er auf seinem Weg zur Arbeit eine Streikpostenkette von Arbeitern zu durchbrechen, die eine gewerkschaftliche Vertretung erzwingen wollten, und landete mit Kopfverletzungen im Krankenhaus, die lebenslange innere wie äußere Narben hinterließen.

Als im Herbst desselben Jahres eine Berufsberaterin den jungen Mann fragte, was er mit seinem Leben denn zu tun gedenke, antwortete er, er wolle ein „Gewerkschaftsbekämpfer" werden. Dafür müsse er aber auf ein College gehen und studieren, sagte sie ihm. Tate hatte nie zuvor über ein Studium nachgedacht – und ihm war auch nicht klar, daß es vier Jahre dauern würde. Von seiner Familie war vor ihm niemand auf einem College gewesen. Doch er entschied sich am Ende tatsächlich für ein Collegestudium und schloß – auf Anraten derselben Berufsberaterin – sogar noch ein Jurastudium an, da er immer noch entschlossen war, gegen die Gewerkschaften ins Feld zu ziehen. Nachdem er während des Zweiten Weltkriegs bei der amerikanischen Luftwaffe gedient hatte, begann er seine juristische Laufbahn in Omaha. Tate erwies sich im Laufe der Jahre als kompromißloser Gegner der organisierten Arbeit. Er riet seinen Klienten, Arbeitnehmer, die streikten, durch neue Mitarbeiter zu ersetzen – und zwar auf Dauer.

Doch in all den Jahren, in denen Tate einen Gewerkschaftsvorstoß nach dem anderen bekämpft hatte, war er immer mehr zu der Überzeugung gekommen, daß es in den meisten Fällen weniger Probleme gebe, wenn sich die Führungskräfte nur angewöhnen würden, zu ihren Angestellten Kontakt zu halten. Tate erhielt sein erstes Anwaltshonorar vom Besitzer einer Gießerei, der auf einer Veranstaltung der Industrie- und Handelskammer in Omaha einen Vortrag von ihm darüber gehört hatte, wie man von einem guten Informationsfluß zu seinen Arbeitnehmern profitieren kann. Der Gießereibesitzer beauftragte ihn, seine Arbeiter für einen besseren Kommunikationsfluß zu gewinnen. Die von Tate zusammengestellten Vorschläge brachten dem Unternehmen schließlich jährlich über 50.000 Dollar Kostenersparnis ein.

Als Walton ihn anrief, war Tate nur allzu gerne bereit, den Auftrag anzunehmen. Er nahm die Angestellten des Wal-Mart in Mexico gruppenweise zur Seite und malte ihnen auf drastische Weise aus, was ihnen bevorstünde, wenn sie sich für eine Vertretung durch die Gewerkschaft entscheiden würden. Außer Ärger könnten sie von der Gewerkschaft nichts erwarten, behauptete er. Sie hätten keine Vorstellung davon, worauf sie sich da einließen. Auf Tates Anraten versetzte Walton in der Zwischenzeit den anstößigen Filialleiter in eine andere Filiale. Und so kam es, daß der gewerkschaftliche Vorstoß der Angestellten im Nichts verpuffte.

In Wirklichkeit war es wohl auch eher ein zaghafter Versuch als eine wirkliche Initiative gewesen. Ein paar unzufriedene Mitarbeiterinnen hatten ein Treffen bei einer der Frauen zu Hause geplant, um darüber zu sprechen, ob eine Gewerkschaftsvertretung sinnvoll sein könne, und dabei war es geblieben. Connie Kreyling, die zwanzigjährige Angestellte, die man entlassen hatte, war nicht einmal die Initiatorin dieses Treffens gewesen. Ihr Ehemann, der nicht bei Wal-Mart arbeitete, aber mit der Gewerkschaft stark sympathisierte, hatte in eigener Regie eine Reihe ihrer Kollegen angerufen, um sie zum Kommen aufzufordern. Eine Angestellte, die er angerufen hatte, war zum Filialleiter gegangen und hatte die Sache gemeldet, woraufhin Connie Kreyling am nächsten Morgen sofort nach ihrem Eintreffen in die Filiale von ihrem Vorgesetzten die Kündigung erhielt.

Connie Kreyling zog vor Gericht, doch es sollte zwei Jahre dauern, bis die amerikanische Bundesbehörde für Arbeitsbeziehungen NLRB endlich entschied, daß Kreyling zu Unrecht entlassen worden war. Wal-Mart hatte im Prozeß behauptet, daß ihre Kündigung nicht aus heiterem Himmel erfolgt sei, und bei einer Anhörung drei „Abmahnungen" präsentiert, die angeblich schon vor diesem Zeitpunkt gegen sie vorgelegen hatten. Kreylings Anwalt beschuldigte Wal-Mart, die Verweise gefälscht zu haben, und wies darauf hin, daß keines der Papiere Kreylings Unterschrift trug und daß eine der Abmahnungen sogar dasselbe Datum trug wie eine ihrer Lohnerhöhungen wegen guter Leistungen.

Connie Kreyling, der nun natürlich der Ruf einer militanten Gewerkschaftskämpferin anhaftete, hatte während dieser Phase größte Schwierigkeiten, eine andere Stelle zu finden. „Diese beiden Jahre waren die Hölle für mich", erklärte Kreyling später. „Ich hatte es einfach nicht verdient, so entlassen zu werden." Die ganze Geschichte trug auch zu ihrer Entscheidung bei, sich von ihrem Mann scheiden zu lassen. Bis man ihr endlich wieder das Recht auf eine Stelle bei Wal-Mart zusprach, hatte sie einen anderen Arbeitsplatz gefunden und lehnte eine Rückkehr ab.

In der Filiale in Mexico selbst gab es nach Kreylings Entlassung zwar noch ein paar vereinzelte Beschwerden von Angestellten, doch es gab keine weiteren Versuche, eine gewerkschaftliche Vertretung auf die Beine zu stellen. Zum Zeitpunkt, als Walton Tate hinzuzog, gab es keine wirkliche Revolte mehr, die man niederschlagen mußte.

Bei Walton hatte die ganze Geschichte jedoch einen nachhaltigen Eindruck hinterlassen, und als ein paar Monate später wieder erste Anzeichen einer gewerkschaftlichen Initiative zu erkennen waren, rief er sofort Tate an. Dieses Mal drohte die Einzelhandelsgewerkschaft, eine Vertretung für die Angestellten einer Filiale durchzusetzen, die in Kürze in Clinton eröffnet werden sollte, und verlangte, daß Walton die Installation des Kaufhausinventars von Gewerkschaftsmitgliedern durchführen lassen sollte. Tate berichtete, daß er in Utah vor kurzem eine ähnliche Situation erlebt habe. Und er schlug vor, dieselbe Taktik anzuwenden, die dort schon einmal funktioniert hatte. Also ließ Walton seine Führungskräfte die Schaufenster des Kaufhauses mit braunem Packpapier abdecken und alle Einbauten in einer Nachtschicht durchführen, so daß für die Eröffnung am nächsten Tag schon alles fertig war.

Die Gewerkschaft, von dieser heimlichen Aktion vollkommen überrumpelt, organisierte rasch ein paar Streikposten, die vor dem Kaufhaus aufgestellt wurden. Doch Tate war auch darauf vorbereitet. „Wir hatten in den Schaufenstern große Werbeplakate angebracht, die ‚Streik-Sonderangebote‘ versprachen, und die Preise waren wirklich lächerlich niedrig“, erzählte er. Wie er sich erinnerte, überrannten die Kunden die Streikposten im wahrsten Sinne des Wortes, um sich die Schnäppchen nicht entgehen zu lassen.

Während sich Walton noch diebisch über seinen Sieg freute, machte ihm Tate indessen klar, er müsse allmählich darüber nachdenken, wie er in Zukunft sein Personal behandeln wolle: „Sie können mich oder jemanden wie mich beauftragen, Ihre Angestellten ruhig zu stellen, und den Rest Ihres Lebens einen Kampf gegen sie führen“, sagte er. „Oder Sie können damit beginnen, sie auf Ihre Seite zu bringen.“

Walton fragte, was er denn damit meine. Tates Antwort erinnerte stark an die Argumente, die Helen Walton immer wieder vorgebracht hatte: Beweisen Sie, daß Ihnen etwas an Ihrem Personal liegt! Beteiligen Sie es am Gewinn! Geben Sie Ihren Mitarbeitern das Gefühl, daß Sie ihnen bei allem, was sie zu sagen haben, zuhören werden! Tate schlug auch vor, diesen neuen Ansatz mit allen Filialleitern von Wal-Mart in einem Seminar zu erarbeiten.

„Ich weiß nicht“, sagte Walton. „Das klingt teuer. Wieviel wird mich denn das Ganze kosten?“

„Mein Tageshonorar liegt bei 600 Dollar“, erwiderte Tate.

„Oh, das kann ich mir nicht leisten“, entgegnete Walton und begann ihn herunterzuhandeln. Tate stimmte schließlich zu, sein Gehalt auf 300 Dollar pro Tag zu reduzieren – und zudem die Seminarunterlagen für alle Teilnehmer auf eigene Kosten zu vervielfältigen.

Walton rief ihn bald an, um ihm mitzuteilen, daß das Seminar im Tan-Tar-A-Resort stattfinden würde, einem am See gelegenen Freizeitzentrum im Süden von Missouri, wo er Räume und Hotelzimmer zu einem Sonderpreis hatte reservieren können.

Sie würden sich beide ein Zimmer teilen müssen, sagte er. Bei Wal-Mart leiste man sich nie den Luxus von Einzelzimmern für Führungskräfte, und selbst er bilde hier keine Ausnahme, erklärte er ihm. Das würde Tate doch nichts ausmachen, oder?

Am Abend vor dem Seminar sah Tate, wie sein Zimmergenosse eifrig Fotoalben mit Bildern von Führungskräften und Angestellten des mittleren Managements, viele davon Familienaufnahmen, studierte. „Am nächsten Tag lief er durch die Gegend und sprach die Leute an: ‚Hallo Frank, wie geht's denn Ihrem Baby?‘", erinnerte sich Tate.

Dieses Seminar trug viel dazu bei, eine Basis für die spätere Unternehmenskultur von Wal-Mart zu schaffen. Hier schlug beispielsweise die Geburtsstunde des „We Care"-Programms, mit dem das Unternehmen den einfachen Angestellten signalisieren wollte: „Ihr seid uns wichtig". Es bestand im wesentlichen in einer Politik der offenen Türen und dem Versprechen gegenüber den Mitarbeitern, daß sie mit Problemen jederzeit zu ihren Vorgesetzten gehen konnten, ohne Angst vor Repressalien haben zu müssen. „Zu sagen ‚Ihr seid uns wichtig‘ genügt nicht", erklärte Tate den anwesenden Führungskräften. „Wenn wir beweisen können, daß wir sie ernst nehmen, dann werden unsere Leute auch ihre Arbeit ernst nehmen", behauptete er. Angestellte, die ein berechtigtes Interesse am Erfolg ihres Unternehmens hätten, liefen weniger Gefahr, zu stehlen oder ihre Arbeit schleifen zu lassen.

Um dieses begründete Interesse zu wecken, stimmte Walton zu, die Gewinnbeteiligung auf alle Angestellten auszudehnen, die bei Wal-Mart seit mindestens zwei Jahren arbeiteten. Es folgten Programme, die Sonderkonditionen für den Kauf von Unternehmensaktien durch Wal-Mart-Mitarbeiter vorsahen, und wenig später wurden diese Anreize noch durch unterschiedliche Auszeichnungen ergänzt, die für das Erreichen bestimmter Unternehmensziele in Aussicht gestellt wurden. Die Auszeichnungen wurden beispielsweise dann verliehen, wenn der Umsatz gestiegen war oder weniger „Warenschwund" verzeichnet werden konnte, d.h. weniger Ware gestohlen oder beschädigt wurde bzw. auf andere Weise verloren ging. Um zu gewährleisten, daß dieses Konzept aufging, stimmte Walton sogar zu, etwas Unerhörtes zu tun: Er würde die Umsatzzahlen und andere Finanzdaten gegenüber den kleinsten seiner Angestellten offenlegen. Jeder Angestellte erhielt von nun an Kenntnis vom Jahresumsatz seiner Filiale, vom Verlust aus Warenschwund und ähnlichen Zahlen, die in anderen Unternehmen normalerweise nur für die Augen der Unternehmensspitze bestimmt waren.

Im ersten Jahr, in dem das neue Gewinnbeteiligungsprogramm zum Tragen kam, investierte Wal-Mart 172.000 Dollar in das Programm, doch nur 128 der über

2.300 Angestellten des Unternehmens konnten davon profitieren. Wie bei den meisten schlechtbezahlten Arbeitsplätzen, für die man fast keine Ausbildung benötigte, war die Fluktuation groß. Die überwiegende Mehrheit des auf Stundenbasis arbeitenden Personals konnte nicht die beiden Jahre vorweisen, die Voraussetzung für die Teilnahme am Programm waren.

Aber darum ging es eigentlich auch gar nicht. Es war das Versprechen, das zählte: das Versprechen, am Gewinn beteiligt zu werden, ein Teil der Unternehmenszukunft zu sein und die Möglichkeit zu haben, voranzukommen. Der finanzielle Aufstieg war zum Greifen nah. Angesichts des Unternehmenswachstums konnte fast jeder, der etwas Engagement zeigte, darauf hoffen, einmal eine Abteilung leiten zu können, vielleicht Filialleiter zu werden oder sogar in der Unternehmenshierarchie noch höher zu steigen.

Ferold Arend, Waltons rechte Hand, erzählte, daß man damals bei der Warenhauskette Newberry, „mindestens zehn Jahre Erfahrung vorweisen mußte, bevor man überhaupt für eine Laufbahn im mittleren oder oberen Management in Betracht gezogen wurde. Bei Wal-Mart aber ging Sam auf Leute zu, die kaum Einzelhandelserfahrung hatten, gab ihnen eine sechsmonatige Probezeit und wenn er der Ansicht war, daß sie genug Geschick hatten, um eine Filiale zu leiten und Angestellte zu führen, gab er ihnen eine Chance."[5]

Walton konnte gute Leute – d.h. eigentlich gute *Männer* – nicht schnell genug befördern. In den späten 70er Jahren begannen Walton und seine Führungskräfte ungeachtet des Murrens einiger langjähriger Angestellten zum ersten Mal damit, College-Absolventen zu rekrutieren, um sie für eine Laufbahn im Unternehmen vorzubereiten. Und Walton ging nach wie vor regelmäßig auf Raubzug bei der Konkurrenz. Als in jenen Tagen der Chief Executive Officer von Kmart, Robert Dewar, Änderungen in der Unternehmenspolitik anordnete, die viele langjährige Führungskräfte des Handelsriesen verärgerte, warb Wal-Mart nach Angaben von Jefferson „über den Zeitraum von eineinhalb Jahren etwa 75 Filialleiter von Kmart an". Doch die Ehrgeizigen und Karrierebewußten hatten bei Wal-Mart noch immer jede Menge Aufstiegsmöglichkeiten, und dessen waren sich die Angestellten auch deutlich bewußt.

Walton förderte eine Atmosphäre der Gleichberechtigung. Im Hauptgeschäftssitz des Unternehmens hatte keiner – nicht einmal der Unternehmensgründer selbst – einen reservierten Parkplatz. Es galt das Prinzip: Wer zuerst kommt, mahlt zuerst. Und selbst die Vorstandsmitglieder des Unternehmens mußten bei Sitzungen für Kaffee oder Mineralwasser in ihre eigene Tasche greifen. Im Jahre 1973, kurz vor dem Seminar im Tan-Tar-A-Freizeitzentrum, entschloß sich Walton, von nun an denselben Begriff für seine Angestellten zu verwenden wie J.C. Penney: „Partner". Er erzählte, daß ihm die Idee auf einer Reise nach England in den Sinn gekommen sei. Helen und er waren nach England gefahren, um das Tennisturnier in Wimbeldon zu sehen. Auf ihrem Spaziergang durch die Einkaufsviertel von London fiel ihm ein großes Schild an einem Kaufhauseingang auf. Darauf stand: „Lewis Company, J.M. Lewis Partnership", und es folgte eine Auflistung aller Partner der Handelsgesellschaft. Nach Waltons Angaben veranlaßte ihn die Idee, daß man ein Unternehmen mit Angestellten auch als Gesellschaft mit gleichwertigen Partnern betrachten könne, seine eigenen Angestellten gerechter zu behandeln.

Nach und nach wurden mehr Bemühungen unternommen, die „Partner" enger an Wal-Mart zu binden – besonders nach einer Südkorea- und Japanreise von Walton im Jahre 1975. Er hatte dort beobachtet, wie Gruppen von Fabrikarbeitern Freiübungen machten und morgendliche Sprechchöre exerzierten, und war tief beeindruckt. Bei den Eröffnungen von Wal-Mart-Filialen hatte es bislang immer Auftritte von Schülerbands und Cheerleader-Gruppen gegeben. Oft war die Schönheitskönigin der Region eingeladen, oder Persönlichkeiten des öffentlichen Lebens durchschnitten symbolisch ein Band. Walton führte nun die Praxis ein – die Außenstehenden höchst bizarr erscheinen mußte – Angestellte bei sogenannten „company cheers" anzuleiten. Nach seiner Fernostreise machte er diese Rituale auch zum Bestandteil seiner wöchentlichen Kaufhausvisiten. Die Angestellten versammelten sich gewöhnlich am Eingang des Kaufhauses. „Gimme a *W!*", schrie Walton. „*W!*" schrien die Angestellten zurück, und so ging das mit allen Buchstaben von Wal-Mart. Beim Bindestrich forderte Walton die versammelte Mannschaft auf, zu twisten: „Gimme a squiggly!", schrie er, ging leicht in die Knie und wackelte dabei wild mit den Hüften. Die Angestellten machten es ihm nach. Dieser Abzählvers endete stets damit, daß Walton trompetete: „Wer ist die Nummer Eins?", und die Angestellten zurückschrien: „Der Kunde!"

Walton hatte auch keine Hemmungen zu rufen: „Ich kann Euch nicht hören!", wenn die Antworten nicht begeistert genug klangen – doch das passierte nicht allzu oft. Er war das personifizierte Gegenteil von Distanziertheit, und die meisten Menschen sprachen darauf an. „Auf mich wirkte das Ganze völlig absurd", sagte Austin Teutsch, ein Angestellter, der 1974 anläßlich der Eröffnungsfeier des Wal-Marts in Magnolia, Arkansas, zum ersten Mal an einem dieser Rituale teilnahm. „Mir war die ganze Sache etwas peinlich, aber ich schien der einzige zu sein, dem das so ging. Dieser Mann verkaufte sich und sein Kaufhaus gegenüber seinen Angestellten, wie er es bereits sein ganzes Leben lang in jeder Situation getan hatte. Als ich die alten Damen aus der Wäscheabteilung begeistert auf und ab springen sah, wurde mir klar, daß ich hier etwas über die Macht der Motivation lernen konnte."[6]

Das Unternehmen begann, eine monatliche Mitarbeiterzeitschrift namens *Wal-Mart World* herauszugeben, die eine weitere Plattform für Lob und Auszeichnungen einzelner Filialen oder Angestellter bot, und die es Walton erlaubte, ein persönliches Wort an seine Mitarbeiter zu richten und die emotionale Seite der Menschen anzusprechen. So auch im Jahre 1981, als Walton seinen Angestellten mitteilte, daß sein Lieblingsjagdhund Ol' Roy gestorben sei, der ihn oft auf Kaufhausbesuchen begleitet hatte, wenn Walton gerade zur Jagd ging oder von der Jagd kam. In späteren Jahren wurde die Zeitschrift auch dazu benutzt, um ausführlich darüber zu berichten, wie die Gewinnbeteiligung gestiegen war und welch große Summen einige der ehemaligen Wal-Mart-Mitarbeiter in den Ruhestand mitnehmen konnten. Und es gab Anekdoten und Geschichten, an die sich einzelne Angestellte erinnerten – natürlich oft über Walton, der überall nur Mr. Sam genannt wurde. In einer typischen Ausgabe dieser Zeitung erinnerte sich die Kassiererin Jackie Lancaster, die schon für Walton arbeitete, als er noch sein erstes Warenhaus in Newport hatte, und die später in der Wal-Mart-Filiale in Newport an der Kasse saß: „Es gab zwei Dinge, die er zu uns sagte und die ich bis heute nicht vergessen habe. Er lobte uns dafür, daß wir unsere Arbeit gut machten, sagte uns aber auch, wir sollten niemals glauben, daß wir so wichtig seien, daß man uns nicht ersetzen könne. Und er sagte uns immer wieder, daß wir die Dollarscheine so in die Kasse legen sollten, daß uns die Gesichter auf der Vorderseite des Dollars anschauten. Die Versuchung wäre dann nicht so groß, einen Schein einzustecken. Also, das habe ich weder vorher noch nachher jemals wieder gehört, oder etwa Sie?"[7]

1975, während der Amtszeit von Mayer, hielt Wal-Mart das erste Firmenpicknick ab, das nun jedes Jahr auf dem Grundstück der Waltons veranstaltet wurde. Jahrelang war für die Wal-Mart-Mitarbeiter dieses Picknick der Höhepunkt der Jahreshauptversammlung und eine wunderbare Gelegenheit, Sam und Helen persönlich die Hand zu schütteln und sich mit ihnen fotografieren zu lassen. In diesem Jahr baute das Unternehmen auch seine Fortbildungsabteilung auf. Eigentlich hätte man zu ihr auch „Abteilung Wal-Martisieren" sagen können, da die Wal-Mart-Philosophie der Dreh- und Angelpunkt aller Weiterbildungsmaßnahmen war. Die Aufgabe der Abteilung bestand darin, Programme zu schaffen, die die Bezirksleiter dann in den jeweiligen Filialen vorstellten, um den Filialleitern alles beizubringen – angefangen von der aufmerksamen Überwachung der Kunden über die Verhinderung von Ladendiebstählen bis hin dazu, wie Vergünstigungen für das Personal sinnvoll zu nutzen seien. Es gab auch Fortbildungsprogramme für Abteilungsleiter, stellvertretende Filialleiter und leitende Angestellte jeder Stufe in der Unternehmenshierarchie. Diese Programme hatten auch den Zweck, die Motivation der Mitarbeiter zu fördern, und waren gespickt mit Slogans wie „Die Kunden sind der Grund für unsere Arbeit!"

Viel wichtiger jedoch war, daß das Unternehmen ab 1976 Angestellte am Gewinn beteiligte, die erst seit einem Jahr – und nicht wie früher mindestens seit zwei Jahren – im Unternehmen arbeiteten, was die Anzahl der Berechtigten natürlich in die Höhe schnellen ließ.

Nach den Zwischenfällen in Clinton und Mexico dauerte es noch Jahre, bevor Gewerkschaften wieder einen ernsthaften Versuch unternahmen, eine Gewerkschaftsvertretung für die Angestellten von Wal-Mart durchzusetzen. Diese gelegentlichen Auseinandersetzungen wurden fast immer von unzufriedenen Arbeitern ausgelöst. Obwohl Walton auch andere Mitstreiter gegen die Gewerkschaften an seiner Seite hatte, war es in erster Linie Tate, der immer zur Stelle war, um die Aufstände zu unterdrücken. Im Jahre 1976 riefen die Lastwagenfahrer und Arbeiter an der Laderampe im Wal-Mart-Vertriebszentrum in Bentonville die Transportarbeiter-Gewerkschaft Teamster zu Hilfe. Sie waren aufgebracht über die ganz offensichtlich unzulänglichen und gefährlichen Bedingungen, unter denen sie arbeiten mußten. Die Arbeiter im Vertriebszentrum teilten Warenpakete auf, die gerade angeliefert worden waren, und luden eine Mischung der unterschiedlichsten Artikel auf die Lastwagen, die zu den einzelnen Wal-Mart-Filialen ausliefen. Durch Waltons Knauserigkeit in Vertriebsangelegenheiten waren sie eigentlich ständig mit Arbeit vollkommen überlastet. Als sich die Teamster einmischten, war die Situation so, daß die Arbeiter die doppelte Kapazität dessen abwickeln mußten, wofür das Lager ursprünglich vorgesehen war, wie sich eine Führungskraft erinnerte.

Tates Ermahnungen noch im Ohr traf sich Walton mit den Arbeitern und bat sie, die Gewerkschaften außen vor zu lassen, wobei er eine Mixtur aus Erregung und Zerknirschung an den Tag legte. „Ich weiß, warum Ihr Euch so aufregt", sagte er zu ihnen. „Ich weiß, daß hier alles aus den Nähten platzt."

„Ich weiß nicht, wie ich so dumm sein konnte" zuzulassen, daß sich die Situation derart verschlechterte, gestand er. Doch er würde sich darum kümmern. „Es kann doch nicht Euer Ernst sein, daß Ihr einen Teamster zu Hilfe rufen müßt, um ihm zu sagen, Ihr könntet nicht mit mir reden; daß Ihr erst zur Gewerkschaft gehen müßt, damit sie mich dazu bringen, mit Euch zu reden?", fragte er sie provokant. „Glaubt Ihr wirklich, daß ich ihnen mehr zuhören würde als Euch?" Er griff einen Fahrer aus der Menge heraus: „Pete, hattest Du jemals ein Problem damit, mit mir zu sprechen?" Er erinnerte sie an die Nächte, als er mit Donuts zu ihnen gekommen war, nur um mit ihnen zu reden.

Laut Aussage eines Fahrers, der erst Jahre später zu den Vorfällen Stellung nahm, ließ Walton inoffiziell verlauten, daß die Mitarbeiter mit Gehaltserhöhungen rechnen könnten – *wenn* die Abstimmung über eine Gewerkschaftsvertretung in die richtige Richtung ausfallen würde. Tate beharrt natürlich darauf, daß Walton keinerlei Drohungen oder Versprechungen geäußert habe, die gegen die Bestimmungen verstoßen hätten. Doch er gibt zu, daß die Unternehmensspitze nach Wahlergebnissen gegen eine gewerkschaftliche Vertretung, „ein Programm für Lohnerhöhungen auflegte. Viele Jahre lang erhielten unsere Fahrer ein weit höheres Gehalt als andere."

Walton schien aus dieser Episode nicht viel zu lernen. Wenige Jahre später holten unzufriedene Arbeiter in einem anderen Vertriebszentrum von Wal-Mart unter fast identischen Umständen ebenfalls die Transportarbeiter-Gewerkschaft Teamster zu Hilfe.

Die neue Nummer drei im Unternehmen, Jack Shewmaker, erinnerte einige Mitarbeiter in der Hauptgeschäftsstelle in mancherlei Hinsicht an Mayer. Wie Mayer war er intelligent, unerbittlich und aggressiv. Er legte eine große Portion Selbstbewußtsein mit einer Tendenz zur Eitelkeit an den Tag und hatte bewiesen, daß er einen guten kaufmännischen Instinkt besaß. Aus seinem Ehrgeiz machte er kein Geheimnis.

Shewmaker stammte aus der Kleinstadt Buffalo im hügeligen Westen von Missouri. Sein Vater war dort Autoverkäufer gewesen. Während seiner Collegezeit plante er noch, Architekt zu werden. Doch als seine Freundin einen Autounfall, bei dem fünf Menschen starben, schwerverletzt überlebte, verließ er die Hochschule, um ihr beizustehen. Sie heirateten bald, und er fand eine Stelle in einem Fertigungsbetrieb in Springfield, Missouri.

Dort blieb er jedoch nicht lange. Shewmaker ist ein Paradebeispiel für die neue Mobilität der amerikanischen Gesellschaft in den frühen 60er Jahren. Immer auf der Suche nach einem besseren Job, durchlief er nacheinander eine ganze Reihe verschiedener Arbeitsstellen: Er war Leiter des Verkaufs bei einem Rasenmäherhersteller im nahegelegenen Lamar, leitete ein Montgomery-Ward-Kaufhaus in Sikeston, Missouri, zog nach Minneapolis, um Chef der Weiterbildungsabteilung bei der Eisenwarenkette Coast to Coast zu werden, und ging dann zu Kroger, wo er neun Monate lang einem großen neuen Supermarkt in LaPorte, Indiana, vorstand. Das war kurz bevor er entschied, daß ihm das Unternehmen nicht gefiel und er wieder zurück nach Buffalo gehen würde.

Im Jahre 1970 – nach seinem Ausstieg bei Kroger – fuhr Shewmaker zu einem Anstellungsgespräch zu Wal-Mart nach Bentonville. Er hatte seiner Bewerbung bereits eine Ausgabe des Mitarbeiter-Handbuchs, das er für Coast-to-Coast zusammengestellt hatte, und andere Arbeiten beigelegt. Walton war von

der Bewerbung sehr beeindruckt gewesen. Doch am Tag des Einstellungsge-
spräches selbst verhielt sich Walton – wie so oft – seltsam desinteressiert und
flog kurz vor Shewmakers Ankunft auf eine Besuchstour seiner Filialen. Daher
führte Ferold Arend das Bewerbungsgespräch mit Shewmaker und bot ihm
schließlich eine Stelle an, die jedoch eher dem Niveau eines Einsteigers entsprach: eine Stelle als stellvertretender Filialleiter. In seinen Erwartungen enttäuscht lehnte Shewmaker ab und fuhr wieder nach Hause. Als Walton zurückkam und hörte, wie das Gespräch verlaufen war, meinte er, daß man Shewmaker
ein besseres Angebot hätte machen sollen. Er rief Shewmaker also in Buffalo an
und bat ihn, noch einmal nach Bentonville zu kommen.

Doch Shewmaker, der nie um den heißen Brei herumredete, sagte zu
Walton, daß er sich das finanziell nicht leisten könne. Also bot ihm Walton an,
sich auf halbem Wege zu treffen. Bereits am nächsten Tag kam es zwischen
Walton und Shewmaker an der Theke des Selbstbedienungs-Restaurants Howard
Johnson in Joplin, Missouri, zu einer Übereinkunft: Shewmaker würde die Or-
ganisation der Kaufhauseröffnungen übernehmen – und ein Handbuch für die
Filialleiter schreiben.

Von diesem Zeitpunkt an stand Shewmakers Aufstieg nichts mehr im Wege:
Er wurde 1973 in den Vorstand von Wal-Mart berufen und übernahm nach dem
Ausscheiden von Mayer die Leitung des operativen Geschäfts.[8] Shewmaker war
ein Mensch, mit dem Walton gut auskam. Er war groß, herzlich, extrovertiert,
und es machte ihm offensichtlichen Spaß, bei Kaufhausvisiten den Kontakt zum
Personal zu suchen. Er war überhaupt kein Angebertyp. Wie Walton fuhr er einen Pick-up. Wie er war er ein begeisterter Wachteljäger und ein vorzüglicher
Schütze. Und er begleitete Walton immer häufiger auf seinen Fahrten und Flügen zu den Wal-Mart-Filialen. In der Unternehmenszentrale machte sich Shewmaker einen Namen als kreativer Denker – ein Mann, der schnell und selbstbe-
wußt war, Probleme sicher löste und noch vor den Mitbewerbern neue Einzel-
handelstrends ausfindig machte. Er erzielte mehrere Volltreffer, wie etwa die
Vermarktung von Küchengeräten, die man in Küchenunterschränke einbauen
konnte. Er war mit dieser genialen Idee ganze zwei Jahre vor den meisten Handelsunternehmen auf den Markt gegangen – eine Ewigkeit im Einzelhandel. Es
dauerte nicht lange, bis die Branchenkenner darüber zu spekulieren begannen,
wann Shewmaker wohl das Steuer übernehmen würde.

Aber er war nicht der Einzige, der als Nachfolger in Frage kam.

Im Oktober 1976 gelang es Walton endlich, David Glass, den er so lange um-
worben hatte, in das Unternehmen zu holen. Er war es gewesen, der Jahre zuvor
Waltons Stellenangebot schriftlich abgelehnt hatte, nachdem er 1964 bei der
Eröffnung des Wal-Marts in Harrison Zeuge davon geworden war, wie platzende

Wassermelonen und stinkende Esel die Feierlichkeit in einem großen Chaos enden ließen. Trotz dieses Fiaskos hatte Walton jedoch nie aufgehört, Glass Avancen zu machen. Auch als Mayer für kurze Zeit Firmenchef wurde, hatte Walton weiterhin versucht, Glass über Mayer ins Unternehmen zu holen. Er bemühte sich Mayer klarzumachen, daß in Glass ein unglaubliches Talent steckte. Doch Mayer machte keine Anstrengungen in diese Richtung, vielleicht auch, weil er nicht darauf versessen war, sich einen Rivalen an die Seite zu holen, den Walton so sehr bewunderte – wie ein Manager, der die Diskussion mitbekommen hatte, dazu anmerkte.

Nach Mayers Zwischenspiel an der Macht hatte Walton sofort wieder Kontakt zu Glass aufgenommen, der jetzt vierzig Jahre alt und Geschäftsführer der Lebensmittelkette Consumers Markets war. Walton bot ihm einen Job als Leiter des operativen Geschäfts der Finanz- und Vertriebsabteilung an, womit er mit einem Schlag zur Nummer Vier bei Wal-Mart avancieren würde. Consumers Markets versuchte zwar, den Ausstieg von Glass mit dem Angebot auf eine Gehaltserhöhung zu verhindern, doch Walton steigerte so lange mit, bis Glass ihm den Zuschlag gab.

Waltons personelle Errungenschaft war aus demselben Holz geschnitzt wie so viele andere Führungskräfte bei Wal-Mart: Auch Glass kam aus der Provinz und hatte sich emporgearbeitet. Mit Walton verband ihn auch die Vorliebe für lange Arbeitsstunden, die konservativen und religiösen Werte und seine Verachtung für alles Pompöse. Doch gleichzeitig war Glass – wie auch Shewmaker – überzeugt vom Segen der neuen Technologie. Ihm war sonnenklar, welche Revolution die sich rasant entwickelnde Computer- und Elektronikbranche und die Kommunikationsmöglichkeiten per Satellit im Einzelhandel auslösen könnte.

Doch wie bei Walton täuschte auch das Erscheinungsbild von Glass. Bei Walton steckte hinter der entwaffnend freundlichen, unprätentiösen und geselligen Art eine eiserne Entschlossenheit und Zielstrebigkeit. Glass seinerseits verbarg seinen unbändigen Ehrgeiz und sein großes Vertrauen in die eigenen Fähigkeiten hinter einer kühlen, nachdenklichen und vorsichtigen Fassade.

Zwischen den beiden Männern gab es natürlich auch unendlich viele Unterschiede. Glass war beispielsweise kein sehr sportlicher Mann und machte sich nicht das geringste aus der Jagd. Und er spielte lieber Golf als Tennis, Waltons erklärter Lieblingssportart.

Die beiden Sportarten paßten zu der jeweiligen Persönlichkeit der beiden Geschäftsmänner geradezu perfekt. Tennis ist ein Spiel, bei dem man sowohl mit einem Gegner wie auch einem konkreten Ergebnis konfrontiert wird: Jeden Punkt, den ich gewinne, verlierst Du. Selbst wenn er mit weitem Abstand vorne lag, dachte Walton nicht im Traum daran, sich auch nur einen einzigen Punkt abnehmen zu lassen (es sei denn – sehr selten – er spielte im gemischten Doppel); das lag einfach nicht in seiner Natur. Noch mit sechzig Jahren konnte er dreißig Jahre jüngere Matchpartner haushoch besiegen.

Glass machte sich nichts aus Tennis. Golf paßte viel besser zu seinem analytischen und nachdenklichen Naturell. Um ein guter Golfspieler sein zu können, darf man sich nicht aus der Ruhe bringen lassen. Man muß gelassen und konzentriert bleiben, selbst nach einem schlechten Schlag – vor allem nach einem schlechten Schlag. Genau dies waren die Eigenschaften, die Glass sowohl auf dem Golfplatz als auch im Beruf und Alltag an den Tag legte. Walton hatte es auch einmal mit Golf versucht, doch regte er sich stets zu sehr über mißlungene Schläge auf. Er hatte schon lange vor seinem Tod das Golfen endgültig ad acta gelegt, nachdem er sich einmal so geärgert hatte, daß er seinen Schläger an einem Baum zertrümmerte.

Die Kehrseite von Glass' zurückhaltendem Wesen war, daß er manchmal ein bißchen steif wirkte. Er machte von seinem trockenen, sehr subtilen Sinn für Humor recht selten in der Öffentlichkeit Gebrauch. Glass, ein durchschnittlich großer Mann mit kräftigem, glattem schwarzen Haar, langen Koteletten und einem Paar auffallender Augenbrauen, benötigte Jahre dazu, um einigermaßen vortäuschen zu können, daß ihm Waltons seltsam anmutende Motivationsrituale Spaß machten. Beispielsweise fühlte sich Glass nicht unbedingt wohl in seiner Haut, als er – angetan mit Overall und Strohhut – anläßlich des 25-jährigen Bestehens der Wal-Mart-Filiale in Harrison – auf einem Esel um den Parkplatz herum reiten mußte. Glücklicherweise verlangte Walton nicht von ihm, daß er sich bei den Firmenritualen als Animateur der Angestellten betätigte. Das war nicht seine Rolle, und Glass wußte ganz genau, daß er es besser gar nicht erst versuchen sollte.

Doch Glass wußte, *welche* Rolle er spielen wollte. Für ihn hatte nämlich beim Wechsel zu Wal-Mart nicht nur der finanzielle Anreiz den Ausschlag gegeben. Er hatte sich hauptsächlich für den Sprung entschieden, weil er beobachtet hatte und zutiefst überzeugt war, daß Walton mit seinem Unternehmen auf den ganz großen Erfolg zusteuerte. Und er wußte, daß dies seine Chance war, auch wenn Ferold Arend und Shewmaker in der Hierarchie noch über ihm standen.

Der Mann, der Sam Waltons Nachfolger werden sollte, wurde im September 1935 auf einer Farm im Südosten von Missouri im Verwaltungsbezirk Oregon geboren, wo man sein Brot hart erarbeiten mußte. Sein Vater, Marvin Glass, lebte hier als Witwer mit seinen beiden Töchtern Regina und Marvalene, als er Myrtle Van Winkle begegnete, die seine zweite Frau wurde. Sie tauften ihren ersten Sohn

David Dayne Glass. Als Dayne – wie er überall gerufen wurde – zwei Jahre alt war, zog die Familie nach Mountain View, einem nahegelegenen Dorf mit weniger als 1.000 Einwohnern, wo die Eltern von Myrtle Glass wohnten.

Sie ließen sich auf einer etwas außerhalb gelegenen Farm mit 800 Ar nieder, nicht weit von den Van Winkles entfernt. Marvin fand Arbeit in einem Lager für Futtermittel. Die Glasses bekamen nach Dayne noch zwei weitere Söhne: Gerald und Richard, den alle nur Dick nannten.

Nach ein paar Jahren hatte Marvin Glass genug gespart, um ein eigenes Lager für Futtermittel zu betreiben. Fünf Jahrzehnte lang ging er dieser Arbeit nach, wobei der Gewinn in all den Jahren eher bescheiden war. Das bedeutete jedoch nicht, daß die Glasses sich selbst als arm betrachteten. „Wir hatten zwar nicht viel, aber alles, was die meisten Menschen damals hatten." So drückte es Myrtle Glass einmal aus. Zu den Nahrungsmitteln, die sie im Ort einkaufen konnten, kam noch Milch von der Familienkuh hinzu, man jagte Eichhörnchen und Hasen, und es gab Gemüse aus eigenem Anbau. Viele Jahre lang besaß das Haus der Glasses weder einen Wasseranschluß noch Elektrizität, was damals in den ländlichen Gegenden nichts Ungewöhnliches war. Das Wasser zum Waschen wurde in einem gußeisernen Topf im Freien erhitzt. „Wir bekamen zu Hause erst einen Wasseranschluß, als ich in die High School kam", erinnerte sich Gerald Glass.

Dayne war dreizehn, als seine Mutter in der Fabrik des Textilunternehmens Angelica Uniform Co. als Aufseherin zu arbeiten begann, um etwas Geld hinzuzuverdienen. Marvalene mußte sich während dieser Zeit um die drei Jungen kümmern. Als Myrtle Glass in der Fabrik zu arbeiten begann, beschloß sie, daß sie beruflich etwas aus sich machen würde, erinnerte sich Dick Glass, der jüngste ihrer Söhne. Und das tat sie auch: Sie wurde schließlich Leiterin der gesamten Fabrik.

Die Söhne und Marvalene erinnern sich an ihre Kindheit als eine sehr schöne Zeit. Ihre Eltern waren zurückhaltende und zufriedene Leute. „Sie haben uns nie verdroschen", versicherte Dick Glass. Marvin Glass, der nicht einmal die Grundschule abgeschlossen hatte, arbeitete hart und sprach wenig. Er war ein sehr ausgeglichener Mensch und viel zu gutmütig, um seine Kinder streng zu disziplinieren. Er war nicht religiös, Myrtle jedoch brachte die Kinder jeden Sonntag in die First Baptist Church, „obwohl Dayne es manchmal schaffte, sich davor zu drücken", erinnerte sich Gerald Glass.

Wie die meisten seiner Alterskollegen hatte Dayne bereits in jungen Jahren einen Job. Mit neun Jahren putzte er nachmittags in einem Friseursalon den Kunden für zehn Cent die Schuhe. Und wie sooft bei reichen und berühmten Leuten erinnern sich auch die Freunde von Glass an Geschichten aus dessen

Kindheit, die seinen späteren Erfolg – in seinem Fall seines kaufmännischen Erfolgs – vorherzusagen scheinen. Joe Duncan, Eigentümer des Notfalldienstes und Bestattungsunternehmens von Mountain View, erzählt, wie er nach seiner Entlassung aus der Army im Jahre 1945 in den Friseursalon kam und „... da saß Dayne und brachte die Schuhe der Kunden zum Glänzen, und man muß wirklich sagen, daß er sich große Mühe gab.

Ich sagte zu ihm: ‚Gibt es heute einen Sondertarif, Dayne?‘ Und er antwortete mir: ‚Ich bin sowieso der Billigste in der ganzen Gegend.‘ Dann sagte er: ‚Joe, ich mache Dir ein Angebot: Ich werde Dir den ersten Schuh umsonst putzen.‘ Ich sagte: ‚Und was ist mit dem zweiten Schuh?‘“ Glass grinste und sagte zu Duncan: „Der kostet dann 10 Cent.“

Solche Geschichten werden natürlich einer komplexen Persönlichkeit wie Glass nicht gerecht.

Natürlich arbeitete er viel: Als Jugendlicher trug er Zeitungen aus, half im Futtermittellager, pflückte Brombeeren im Sommer, arbeitete an einer Tankstelle und fuhr sogar gelegentlich den Krankenwagen für Duncan. Doch er war kein Workaholic. Dafür hatte er viel zu gerne Spaß. Am liebsten verband er Pflicht und Vergnügen. Während seiner High-School-Zeit arbeitete er hauptsächlich abends in einer Billardhalle, die dem Vater eines seiner Freunde, Don Brotherton, gehörte – ein Job, bei dem er unter Leuten sein konnte und dabei noch Geld verdiente.

Als Schüler an der High School in Mountain View legte er wenig Ehrgeiz an den Tag. Er war sehr intelligent – Marvalene erinnerte sich, wie er mit vier Jahren bereits in ihren Schulbüchern für die zweite Klasse las – doch er hatte keine Lust auf eine akademische Laufbahn. Das Rechnen fiel ihm besonders leicht. Er brauchte für seine Hausaufgaben nie sehr lange. „Wir gingen oft in die Billardhalle, anstatt zu lernen“, erinnerte sich Brotherton. Fünfzig Jahre später, als Dayne längst ein Multimillionär war, den größten Handelskonzern der Welt leitete und der berühmteste Sohn von Mountain View geworden war, seufzte Myrtle Glass gelegentlich noch immer mit dem unverbesserlichen Bedauern einer Mutter, daß „er Klassenbester und damit Festredner bei der Abschlußfeier der High School hätte werden können, wenn er sich nur etwas mehr Mühe gegeben hätte.“

Doch für ihn gab es Wichtigeres als sich hinzusetzen und zu lernen. Glass, Brotherton und ein weiterer Freund namens Dean Dirks machten als die „Drei Königlichen Ds“, wie sie sich selbst nannten, die Gegend unsicher. Glass spielte in der High School Baseball und Basketball, trainierte das Footballteam und war ein fanatischer Fan der Cardinals, einem Baseballteam aus Saint Louis. Der Radioempfang in Mountain View war ziemlich schlecht, und es war nicht mit jedem Radio möglich, die Baseball-Übertragungen zu empfangen. Doch der Besitzer eines Möbelladens im Ortskern vom Mountain View besaß nicht nur ein leistungsstarkes Radio, sondern brachte auch an seinem Laden Lautsprecher an. Und Glass war oft unter der Schar von Menschen, die sich auf dem Bürgersteig vor dem Geschäft versammelten, um die Spiele mitzuverfolgen – obwohl er sie auch zu Hause hätte empfangen können. Wie die meisten Jugendlichen verbrachten er und seine Freunde ihre Wochenenden auf Teenagertreffpunkten, wie etwa dem Jack's Fork River, einem schönen Badeort ein paar Meilen außerhalb der Stadt. Glass organisierte auch viele Klassenfeiern. Bis zu seiner Junior Class hatte er genug Geld gespart, um seinem Freund Brotherton einen Chevrolet, Baujahr 1928, abzukaufen.

Myrtle Glass hatte sich fest vorgenommen, daß ihre Söhne – im Gegensatz zu ihr und Marvin – aufs College gehen sollten. Doch als Dayne mit siebzehn seinen Schulabschluß in der Tasche hatte, schien er keine Eile zu haben, ein Studium zu beginnen. Er beschloß, sich ein bißchen in Idaho die Zeit zu vertreiben und bei Marvalene zu wohnen. Sie hatte drei Jahre zuvor geheiratet und war mit ihrem Ehemann Lee Gustafson nach Idaho gezogen. Ihr Mann arbeitete als Mechaniker in einem Atomkraftwerk. Er verschaffte Dayne für kurze Zeit einen Job bei seinem Arbeitgeber – kurz deshalb, weil beide entlassen wurden, als die Firma Wind davon bekam, daß Dayne noch nicht volljährig war. Beide nahmen daraufhin einen Job bei einem Speditionsunternehmen an und transportierten Getreide und Kohle quer durch das Land. Die Bezahlung war allerdings sehr schlecht. Wenige Zeit später kündigte Gustafson, und er und Marvalene beschlossen, wieder nach Mountain View zu ziehen.

Auch Glass kündigte bei dem Fuhrunternehmen. Da seine Einberufung zur Army ohnehin bevorstand, entschied er sich, der Army freiwillig beizutreten. Erst während seines Militärdienstes fing er damit an – dort hatte er wohl auch keine andere Wahl – seinen ersten Namen, David, zu benutzen. Er wurde zu einem Militärstützpunkt in der Nähe von Albuquerque im Bundesstaat New Mexico versetzt. Dort begegnete er in einem Drive-In-Restaurant eines Abends einem hübschen 15-jährigen Mädchen namens Ruth Roberts. Er überredete sie, ihm ihre Telefonnummer zu geben. Sie ließ sich erst drei Wochen lang nicht zu einem Rendezvous überreden, bis sie schließlich doch zustimmte. Drei Monate nach ihrer ersten Verabredung wurde sie Mrs. Ruth Glass.

Heirat, Army oder beides – irgend etwas schien Glass' Lebenseinstellung geändert zu haben. Nach seiner Entlassung aus dem Militärdienst kehrte er mit seiner schwangeren Frau nach Missouri zurück und schrieb sich an der Southern Missouri State University in Springfield ein. Er legte einen großen Ehrgeiz in sein Studium. Und er hatte eine volle Arbeitsstelle bei einer Speditionsfirma, wo er als Verpacker Nachtschichten arbeitete, um seine Familie finanziell über Wasser zu halten und für die Studiengebühren aufzukommen. Seine Eltern hatten nur wenig Geld übrig, doch Myrtle Glass nähte Kleider für Ruth und gab dem jungen Paar Obst und Gemüse aus dem Garten mit, wenn sie zu ihnen zu Besuch kamen.

Im Jahre 1959 schloß Glass sein Wirtschaftsstudium ab und begann zielstrebig seine Laufbahn bei J. W. Crank Co., einer Drogeriekette mit Sitz in Springfield. Dort arbeitete er – nach mehreren Beförderungen – auch noch 1964, als er Walton begegnete und wenig später Zeuge der peinlichen Vorstellung bei der Eröffnung des Wal-Marts in Harrison wurde. Nachdem die Drogeriekette Crank jedoch zweimal verkauft worden war, beschloß Glass, sich nach einer lukrativeren Stelle umzusehen. Er arbeitete kurz in Austin, Texas, wo er für den Bau eines Howard Johnson's Motel zuständig war. Dann zogen Glass, seine Frau und ihre inzwischen drei Kinder zurück nach Springfield, wo er schließlich bei Consumers Markets Inc. zu arbeiten begann. Er stieg schnell zum Geschäftsführer der Lebensmittelkette auf, bevor er Sam Waltons Avancen 1976 endlich nachgab.

Obwohl sie einander natürlich als Rivalen betrachten mußten, hatten Glass und Shewmaker auch manche Ziele gemeinsam. Sie taten sich zum Beispiel zusammen, um Walton dazu zu bringen, mehr Geld für neue Computer und ein besseres Vertriebssystem zu investieren. Zu zweit gelang es ihnen leichter, Walton zu überreden, als es Mayer gelungen war. Sie konnten ihn überzeugen, mehrere hundert Millionen Dollar für den umfassenden unternehmensweiten Ausbau des Computernetzes auszugeben, und die Vertriebszentren parallel zur wachsenden Anzahl der Wal-Marts effizienter zu gestalten und zu erweitern.

Ab 1977 verfügte Wal-Mart über ein erstes funktionierendes Computernetzwerk. Es vernetzte nicht nur die einzelnen Filialen mit der Hauptgeschäftsstelle, so daß Walton und seine Führungskräfte die Umsatzzahlen schneller abrufen konnten, sondern auch die Filialen mit den Vertriebszentren, so daß Warenbestellungen rascher ausgeführt und bearbeitet werden konnten.

Von diesem Zeitpunkt an löste eine technische Neuerung die nächste ab. Schon 1977 konnte das Unternehmen mehr Daten über Umsätze und Bestellungen erfassen und – was noch viel wichtiger war – aus der Verarbeitung dieser Daten nützliche Schlußfolgerungen ziehen als die meisten seiner weit größeren Konkurrenten. Zwei IBM-Großrechner saßen in einem 1.490 Quadratmeter großen Nebengebäude der Hauptgeschäftsstelle in Bentonville und waren mit den Computern aller Lager von Wal-Mart verbunden. Die Rechner speicherten die täglichen Umsatzzahlen von jeder Abteilung jeder Filiale, die Lohnzahlungen an jeden Angestellten, den Warenbestand in jedem Lager und noch eine ganze Reihe anderer Informationen.

Bei der Bestellung und Lieferung von Ware gab es jedoch trotz des schnellen Datenflusses leider immer noch das alte Überlastungsproblem des Vertriebs. Der Engpaß war immer noch nicht verschwunden. Erst 1977 stimmte Walton zu, ein erstes Vertriebszentrum für Wal-Mart außerhalb von Bentonville zu bauen: Das 36.300 Quadratmeter große Gebäude entstand etwa 262 Kilometer südöstlich von Bentonville in Searcy, Arkansas. Das Zentrum, das mit modernsten Hochgeschwindigkeitsautomaten ausgestattet war, gab dem Unternehmen die Möglichkeit, seinen Absatzmarkt weiter nach Illinois, Tennessee, Kentucky und Mississippi auszudehnen und die Lieferzeiten zu den Wal-Marts im Osten von Arkansas drastisch zu kürzen.

Im gleichen Jahr wurden jedoch 42 neue Wal-Marts eröffnet, einschließlich 14 Filialen in Missouri und Illinois, die im August durch die Übernahme der Discount-Kette Mohr Value hinzugekommen waren.* Angesichts der verzweifelten Lage in den Vertriebszentren von Bentonville sah sich Bob Thornton gezwungen, Ware über das Zentrum in Searcy zu verschicken, bevor das Gebäude überhaupt fertiggestellt war: Es hatte noch nicht einmal ein Dach, und es sollte noch lange dauern, bevor die Fehler in den neuen automatisierten Systemen ganz behoben waren. „Sechs Monate lang war ich damit beschäftigt, das Zentrum in Gang und halbwegs zum Funktionieren zu bringen", erinnert sich Thornton, wobei es ihn bei der Erinnerung an die grauenvollen Zustände von damals noch immer schüttelt. Er fährt fort: „Sam eröffnete erst ein neues Vertriebszentrum, wenn wir ungefähr 100 Filialen zurücklagen."

Natürlich übertreibt Thornton ein bißchen, doch er muß den Druck auf sich wohl so übermächtig erlebt haben, als hinke der Vertrieb tatsächlich um 100 Filialen hinterher. Die Überlastung zeigte vor allem bei den Arbeitern und Fahrern des Vertriebszentrums ihre Auswirkungen. Denn trotz der neuen Wal-Mart-Politik „Wir-sind-alle-eine-große-und-glückliche-Familie" arbeiteten die Vertriebsleute regelmäßig 60 Stunden pro Woche, und das unter engen, unhygienischen und miserablen Bedingungen.

Wie bereits in Bentonville holten sich die Arbeiter im Searcy-Vertriebszentrum die Teamster zu Hilfe, um eine gewerkschaftliche Vertretung durchzusetzen. Doch wieder konnten Walton, Tate und seine Helfer den Aufstand rechtzeitig verhindern. Ein Arbeiter namens Dennis Fox erzählte, daß die Vorgesetzten den Angestellten mit Entlassungen drohten, wenn jemand die Gewerkschaft unterstützen würde – eine Anschuldigung, die Tate noch heute bestreitet.[9] Was

---

* Die Kette hatte ursprünglich 16 Filialen, doch Walton beschloß, zwei von ihnen ganz zu schließen.

auch immer gesagt oder angedeutet wurde, die Arbeiter stimmten letztlich mit 2:1 gegen eine gewerkschaftliche Vertretung durch die Teamster.

Das heißt aber noch lange nicht, daß es keine Probleme mehr gab. Denn nach etwa zwei Jahren wagten die Arbeiter in Searcy einen nochmaligen Vorstoß in Richtung gewerkschaftlicher Mitbestimmung. Und dieses Mal war der Aufstand besser organisiert.

Falls Shewmaker und Glass eine Bestätigung benötigten, welchen Platz sie in Waltons Augen einnahmen, so erhielten sie diese 1977, als er beide in den Vorstand von Wal-Mart holte. Im darauffolgenden Jahr schied in der Nachfolge-Frage plötzlich der Mann aus, der die größten Chancen auf Waltons Nachfolge gehabt hätte. Im April, nach einer typischen Kaufhaustour durch Kansas, war Ferold Arend mit Bud Walton auf dem Rückflug nach Bentonville, als das Flugzeug plötzlich in ein heftiges Gewitter geriet. Eine gewaltige Böe packte das Flugzeug und schüttelte die beiden Passagiere auf ihren Sitzen heftig hin und her. Arend fühlte einen stechenden Schmerz im Rücken. Man brachte ihn sofort ins Krankenhaus, wo er erfuhr, daß ein Rückenwirbel durch die starke Krafteinwirkung in Mitleidenschaft gezogen worden war. Bereits früh während seiner langwierigen und schmerzhaften Rekonvaleszenz beschloß Arend, der ja bereits seit 1966 für Walton gearbeitet hatte, in den Ruhestand zu gehen.

Walton ernannte Shewmaker zum President. Shewmaker war außer sich vor Freude, und sowohl bei den Filialleitern wie auch bei den Analysten der Wall Street kam die Entscheidung gut an. Mit seinen vierzig Jahren schien Shewmaker offensichtlich auserwählt, die Nachfolge des sechzigjährigen Walton anzutreten, falls und wenn dieser jemals tatsächlich in den Ruhestand ginge. Doch auch wenn es Shewmaker vielleicht nicht ganz klar war – David Glass war bereits in vollem Anmarsch. Rückwirkend betrachtet läßt eine Kleinigkeit im ersten Geschäftsbericht nach der Beförderung Shewmakers bereits erahnen, was den Vermutungen zum Trotz bald Realität werden würde: Unter den Brief Waltons an die Aktionäre durften beide Männer auch ihre Unterschrift setzen, und es gab ein Gruppenphoto mit allen dreien. Kurioserweise ist es auf diesem Bild Shewmakers Lächeln, das steif und etwas gezwungen wirkt, während Glass unbeschwert grinst.

Kapitel 7
Die Rivalen

Zu Beginn des Herbstes 1979 gab es angesichts der Umsatzzahlen, die täglich über das neu eingerichtete, hochmoderne Netzwerk zu Sam Walton gelangten, keinen Zweifel mehr daran, daß Wal-Mart bis zum Ende des Geschäftsjahres mit seinen Umsatzzahlen die Milliardengrenze überschreiten würde. Und zwar ganz erheblich.

Walton hatte damit natürlich schon lange gerechnet – er war sogar so voreilig gewesen, gegenüber einem Wirtschaftsjournalisten schon Jahre zuvor eine ähnliche Prognose aufzustellen. Und nun würde die Milliardenmarke sogar ein Jahr früher als geplant erreicht werden. Walton konnte es selbst kaum fassen, in welcher Größenordnung sich sein Unternehmen inzwischen bewegte: Eine Milliarde Dollar. Und Wal-Mart besaß erst in elf Bundesstaaten Filialen. Wer konnte schon wissen, welches Wachstum noch zu erreichen war?

Walton wäre sich selbst untreu geworden, hätte ihn der Gedanke nicht gereizt, jetzt sogar noch schneller zu expandieren. Er hatte immer die konkurrierenden Discounter-Ketten wachsam beobachtet, vor allem diejenigen, deren Revier in benachbarten Absatzgebieten lagen – und hier vor allem eine Kette namens Kuhn's Big K Stores. Dieses Unternehmen hatte seinen Sitz in Nashville und war vor siebzig Jahren als Warenhauskette mit gemischtem Sortiment gegründet worden. Kuhn hatte inzwischen über 100 Discounter-Filialen in neun Bundesstaaten im Süden der Vereinigten Staaten. Zwischen Kuhns Absatzgebiet und dem von Wal-Mart gab es fast keine Überschneidungen. Walton und die Besitzer der Kuhn-Kette, Jack und Gus Kuhn, hatten instinktiv das Territorium des anderen vermieden, zumindest bislang.

Doch nun war die Kuhns Ladenkette in Schwierigkeiten geraten. Die finanzielle Decke war äußerst dünn. Zwei Jahre zuvor hatten die Kuhns 8,9 Millionen Dollar für die Übernahme einer Kaufhauskette mit 34 Niederlassungen im Süden von Carolina und Georgia namens Edwards Inc. investiert. Gleichzeitig hatten sie bei dem Neubau ihres überdimensionierten, aufwendig ausgestatteten Unternehmenssitzes und Vertriebszentrums in Nashville an keinem Luxus gespart.

Doch die Umwandlung der Edwards-Niederlassungen in Big-K-Filialen hatte mehr Kapital verschlungen und länger gedauert, als die Kuhn-Besitzer veranschlagt hatten. Sie hatten sich gravierend übernommen. Und jetzt kostete sie jeder Tag eine Menge Geld, und der Fiskus stand schon vor der Tür.

Diese Sachlage löste bei Walton eine reflexartige Reaktion à la Pawlow aus. Wenn nicht noch ein Wunder geschah, stand fest, daß Kuhn in absehbarer Zeit verkaufen mußte. Und wenn Walton die Kette aufkaufen könnte, würde das für ihn einen Zuwachs von 106 Filialen zu den bisherigen 276 Wal-Marts bedeuten, d.h. Wal-Mart würde mit einem Schlag zur zweitgrößten Discounter-Kette der Vereinigten Staaten aufsteigen. Einzig der Discount-Riese Kmart würde dann noch vor Wal-Mart liegen.

Doch welche Gefahr könnte mit dem Kauf verbunden sein? Könnte es sein, daß Walton lediglich den Fehler von Jack und Gus Kuhn wiederholte? Der Kapitalbedarf und der gesamte Aufwand, der mit der Übernahme eines solch großen Unternehmens verbunden war, würde für Wal-Mart eine ungeheure Belastung bedeuten. Würde Wal-Mart wie die Anakonda enden, die durch die Gitterstäbe eines Käfigs schlüpft und ein ganzes Schwein verschlingt, um dann festzustellen, daß sie sich durch ihre Gier selbst in die Falle gelockt hat?

Andererseits stellte sich die Frage, welche Folgen es für Wal-Mart hätte, wenn Kmart oder ein anderer Mitbewerber Kuhn's Big-K-Kette aufkaufen würde? Bei diesem Gedanken überlief es Walton heiß und kalt.

Sein Bruder Bud mahnte zur Vorsicht. Sam Walton sprach über die Angelegenheit mit Shewmaker, mit Glass und mit jedem Vorstandsmitglied von Wal-Mart. Er legte die Idee auch Don Soderquist vor, der vor seinem Wechsel zu Wal-Mart sechs Jahre lang President und Chief Executive Officer der Ben-Franklin-Kette gewesen war und sich bei Wal-Mart inzwischen zum Hauptabteilungsleiter hochgearbeitet hatte. Fast zwei Jahrzehnte war es her, daß Soderquist zufällig auf Walton gestoßen war, als dieser in einer Kmart-Filiale in Chicago herumspionierte – einen Tag nachdem er sich bei den Butler Brothers mit seinem Vorschlag, aus den Ben Franklins Discounter zu machen, zum zweiten Mal eine glatte Abfuhr geholt hatte. Soderquist war ein großer herzlicher Mann und war auf dem üblichen Weg bei Wal-Mart gelandet: Er hatte die Angebote von Walton ein halbes Dutzend Mal abgelehnt – einmal sogar den Posten des President – bevor er sich schließlich doch zum Wechsel entschieden hatte. Soderquist übernahm schließlich Waltons Rolle als Cheerleader bei Kaufhaus-Eröffnungen und großen Unternehmensversammlungen. Doch er konnte Walton bei seiner Entscheidung, was die Kuhn-Übernahme betraf, auch nicht weiter helfen.

Rob Walton bot schließlich freiwillig an – sehr zum Erstaunen vieler Führungskräfte – nach Nashville zu ziehen und sich um die Leitung der neuen Filialen zu kümmern, falls es zur Übernahme käme. Rob ging es nicht darum, frühzeitig auf die Leitung des Unternehmens Ansprüche zu erheben. Er machte das ziemlich deutlich. Doch da er die Interessen der Familie nach Sams Ausscheiden oder Ableben repräsentieren werde, meinte er, wäre es wohl angeraten, sich mit der Leitung von Kaufhäusern einmal aus nächster Nähe zu beschäftigen.

Sam Walton selbst war bezüglich der Übernahme hin- und hergerissen. Er mußte ja nur die derzeitigen Probleme von Jack Kuhn anschauen, um sich die möglichen Konsequenzen einer solchen Erweiterung vor Augen zu führen. Es machte ihm fast ebenso viel Angst, wie es ihn reizte. Über ein Jahr lang wurden die Vorstandssitzungen bei Wal-Mart von erhitzten Debatten für oder gegen eine Übernahme dominiert, und man konnte jeden Tag aufs neue eine Wette darüber abschließen, in welche Richtung Walton heute tendieren würde.

An einem Dezembermorgen im Jahr 1980 rief er schließlich seine Führungsspitze zu einer Besprechung zusammen: Arend (der zwar im Ruhestand war, aber noch immer zum Vorstand gehörte), Glass, Shewmaker, Bud Walton, Rob Walton und Soderquist. Es sei jetzt an der Zeit, sich zu entscheiden, verkündete Walton. Ein letztes Mal wurde heftig debattiert. Ein letztes Mal wurden die Risiken und Chancen abgewägt, und dann rief Walton zur Abstimmung auf. Es zeigte sich, daß die Führungsspitze in zwei gleich große Lager gespalten war: Drei hatten für und drei gegen die Übernahme gestimmt. Die Männer schauten Walton an und warteten auf seine Entscheidung. „Wir tun es", sagte er.

In seinen Memoiren beschreibt Walton die ganze Geschichte so, als habe ihn die Patt-Situation dazu gezwungen, die Verantwortung für die endgültige Entscheidung zu übernehmen – als ob er sich bei einem Abstimmungsergebnis von 4:2 gegen eine Übernahme bereitwillig der Mehrheit untergeordnet hätte. Davon auszugehen wäre ein großer Irrtum. Walton spornte seine Führungskräfte immer an, alle wichtigen Entscheidungen untereinander kontrovers zu diskutieren. Es schien ihn zu inspirieren. Er sagte oft, daß ein Vorschlag, der keine Meinungsverschiedenheit oder Zweifel auslöse, kein guter Vorschlag sein könne.

Doch die Wirklichkeit sah so aus: Es gab das Abstimmungsergebnis der anderen, und dann gab es die Meinung von Sam Walton. Es fällt nicht schwer, bei Wal-Mart Leute zu finden, die sich daran erinnern können, wie Walton eine Diskussion abrupt beendete und losdonnerte: „Noch gehören mir die meisten Anteile am Unternehmen, und deshalb werden wir das tun, was ich für richtig halte."

Die Herausforderung bei der Übernahme von Kuhn's Big K lag jedoch nicht nur in der Abstimmung für oder gegen den Kauf der Kette. Nach den ersten Verhandlungen einigte man sich auf eine Übernahmesumme von 17 Millionen Dollar in Form von Geld und Wal-Mart-Aktien. Doch Walton, der sich der finanziellen Misere der Kuhn-Kette bewußt war, bestand auf einer Klausel, nach der wieder neu zu verhandeln wäre, falls der Nettowert der Kette vor Juli des nächsten Jahres unter 19 Millionen Dollar fallen würde. Wie sich schließlich herausstellte, rissen die immer gravierenderen Verluste des Unternehmens den Aktienkurs so sehr mit in die Tiefe, daß der Nettowert von Kuhn's Big K bereits bis Frühling des nächsten Jahres auf 13,2 Millionen Dollar gesunken war. Walton konnte daher von der zuvor vereinbarten Summe zurücktreten. Angesichts der neuen Situation lautete sein neues Angebot 7,5 Millionen Dollar, alles in Form von Wal-Mart-Aktien. Jack Kuhn hatte keine Wahl: Seine Banken saßen ihm im Nacken, und so war er schlichtweg gezwungen, auf Waltons Bedingungen einzugehen. Im August 1981 übernahm Wal-Mart die Kette.

Die Übernahme erwies sich als sensationelles Geschäft. Gemessen an dem, was Wal-Mart für den Bau bzw. die Miete eigener Filialen aufbringen mußte, hätte das Unternehmen etwa 75 Millionen Dollar für die Eröffnung genau so vieler Filialen ausgeben müssen, wie man sie sich jetzt mit einem Schlag einverleibt hatte.

Die Übernahmeaktion verschaffte Wal-Mart auch immense Steuervorteile, da die 15 Millionen Dollar Verluste der Kuhn-Kette nun Wal-Marts Konto angelastet wurden und abgeschrieben werden konnten.

Doch nun kam die größte Herausforderung: Wie verdaut man einen so großen Brocken? Walton spielte kurz mit dem Gedanken, einige seiner Führungskräfte in die luxuriös ausgestattete, neu gebaute Hauptgeschäftsstelle von Kuhn umzuquartieren, entschied sich dann aber dafür, alles wie bisher von Bentonville aus zu steuern.

Rob Walton leitete eine gewisse Zeit lang die neu erworbenen Filialen. Das Unternehmen schloß vierzehn Big-K-Kaufhäuser, die ihren Standort zu nahe an bereits bestehenden Wal-Mart-Filialen hatten, und die Führungskräfte beschlossen, den ehemaligen Unternehmenssitz und das Vertriebszentrum in Nashville zu verkaufen, sobald eine Möglichkeit gefunden war, wie man die aufgekauften Filialen, die man behalten wollte, mit Ware beliefern konnte.

Die Verwandlung der Big-K-Filialen in Wal-Marts wurde in die Hände des Hauptabteilungsleiters Paul Carter gelegt, der vier Jahre zuvor zu Wal-Mart gestoßen war (und wie manch andere Führungskraft bei Wal-Mart aus der Provinz von Arkansas stammte). Die Monate nach der Übernahme, in denen Carter zwischen Bentonville und Nashville hin- und herpendeln mußte und sich damit abmühte, die neuen Kaufhäuser auf Wal-Mart-Linie zu bringen, waren für ihn so aufreibend, daß der stattliche 190-Pfund-Mann 25 Pfund verlor. Es war praktisch ein Ding der Unmöglichkeit, die Filialen in zufriedenstellender Weise mit Ware zu beliefern: Angesichts der Tatsache, daß Wal-Mart im Laufe des Jahres neben den neu erworbenen Big-K-Niederlassungen noch 69 weitere Filialen eröffnete, platzte das Vertriebssystem aus allen Nähten. Walton hatte seine Zustimmung gegeben, ein externes Unternehmen mit der Lieferung der Ware zu den ehemaligen Big-K-Filialen zu beauftragen. Doch dies bedeutete auch eine noch höhere Arbeitsbelastung für diejenigen, die die Umstellung durchführen sollten, da sie nun einen unbekannten Faktor mehr einkalkulieren mußten.

Um das Übernahmeobjekt auf eine solide Basis zu stellen – was auch die Renovierung von 16 Big-K-Filialen beinhaltete – mußte Wal-Mart bis Dezember 1981 Obligationen im Wert von 60 Millionen Dollar verkaufen.

Inzwischen rackerten sich die Arbeiter im Vertriebszentrum von Searcy ab, um mit der wachsenden Anzahl von Filialen Schritt halten zu können – was natürlich ein Ding der Unmöglichkeit war. Und so kam es, daß die Arbeitsbedingungen so unerträglich und miserabel wurden wie zwei Jahre zuvor, als die Teamster-Gewerkschaft vergeblich versucht hatte, für die Arbeiter im Vertriebszentrum eine gewerkschaftliche Vertretung durchzusetzen. Bei diesem ersten Aufstand in Searcy hatte Walton vor den Arbeitern eine meisterliche, reuevolle Version derselben Rede gehalten, die er bereits 1976 nach einem Gewerkschaftsvorstoß im Vertriebszentrum von Bentonville dargeboten hatte. „Ihr habt geglaubt, ich würde dazulernen, nicht wahr?", hatte er die Arbeiter in Searcy gefragt, den Kopf geschüttelt und sich dafür entschuldigt, daß er zugelassen habe, daß sich die Bedingungen so verschlechtert hätten. Er hatte sie demütig um eine zweite Chance gebeten und ihnen sogar Geld angeboten, wenn sie eine Delegation zu ihren Kollegen im Vertriebszentrum von Bentonville schicken würden, um mit ihnen zu reden. „Fragt doch die Leute dort, was passiert ist, nachdem sie für mich gestimmt haben", hatte Walton sie aufgefordert. „Fragt sie, ob ich wieder alles in Ordnung gebracht habe. Fragt sie, ob Leuten gekündigt wurde oder ob ich einen Schlußstrich unter alles gezogen habe."

Sein zerknirschtes Auftreten und sein Versprechen, Verbesserungen vorzunehmen, hatten die Mitbestimmungsforderungen beim ersten Mal entkräftet, bevor sie sich zu einer offiziellen Gewerkschaftskampagne auswachsen konnten. Doch dieses Mal war die Verärgerung unter den Arbeitern weit größer, und ihre Geduld war über alle Maße strapaziert. Die Arbeiter machten unzählige Überstunden – manche schliefen sogar zwischen zwei Schichten in ihren Autos auf dem Parkplatz – und zu viele der überlasteten und überarbeiteten Angestellten erlitten Arbeitsunfälle.

Innerhalb von zehn Monaten wurden im Searcy-Zentrum 198 Unfälle registriert, und was in den Augen der Arbeiter alles noch verschlimmerte, war die Tatsache, daß ihre Beschwerden über die katastrophalen Arbeitsbedingungen auf taube Ohren zu stoßen schienen. Als Anführer der Protestbewegung behaupteten, eine Gewerkschaft könne Wal-Mart dazu zwingen, die gesetzlichen Bestimmungen zur Sicherheit am Arbeitsplatz einzuhalten, fanden sie ein aufgeschlossenes Publikum.

Die Führungskräfte erfuhren früh, daß die Gewerkschaft unter ihren Arbeitern aktiv geworden war. „Sie schickten Spione zu den Versammlungen, auf denen wir die Arbeiter mobilisieren wollten", erinnerte sich ein gewerkschaftlich aktiver Angestellter, der später entlassen wurde. Doch bevor die Führungsspitze etwas dagegen unternehmen konnte, hatten bereits 200 der 415 Arbeiter des Searcy-Vertriebszentrums die Gewerkschaft per Unterschrift beauftragt, sie zu vertreten – das waren weit mehr als die dreißig Prozent, die von der Bundesbehörde für Arbeitsbeziehungen NLRB als Voraussetzung für eine Abstimmung verlangt wurde. Auf einer Pressekonferenz sagte ein Arbeiter namens Joe Bellino aus, daß Wal-Mart sich weigere, für die Behandlung und Folgen von einigen Arbeitsunfällen aufzukommen, nicht die nötigen Sicherheitsvorkehrungen treffe und nicht angemessen bezahle.

Ein anderer Arbeiter, Randy Powell, erklärte vor Journalisten: „Das Einzige, was wir fordern, ist das Recht, Arbeitszeiten, Löhne und Arbeitsbedingungen frei zu verhandeln. Die behaupten, daß wir das individuell jetzt schon machen können, aber wenn man einer von 38.000 [Mitarbeitern] ist, wird man doch gar nicht wahrgenommen."[1]

Die Teamster-Gewerkschaft hatte inzwischen eine ausreichende Anzahl von Arbeitnehmern auf ihre Seite gebracht und schien schon fast am Ziel angekommen. Doch nach den Bestimmungen der NLRB mußte der Arbeitgeberseite eine Frist von mindestens sechs Wochen eingeräumt werden, bevor die entscheidende Abstimmung stattfinden konnte. Und es existierten noch andere Möglichkeiten, diese Frist hinauszuzögern. Mit Hilfe der Strategien, die John Tate und ein anderer gewerkschaftsfeindlicher Anwalt aus Houston entwickelt hatten, bot Wal-Marts Führungsspitze Paroli. Es würde dieses Mal zwar schwieriger werden, die Arbeiter davon zu überzeugen, daß man sie bei Wal-Mart ernst nahm, aber man wußte ja schließlich, was man gegen die Gewerkschaft in der Hand hatte.

Eines Morgens kamen Arbeiter ins Vertriebszentrum und fanden eine 27 Meter lange Pinnwand, an der unzählige Zeitungsausschnitte hingen – eine minutiöse Chronik der Negativschlagzeilen, die die Teamster-Gewerkschaft in den vergangenen vierzig Jahren aufzuweisen hatte: jeder Streik, jede gewalttätige Ausschreitung und jede Spekulation über kriminelle Machenschaften, die Tates

Mitarbeitern hatten ausgraben können. „Über dem Anschlagbrett stand: ‚Gehen Sie den 27 Meter langen Streikweg der Teamster‘", erinnerte sich Ron Heath, der als lokaler Teamster-Vertreter den Gewerkschaftsvorstoß von Little Rock aus unterstützte.

Diese Aktion traf die Transportgewerkschaft an ihrer schwächsten Stelle. Die Gewerkschaftsmitglieder der Teamster hatten sich bereits an Hunderten von Streiks beteiligt, und einige davon hatten einen gewalttätigen Ausgang genommen. Die Teamster waren schließlich die größte und einflußreichste Gewerkschaft in den Vereinigten Staaten. Doch diese Gewerkschaft war auch dafür bekannt, daß sie die korrupteste war, und zwar so korrupt, daß sie im Jahre 1957 aus dem Gewerkschaft-Dachverband AFL-CIO wegen Korruption ausgeschlossen wurde. Früher hatten Großunternehmer oft Schläger und Gangster angeheuert, um Streikposten zu attackieren und Streiks gewaltsam aufzulösen. Gewerkschaftsbefürworter wurden oft verprügelt oder getötet. Daraufhin hatten einzelne Mitglieder Vergeltung üben wollen und ebenfalls Gangster angeheuert – auch um sich selbst zu schützen.

Im Laufe der Jahre hatte das organisierte Verbrechen die Gewerkschaft jedoch ganz und gar durchdrungen. Viele lokale Gewerkschaftsvertreter waren gewissermaßen Leibeigene der Gewerkschaftsmafia geworden. In den späten 50er und frühen 60er Jahren hatte Robert F. Kennedy – zunächst als Berater eines Senatsausschusses und später als Generalstaatsanwalt der Vereinigten Staaten – persönlich die Untersuchung geleitet, die zur Verurteilung von über hundert führenden Köpfen der Teamster-Gewerkschaft wegen krimineller Tätigkeiten geführt hatte, einschließlich des Gewerkschaftspräsidenten Jimmy Hoffa, der 1967 wegen versuchter Bestechung der Jury in einem früheren Gerichtsverfahren ins Gefängnis mußte. Andere Untersuchungen hatten bis in die 70er Jahre angedauert und vor allem aufklären sollen, wie sich die Gewerkschaftsmafia nach und nach des Pensionsfonds der Teamster bemächtigen konnte. Und dann gab es natürlich noch das Verschwinden von Hoffa nach seiner Entlassung aus dem Gefängnis im Jahre 1975. Man ging (und geht noch heute) davon aus, daß er ermordet wurde, weil er einigen Bossen der Gewerkschaftsmafia in die Quere kam, die ihm Jahre zuvor geholfen hatten, Gewerkschaftschef zu werden.

Die Glaubwürdigkeit der Teamster so anzugreifen war allerdings nur ein Teil der Strategie. Tate und verschiedene leitende Angestellte von Wal-Mart trafen sich gruppenweise mit Arbeitern und versprachen ihnen, sich um ihre Belange zu kümmern. Auch Sam und Bud Walton flogen von Bentonville nach Searcy, um mit den Arbeitern zu sprechen. Heath und viele seiner Kollegen erinnern sich an ein ganz bestimmtes Treffen ein paar Tage vor der entscheidenden Wahl, auf dem Sam Walton vor versammelter Mannschaft ohne Umschweife erklärte, er werde ihnen die Gewinnbeteiligung streichen, falls sie für eine Gewerkschaftsvertretung stimmen würden. Als ein Mann fragte, warum Arbeiter im neuen Vertriebszentrum in Texas 1,50 Dollar mehr die Stunde verdienten als sie in Searcy mit 6,20 Dollar pro Stunde, argumentierte Walton einfach, er könne in Searcy eben Arbeiter zu einem geringeren Lohn bekommen als in Texas. Dann teilte er ihnen mit, daß er in seinem Büro 500 Bewerbungen von Anwärtern auf ihre Stellen liegen habe.

Tate leugnet, daß Walton damals irgendwelche Drohungen oder Versprechungen machte, die nach den bundesstaatlichen Arbeitsgesetzen nicht rechtmäßig gewesen wären. Doch die Arbeiter, die an jenem Tag auf dem Betonboden des Lagerhauses um Walton herumsaßen, erinnern sich an seine Drohung mit größter Klarheit. „Er erklärte uns, daß das Lager geschlossen würde, wenn wir uns gewerkschaftlich vertreten ließen", erinnert sich Larry Havener, der sechzehn Jahre später noch immer im Vertriebszentrum von Searcy arbeitete. „Er sagte einfach, die Leute könnten sich entscheiden, wie sie wollten, aber er würde dann alles dicht machen." Ein anderer Arbeiter fügt hinzu: „Als Sam erklärte, er würde eher das Vertriebszentrum schließen, als eine dritte Partei mitentscheiden zu lassen, haben sich viele Arbeiter anders entschieden. Die Leute wollten doch ihre Arbeit nicht verlieren."* Bis die Wahl am 5. Februar 1982 endlich über die Bühne gehen konnte – fast vier Monate nachdem fast die Hälfte der Searcy-Arbeiter die Petition für eine Gewerkschaftsbeteiligung unterschrieben hatten – war die Unterstützung für eine offizielle Mitbestimmung der Arbeitnehmer weitgehend geschwunden.

Die Arbeiter stimmten mit 215 zu 67 Stimmen gegen eine gewerkschaftliche Vertretung. Nach Ansicht von Heath war es dieses eindeutige Resultat, das die Teamster davon abhielt, die Wahlergebnisse anzustreiten oder sogar gegen Walton bzw. das Unternehmen wegen regelwidriger Praktiken im Arbeitskampf vor Gericht zu ziehen. Es scheint, als hätten die Teamster in dieser Situation – wie die zunächst pro-gewerkschaftlichen Arbeiter selbst – einfach den Mut verloren.

Vielen der Gewerkschaftsbefürworter wurde bald gekündigt – natürlich immer unter irgend einem anderen Vorwand. Andere gingen von alleine. „Wenn die

---

* Walton war ein Mensch, der einfach unwiderstehlich vertrauenserweckend wirkte. Selbst Arbeiter, die die Drohungen direkt aus seinem Munde vernahmen, schätzten ihn so sehr als harten, aber ehrlichen Verhandlungspartner, daß ihm wenige diese Drohungen nachtrugen. Die Kommentare eines Mannes spiegeln die Meinung vieler anderer Arbeiter wider. Dieser Mann arbeitete 1997 immer noch in Searcy, beklagte sich bitterlich über die damaligen und heutigen Arbeitsbedingungen, unter denen er im Vertriebszentrum arbeiten mußte, und erklärte dann trotz allem: „Sam waren die Leute wichtig. Er kannte die Leute, die in seinem Unternehmen arbeiteten, und er versuchte immer, alles wieder hinzubiegen. Die Typen, die heute das Unternehmen leiten, denen sind wir doch überhaupt nicht wichtig. Für die zählt doch nur das Geld." Von acht damaligen und heutigen Searcy-Arbeitern, die sich zu einem Interview bereit erklärten – einschließlich einiger, die gegen eine Gewerkschaftsbeteiligung waren – bestätigten alle acht Waltons Drohung, das Zentrum zu schließen. In ihren Augen war dies der Hauptgrund, warum die Arbeiter mehrheitlich gegen eine gewerkschaftliche Vertretung stimmten.

Arbeiter sich für eine Gewerkschaftsvertretung entschieden hätten, wäre vieles ganz anders gekommen", sagte Lannie Lee Leavell, der bald nach der enttäuschenden Abstimmung seine Kündigung einreichte, „doch die Leute waren zu sehr eingeschüchtert." Leavell, der bei Wal-Mart Ware mit Preisen ausgezeichnet und aufs Fließband gelegt hatte, fand danach eine Anstellung im Bauwesen. Er hat es nie bereut, Wal-Mart verlassen zu haben. „Die haben einfach zuviel verlangt", sagt er heute. „Es gab bei Wal-Mart zwar immer diese Versammlungen und Cheerleader-Rituale, aber wie man bei der Arbeit behandelt wurde, gefiel mir überhaupt nicht."

Während die Teamster in Searcy eine herbe Niederlage hinnehmen mußten, hatten im ganzen Land Arbeiter Angst um den eigenen Arbeitsplatz. Eine schreckliche Rezession hatte die Vereinigten Staaten erfaßt. Der rasant steigende Ölpreis hatte in den späten siebziger Jahren dazu geführt, daß die Inflation auf ein zweistelliges Niveau geklettert war. Im Sommer 1979 hatte Präsident Jimmy Carter nach jahrelangen fruchtlosen Bemühungen, die schlimmste Inflation seit Jahr und Tag in den Griff zu bekommen, Paul Volcker zum Chairman der US-amerikanischen Zentralbank ernannt. Volcker hatte sofort vorgeschlagen, die Inflation auf die Art und Weise zu bekämpfen, die ihm die einzig realistisch erschien: Der Geldumlauf sollte radikal eingeschränkt werden. Carter wußte, daß dies wahrscheinlich zu einer landesweiten Rezession führen würde, die seiner Wiederwahl alles andere als zuträglich wäre – womit er recht behalten sollte. Doch da alles, was er zuvor versucht hatte, ohne Erfolg geblieben war, gab Carter sein Zustimmung zu Volckers Geldpolitik.* Als Ronald Reagan Anfang 1981 US-Präsident wurde, hatte Volcker die Geldmenge sogar noch radikaler begrenzt als geplant, da er befürchtete, daß das Versprechen von Reagan, Steuerkürzungen vorzunehmen, die Inflation wieder in die Höhe treiben könnte. Im Sommer 1981 schien an beiden Fronten ein Tiefpunkt erreicht: Die Vereinigten Staaten von Amerika steckten in der schlimmsten Rezession seit der großen Wirtschaftsdepression Anfang des Jahrhunderts, und Millionen von Menschen waren arbeitslos. Noch immer wütete die Inflation, und die Kreditzinsen lagen bei zwanzig Prozent, wodurch jedes Unternehmen mit umfangreichen Schulden unter fürchterlichen Druck geriet.

Es gab natürlich Branchen, die noch viel mehr zu kämpfen hatten als der Einzelhandel. In der Automobilbranche sanken beispielsweise 1981 die Umsätze

---

* Während des Wahlkampfes um die amerikanische Präsidentschaft 1980 nahm sich Ronald Reagan in seinen Wahlreden natürlich mit besonderer Vorliebe dieses Punktes an: „Als er das Amt übernahm, lag die Inflation bei 4,8 Prozent, und er versprach uns, er wolle etwas unternehmen. Nun, das hat er getan: Die Inflation liegt inzwischen bei durchschnittlich 16,4 Prozent." Joseph Nocera zitiert diese Sätze in seinem Buch *A Piece of the Action* (1994) über das Wachstum der Finanzdienstleistungsbranche.

um 27 Prozent und Hunderttausende von Arbeitern verloren ihren Job. Doch auch Einzelhandelsunternehmen traf es hart, besonders die Discounter-Ketten, die mit einer noch nie dagewesenen Konkurrenzsituation fertig werden mußten.

Die Tage, an denen man einen Discounter auf unberührtem Territorium eröffnen konnte, waren gezählt. Sowohl die großen, Bundesstaaten übergreifenden Ketten wie auch die kleinen regionalen Filialunternehmen hatten in der Vergangenheit versucht, so schnell wie möglich zu expandieren, oftmals indem sie Geld aufnahmen und die kleineren Mitbewerber schluckten. Doch während immer mehr ursprünglich regional begrenzte Filialgesellschaften in die Absatz-märkte anderer Ketten eindrangen, stellte es sich trotz der Inflation als immer schwieriger heraus, steigende Preise durchzusetzen, da auch die Konkurrenzsituation immer angespannter wurde. Und so schrumpfte die Gewinnspanne, obwohl sich die Personal- und Energiekosten sowie die Kreditkosten spiralförmig nach oben schraubten.* Was als nächstes passierte, war nicht verwunderlich: Dutzende von Filialgesellschaften gerieten unter die Räder, einschließlich einige der frühen Pioniere wie E.J. Korvette, Mammoth Mart und Vornado. Andere Ketten wie Caldor und Ayr-Way wurden durch größere, finanzkräftigere Ketten geschluckt, so wie Kuhn's Big K von Wal-Mart geschluckt worden war. Das Woolworth-Unternehmen, das bereits seit 1962 im Discount-Bereich aktiv war, löste 1982 seine gesamte, mit der Rezession kämpfende Discount-Abteilung auf, die immerhin 336 Woolco-Filialen umfaßte.**

Selbst der allmächtige Kmart stolperte. Seine Absatzzahlen zeigten zwar einen ungebrochenen Aufwärtstrend, doch sein Nettogewinn fiel sowohl 1980 wie auch 1981. Das war teilweise auf denselben inflationären und rezessionsbedingten Druck zurückzuführen, gegen den auch andere Einzelhandelsunternehmen kämpfen mußten. Doch Kmart zahlte in jenen Jahren auch den Preis für ein paar wirklich unglückliche Entscheidungen, die in den 70er Jahren getroffen worden waren.

Auch Wal-Mart fand sich natürlich einer verschärften Wettbewerbssituation. Zwölf der ehemaligen Big-K-Filialen lagen in Nashville, wo sie mit vier anderen Discount-Ketten um Kunden konkurrierten, einschließlich Kmart, der allein 16 Niederlassungen in Nashville besaß. Außerdem hatte Kmart damit begonnen, in

---

* Der ungebremste Zinsanstieg war der Tod jedes Handelsunternehmens, das sich mehr als nur ein bißchen verschuldet hatte. Ein Grund, warum Kuhn beispielsweise immer tiefer in die rote Kreide rutschte, lag darin, daß die Discounter-Kette seinerzeit einen Kredit von über 14,5 Millionen Dollar mit variablem Zinssatz aufgenommen hatte, um eine kleinere Kette aufzukaufen und sich eine aufwendige neue Hauptgeschäftsstelle zu bauen. Im Zuge der Inflation stieg der Zinssatz höher und höher – und erreichte 1981 schließlich den Höchststand von 24,6 Prozent. Die Schuldzinsen verschlangen die gesamten Gewinne des Unternehmens. Als Wal-Mart Kuhn übernahm, wurden die Kreditkonditionen neu verhandelt und ein fester Zinssatz von zwölf Prozent vereinbart.
** Dies betraf allerdings nur die Vereinigten Staaten. In Kanada blieben die Woolco-Discounter noch weitere zehn Jahre lang auf dem Markt.

Wal-Marts Absatzgebiet vorzudringen, und Filialen in einigen größeren Städten eröffnet, in denen Wal-Mart bereits präsent war, so auch in Rogers, Arkansas, nur fünfzehn Autominuten vom Wal-Mart-Unternehmensitz entfernt. Die Preiskämpfe nahmen absurde Dimensionen an: Es kam soweit, daß Kmart und Wal-Mart in ihren Niederlassungen in North Little Rock Zahnpasta zum Preis von sechs Cent pro Tube verkauften.

Und dennoch mußte sich kaum ein Viertel aller Wal-Mart-Filialen einer so direkten Konkurrenz durch Mitbewerber stellen. Der überwiegende Anteil der Wal-Marts befand sich in Kleinstädten, in die noch immer keine andere Discount-Gesellschaft vorgedrungen war. Und dieser Marktvorteil schlug sich deutlich im Umsatz nieder. Genau wie Walton erwartet hatte, schnellte Wal-Marts Umsatz im Geschäftsjahr, das am 31. Januar 1980 endete, auf 1,25 Milliarden Dollar nach oben, was im Vergleich zum Vorjahr einem Zuwachs von fast 39 Prozent entsprach.*

Und das Nettoeinkommen – d.h. der Unternehmensgewinn – stieg um 40 Prozent auf 41,2 Millionen Dollar. Diese Zahlen zeigen jedoch auch deutlich, wie schmal die Gewinnspanne war. In jenem Jahr erzielte Wal-Mart an jedem Dollar Umsatz einen Nettogewinn von etwa 3,3 Cent. Und doch wurde das Unternehmen gegenüber fast allen anderen Einzelhandelsunternehmen mit einer Made im Speck verglichen.

„Wie eine Made im Speck" ist auch eine passende Beschreibung dafür, wie man sich auf der oberen Führungsetage von Wal-Mart fühlte. Ein leitender Angestellter prahlte einmal vor Maggie Gillion, einer Analystin der First Boston Corp., daß Wal-Mart innerhalb der drei Wochen, in denen die angekündigte Schließung der Woolco-Discounter durchgeführt wurde, 120 neue Führungskräfte von Woolworth abgeworben habe. (Wal-Mart schuf in diesem Zeitraum auch 650 Arbeitsplätze auf Stundenbasis.) Und im Prinzip – so behauptete er – hätten die im laufenden Jahr neu eröffneten 51 Wal-Mart-Filialen ohne all diese Woolco-Überläufer auch gar nicht bewältigt werden können. 1983 kaufte Wal-Mart 32 der ehemaligen Woolco-Märkte auf. Während rechts und links die Wettbewerber wie Streichhölzer umfielen, kletterten die Umsätze von Wal-Mart im Geschäftsjahr 1981 um fast ein Drittel; um weitere 49 Prozent – man stelle sich vor: 49 Prozent! – im darauffolgenden Jahr und um 38 Prozent im übernächsten Jahr, so daß Anfang 1983 schließlich ein Rekordumsatz von 3,38 Milliarden Dollar erreicht war. Und von Jahr zu Jahr hatten auch die Gewinne ein Wachstum verzeichnen können.

---

* Wenn man ein Geschäftsjahr am 31. Januar enden läßt, können auch noch die Erlöse aus der überaus wichtigen Weihnachtssaison berücksichtigt werden.

Unternehmensergebnisse dieser Größenordnung, die ja von Wal-Mart inmitten der schlimmsten Wirtschaftsrezession seit über 50 Jahren erzielt wurden, waren sowohl für die Analysten der Wall Street als auch für die konkurrierenden Einzelhandelsunternehmen ein Schlag vor den Kopf. Doch viele Menschen, die sich nun das Unternehmen etwas genauer ansahen, stellten fest, daß Wal-Mart vor allem in Kleinstädten zu finden war, und wurden sofort skeptisch. Sicherlich sahen die Umsatzzahlen von Wal-Mart ganz gut aus. Doch um weiter zu expandieren, so ihre Meinung, würde Wal-Mart zunehmend Branchenriesen wie Kmart das Wasser abgraben müssen. Die fetten Jahre war vorüber, und Wal-Mart würde nun auch von seinem Höhenflug Abschied nehmen müssen.

Diese vermeintliche Logik war in vielen Wirtschaftsmagazinen und Analystenprognosen nachzulesen und häufig auf Einzelhandelskongressen zu hören. Und wie so oft, wenn der Fall sonnenklar zu sein scheint, lagen hier alle total falsch. Allerdings wußten es einige Analysten der Wall Street, die das Unternehmen über einen längeren Zeitraum beobachtet hatten, besser – so etwa Walter Loeb von Morgan, Stanley & Co. und Margaret Gilliam von First Boston, um nur zwei herauszugreifen. Sie erkannten, daß Wal-Mart mehr auf die Waagschale zu werfen hatte als nur die fehlende Konkurrenz in Kleinstädten. Sie erkannten, daß Walton und seine Männer etwas geschaffen hatten, was man trotz der anfänglichen Schwierigkeiten vielleicht das effizienteste und schnellste Vertriebssystem der Vereinigten Staaten nennen konnte.* Bis Anfang 1983 hatte Wal-Mart mit 551 Niederlassungen in 15 Bundesstaaten die Anzahl seiner Filialen innerhalb von drei Jahren etwa verdoppelt. Und die Kaufhäuser selbst waren auch immer größer geworden.

1976 wies eine neue Wal-Mart-Filiale im Durchschnitt eine Verkaufsfläche von 4.315 Quadratmetern auf. 1980 waren es bereits 4.670 Quadratmeter, und 1983 (teilweise wegen der Woolco-Kaufhäuser, die bis zu 7.440 Quadratmeter groß waren) hatte ein neu eröffneter Wal-Mart im Durchschnitt 5.940 Quadratmeter Verkaufsfläche. Wenn Wal-Mart seine Filialen immer größer baute, dann nur teilweise deshalb, weil mehr von ihnen in größeren Städten lagen. Der Hauptgrund für die wachsenden Verkaufsflächen war der Platzbedarf.

Angesichts der enormen Verkaufsfläche in den neuen Wal-Mart-Filialen kamen nun Hersteller von Markenartikeln, die früher verächtlich auf Walton herabgesehen hatten, als Bittsteller nach Bentonville. Und wie immer sorgte Walton dafür, daß seine Einkäufer den wachsenden Einfluß des Unternehmens

---

* Gilliam gab in einer Firmenanalyse vom 10. Juni 1982 an, daß 80 Prozent der Ware von Wal-Mart über ein eigenes Vertriebszentrum geliefert würde, verglichen mit 30 Prozent bei Kmart und 50 Prozent bei Target. Sie wies auch darauf hin, daß die Hälfte von Wal-Marts Ware vor ihrem Weitertransport zu den Filialen weniger als zwei Tage im Vertriebszentrum lagerten und daß es von Unternehmensseite Bemühungen gebe, diese Liegezeiten noch weiter zu verkürzen. Dies bedeutete, daß Wal-Mart in der Lage war, Ware schneller und kostengünstiger in die Kaufhausregale zu befördern als sämtliche Konkurrenten.

in vollem Umfang dazu nutzten, von den Herstellern Extraermäßigungen zu fordern und so einen möglichst niedrigen Preis zu erhalten. Diese Kaufkraft kombiniert mit der Fähigkeit von Wal-Mart, seine Niederlassungen schneller und kostengünstiger als seine Mitbewerber zu beliefern, brachte dem Unternehmen in den meisten Städten einfach einen Preisvorteil, der jedem Kunden sofort auffiel. Der typische Wal-Mart einer Kleinstadt lockte mit seinen attraktiven Preisen nicht nur Kunden aus der Stadt selbst an, sondern hatte auch ein Einzugsgebiet, das Wal-Mart-Führungskräfte auf 50 Kilometer oder mehr schätzten.

Doch welche Entwicklung hatte Kmart inzwischen an den Tag gelegt, die dominierende Discounter-Kette in den Vereinigten Staaten und so groß, daß sie schon fast am olympischen Thron des Handelsgiganten Sears rüttelte? Auf dem Discounter-Markt gab es Kmart noch nicht sehr viel länger als Wal-Mart. Das erste Kmart-Kaufhaus wurde im Jahre 1962 lediglich vier Monate vor dem ersten Wal-Mart-Kaufhaus eröffnet. Doch was das Wachstum betraf, klaffte die Schere bald weit auseinander. Anfang 1983 besaß Kmart bereits viermal so viele Filialen wie Wal-Mart und verzeichnete einen fünffachen Jahresumsatz, d.h. 1982 setzte es insgesamt 18,6 Milliarden Dollar um. Es war somit das zweitgrößte Handelsunternehmen der Welt und auf dem besten Weg, die Nummer 1 zu werden.

Im Vergleich zu Wal-Mart lagen die Anfänge von Kmart natürlich auch etwas weiter zurück, sogar noch weiter als die Geburt der Discounter-Branche selbst. Kmarts Wurzeln liegen im Handelsunternehmen S.S. Kresge Corporation, einer Five-and-Dime-Kette, die 1899 von Sebastian Kresge in Detroit gegründet worden war. Kresge hatte vieles von der Woolworth-Kette kopiert und besaß im Jahre 1912 bereits 85 Verkaufsniederlassungen, die einen Jahresumsatz von über 10 Millionen Dollar erzielten. In den Five-and-Dime-Läden von Kresge konnte man alles finden: von Süßigkeiten und Spielsachen über Haushaltsbedarf und Kurzwaren bis hin zu Kleidern, und das alles für nur zehn Cent – also einem „Dime" – oder weniger. Durch die Inflation konnte diese Preisobergrenze jedoch bald nicht mehr aufrechterhalten werden (vor dem Ersten Weltkrieg wurde die Obergrenze auf einen Vierteldollar angehoben und stieg im Laufe der Jahre immer höher), doch trotzdem nannten die Kunden diese Geschäfte noch weit in die 60er Jahre hinein „Dime Stores". Kresge war also auf diesem Sektor recht erfolgreich und hatte sich über mehrere Jahrzehnte hinweg einen sicheren zweiten Platz hinter Woolworth gesichert.

Doch als nach dem Zweiten Weltkrieg im ganzen Land die ersten Discounter-Ketten ihre Filialen eröffneten, wurde der Führungsspitze von Kresge schnell klar, daß Gefahr im Verzug war. Viele der neuen Discounter wurden nicht in traditionellen Einkaufsvierteln gebaut, sondern am Rande der Großstädte, wo die Grundstückspreise niedriger waren – und wo sie näher an den Vororten lagen, die sich unaufhaltsam auszubreiten begannen. Es hatte natürlich bereits vor dem Zweiten Weltkrieg Wohnviertel gegeben, die man heute Vororte nennen würde. Einige von ihnen, wie etwa die Riverside in Chicago, die am Des-Plaines-River gelegen war, gibt es seit den 70er Jahren des 19. Jahrhunderts. Doch in den Jahren nach dem Zweiten Weltkrieg baute man in kürzester Zeit riesige Siedlungen mit stereotypen Einfamilienhäusern, die noch weiter außerhalb der Stadtzentren lagen.

Diese massive Bewegung in die Vorstädte und Randgebiete der Städte war die Grundlage für Kmarts gewaltige Expansion, und ebenso für die immensen Veränderungen in der gesamten Einzelhandelsszene. Doch um die Zusammenhänge besser zu verstehen, ist es sinnvoll, sich noch einmal die Situation in den ersten Jahren nach dem Börsenkrach von 1929 vor Augen zu führen: So verzeichnete der Wohnungsbau beispielsweise einen Rückgang um 95 Prozent, und die Konkurse und Zwangsvollstreckungen stiegen exponentiell. Im Jahre 1933 war die Hälfte der Privatpersonen in den Vereinigten Staaten, die Hypotheken aufgenommen hatten, formell gesehen in Verzug. An diesem Punkt riefen die Väter der New-Deal-Reformen unter Präsident Franklin Delano Roosevelt die Bundesstaatliche Wohnungsbauverwaltung FHA ins Leben, um das Bauwesen durch die staatliche Gewährleistung von Darlehen wieder in Gang zu bringen. Die Garantien von seiten der FHA verminderten das Risiko für die Gläubiger, so daß den Schuldnern geringere Zinsen berechnet werden konnten. Die FHA nahm auch Einfluß darauf, wie ein Darlehen in Zukunft zusammengesetzt sein mußte. Früher war es die Norm gewesen, die Hälfte eines Hauses mit Eigenmitteln zu bezahlen und dann einen Kredit über eine Laufzeit von zehn Jahren aufzunehmen. Jetzt genügte es, wenn Eigenheimerwerber zehn Prozent der Summe bar auf den Tisch legten. Den aufgenommenen Kredit konnten sie über dreißig Jahre hinweg abbezahlen. Diese Neuregelung führte zu einer Revolution beim privaten Erwerb von Eigenheimen: Für Millionen von Amerikanern rückte nun der Kauf eines Eigenheimes in greifbare Nähe, was natürlich auch Auswirkungen darauf haben würde, wo und wie diese Millionen schließlich lebten – wenn auch nicht sofort. Aufgrund der hohen Arbeitslosenquote und der niedrigen Löhne während der Wirtschaftsdepression lag ein eigenes Haus für die meisten Arbeiter noch immer außerhalb des Bereichs des Möglichen – FHA-Garantie hin oder her.

Doch dann wurde Amerika von der überhitzten Konjunktur des Zweiten Weltkrieges überrollt, als durch die eminente Defizitfinanzierung Millionen neuer Arbeitsplätze geschaffen wurden. Als der Krieg zu Ende war, erlebten die Vereinigten Staaten den enormen Wirtschaftsaufschwung der Nachkriegsjahre, während gleichzeitig ein ernsthafter Mangel an Wohnraum herrschte. In dieser Phase stellte der amerikanische Kongreß in Washington über die Versorgungsverwaltung für ehemalige Kriegsteilnehmer ein Programm auf die Beine, das die Bewilligung von Darlehen vereinfachte, und stockte die Mittel für FHA-Darlehen auf.* Durch eine neue Steuergesetzgebung war es Eigenheimerwerbern außerdem möglich, ihre Schuldzinsen abzusetzen, was das Darlehen für einen noch größeren Personenkreis erschwinglich machte. Nun konnten sich Millionen von Amerikanern ein Eigenheim leisten. Manchmal war es nicht einmal notwendig, Eigenkapital vorzuweisen. Doch diese neue Gesetzgebung galt nicht für alle Eigenheime – und auch nicht für alle Käufer.

Während der Wirtschaftskrise und des Krieges waren schwarze Wanderarbeiter in großer Zahl aus dem provinziellen Süden Amerikas in die Städte der nördlichen Bundesstaaten abgewandert, um Arbeit zu finden. Viele von ihnen hatten in ihrer Heimat durch die Baumwollpflückmaschine ihre Arbeit verloren. Sie hausten nun zusammen mit anderen Immigranten in den ärmsten und heruntergekommensten Vierteln der Großstädte. Ihre alten, schäbigen Wohnhäuser auf winzigen Grundstücken erfüllten nicht die FHA-Norm, so daß sie kein Recht auf ein Darlehen anmelden konnten. Außerdem schlossen die FHA-Bestimmungen den gesamten Innenstadtbereich aus dem Darlehensprogramm aus. Diese Stadtpolitik nannte man „Redlining". Die Objekte, die gefördert wurden, waren neue Einfamilienhäuser, die von Projektentwicklern auf günstigen Grundstücken außerhalb der Großstadtzentren gebaut wurden. Und natürlich waren es Weiße – die es sich finanziell leisten konnten – die aus den Großstädten in die neu entstandenen Vororte zogen. Es handelte sich also gewissermaßen um eine gesetzlich legitimierte Diskriminierung. Überdies verkauften die meisten Projektentwickler ihre Objekte grundsätzlich nicht an Schwarze, denen somit nur das Innenstadtghetto blieb.

Auf diese Weise bewirkte die Darlehenspolitik der Regierung, daß die Großstädte zu wirtschaftlichen Donuts wurden: Während die Wohlhabenderen in die Vororte zogen, waren die Innenstädte – d.h. die Löcher der Donuts, wo die Ärmeren wohnten – dem Verfall preisgegeben.

Der Standort der meisten Kresge-Filialen lag noch immer – wie dies bei den meisten Kaufhausketten mit gemischtem Sortiment der Fall war – im Innenstadtbereich, der nun allmählich zu verfallen begann. Im Jahre 1955 besaß Kresge 673 Filialen, die zusammengenommen einen Umsatz von 354 Millionen Dollar pro Jahr erzielten, doch der Führungsspitze war vollkommen klar, was

---

* Zwischen 1947 und 1957 wurden etwa 40 bis 50 Prozent aller verkaufter Objekte über Darlehen der FHA oder VA (Veterans Administration) finanziert.

nun auf sie zukommen würde. Das lokale Umfeld ihrer Kaufhäuser veränderte sich, da die mittelständische Kundschaft aus den Stadtzentren wegzog. Andererseits war Kresge zum Teil durch Mietverträge mit einer Laufzeit von 99 Jahren an seine Standorte gebunden.[2] Um mit den neuen Discounter-Ketten mithalten zu können, die spätestens in den 50er Jahren ein unbestrittener Konkurrenzfaktor geworden waren, versuchte es Kresge mit dem Bau größerer Five-and-Dime-Kaufhäuser in Vorstadtvierteln und mit dem Konzept der Selbstbedienung. Doch es lag auf der Hand, daß das Unternehmen eine völlig neue, auf lange Sicht angelegte Strategie benötigte.

Daher beauftragte der President des Unternehmens, Franklin Williams, 1957 einen seiner Abteilungsleiter, Harry Cunningham, sich mit der Discount-Branche und anderen Neuerscheinungen des Einzelhandels zu beschäftigen. Und so verbrachte Cunningham – wie Sam Walton kurze Zeit später – zwischen 1957 und 1958 sehr viel Zeit damit, verschiedenen Discount-Märkten Besuche abzustatten. Er flog in dieser Zeit über 256.000 Kilometer, sprach mit jeder Führungskraft aus der Discount-Branche, die sich zu einem Gespräch mit ihm bereit erklärte, und wägte schließlich alles Gesehene und Gehörte ab.

Cunningham war ein großer stattlicher Mann mit warmer Baritonstimme, der in Hollywood-Filmen jederzeit als Managertyp durchgegangen wäre. Beim schwerfälligen Unternehmen Kresge zeigte er einen ungewöhnlichen Innovationsgeist und die Bereitschaft, sich offen mit neuen Konzepten auseinanderzusetzen. Cunningham wurde 1907 auf einer Farm in der Nähe der Kleinstadt Home Camp im Westen von Pennsylvania geboren. Im Jahre 1927, d.h. nach seinem zweiten Jahr an der Miami-Universität in Oxford im Bundesstaat Ohio, brach er plötzlich sein Studium ab, um Zeitungsreporter beim *Harrisburg Patriot* zu werden. Er wurde jedoch des Journalistenlebens recht schnell überdrüssig. Nach etwa einem Jahr begegnete er einer Führungskraft von Kresge, die ihn dazu überreden konnte, seine Stelle beim *Harrisburg Patriot* zu kündigen, um eine Managementlaufbahn bei Kresge zu beginnen. Jeder, der bei Kresge eine Führungslaufbahn einschlug, mußte kurze Zeit im Lager arbeiten. Und so packte Cunningham während seiner ersten Wochen bei dem Unternehmen, dessen President er einmal werden sollte, in der Lagerhalle der Kresge-Filiale in Lynchburg, Virginia, die Kisten aus.

Als man ihm später die Leitung einer heruntergekommenen Kresge-Filiale in Grosse Pointe, Michigan, überließ, beauftragte Cunningham seine Verkäufer, jede Anfrage eines Kunden auf einer blauen Karteikarte zu vermerken. Das Kaufhaus paßte sich nach und nach den Wünschen seiner Kunden an und konnte so seinen Jahresumsatz verdoppeln. Von diesem Zeitpunkt an war Cunningham auf der Karriereleiter zielstrebig nach oben unterwegs, bis er schließlich 1950 ein stellvertretender Leiter des Verkaufs im Unternehmenssitz in Detroit wurde. Obwohl er sich auf einer relativ niedrigen Stufe im Management befand, hatte er sich bis spätestens 1951 ein Image als genialer Kopf zugelegt, da er es gewesen war, der Kresge zur erfolgreichen Einführung des Selbstbedienungsprinzips gedrängt hatte, das in Supermärkten schon längst gang und gäbe war (und das die Ben-Franklin-Kette und Sam Walton im darauffolgenden Jahr einführen würden). Williams machte Cunningham 1953 zum Verkaufsleiter und berief ihn schließlich 1956 in den Unternehmensvorstand.

Es gibt eine besonders beliebte Firmenanekdote über ihn – eines der unzähligen Lehrbeispiele darüber, welche Einstellung man als Einzelhandelskaufmann an den Tag legen sollte – in der Cunningham, damals noch Leiter seines ersten Kaufhauses, sich um einen verärgerten Kunden bemühte, der acht Artikel, die größere Kresge-Kaufhäuser normalerweise führten, bei ihm nicht finden konnte. Die Geschichte erzählt, daß Cunningham eine Liste der Artikel anfertigte, umgehend in die Innerstadt von Detroit fuhr, die acht Artikel aus der dortigen Kresge-Niederlassung besorgte und sie dem Mann direkt nach Hause brachte. Diese Geschichte wurde in den späten 70er Jahren – nach Cunninghams Pensionierung – oft erzählt. Damals begann bereits Kmarts Abstieg, und im Unternehmen war spürbar, daß ein Teil der derzeitigen Unternehmensspitze nicht das gleiche Engagement wie damals Cunningham aufbrachte, um die Kunden glücklich zu machen.

Kresge konnte seine Branche nur deshalb drei Jahrzehnte lang dominieren, weil Cunningham – und das war von allergrößter Wichtigkeit gewesen – eine akribisch genaue Erforschung der Discount-Industrie bis dato vorgenommen hatte und durchsetzen konnte, daß eine bestimmte Unternehmenspolitik für eine lange Zeit festgeschrieben wurde. Cunningham hatte – wie Walton, nur etwas früher als dieser – rasch erkannt, daß das Discount-Prinzip den Weg in die Zukunft wies. Er erkannte auch, daß viele der neuen Discounter-Ketten Fehler begingen, die sie früher oder später in große Schwierigkeiten bringen würden. Als Cunningham Williams 1959 als President des Unternehmens ablöste, hatte er bereits beschlossen, mit Kresge den Sprung in die Discounter-Branche zu wagen. Doch Kresge war ein extrem konservatives Unternehmen. Cunningham ging davon aus, daß es besser war, den Vorstand und die führenden Köpfe des Unternehmens zuerst einmal geschlossen hinter sich zu bringen. Er stellte also ein Team zusammen und beauftragte es, eine ausführliche Studie über den Discount-Sektor durchzuführen und eine Strategie zu erarbeiten, wie Kresge in diesen Markt einsteigen könnte. In der Zwischenzeit verwandelte er Hunderte von alten, mit Schwierigkeiten kämpfenden Kresge-Kaufhäusern, die durch lange Mietverträge gebunden waren, in eine neue Kette von Kaufhäusern namens Jupiter. Diese waren eine Kreuzung aus Vollsortimentskaufhaus und Discounter: Es gab weniger Verkäufer als in einem traditionellen Kresge-Kaufhaus und eine viel kleinere Warenauswahl, doch die angebotenen Artikel wurden zu stark herabgesetzten Preisen verkauft.

1961 legte der Teamleiter, Gene Sturges, Cunningham das Ergebnis der Studie vor. Als er bereits anfangen wollte, ein Fazit zu ziehen, unterbrach ihn Cunningham mitten im Satz. Er sagte, dies sei etwas, was die gesamte Führungsspitze und die Einkaufsabteilung unbedingt hören müßten.

An diesem Nachmittag versammelten sich 45 führende Köpfe von Kresge in einem Konferenzzimmer, um sich anzuhören, was Sturges zu sagen hatte.

Dieser kam sofort zur Sache: Discounter hätten einen unvorstellbaren Warenumsatz. Pro Jahr setze die Branche Ware im Wert von insgesamt zwei Milliarden Dollar um. In vielerlei Hinsicht hatten die Discounter-Gesellschaften – Ketten wie Korvette, Zayre und J.M. Field – dem Kunden mehr zu bieten als Vollsortimentskaufhäuser wie etwa Kresge. Doch sie waren auch verletzbarer. Viele sahen sich jetzt, da sie zu expandieren versuchten, mit großen Schwierigkeiten konfrontiert, was die Leitung der zusätzlichen Filialen durch kompetente Führungskräfte betraf. Sie hatten nicht genügend erfahrene Kaufleute an der Hand und verfügten weder über die modernen Methoden der Kostenkontrolle noch über die finanzielle Flexibilität eines Großkonzerns wie Kresge. Die Discounter-Branche war zersplittert. Es gab in diesem Spiel keine überragenden Spieler, die gar mit Netz abgesichert wären. Und der Sektor barg, so Sturges, ein unglaubliches Marktpotential.

Sobald Sturges seinen Vortrag beendet hatte, stand Cunningham auf und wandte sich an das Publikum. „Meine Herren", sagte er, „der Discount-Markt ist ebenso ein Teil von Kresges Zukunft wie das Vollsortimentskaufhaus. Und genau deshalb werden wir jetzt etwas unternehmen."[3]

Zunächst testete Cunningham das Kmart-Konzept auf diskrete Weise in einem großen Kresge-Kaufhaus in San Fernando, Kalifornien. Solange Cunningham das Unternehmen leitete, sollten die Prinzipien, die man dort erarbeitete, fester Bestandteil der Unternehmensphilosophie bleiben: Strebe eine Steigerung des Umsatzes an, indem du geringe Preisspannen ansetzt und Niedrigpreise anbietest – aber verkaufe gleichzeitig auch Markenartikel, für die landesweit geworben wird. Verkaufe nur hauseigene Marken, wenn für ein bestimmtes Produkt keine Markenartikel verfügbar sind. Garantiere deinen Kunden Zufriedenheit mit der gekauften Ware und biete ihnen eine Geld-zurück-Garantie.

Nachdem man auf dem Übungsfeld San Fernando ein paar Monate lang Fehlerkorrekturen vorgenommen hatte, eröffnete Kresge seinen ersten Discounter mit dem offiziellen Namen Kmart am 1. März 1962 in einem Vorort südwestlich von Detroit namens Garden City, das ca. 30 Autominuten vom Unternehmenssitz im Stadtzentrum entfernt war. Es war ein riesiges Kaufhaus, mit 5.580 Quadratmetern Verkaufsfläche eineinhalb Mal so groß wie die bislang größte Kresge-Niederlassung und entsprach somit der 3/4-fachen Fläche eines Fußballfeldes. Cunningham war sich des Konzepts so sicher, daß er bereits bei der Kaufhauseröffnung ankündigte, Kresge würde innerhalb der nächsten beiden Jahre mindestens 37 weitere Kmart-Discounter eröffnen. Der Andrang im Discounter in Garden City war so groß, daß er sich außerdem bald dazu entschloß, die nächsten Kmarts noch größer zu planen. Einige wurden fast doppelt so groß wie der erste.

Entschlossen, sich einen möglichst großen Anteil am Markt zu sichern, verlangte Cunningham, daß alle verfügbaren Ressourcen des Unternehmens für das neue Vorhaben verwendet würden. Er überzeugte den Vorstand, die Dividenden der Aktionäre im Jahre 1963 zu kürzen und das Geld für die zügigere Eröffnung weiterer Kmarts zu verwenden. Damit zog er sich den Zorn vieler Aktionäre zu, und es wurden sogar Forderungen laut, er solle das Unternehmen verlassen. Bis Ende 1963 hatte Kresge 53 Kmarts gebaut. Zusammengenommen erzielten diese einen Umsatz von 83 Millionen Dollar. Zu diesem Zeitpunkt dachte Walton, der ja über einen viel begrenzteren Finanzrahmen verfügte, gerade erst über die Eröffnung seines zweiten Wal-Marts nach.

Wie der Discounter in Garden City wurden die meisten Kmarts in Vororten größerer Städte eröffnet. Dahinter steckte System: Entsprechend der steigenden Zahl von Amerikanern, die in die Vororte zogen, sollte es auch eine wachsende Anzahl von Kmarts geben, die dort auf sie warteten. Ein typischer Kmart aus den frühen 60er Jahren bestand aus einem einstöckigen Gebäude mit einer Verkaufsfläche von 9.300 Quadratmetern (mehr als zweimal soviel wie ein Wal-Mart der 60er Jahre), war von einem riesigen Parkplatz umgeben und lag als Dreh- und Angelpunkt eines kleinen Einkaufszentrums an einer wichtigen Durchfahrtstraße. Oft gab es einen Supermarkt direkt neben einem Kmart, so daß die Kunden auch gleich ihren Lebensmitteleinkauf erledigen konnten. Kresge schloß eher Mietverträge über eine Laufzeit von 20 Jahren ab, als die Gebäude selbst zu erwerben. 1964 baute Kresge 37 weitere Kmart-Filialen und wurde so die größte Discounter-Kette Amerikas.

Es ist nicht verwunderlich, daß Kresge die Bevölkerungsbewegung aus dem Stadtzentrum in die Vorstädte für seinen eigenen Erfolg zu nutzen verstand. Denn so wie Sam Walton durch sein Leben in Newport und Bentonville auf das Potential der Kleinstädte aufmerksam geworden war, erkannte Kresge aufgrund seines Unternehmenssitzes in Detroit zu einem frühen Zeitpunkt, welches Absatzpotential sich durch die rasch wachsenden Vorstädte bot. Schließlich hatten ja hauptsächlich zwei Faktoren zur Entstehung der modernen Vorstadtviertel geführt, die den fruchtbaren Boden für die Expansion von Kresges Kmarts bildeten: die Autoindustrie – Primärindustrie der Motorenstadt Detroit – und die FHA-Bestimmungen.

Detroit war schon lange ein Industriezentrum gewesen, bevor Henry Ford – möglicherweise inspiriert durch das High-Tech-Lager bei Sears – im Jahre 1909 die Montagestraße erfand. Doch Henry Ford hatte durch die radikale Senkung der Produktionskosten sicherlich einen maßgeblichen Anteil daran, das Auto von einem Luxusgut in eine Ware zu verwandeln, die sich die arbeitende Bevölkerung leisten konnte, und löste damit das explosive Wachstum der Automobilbranche aus. Die Kfz-Industrie kurbelte wiederum das schnelle Wachstum von Detroit an. „Jedesmal, wenn ich den Preis des Autos um einen Dollar senke", brüstete sich Ford mit seinem Model T, „gibt es 1.000 neue Käufer."[4] Bis Mitte der 20er Jahre produzierte allein Ford Motor Co. knapp zwei Millionen Autos pro Jahr. Selbst während der Wirtschaftsdepression stieg die Anzahl der Fahrzeuge in den Vereinigten Staaten und erreichte 1930 die 23-Millionen-Grenze. Zwischen 1900 und 1930 stieg die Einwohnerzahl von Detroit von 285.000 auf über 1,8 Millionen.

James Howard Kunstler beschreibt diese Epoche folgendermaßen: „Es wurden Arbeitersiedlungen in einer Schnelligkeit gebaut, die fast der Autoproduktion Konkurrenz machte. In der Nähe der großen Autofabriken und in den Randgebieten der Städte entstanden riesige stereotype Wohnviertel mit eingeschossigen Arbeiterbungalows. Diese Viertel zogen so schnell Kreise um die Stadt, daß jede weitere Straße, die einen Wohnabschnitt vom nächsten trennte, nach der annähernden Entfernung zur Innenstadt benannt wurde: Six Mile Road, Seven Mile Road, Eight Mile Road usw."[5]

Im Jahre 1925 trat ein Ausschuß, der von Detroits Bürgermeister initiiert worden war und natürlich von einem führenden Stellvertreter der Automobilbranche geleitet wurde, mit der Forderung an die Öffentlichkeit, das bestehende Straßenbahnnetz der Stadt zu entfernen und zwanzig hochmoderne Autobahnen zu bauen, die in das Umland führten.

Der Beginn der Wirtschaftsdepression kam der Durchführung dieser Pläne in die Quere, aber der ständige Zuwachs an Einfamilienhaussiedlungen hatte die Stadt inzwischen so ausgedehnt, daß kein öffentliches Massenverkehrsmittel mehr wirtschaftlich eingesetzt werden konnte. Während des Zweiten Weltkriegs baute die Regierung Autobahnen, um den in den äußersten Randgebieten der Stadt lebenden Arbeitern eine schnelle Zufahrt zu der Flugzeugbomberwerft Willow Run und der Panzerfabrik von Chrysler Corp. im Vorstadtviertel Warron, das noch hinter der Twelve Mile Road lag, zu ermöglichen. Nach dem Krieg wurden weitere Autobahnen gebaut. Um einen ungehinderten Verkehrsfluß zu gewährleisten, legte man die Autobahnen unter das Straßenniveau. Es gab nur wenig Auffahrtsmöglichkeiten und nur ein paar, weit auseinander liegende Stellen, an denen die Autobahn überquert werden konnte. Wie gigantische Stadtgräben begrenzten die neuen Schnellstraßen das alte Stadtgebiet von Detroit und erdrosselten es förmlich – so als würde man bei einem Baum die Rinde ringförmig abschälen und ihn dadurch langsam zum Sterben bringen, weil der Saft nicht mehr fließen kann. Während man die Häuser und kleinen Geschäfte im alten Teil von Detroit immer mehr isolierte und teilweise sogar abzureißen begann, um den Schnellstraßen Platz zu machen, veranlaßte man gleichzeitig die Bevölkerung durch die neugebauten Straßen und den leichteren Zugang zu den außerhalb gelegenen, ländlicheren Gebieten, sich immer mehr aus der Stadt zurückzuziehen, und so schwoll der Ring um die Metropolen immer weiter an.

In Detroit – wie auch anderenorts – konnten sich die Tausende Schwarze, die während des Zweiten Weltkriegs aus dem Süden gekommen waren, um in der Rüstungsindustrie im Norden Arbeit zu finden, nur die alten billigen Wohnungen und Häuser in der Innenstadt leisten. Als nach dem Krieg die Menschen noch immer in Strömen aus den Südstaaten in die Großstädte kamen, gab es hier bald mehr Arbeitsuchende als Arbeitsplätze. Immer mehr Schwarze zogen in die schäbigen alten Viertel der Innenstadt, und die weißen Arbeiter flohen in die schicken neuen Vororte – eine Flucht, die nach den Rassenunruhen und Gewaltausschreitungen 1967 zu einem wahren Massenexodus wurde. Dies war ein Prozeß, der überall in den Vereinigten Staaten in Dutzenden von Großstädten auf verschiedenen Ebenen ähnlich ablief.

Doch für Kresge stellten die wachsenden Vororte die perfekte Entsprechung zum neuen Unternehmensbereich – den Kmarts – dar. Im Jahre 1966 erzielte dieser neue Sektor mit einem Umsatz von 576 Millionen Dollar mehr als die Hälfte des Gesamtumsatzes von Kresge. Cunningham hatte es so eilig, daß er pro Woche einen Kmart eröffnen ließ. Im Jahre 1967 eröffnete Kresge einmal innerhalb von 15 Tagen 15 Filialen, was seine Konkurrenz natürlich völlig fassungslos machte. Während Walton 1968 unter seinen 24 Kaufhäusern gerade einmal acht Wal-Marts hatte und einen Umsatz von insgesamt 12,6 Millionen Dollar erzielte, setzten die 273 Filialen der neuen Kmart-Kette von Kresge bereits 1,2 Milliarden Dollar um. Selbst 1970, als eine Wirtschaftskrise viele der kleinen Einzelhandelsunternehmen in große Schwierigkeiten brachte, und die Umsatzzahlen in den Keller fielen, eröffnete Kresge 74 neue Kmarts, und die Unternehmensumsätze stiegen um 17 Prozent auf 2,56 Milliarden Dollar. In diesem Jahr überholte Kresge auch seinen uralten Rivalen Woolworth (2,5 Milliarden

Dollar Umsatz) und plazierte sich hinter Sears und J.C. Penney als drittgrößtes Einzelhandelsunternehmen Amerikas mit gemischtem Sortiment.

Walton war der ruhmreiche Aufstieg von Kmart nicht entgangen. Während dieser Jahre besuchte er jeden Kmart, den er konnte, und kopierte alles und jedes, was ihm gut erschien.

„Ich trieb mich ständig in den Filialen herum, weil sie für mich wie ein Versuchslabor waren, und Kresge hatte uns einfach etwas voraus. Ich verbrachte unglaublich viel Zeit damit, durch Kmart-Niederlassungen zu streifen, mit den Angestellten zu sprechen und herauszufinden, wie die Dinge konzipiert waren", erklärte er in seiner Autobiographie. „Damals gab es so viele Aspekte, in denen die Kmart-Discounter unseren Kaufhäusern überlegen waren, daß ich manchmal das Gefühl hatte, wir würden ihnen nie hinterherkommen."[6]

Wie Walton bereitwillig zugab, war es Cunningham, der „in Wirklichkeit das erste Discount-Kaufhaus, wie wir es heute kennen, entwickelte und bauen ließ... und er sollte daher als einer der größten Einzelhändler aller Zeiten respektiert werden."[7] Und das war nicht nur eine leere Worthülse. Walton hatte großen Respekt vor Cunninghams Genie und machte sich dessen Ideen zu eigen, wo immer sich die Gelegenheit dazu ergab. Cunningham schien – zumindest am Anfang – in Walton mit seiner umgänglichen Art und seinem Kleinunternehmen in der Provinz keine Konkurrenz gesehen zu haben, und war hilfsbereit und offen zu ihm. Doch man kann viel über Leute erfahren anhand der Fragen, die sie stellen, und Cunningham erkannte schnell, daß man Walton durchaus ernst nehmen mußte.

Cunningham behielt Wal-Mart im Auge. Und nachdem er 1972 die Unternehmensleitung von Kresge abgab und sich mit einem Vorstandssitz begnügte, warnte er seine Nachfolger wiederholt, daß Walton und sein regionales Kleinunternehmen eine durchaus ernstzunehmende Bedrohung darstelle.

Der von Cunningham persönlich ausgesuchte Nachfolger für die Unternehmensspitze war Robert Dewar, ein freundlicher, professorenhafter Typ, dem bereits das Haupthaar ausging und der gerne Fliegen trug. Dewar hatte seine Laufbahn 23 Jahre zuvor als Rechtsberater bei Kresge begonnen. Während des Zweiten Weltkriegs war der kleine, gutmütig wirkende Dewar als Flugzeugbomberpilot der Navy im Südpazifik im Einsatz gewesen. Bei Kresge hatte er sich im Finanzbereich hochgearbeitet. Er war kein Kaufmann, aber er war bereits Cunninghams rechte Hand, bevor dieser den ersten Kmart-Discounter eröffnen ließ. Cunningham, der von seinen eigenen genialen Fähigkeiten als Kaufmann felsenfest überzeugt war, hatte Dewar unter all den Erbsenzählern als seinen Finanzberater und Syndikus ausersehen. Als er Dewar im Jahre 1970 zunächst als President, und schließlich 1972 als Chairman und CEO an die Führungs-spitze holte, waren viele der Filialleiter und erfahrenen Kaufleute bei Kresge ent-setzt. Wie konnte man das Unternehmen in die Hände einer Person legen, die noch nie ein Kaufhaus geleitet hatte? So etwas hatte es bei Kresge noch nicht ge-geben. Doch aus Cunninghams Blickwinkel spielten die Kenntnisse bzw. Un-kenntnisse von Dewar in Sachen Verkaufen keine besonders große Rolle. Er selbst – Harry Cunningham – saß ja noch mit im Vorstand und sein fundiertes Wissen reichte für sie beide.

Viele Jahre später, als Kmart in den 70er Jahren eine falsche Richtung ein-schlug, zogen viele über die kaufmännische Unerfahrenheit von Dewar zu Ge-richt. Und für einige mißratene Vorstöße muß man ihn auch wirklich zur Ver-antwortung ziehen. Doch andererseits trägt eigentlich Harry Cunningham die Verantwortung. Er wollte, daß Dewar einfach nur die Funktion eines Steuer-manns im Unternehmen übernahm, d.h. eines Mannes, der genau den Kurs an-steuerte, den man ihm vorgab. Cunningham vermittelte sowohl Dewar wie auch der Unternehmensspitze von Kresge, daß dies und nichts anderes sein Auftrag war.

1972 waren jedoch noch keine Gewitterwolken am Himmel zu sehen. Als Dewar das Steuer übernahm, galt Kresge als eine nicht zu stoppende Handels-maschine, die die konkurrierenden Discounter-Gesellschaften weit hinter sich ließ. In diesem Jahr verlegte das Unternehmen seinen Sitz aus der Innenstadt von Detroit auf einen weitläufigen neuen Campus in die nur wenig entfernte Vor-stadt Troy, als sei dies bereits ein Signal dafür, wo seine Zukunft liege.

Doch nun begannen ganz allmählich scheinbar kleine Veränderungen die langfristige Strategie Cunninghams zu untergraben: Man straffte da ein Segel, ließ dort die Leine ein wenig lockerer. Diese kleinen Veränderungen bewirkten zusammengenommen, daß das Unternehmen schließlich einen falschen Kurs nahm. Auf Fragen, die seine damaligen Entscheidungen betrafen, formuliert Dewar gerne ausweichende Antworten, nach dem Motto: „Sie sollten bedenken, daß man damals davon ausging, daß...". Fest steht zumindest, daß Dewar – si-cherlich mit Cunninghams stillschweigendem Einverständnis – irgendwann den Beschluß faßte, daß man für ein weiteres schnelles Wachstum von Kresge nicht mehr einfach nur am Konzept Cunninghams festhalten könne, das darin be-stand, in Vorstadtvierteln große Verkaufsniederlassungen, d.h. Kaufhäuser mit 7.440 Quadratmetern Fläche oder mehr, zu bauen. Er ging davon aus, daß der Absatzmarkt in den Vororten bald gesättigt sein würde und Kresge sich deshalb nach einer neuen Strategie umsehen müßte.

Angesichts von Wal-Marts Erfolg in Kleinstädten ließ Dewar kleinere Filia-len für kleinere Standorte planen, z.B. mit nur 3.720 Quadratmetern Verkaufsfläche – das war nicht einmal die Hälfte der Fläche eines durchschnittlichen Kmarts. Doch Kresge wäre besser beraten gewesen, Wal-Mart genauer zu studieren. Solch relativ kleine Filialen besaß Wal-Mart nur an seinen kleinsten Standorten, d.h. in Städten, die mindestens halb so klein waren wie diejenigen, die Dewar als Zielgruppe ins Auge gefaßt hatte. Als Kresge sein neues Konzept zu testen begann, war Wal-Mart in den Kleinstädten, an denen Dewar Interesse zeigte, inzwischen so erfolgreich, daß schon eine Vergrößerung der Wal-Mart-Märkte, die ja fast schon mit der Größe eines typischen Kmarts gleichgezogen waren, geplant wurde. Und einige der anderen regionalen Discounter-Unternehmen verfolgten ähnliche Pläne. Doch Dewar und seine Kollegen an der Spitze von Kresge bemerkten entweder nicht oder nahmen nicht ernst, in welche Richtung diese Unternehmen tendierten. Als man schließlich die ersten beiden Mini-Kmarts in Provinzstädten eröffnete und zunächst einen traumhaften Umsatz erzielte, gab ein begeisterter Dewar den Auftrag, das Programm nun in vollem Umfang in die Wege zu leiten. Erst später, als man rückblickend analysierte, wo die ganze Geschichte einen unguten Verlauf genommen hatte, erkannten Führungskräfte bei Kresge, warum diese beiden Test-Kaufhäuser so täuschend gut angelaufen waren: „Man hatte sie auf einem Absatzgebiet plaziert, wo nichts schief gehen konnte, da es keinerlei Konkurrenz gab", erklärte Larry Parkin, der später Vorstandsmitglied und Leiter des operativen Geschäfts bei Wal-Mart wurde.

Zwischen 1972 und 1979 eröffnete Kresge 1.100 dieser kleinformatigen Kmarts. Eine bestimmte Anzahl von ihnen lief – wie die beiden Testkaufhäuser auch – zunächst ganz gut, und das Programm entwickelte sich eigentlich erwartungsgemäß.

Doch wie sich bald herausstellen sollte, konnten sie sich selbst in Städten, wo sie als erste den Markt besetzt hatten, nicht gegen die größeren konkurrierenden Discount-Kaufhäuser wehren, die in vielen Fällen bald nach ihnen in das Absatzgebiet eindrangen. 1977 wandelte Kresge sein neues Konzept ab und plante etwas größere Minikaufhäuser – dieses Mal mit einer Verkaufsfläche von etwa 5.100 Quadratmetern. Doch trotz aller Bemühungen stellte sich heraus, daß die Kaufhäuser langfristig betrachtet einerseits zu klein waren, um Gewinn abzuwerfen, und andererseits zu teuer, um geschlossen oder erweitert zu werden.

Hinzu kam, daß Dewar zunehmend von der Vorstellung fasziniert war, auf den europäischen oder japanischen Markt vorzudringen. Ermuntert durch Cunningham verbrachte er viel zu viel Zeit und Mühe damit, das Marktpotential in Deutschland, Frankreich, Italien, England und Japan zu erforschen, das sich jedoch letztlich als ungeeignet für Kresge erwies. Auf der Jahreshauptversammlung von Kresge im Jahr 1973 versprach ein übereifriger Dewar den Aktionären, daß der Konzern bis spätestens 1975 sein erstes Kaufhaus in Europa eröffnen würde. Doch aufgrund von Gesetzesänderungen und der Rezession in Europa 1974 mußte er seinen Plan stillschweigend ad acta legen. Es sollte schließlich noch 20 Jahre dauern, bevor Kmart schließlich den Atlantik überquerte – und auch dann war sein transatlantischer Expansionsversuch nur von kurzer Dauer und nicht besonders erfolgreich.

Was die kaufmännische Seite anging, d.h. Auswahl und Verkauf der Ware in den Kmart-Filialen, delegierte Dewar vieles an Ervin Wardlow, den rechthaberischen Leiter des operativen Geschäfts, und dessen Mitarbeiter. Dies war ganz einleuchtend. Schließlich hatte man diese Männer eingestellt, damit sie sich um die kaufmännische Seite kümmerten. Doch gerade weil diese Männer Kaufleute waren, hatten sie das Vertrauen der Einkäufer und Filialleiter auf eine Art, an die Dewar nicht heranreichen konnte. „Wir wußten zwar, daß er auf dem Chefsessel saß, aber wir hatten nicht das Gefühl, daß er auch wirklich unser Chef war. Es war so, als würde er nicht die eigentliche Verantwortung tragen", erinnerte sich ein Filialleiter. Viele ehemalige Leiter von Kmart-Niederlassungen behaupten noch heute mißbilligend – aber fälschlicherweise – daß Dewar die Kaufhäuser selten besucht habe. Tatsächlich hatte es sich Dewar zur Pflicht gemacht, an mehreren Tagen der Woche auf Kaufhausvisite zu gehen.

Es kam hinzu, daß sich Dewar dem Vorschlag der für ihn arbeitenden Wirtschaftsexperten anschloß, von Cunninghams Politik abzurücken, die darin bestanden hatte, im Textilbereich nur etablierte Markennamen zu verkaufen. Man stellte zunehmend auf sogenannte „Eigenmarken" um, d.h. Textilien, die speziell für Kresge produziert und als Hausmarke von Kresge verkauft wurden. Das Konzept schien durchaus vernünftig. Mit Eigenmarken kann eine höhere Gewinnspanne erzielt werden, da die Einzelhändler dem Hersteller für diese Produkte in der Regel viel weniger bezahlen als für Markenartikel derselben Produktsparte. Allerdings bestand das Problem darin, daß ein Großteil der für Kresge hergestellten Bekleidungsartikel qualitativ nicht überzeugend waren. Viele der Kleider entsprachen nicht der Mode oder waren schlichtweg häßlich. Mitte der 70er Jahre nannte man Kmart spöttisch den Polyester-Palast. Mit diesem Image war es schwierig, den Umsatz in die Höhe zu treiben. Die Käufer ließen Kmart nicht ganz und gar links liegen, sie begannen allerdings, ebenso oft andere Discounter aufzusuchen, die immer noch die attraktiveren Markennamen führten.

Aber was noch Schlimmer war: aufgrund der Steuermann-Mentalität, die jetzt Überhand nahm, kümmerte sich Kresge nicht genügend darum, daß seine bestehenden Filialen auf Vordermann waren. Im Laufe der Zeit wurden viele immer schäbiger. Das Unternehmen verfiel in Untätigkeit, was sein Warensortiment anging, und wandte bei weitem nicht dieselbe Energie wie Wal-Mart oder andere Konkurrenten auf, die, um das Konsumverhalten anzuschüren, immer wieder gänzlich neue Produkte anboten, z.B. die neueste Mode im Textilbereich oder „verbesserte" Ausführungen von Haushaltsartikeln und anderen Gebrauchsgütern.

Und Dewar traf noch eine weitere, weitaus fatalere Entscheidung. Bereits in den späten 60er Jahren hatte Kresge in kleinem Umfang mit computergestützter Warenbestellung und Lagerführung experimentiert. Doch 1973, als Walton bereits in 22 seiner 64 Wal-Mart-Kaufhäuser Computer im Bestellsystem einsetzte und die meisten wichtigen Einzelhandelsunternehmen – von Sears bis zu den kleineren – Computeranwendungen testeten, hielt Kresge noch immer an seinem antiquierten System fest: Alle Leiter der 673 Konzernfilialen füllten ihre Bestellzettel noch mit der Hand aus und schickten jeden Tag Warenlisten zum Unternehmenssitz, d.h. alles in allem 40.000 Bestellisten pro Tag, die gesammelt, per Hand sortiert und an die jeweiligen Lieferanten weitergeleitet wurden. Es konnte Wochen, ja Monate dauern, bis bestellte Ware vor Ort eintraf. Da jeder beobachten konnte, welche Entwicklung bei konkurrierenden Handelsunternehmen stattfand, legten in diesem Jahr mehrere leitende Angestellte Kresge den Vorschlag vor, die handgeschriebenen Bestellbücher abzuschaffen und durch Computer zu ersetzen, um Bestellungen über das Telefonnetz zur Hauptgeschäftsstelle schicken zu können. Die Argumente sprachen für sich: Durch eine elektronische Übermittlung der Warenlisten würde man den gesamten Abwicklungsprozeß um Tage beschleunigen, eine größere Warenvielfalt auf Lager haben, den Umsatz steigern und langfristig gesehen die Kosten senken können.

Doch Kresge hatte schon immer eine dezentrale Struktur gehabt, die den Managern vor Ort ein großes Maß an Freiheit gab. Wenn etwas auch nur annähernd danach aussah, als müßten die Filialleiter etwas von ihrer Selbständigkeit abgeben – wie das etwa bei einem zentralen Bestellsystem der Fall war – wurde das generell als Versuch seitens der Führungsspitze betrachtet, den Filialen vor Ort das Ruder aus der Hand zu nehmen, und heftiger Protest war die Folge. Die Leute mit den kaufmännischen Kompetenzen argumentierten, daß die Filialleiter dank ihrer Erfahrung und als unmittelbar Betroffene doch am besten wissen mußten, welche Ware noch vorrätig war, welche Bestände im Lager zur Neige gingen und wann man etwas nachbestellen mußte. Bei einer Umstellung auf ein computergestütztes System würde man sich um all diese Erfahrungswerte bringen, lautete ihr Argument.

Und Dewar sah keinen Grund, die Umstellung auf ein Computersystem gegen die Filialleiter durchzusetzen. Er war sich schließlich selbst nicht so sicher, ob die Computer wirklich notwendig waren. Er legte daher gegen diesen Schritt sein Veto ein mit der Begründung, die Umstellung sei zu teuer und er habe keine Lust, Millionen Dollar für etwas auszugeben, was in seinen Augen ein reines Experiment sei.

Um den innovativen Vorstoß nicht ganz ins Leere laufen zu lassen, stimmte er zu, zwei Minicomputer anzuschaffen, die in zwei Kmart-Kaufhäusern getestet werden sollten. Doch der Test brachte keine verwertbaren Ergebnisse, da die Bestellisten zwar per Computer gespeichert, aber nicht verschickt werden konnten. Statt dessen verschickte man die aufgelaufenen Bestellungen jeden Tag auf dem Postweg, so wie man eben zuvor mit den handgeschriebenen Rechnungen verfahren war. Als sich Kresge 1976 angesichts seiner insgesamt 1.647 Warenhaus-Filialen (einschließlich der 1.206 Kmarts) mit einer größeren Flut von Bestellungen konfrontiert sah als je zuvor, wagte der Handelskonzern ein anderes kleines Experiment: Man wollte versuchen, Warenbestellungen vom Hauptgeschäftssitz des Unternehmens zu einigen der größten Lieferanten per Computer zu verschicken. Auch dieses Mal gab es wieder ein paar führende Köpfe im Unternehmen, die das enorme Potential dieser Idee im Hinblick auf die schnellere Verfügbarkeit fehlender Ware in den Filialen und die Senkung der Betriebskosten erkannten, und die verlangten, das gesamte Bestellsystem auf Computer umzustellen.

Doch ein weiteres Mal schlug sich Dewar auf die Seite der Verkaufs-Experten im Unternehmen, so wie er es während seiner Zeit als Firmenchef fast durchgehend tat. Wenn diese so fest davon überzeugt waren, daß es keine Probleme damit gab, Bestellbücher per Hand zu führen und die Warenlisten über den Postweg zu verschicken, dann mußte es wohl so sein. Wenn sie sich so sehr dagegen sträubten, ein Computerprogramm zur Warenbestellung zu benutzen, wenn sie strikt behaupteten, daß Filialleiter und -angestellte besser wußten als irgendein Computer, welche Ware man bestellen sollte und zu welchem Zeitpunkt, warum sollte er versuchen, sie umzustimmen? Computer kosteten sowieso viel zuviel Geld.

Es gab natürlich Führungskräfte bei Kresge, die Dewars Entscheidungen schon zum damaligen Zeitpunkt als Fehler erkannten. Doch wenige besaßen den Mut, das direkt auszusprechen. Das Unternehmen besaß eine starre, wenig aufgeschlossene Unternehmenskultur – ganz im Gegensatz zu Wal-Mart. Walton ermutigte seine Angestellten aller Unternehmensebenen, Ideen kontrovers zu diskutieren. Bei Wal-Mart wurden Entscheidungen – selbst die von Walton – selten als unumstößlich betrachtet. Bei Kresge hingegen galt es als äußerst riskant, eine Meinung in Frage zu stellen, wenn man nicht wußte, was der Vorgesetzte darüber dachte. Etwas besser wissen zu wollen als die Person, die sich eine Stufe über einem selbst befand, war geradezu tollkühn. Und da sich die meisten Führungskräfte durch diese Unternehmenshierarchie nach oben gearbeitet hatten, erwarteten sie, daß diejenigen auf den unteren Rängen denselben Respekt an den Tag legten wie sie früher selbst. Hatte Dewar einmal eine Entscheidung getroffen, gab es darüber keine Debatte mehr. Dieser Kodex galt im Unternehmen seit dem Gründervater Sebastian S. Kresge höchstpersönlich. (Die Art und Weise, wie Wardlow und seine Mitarbeiter ihr eigenes Reich im Reich führten, war eine Ausnahme, aber sie waren eben die anerkannten Kaufleute und Dewar nicht.)

Bis weit in die 70er Jahre hinein verzeichnete Kresge noch durchaus erfreuliche Ergebnisse, nicht zuletzt dank des Vorsprungs, den Cunningham in den Jahren zuvor erarbeitet hatte. Das Unternehmen eröffnete weiterhin neue Filialen, und die Umsätze stiegen stetig, bis 1976 ein Rekord von 8,4 Milliarden Dollar erreicht wurde. Im diesem Jahr öffneten 271 Kmarts ihre Pforten – das waren zehnmal mehr als neu eröffnete Wal-Marts bzw. knapp die Hälfte aller Discount-Märkte, die in diesem Jahr insgesamt eröffnet wurden. Im darauffolgenden Jahr benannte sich der Konzern offiziell in Kmart Corp. um.

Doch spätestens 1978 wurden Dewars Fehler deutlich sichtbar, obwohl die Umsätze von Kmart noch einmal um knappe 18 Prozent auf 11,7 Milliarden Dollar anstiegen. Die Inflation wütete und setzte die Einzelhandelsunternehmen unter Druck. Für Kmart war diese Situation besonders bedrohlich. Das Unternehmenswachstum verlangsamte sich allmählich – ebenso wie das Gewinnwachstum. Man hatte über Jahre hinweg eine große Anzahl einzelner Filialen sträflich vernachlässigt. Die älteren Kmart-Niederlassungen besaßen oft eine unzureichende Belichtung, Kartons mit Ware stapelten sich unausgepackt auf Tischen, und bei den gut verkäuflichen Artikeln gab es Nachschubprobleme. Konkurrierende Discounter waren auf dem Vormarsch und machten Dewars Mini-Kmarts – und den ursprünglichen, größeren Kmart-Märkten – das Leben schwer. Wal-Mart und die anderen regionalen Discounter, wie etwa Caldor im Nordosten, und die Discounter-Kette Target von Dayton-Hudson Corp. im Mittleren Westen hatten mehr Kapital investiert, um ihre Filialen in Schuß zu halten und in den Regalen immer die von den Kunden gewünschte Ware anbieten zu können. Schließlich mußten sogar die für das Kaufmannswissen zuständigen Führungskräfte von Kresge zugeben, daß sich die Fälle bedrohlich zu häufen begannen, in denen gefragte Ware nicht auf Lager war, was letztlich darauf zurückgeführt werden mußte, daß das veraltete, auf handgeschriebenen Listen beruhende Bestellsystem von Kmart immer schwerfälliger wurde.

Dewar stimmte schließlich zu, die Büros der Kmart-Filialen nach und nach mit Computern auszustatten, die Bestellungen und andere Daten über Nacht, wenn die Telefongebühren billiger waren, zum Unternehmenssitz übertragen konnten.

Doch es sollte fast vier Jahre dauern, bis die Vernetzung – und dann auch nur halbherzig – durchgeführt wurde. Und das war einfach zu spät. Mitte 1979 stand fest, daß die Umsätze und Gewinne des laufenden Jahres zum ersten Mal seit der Rezession von 1974 einen geringeren Zuwachs verzeichnen würden als in den Jahren zuvor. Unter Berücksichtigung der Inflation entsprach dies sogar einer Stagnation bzw. einem Negativwachstum. Alles wies auf einen Verlust für das Jahr 1980 hin.

Von außen betrachtet liegt es auf der Hand, warum Cunningham und der Vorstand beschlossen, daß Dewar gehen mußte. Ursprünglich hätte Dewar das Steuer bis 1986 in Händen halten sollen, d.h. bis zum üblichen Pensionsalter von 65 Jahren. Aber es sollte nicht so kommen.

In Dewars Erinnerungen war er es selbst, der sich entschied, „auf die Mißstände in den Filialen auf dramatische Weise aufmerksam zu machen", indem er zugunsten einer Person mit größerer kaufmännischer Erfahrung Platz machte. In seiner Version gab es für seine Entscheidung keinen Druck von außen. „Ich hatte einfach das Gefühl, daß es nach all den Jahren, die ich bei Kresge gearbeitet hatte, an der Zeit war, aufzuhören", erklärte er. Doch Dewar leugnete auch, daß es in Sachen Warensortiment und -verkauf oder etwa dem Zustand der Niederlassungen irgendwelche Probleme gab.

Wie dem auch sei – das Ringen um Dewars Nachfolge kam erst Ende 1979 richtig in Schwung. Wardlow bewarb sich zwar für den Posten; doch bald lief die Nachfolgefrage auf zwei Führungskräfte im Vorstand hinaus, die monatelang erhitzt über ihre jeweiligen Vorstellungen debattierten, wie man das Unternehmen wieder in Schwung bringen könne. Walter Tenninga, der Finanzleiter und Vice Chairman, war überzeugt, daß Kmart sich auf neue Geschäftsbereiche außerhalb der Discount-Branche konzentrieren und lukrative Übernahmen ins Auge fassen sollte. Bernie Fauber, der sich auf der kaufmännischen Seite zum Verwaltungsleiter hochgearbeitet hatte, vertrat die Meinung, daß sich Kmart eher auf sein Kerngeschäft konzentrieren, mehr traditionelle Kmart-Kaufhäuser bauen und die bereits bestehenden Kaufhäuser aufwerten sollte.

Aber es gab noch eine Trumpfkarte in diesem Spiel, und die war im Besitz von Fauber: Er hatte die Unterstützung von Cunningham. Im November 1979 nahm Dewar seinen Hut oder wurde mitsamt Hut an die Luft gesetzt, und Fauber wurde Chief Executive Officer. Der Vorstand erklärte, daß Fauber damit rechnen könne, bei der nächsten Hauptversammlung im Mai auch zum Chairman ernannt zu werden. Danach dauerte es nur ein paar Monate, bis Tenninga, der 23 Jahre bei Kresge gearbeitet hatte, aus dem Unternehmen ausschied. Wardlow ging innerhalb eines Jahres.

Fauber – ein strenger Mann in Dewars Alter – wäre vielleicht in den meisten Unternehmen ein ungewöhnlicher Chairman gewesen: Er hatte nie studiert und war bereits im Jahr 1941 direkt nach seinem High-School-Abschluß zu Kresge gestoßen.

Seine Laufbahn hatte er als Lagerarbeiter im Kresge-Kaufhaus in Lynchburg, Virginia, begonnen, wo 13 Jahre zuvor Harry Cunninghams Karriere ihren Anfang genommen hatte. Doch für Kmarts Verhältnisse war das ein ganz normaler Hintergrund. Vor ihm hatte kein Chairman außer Dewar einen Studienabschluß besessen. Und von den sieben Top-Männern, die direkt für Fauber arbeiteten, hatten nur zwei ein College besucht. Kmart rekrutierte gerne Leute direkt von der High School – in einem fast noch größeren Umfang als Wal-Mart – und ermöglichte ihnen dann einen Aufstieg bis nach ganz oben. Als Kmart in den sechziger Jahren ein explosives Wachstum an den Tag legte, war der Konzern gezwungen gewesen, College-Absolventen anzuheuern, da der Pool ehrgeiziger Angestellter im Unternehmen für den enormen Bedarf an Führungskräften nicht ausreichte. Doch Kmart blieb immer ein Unternehmen, in dem ein leistungswilliger einfacher Angestellter bessere Chancen auf eine Managerlaufbahn hatte als jemand mit einem College-Abschluß in der Tasche, der sich von außerhalb bewarb. Im Gegensatz zu Wal-Mart und fast allen anderen Einzelhandelsunternehmen warb man bei Kmart nur ungern Führungskräfte von anderen Unternehmen ab. Man zog sie sich lieber innerhalb der eigenen Firma heran. Das war zwar manchmal sehr effektiv, aber diese Firmenpolitik verstärkte auch den stark insulären Charakter der Unternehmenskultur.

Gleich zu Beginn seiner neuen Amtszeit als Chief Executive Officer zog sich Fauber das Büßerhemd für die Sünden seines Vorgängers an. Auf der Jahreshauptversammlung von 1980 entschuldigte er sich öffentlich bei den Aktionären dafür, daß viele Niederlassungen schmutzig und heruntergekommen wirkten und daß die Ausstattung der Kmart-Filialen, die man seit Jahren zu modernisieren versäumt hatte, völlig veraltet war. Er versprach, beide Probleme zu lösen, die Ware qualitativ zu verbessern und den Kundenstamm zu vergrößern.

Eine Entscheidung hat vielleicht von allen Veränderungen, die er schließlich durchführte, den größten Symbolwert: Fauber ließ alle Polyester-Textilien, die als Hausmarke verkauft wurden, durch Artikel aus Baumwolle oder Mischgeweben ersetzen. „Unsere Kunden werden in unseren Kaufhäusern nicht mehr durch den Anblick von Polyester beleidigt werden", erklärte ein Sprecher dem Wirtschaftsmagazin *Wall Street Journal*.[8] Fauber beauftragte die Einkaufsabteilung, sich in allen Bereichen eher für Markenartikel zu entscheiden – von Textilien bis zur Wandfarbe. Es gab Umstrukturierungen bei der Raumaufteilung, wobei die Verkaufsfläche einer Abteilung zu den Verkaufszahlen pro Quadratmeter in Beziehung gesetzt wurde, und neue Warenregale sorgten dafür, daß sich mehr Ware auf Augenhöhe befand.

Die Wall Street begrüßte diese Maßnahmen voller Begeisterung. In überschwenglichen Artikeln in den Wirtschaftsmagazinen *Forbes* und *Business Week* wurde vorhergesagt, daß Kmart Sears als größten Handelskonzern der Welt bald überholen werde.*

Doch Fauber wußte, daß er enormen Einsatz bringen mußte, um den Motor des Konzerns – d.h. die einzelnen Kmart-Filialen – wirklich zum Laufen zu bringen. Er veranlaßte eine zweijährige Studie über die Schwächen von Kmart und ließ Verbesserungsvorschläge erarbeiten. Als ihm 1982 schließlich die Ergebnisse der Studie vorgelegt wurden, trennte sich Fauber kompromißlos und zum Entsetzen einiger führender Köpfe im Unternehmen von 25 der umsatzschwächsten Kmart-Filialen.

Er drosselte auch das Tempo beim Bau neuer Filialen, um für die Modernisierung der bereits bestehenden Niederlassungen mehr ungebundenes Kapital zur Verfügung zu haben.

Und endlich beschloß Fauber auch, das Umsatz- und Bestellkontrollsystem von Kmart vollständig umzustrukturieren. Ende 1982 waren die Computer samt Netzwerk, deren Notwendigkeit Dewar so spät in seiner Amtszeit erkannt hatte, endlich vollständig installiert, d.h. alle 2.370 Kmart-Filialen besaßen nun Computer und Handscanner, mit denen man die Preisangaben an den Regalen einlesen konnte. (Wie effizient man mit diesen Scannern arbeitete, zeigt ein Beispiel: Brauchten die Abteilungsleiter früher noch eineinhalb Tage, um eine Inventur mit Nachbestellungen durchzuführen, genügten jetzt eineinhalb Stunden.) Doch eine entscheidende technische Neuerung war bei Kmart noch immer nicht vorzufinden: elektronische Registrierkassen, mit denen die Preise auf den Artikeln eingescannt werden konnten, um die Daten aller Verkäufe zu speichern und schließlich an die Einkaufsabteilung der Hautgeschäftsstelle weiterzuleiten. Dewar hatte dafür kein Geld ausgeben wollen.

Wal-Mart besaß diese Art von Kassen. Walton mußte zwar immer zunächst gründlich von einer neuen Technologie überzeugt werden, doch hatte man das erst einmal geschafft, ließ er sich vollkommen darauf ein. Davon profitierte sein Unternehmen, so daß Wal-Mart in Sachen Inventur, Neubestellung und Lagerung von Artikeln Kmart an Effizienz bald überholte. Fauber war dies alles nicht entgangen: Bereits 1978 hatte er einen Mann kennengelernt – zufälligerweise ein Nachbar von ihm – der sich als Berater von Wal-Mart um die Installation dieses Systems in den einzelnen Filialen kümmerte. Jetzt, vier Jahre später, wollte

* *Business Week* ließ etwas Mißtrauen erkennen durch die Beobachtung, daß „das Schneckentempo, in dem die Kette auf computergestützte Anwendungen umgestellt wurde, bis heute viele Beobachter der Branche in Erstaunen versetzt."

Fauber Kmart auch mit einem solchen System ausstatten, da er sonst eine Ge-
fährdung der Wettbewerbsfähigkeit befürchten mußte.

Doch auch er wurde von den enormen Kosten für ein solches Projekt eingeschüchtert und beging den Fehler, es nur halbherzig anzugehen. Um Geld zu
sparen, versuchten die Techniker von Kmart ein Scanner-System auf die vorhandene Ausrüstung und Software zu setzen. Doch dieses System konnte nicht
die gewünschte Leistung erbringen und funktionierte einfach nicht richtig.
Zunächst verschwiegen die Projektleiter die auftretenden Probleme. Doch im
Mai 1984 brachte ein rivalisierender Manager eine offene Konfrontation auf, und
ein entgeisterter Fauber stellte fest, daß das Projekt bereits um 18 Monate innerhalb des eigentlich großzügigen Zeitrahmens von sieben Jahren hinterher-
hinkte.

Frustriert stellte Fauber ein neues Team zusammen und ließ es noch einmal
von ganz vorne anfangen. Und er tat einen Schritt, der für die insuläre Kmart-
Unternehmenskultur ganz außerordentlich war: Er ernannte einen externen
Außenstehenden zum Leiter des Projekts, und zwar seinen Nachbarn, den Wal-
Mart-Berater David Carlson, den er ein paar Jahre zuvor kennengelernt hatte.

Von außen gesehen läßt sich kaum einschätzen, was für ein radikaler Schritt
dies war. Kmarts Unternehmenspolitik, sich gute Leute für leitende Positionen
vornehmlich aus den eigenen Reihen heranzuziehen, gehörte zu den strengsten
Gesetzen der Branche. Während seiner ersten Tage im Hauptsitz des Unternehmens hörte Carlson mehr als nur einmal, daß er seit der Jahrhundertwende der
erste Externe war, den man mit einer Leitungsposition betraut hatte.

Carlson stand wirklich vor einer enormen Aufgabe. Als er im Juli 1985 seinen Posten einnahm, d.h. nachdem das Projekt zur Modernisierung des Bestellsystems bereits drei Jahre lang lief, besaßen lediglich 23 Kmart-Filialen Kassen
mit Scannern.

Und absurderweise existierten in diesen wenigen Niederlassungen aufgrund
Rivalitäten zwischen den Filialleitern auch noch Scanner-Systeme, die mit einander nicht kompatibel waren. Es kam aber noch schlimmer: Das gesamte
System – gedacht zur schnelleren Warenbestellung – wurde durch die alter-
tümliche Form der Buchführung bei Kmart untergraben. Die Einkäufer selbst
vermieden den Weg über das Kmart-eigene Vertriebssystem, da man den
geltenden Buchhaltungsbestimmungen zufolge für Ware, die Kmart selbst
vertrieb, als Einkäufer einen geringeren Kreditspielraum (und auch weniger
Vergünstigungen) eingeräumt bekam, auch wenn die Kosten gleich hoch
waren.

Carlsons erster Schritt, der von Fauber unterstützt wurde, bestand darin, die
beiden bestehenden Scanner-Systeme aus dem Verkehr zu ziehen, und noch ein-

mal ganz von vorne anzufangen. Kmart ging nun mit voller Kraft daran, seinen Rückstand aufzuholen. 1987 kaufte der Konzern ein Viertel der gesamten Jahresproduktion von IBM an Kassen mit Scanner-Vorrichtungen auf. Und es wurde ein gigantischer Computer angeschafft, mit dem man die Daten in Troy auswerten konnte. Aber nichtsdestotrotz dauerte es bis zum Jahre 1990, bis die 2.400 Kmart-Filialen in ganz Amerika auf dem neuesten Stand der Technik waren.

Doch auch wenn jetzt eine ganze Armee von Computer-Experten damit beschäftigt war, eine Filiale nach der anderen auf dieses geniale, teuere neue System umzustellen, gab es noch immer Widerstände, die noch viel schwerer zu überwinden waren: diejenigen seitens der Filialleiter von Kmart. Sie hatten kein Interesse daran, mit den Daten zu arbeiten, die man durch die leistungsfähigen neuen Computer gewinnen konnte. 1987 waren 200 Filialen on-line an das Datennetz von Kmart angeschlossen, d.h. eine ausreichende Anzahl für eine solide Datenbasis. Doch viele der Führungskräfte beschwerten sich, daß die Auswertung der Daten zu kompliziert sei. Sie wollten keine Computer in ihren Büros. Sie beriefen sich auf Dewars Grundsatz, daß Menschen bessere Kaufleute seien als Maschinen. Sie wollten einfach nicht sehen, daß Computer und Computerprogramme lediglich Hilfsinstrumente waren. Ein leitender Angestellter, mit dem Carlson eines Tages im Jahre 1990 ein Gespräch führte, nachdem in seinem Büro Computer installiert worden waren, erklärte ihm, die gesamte neue Technologie sei ja eigentlich sowieso nutzlos und brüstete sich damit, daß er noch nie in seinem Leben den Geldautomaten seiner Bank benutzt habe, ganz zu schweigen von einem Computer.

Diese ewig-gestrige Einstellung der Filialleiter war es, die sich immer wieder durchzusetzen verstand. Bei Wal-Mart sah das ganz anders aus. Walton war stets auf der Suche nach technischen Talenten und Fachleuten in Sachen Vertrieb, Logistik, Kommunikation und jedem anderen Gebiet, auf dem er sich unwissend fühlte. Im Gegensatz dazu wurde bei Kmart fast alles von den ehemaligen Filialleitern gesteuert. Es war tief in die Unternehmenskultur eingegraben – gewissermaßen Teil der zehn Kmart-Gebote – daß ein guter Filialleiter einfach über alles Bescheid wußte. Und so wies man früheren, tüchtigen Filialleitern auf der Geschäftsführungsebene die Zuständigkeit für Bereiche wie Vertrieb, Personal, Fortbildung oder Kommunikation zu, obwohl sie keinerlei Ausbildung auf diesen Gebieten hatten. Eine Grundeinstellung war bei allen Kmart-Beschäftigten zu finden: Man schaute auf jeden herab, der nicht von der kaufmännischen Seite kam. Dies machte Carlson natürlich auch zu einem Verdächtigen. Und als Tom Nigolian, einer der wenigen Hauptabteilungsleiter, der seinen Aufstieg nicht über die Leitung verschiedener Filialen gemacht hatte, dafür plädierte, die jetzt verfügbaren Daten aggressiver dafür einzusetzen, das Warensortiment besser zu strukturieren, wurde er weitgehend ignoriert.

Denn wußte er überhaupt, wovon er sprach? Er hatte schließlich noch nie ein Kaufhaus geleitet.

Einige der neuen Computerfachleute versuchten die Führungskräfte davon zu überzeugen, einen neuen Ansatz – genannt Trending – auszuprobieren. Hierbei wurden die Umsatzdaten dazu verwendet, Prognosen zu erstellen und die Nachfrage bzw. Nachbestellungen im Vorfeld abzuschätzen. Doch das schien für Kmart-Verhältnisse viel zu esoterisch. So etwas mußte doch ein Filialleiter rein intuitiv wissen. Der Vorstoß verlief also im Sande. Diese Sorte Mensch – dachte schließlich ein frustrierter Carlson – ist wie ein Mann, der sich einen Porsche kauft und dann immer mit dem Blick in den Rückspiel fährt.

Kapitel 8
Der entscheidende Vorsprung

Es war einfach schade, daß die Diskussion um die Bedeutung der Spitzentechnologie für den Einzelhandel in den Führungsetagen von Kmart nur auf gelangweiltes Desinteresse stieß, denn damit verschloß sich die Unternehmensleitung einer Entwicklung, die zu den grundlegenden Neuerungen der 80er und 90er Jahre gehören sollte. Wie ehemals die Geschirrmacher kopfschüttelnd vor den ersten Automobilen standen, die ganz ohne Pferde fuhren, und das als neumodischen Firlefanz abtaten, so waren sich auch die Manager von Kmart, die noch der Generation vor dem digitalen Zeitalter angehörten, nicht bewußt, daß ihre Methoden allmählich überholt waren. Dabei ging es nicht nur um den konzeptionellen Unterschied in der Geschäftsführung von Wal-Mart und Kmart, der sich immer deutlicher abzeichnete, sondern hier vollzog sich ein fundamentaler Wandel: Wie schon in der Vergangenheit durch die Eisenbahn und die Telegraphie wurde nun der Einzelhandel ein weiteres Mal völlig umgekrempelt. Der Einsatz von Computern, mit denen man Unmengen von Daten speichern und auswerten konnte, sowie der Einsatz von Telefon und später Satellitenfunk zur Datenübertragung und Verknüpfung von Filialen, Lagern und Herstellern in einem einzigen, riesigen Netz, kam einer weiteren Revolution gleich.

Sie ist allerdings noch längst nicht abgeschlossen. Ende der 90er Jahre war man im Einzelhandel bereits in der Lage, spezifische Verhaltensmuster der Kunden abzulesen, die sich zu einem umfassenden Mosaik zusammensetzen lassen. Aus dem Gesamtbild geht nicht nur hervor, welche Zahnpastamarke mit welchem Geschmack junge Hausfrauen weißer Hautfarbe, Frauen schwarzer Hautfarbe im mittleren Alter, oder verwitwete, ältere Amerikaner chinesischer Abstammung bevorzugen, sondern auch, was sich daraus im Hinblick auf das Deodorant ableiten läßt, das bei diesen Kundinnen und Kunden wohl am besten ankommt. Einige Einzelhandelsunternehmen haben sogar aufgedeckt, welche Bereiche eines Warenhauses Kunden aufsuchen, ohne etwas zu kaufen. Mit dem Vertriebs- und Belieferungssystem „just in time" hat der Einzelhandel allmählich die herkömmlichen Lagerhäuser durch elektronisch gelenkte, automatisierte Lagerhaltungssysteme ersetzt. Die eben erst per Lkw vom Hersteller gelieferte Ware wird sofort zur weiteren Verteilung kommissioniert, umverpackt und für den Weitertransport an die einzelnen Verkaufsniederlassungen wieder auf Lkws verladen, wobei im Idealfall praktisch keine Liegezeiten auftreten.

Es waren Männer wie Jack Shewmaker und David Glass, die die Möglichkeiten der neuen Technologie rasch erkannten und Wal-Mart zum Vorreiter dieser Umwälzung machten. Damit sicherten sie Wal-Mart einen Vorsprung, dessen Bedeutung für den künftigen Erfolg des Unternehmens gar nicht hoch genug angesetzt werden kann. 1982, als man bei Kmart nur mit Mühe feststellen konnte, zu welchem Zeitpunkt und Preis eine Tube Zahnpasta verkauft wurde – in einigen Filialen wurden Bestellungen noch mit der Hand geschrieben – erledigten bei Wal-Mart die vor Ort verfügbaren Computer bereits Vorgänge, von denen die Firmenleitung von Kmart nur träumen konnte.

Zum Teil ist das darauf zurückzuführen, daß Shewmaker bei Wal-Mart auf ein digitales Verfahren setzte, das in anderen Unternehmen noch nicht sehr verbreitet war. Viele Einzelhandelsgesellschaften führten Anfang der 80er Jahre Scanner-Systeme zur Erfassung von Verkaufsdaten ein, wobei überwiegend eine für Warenhäuser entwickelte und vom Standardisierungsamt des US-Wirtschaftsministeriums geförderte Codierung verwendet wurde. Leider waren in der Entwicklung dieses sogenannten OCR* Systems die Anforderungen an seine praktische Anwendbarkeit nicht ausreichend berücksichtigt worden. Seine Installation war zwar relativ einfach, aber bei den ersten Systemversionen mußte für jeden einzelnen Artikel ein Zahlencode eingeben werden. Dies führte zu Warteschlangen an der Kasse, schlecht gelaunten Kunden und natürlich unzähligen Eingabefehlern gestreßter Kassiererinnen.

In der Lebensmittelbranche fand statt dessen ein anderes System Anwendung, nämlich die UPC**-Strichcodierung, die heute überall verbreitet ist. Bei diesem System braucht man den auf die Verpackung oder das Preisetikett gedruckten Strichcode einfach nur über einen Scanner zu ziehen, der dann – wie beim OCR-System – den Artikeltyp und -preis an den Computer weiterleitet.

Das Scannen des Strichcodes war schneller und bei weitem weniger fehleranfällig. Für Kaufhäuser oder Einzelhandelsgeschäfte mit breit gefächertem Sortiment galt dieses System jedoch als ungeeignet. Während nämlich ein typisches

* Abkürzung für „Optical Character Recognition" – optische Zeichenerkennung
** Abkürzung für „Universal Product Code" – Die Artikelstrichcodierung, die man heute auf fast allen Produkten findet, erforderte eine bessere (und damit teurere) Druckqualität, um zuverlässig gescannt werden zu können.

Lebensmittelgeschäft zwischen 12.000 und 15.000 Artikel führte (einschließlich unterschiedlicher Packungsgrößen und Produktversionen), lagen diese Zahlen bei einem Einzelhandelsunternehmen mit umfassendem Warenangebot wie Wal-Mart, Kmart oder Sears in der Regel mindestens zwischen 50.000 und 60.000. Zur damaligen Zeit verfügte noch kein Strichcode-System auch nur annähernd über die Speicherkapazität, um eine solche Warenvielfalt zu bewältigen.

Abgesehen von den hochwertigeren Warenhausartikeln wurde jedoch fast ein Drittel des Sortiments von Wal-Mart und anderen Discount-Märkten auch im Lebensmittelhandel geführt, z. B. Toilettenartikel, Schreibwaren oder Reinigungsmittel. Dies bedeutete, daß die Hersteller ihre Produkte ohnehin mit einem Strichcode versehen mußten. Shewmaker vermutete, daß sich das Kapazitätsproblem durch eine technische Weiterentwicklung lösen würde – zu Recht, wie sich herausstellen sollte. Hinzu kam, daß bei Wal-Mart 80 Prozent der Ware durch Vertriebszentren umgeschlagen wurden (während es bei Kmart weniger als 30 Prozent waren). Da Kleidung, Handtücher, Bettwäsche und andere Textilien damals ohnehin schon von Mitarbeitern in den Vertriebszentren mit Etiketten versehen wurden, sah Shewmaker kein Problem darin, auch Strichcodes an diesen Artikeln anbringen zu lassen.

Nachdem das System etwa zwei Jahre lang auf Fehler getestet worden war, stattete Wal-Mart 1983 bereits 25 seiner Niederlassungen mit Strichcode-Scannern aus. Weitere Filialen folgten, so schnell es nur ging. Als dann – wie wir heute wissen – die Strichcodierung zur Norm für die gesamte Branche wurde, mußten jene Einzelhandelsunternehmen, die auf das OCR-System gesetzt hatten, nachziehen und Millionen von Dollar in die Umstellung investieren.

Die Strichcodes boten jedoch auch noch weitere Möglichkeiten. Die Scanner waren Bestandteil eines Bestellsystems, bei dem die Filialen in direkter Verbindung mit Bentonville und den Vertriebszentren standen. Diese verfügten wiederum über Direktverbindungen mit den Herstellern. Wal-Mart hatte schon vor Jahren damit begonnen, über die Computer Online-Verbindungen zu seinen wichtigsten Zulieferern einzurichten. Auf diese Weise stellte das Unternehmen seinen Lieferanten sogar Absatzprognosen zur Verfügung, damit diese Bestellungen genauer vorhersehen und Lieferzeiten besser einplanen konnten. Wal-Mart nutzte die Strichcodierung auch zur Weiterleitung und Verfolgung der Ware über die Vertriebszentren. Dank einer weiteren Funktion des Systems, die damals ebenfalls schrittweise eingeführt wurde, konnten die Vertriebszentren die Filialen per Online-Meldung genau darüber informieren, welche Ware wann und mit welchem Lkw angeliefert würde.

So baute Wal-Mart Stück für Stück ein System auf, mit dem sich die Unternehmensleitung einen umfassenden Überblick darüber verschaffen konnte, wo

sich welche Ware zum jeweiligen Zeitpunkt befand und wie schnell sie transportiert, umgeschlagen und verkauft wurde – und zwar durchgehend von der
Produktion bis zur Geschäftskasse. Das Management in Bentonville mußte nun
die jüngsten Monats- und Wochenstatistiken der einzelnen Filialen oder Regionen nicht mehr mühsam auswerten, sondern brauchte nur noch die Daten am
Computer abzurufen, und schon hatte man tagesaktuelle Informationen darüber, wie gut oder schlecht sich ein bestimmter Artikel in den einzelnen Absatzregionen verkauft hatte – ganz gleich, ob es sich dabei um das Design eines
Kleides oder eine Angelrute handelte. Das erleichterte die Abstimmung des Wa-
rensortiments auf regionale Kundenpräferenzen und schuf eine bessere Basis,
um etwas Neues auszuprobieren. Man konnte einen Artikel in mehreren Filialen
auf unterschiedliche Weise präsentieren, sofort beobachten, was am besten funktionierte und diese Präsentationsmethode dann in allen Filialen anwenden. All
dies führte natürlich dazu, daß Wal-Mart seine Lagerbestände – und somit die
Bindung seiner liquiden Mittel – reduzieren konnte, da Nachbestellungen
schneller durchgeführt und Liefertermine zuverlässiger kalkuliert werden
konnten.

Wal-Mart erzielte mit der schnellen Verfügbarkeit der Ware – vor allem der
besonders nachgefragten Artikel – eine enorme Umsatzsteigerung, während
gleichzeitig die Kosten gesenkt werden konnten. 1983 hatte der Handelskonzern
mit der Einführung von Computern und deren geschickten Einsatz die Weichen
für einen enormen Kostenvorteil gestellt. Bei Kmart verursachte jeder Dollar an
Umsatz fünf Cent Vertriebskosten, was in der Einzelhandelsbranche etwa dem
Durchschnitt entsprach. Wal-Mart hingegen mußte hierfür weniger als zwei
Cent pro Dollar aufwenden und erzielte damit innerhalb der Branche das beste
Verhältnis zwischen Umsatz und Betriebskosten. Dies bedeutete natürlich auch,
daß Wal-Mart – von anderen Kostenarten einmal abgesehen – seine Ware bei
gleicher Gewinnspanne um drei Prozent günstiger als Kmart anbieten konnte.

Wal-Mart bediente sich seiner Computer auch zur Überwachung des Cash-
flows, der Bankgeschäfte, Arbeitszeiten und Arbeitskosten im Verhältnis zum
Umsatz. Führungskräfte analysierten, wie man Leerzeiten durch eine effiziente
Arbeitszeitplanung minimieren könnte – was den Ausgangspunkt für einen ver-
stärkten Einsatz von Aushilfskräften und Teilzeitbeschäftigten bildete.

Und dann gab es auch noch das Satellitensystem.

Glenn Habern war als Vice President in der Unternehmensleitung zuständig
für Computer. Bei seinen Bemühungen, Waltons Forderungen nach einem immer umfassenderen und schnelleren Informationsfluß zu erfüllen, stieß er an
die technischen Grenzen der Telefonleitungen, über die inzwischen eine wachsende Zahl von Filialen ihre Daten regelmäßig übermittelte. Wenn man sich nur

unabhängig vom Telefonnetz machen könnte! Wäre es nicht phantastisch, ein eigenes Satellitensystem mit Antennenschüsseln auf jedem Geschäft zu haben? Die Möglichkeiten wären dann fast unbegrenzt: Sprachübertragung wie über das Telefon, aber auch die Übertragung von riesigen Datenmengen in beide Richtungen und selbst Videoübertragungen aus der Unternehmenszentrale ließen sich so bewerkstelligen. Aber vielleicht war das alles ja nur ein schöner Traum. Die technischen Voraussetzungen waren dafür noch gar nicht vorhanden, zumindest nicht in der Praxis. Wenn sich im Einzelhandel irgend jemand ansatzweise für Satellitenkommunikation interessierte, so waren dies nur die Branchenriesen wie die Discounter-Kette J.C. Penney, die weit größer und kapitalkräftiger war als Wal-Mart. Immerhin konnten bei einem in der Praxis noch völlig unerprobten System tausenderlei Dinge schiefgehen. Außerdem wäre das Ganze so teuer, daß man sich Waltons entsetzte Reaktion auf einen solchen Vorschlag schon vorher ausmalen konnte.

Habern tat das einzig Vernünftige: er sprach über seine Idee mit dem einzigen Menschen bei Wal-Mart, dessen Begeisterung für alles Technische womöglich noch größer war als seine eigene, nämlich Jack Shewmaker. Natürlich fand Shewmaker die Idee großartig, meinte aber, die beiden sollten die Sache zunächst allein weiterverfolgen, ohne Walton oder sonst irgend jemanden davon zu unterrichten. Schon bald war Shewmaker genauso fasziniert wie Habern und von der praktischen Durchführbarkeit überzeugt, wenn es auch schwer sein würde, Walton davon zu überzeugen. Ein solches System könnte immerhin mehr als 20 Millionen Dollar kosten. Das entsprach etwa einem Viertel der bei Wal-Mart für 1982 geplanten Investitionen in den Neubau und Ausbau von Filialen bzw. Lagergebäuden oder – um einen weiteren Vergleich heranzuziehen – fast dem Dreifachen der Übernahmesumme für die Kuhn-Kette.

Shewmaker setzte jedoch auf einen Aspekt, mit dem er Walton die Sache schmackhaft machen konnte. Angesichts der Zahl von 600 Filialen, zu denen wöchentlich neue hinzukamen, war Walton gar nicht mehr in der Lage, jede einzelne so häufig zu besuchen, wie er gerne wollte. Aber mit einem Satellitensystem, erklärte ihm Shewmaker, könne er einfach im Hauptgeschäftssitz in Bentonville vor einer Kamera eine seiner berühmten mitreißenden Reden halten, die dann landesweit von den Mitarbeitern in allen Wal-Mart-Filialen und -Lagern live am Bildschirm verfolgt werden könnten.

Shewmakers Taktik ging auf: Walton fand diese Möglichkeit äußerst verlockend. Aber wie nicht anders zu erwarten, kalkulierte er nüchtern wie immer und wollte genaue Auskunft darüber, ob sich das System auch bezahlt machen würde. Es war immerhin eine enorm hohe Ausgabe. Schließlich jedoch überzeugten ihn Shewmakers Argumente. Je größer und flächendeckender das

Unternehmen wurde, um so zeitraubender, komplizierter und teurer würde es sein, das erreichte Niveau zu halten.

Langfristig sollte es sich als eine phantastische Investition erweisen, billiger – und schneller – als der Aufbau und Unterhalt eines Telefonnetzes, mit einer ganzen Bandbreite zusätzlicher Nutzungsmöglichkeiten auf allen Anwendungsebenen. 1988 besaß Wal-Mart das größte private Satellitenkommunikationsnetz in den USA. Es verfügte über sechs Kanäle, auf denen nicht nur Walton seine Motivationsreden an die Mitarbeiter richten konnte, sondern ein Einkäufer die betreffenden Abteilungsleiter in allen Filialen gleichzeitig über neue Produkte informieren und sie ihnen unkompliziert per Bildschirm vorführen konnte. Schulungsvideos über alles, was man sich nur vorstellen kann, wurden von Bentonville aus übertragen. Ab 1989 ließ Wal-Mart sogar seine Lkws mit Sendern ausrüsten, damit die Fahrer alle 15 Minuten ihre genaue Position an die Zentrale durchgeben konnten. Hatte ein Lieferwagen Verspätung, wurde das Personal der betreffenden Niederlassung informiert, und es ging keine Arbeitszeit mehr durch unnützes Warten an der Laderampe verloren. Durch solche effizienzsteigernden Maßnahmen konnte Wal-Mart 1988 einen Umsatz von 103.000 Dollar je Beschäftigtem erzielen, Kmart im Vergleich nur 82.000 Dollar.

Der Bereich, der jedoch mit am meisten von der Einrichtung eines Satellitenfunksystems profitierte, war der Einkauf mit Kreditkarte. Wie die meisten Einzelhandelsketten verkaufte Wal-Mart anfangs ausschließlich gegen Barzahlung. Da man heute in den USA fast überall mit Kreditkarte bezahlen kann – sogar bei der Post – vergißt man allzu leicht, daß Kreditkarten erst in den 60er Jahren aufkamen. In den 70er Jahren waren sie dann längst keine Neuheit mehr, sondern auf dem besten Wege, überall in den Vereinigten Staaten gewohnheitsmäßige Verwendung zu finden. Wie bei den meisten Einzelhandelsketten konnte man auch bei Wal-Mart damit an der Kasse bezahlen.

Besonders freudig wurden sie jedoch nicht akzeptiert. Zu Beginn wollte sich der Einzelhandel nicht auf das Kreditkartengeschäft einlassen, und zwar aus mehreren plausiblen Gründen: Zum Beispiel mußte der Händler bei jedem Einkauf, der mit Kreditkarte getätigt wurde, eine Gebühr an die ausstellende Bank abführen. Häufig mußte der Händler auch erst noch die Bank anrufen, denn bei den meisten Karten galt ein Höchstbetrag pro Einkauf, der zwischen 25 und 100 Dollar lag. War die Summe höher, mußte sich die Filiale erst telefonisch die Deckungsbestätigung der Bank holen. Das Problem bestand zum einen darin, daß Betrugsfälle bei Einkäufen unter dem Höchstbetrag überhandnahmen, zum anderen dauerte es vor 1973 noch durchschnittlich fünf Minuten, um eine Deckungsbestätigung einzuholen. Beides führte zu Gewinneinbußen. Außerdem bedeuten fünf Minuten pro Kunde an der Kasse eines Discounters, wo es durchaus vorkommen kann, daß vier bis fünf Kunden in der Schlange stehen, eine Ewigkeit.

1973 wurde ein US-weites Computernetz für Kreditkartenauskünfte eingeführt, was die Zeit pro Deckungsbestätigung auf durchschnittlich 56 Sekunden reduzierte. Die Verwendung von Kreditkarten nahm explosionsartig zu. In den folgenden Jahren wurde die Zeit für eine Deckungsbestätigung immer mehr verkürzt. Eineinhalb Jahrzehnte später schließlich stellte die Unternehmensleitung von Wal-Mart voller Stolz fest, daß ihr Satellitensystem Deckungsbestätigungen in weniger als der Hälfte der damaligen Durchschnittszeit ermöglichte, nämlich in nur sieben Sekunden.

Die Kunden waren natürlich mit den verkürzten Wartezeiten an den Kassen sehr zufrieden. Für Wal-Mart hatte die Beschleunigung der Deckungsbestätigung zur Folge, daß es nun auch möglich war, sich bei Zahlungen in *jeder* Höhe – also auch unterhalb des Höchstbetrags – eine Bestätigung zu holen. Die Verluste durch Kreditkartenbetrug gingen somit drastisch zurück – so weit, daß sich die Kosten für das Satellitensystem mehr als nur bezahlt machten.

Im Jahre 1992, als Shewmakers Satellitensystem technisch noch etwas ausgereifter war (Wal-Mart regelte sogar die Raumtemperaturen in den einzelnen Filialen von der Unternehmenszentrale aus), beschrieb Walton dessen Vorzüge in seiner Autobiographie, wo er geradezu schwärmerisch auf Einzelheiten der Anwendung eingeht: „Ich brauche nur in den Satellitenfunkraum zu gehen, wo unsere Techniker vor ihren Computerbildschirmen sitzen und telefonisch gerade mit einer Filiale verbunden sind, bei der es vielleicht Schwierigkeiten mit der Satellitenübertragung gibt. Und wenn ich ihnen ein paar Minuten über die Schulter schaue, erfahre ich schon eine ganze Menge darüber, wie das Geschäft an diesem Tag läuft. Auf dem Monitor kann ich die ständig aktualisierten Umsatzzahlen aus dem Kreditkartengeschäft des laufenden Tages ablesen. Ich kann sehen, wie viele gestohlene Kreditkarten wir an diesem Tag wiedergefunden haben. Ich kann mich vergewissern, ob bei den Sieben-Sekunden-Deckungsbestätigungen alles planmäßig funktioniert, und ich kann die Zahl der Geschäftsvorfälle für diesen Tag abrufen. Wenn besonders wichtige oder eilige Informationen an die einzelnen Niederlassungen und Vertriebszentren weitergeleitet werden müssen, die eigentlich einen persönlichen Besuch erfordern, gehe ich oder ein anderes Mitglied der Unternehmensleitung einfach in unser Fernsehstudio hinüber, wo wir auf Sendung gehen und per Satellitenübertragung unsere Informationen direkt an den Mann bringen.“[1]

1983 jedoch, als man mit der Arbeit am Satellitenfunksystem begann, waren all diese praktischen Vorteile noch Zukunftsvision. Damals schien es vielmehr, als würde das Projekt in einem Fiasko enden. Die Kosten stiegen unaufhörlich, zuletzt auf einen Betrag von 24 Millionen Dollar. Als es schließlich einsatzbereit war – anfangs allerdings mit häufigen Störungsausfällen – fand Walton die zeitliche Verzögerung, die bei Telefongesprächen über Satellitenfunk auftritt, ausgesprochen störend. „In den ersten zwei Jahren hätte Walton mich am liebsten umgebracht", erinnerte sich Shewmaker später.[2]

Shewmaker hätte sich keinen ungünstigeren Zeitpunkt aussuchen können, um bei Sam Walton in Ungnade zu fallen. Im Herbst des Vorjahres war bei Walton Leukämie diagnostiziert worden, und er hatte monatelang mit der Entscheidung gerungen, ob er sich auf die von seinem Arzt, Dr. Jorge Quesada, empfohlene Interferon-Therapie einlassen sollte, die sich damals noch im Versuchsstadium befand. Walton gab sich zwar angesichts der Diagnose recht gelassen, aber es ist wohl kein Zufall, daß er sich gerade in jener Zeit erstmals Gedanken darüber machte, wer seine Nachfolge antreten sollte – Shewmaker oder Glass.

Walton hatte die beiden immer wieder absichtlich aufeinanderprallen lassen, indem er sie gemeinsam zu Beratungen mit Analysten in New York oder als Redner zu Veranstaltungen der Einzelhandelsbranche schickte.

Dabei beobachtete er aufmerksam, wie sich die Rivalität zwischen den beiden entwickelte. Er hatte die Cliquenbildung unter Mayer und Arend nicht vergessen. Die Fronten waren in diesem Fall zwar nicht so starr wie damals, aber jeder der beiden Kandidaten hatte seine eigene Gefolgschaft innerhalb des Unternehmens, und Übergriffe auf das Terrain des anderen führten unweigerlich zu Kollisionen.

Ganz abgesehen davon, daß Shewmaker als President in der Hierarchie über Glass stand, schien Shewmaker auch sonst besser im Rennen zu liegen. Er ging oft mit Walton auf die Jagd und spielte Tennis mit ihm, Glass dagegen nie. Glass hatte überhaupt kaum gesellschaftlichen Kontakt mit Walton. Seine Frau Ruth lehnte es ab, die übliche Rolle der Gattin des erfolgreichen Managers zu spielen. Als sie noch in Springfield lebten, hatte Ruth, die sich einsam und unglücklich fühlte, eines Tages eine Sendung der Fernsehprediger Jim und Tammy Faye Bakker gesehen. Sie war schlagartig erfüllt von dem, was sie für das Wort Gottes hielt. Der Herr hatte ihre Seele gerettet. Von ihren religiösen Freunden bestärkt, hielt sie Vorträge vor christlichen Frauenvereinen, reiste durchs Land, um Gottes Herrlichkeit zu bezeugen und trat schließlich in Bakkers Sendung „PTL Club" (Praise the Lord – Lobet den Herren) sowie im „The 700 Club" und ähnlichen Sendungen auf. Sie hatte weder Zeit noch Interesse daran, als Gastgeberin die geschäftlichen Beziehungen ihres Mannes zu fördern oder Veranstaltungen des Unternehmens zu besuchen. David Glass selbst schien bei seinen Auftritten in der Öffentlichkeit immer mehr Zurückhaltung an den Tag zu legen.

Glass wurde zwar allseits sehr respektiert, aber er galt als nüchterner, in Zahlen und systematischen Kategorien denkender Mensch, und seine Arbeit bezog sich eher auf Strukturmaßnahmen im Unternehmen, die weniger ins Auge fielen und grundsätzlicher Natur waren, wie etwa die Verbesserung des Vertriebs. Shewmaker hingegen wurde innerhalb der Branche, von Analysten der Wall Street und von vielen Leuten bei Wal-Mart als exzellenter Kaufmann angesehen – gleich nach Sam Walton der beste, den das Unternehmen zu bieten hatte.

Häufig hört man zum Beispiel, die Einführung von Dauerniedrigpreisen sei ein Verdienst Shewmakers. Wal-Mart verfolgte damit die Strategie, anstelle von Sonderaktionen und laufend neuen Preissenkungen vermeintlich immer gleiche – natürlich niedrige – Preise anzubieten.* Der Verzicht auf Sonderaktionen sparte Werbungskosten, aber auch Lohnkosten, da die Angestellten nicht ständig umdekorieren und die Ware erst niedriger und dann kurz darauf wieder höher auszeichnen mußten. Außerdem lockte man so keine reinen Schnäppchenjäger an, die sich nur mit Sonderangeboten eindecken, aber nichts anderes kaufen wollten. Gerade das sollte mit Dauerniedrigpreisen verhindert werden, und bei Wal-Mart funktionierte es.

Nicht nur viele Leute in Shewmakers Umfeld hielten ihn auf Grund solcher Innovationen für eine Art Kaufhausgenie, Shewmaker selbst tat das auch. Er zeigte keine besonderen Allüren in seinem Auftreten, aber er war sich seiner selbst so sicher, so absolut überzeugt von seinen Fähigkeiten und Entscheidungen, daß er mit den ihm unterstellten Mitarbeitern oft sehr aggressiv und rücksichtslos umsprang.

Bei Filialleitern war er wegen seiner entgegenkommenden Art und seinen häufigen Besuchen vor Ort beliebt, aber wer direkt unter ihm arbeitete, kannte ihn als ungeduldig und schnell aufbrausend. Es fiel ihm schwer, Verantwortung zu delegieren, als könne er sich nicht vorstellen, daß irgend jemand fähig sei, eine Aufgabe – gleich welcher Art – genauso gut wie er selbst zu erledigen.

Verglichen mit ihm wirkte Glass zwar in seinem öffentlichen Auftreten steif und meist nicht so entgegenkommend, Probleme löste er aber fast ebenso dynamisch und geschickt wie sein Rivale. In Waltons Einschätzung hatte er sich durch seine Leistungen bewährt, etwa in der Automatisierung und Erweiterung des Vertriebssystems von Wal-Mart. Glass war jedoch im Umgang mit anderen Führungskräften und ihm unterstellten Mitarbeitern viel diplomatischer und – wie Walton – viel eher bereit, Aufgaben zu delegieren und Entscheidungsspielraum zu gewähren.

---

* Schon 1962 hatte der erste Wal-Mart mit Dauerniedrigpreisen geworben; trotzdem führte Wal-Mart im Lauf der Jahre immer wieder Sonderaktionen durch und warb mit reduzierten Preisen.

„Jack war unglaublich tüchtig und besaß enormes Durchsetzungsvermögen; David dagegen, der würde nie losbrüllen und dich vor versammelter Mannschaft runtermachen, wovor Jack gar keine Hemmungen hatte", erinnert sich ein enger Mitarbeiter von beiden. Ein anderes Mitglied der Führungsetage bemerkte: „Im Lauf der Jahre haben wir wegen der Art von Jack, mit Angestellten umzuspringen, mehrere gute Leute verloren."

Shewmaker mit seinem übersteigerten Selbstbewußtsein hatte sich selbst auch keinen guten Dienst erwiesen, wenn er bei verschiedenen Gelegenheiten direkt gegen Rob Walton opponierte, Wal-Marts Syndikus und als künftiger Treuhänder der Unternehmensanteile der Walton-Familie von 39 Prozent auch eines Tages Nachfolger von Sam als Chairman. Eine der großen Stärken von Shewmaker, nämlich sich mit allem Nachdruck für eine Sache einzusetzen, ohne Scheu vor offener Konfrontation, wenn er – wie recht häufig – überzeugt war, daß er recht hatte, erwies sich auch als große Schwäche: Er schien nicht zu merken, wann er nachgeben mußte, bisweilen nicht einmal gegenüber Sam Walton. „Das war eine Sache, die Jack nicht konnte", berichtet James Jones, Bankier und Verwaltungsratsmitglied. „Glass wußte, wann er einlenken und wann er festbleiben mußte."

Dies zeigte sich anläßlich des Aufruhrs, den es wegen Charles Lazarus gab, dem CEO und Chairman von Toys „R" Us. Anfang 1984 beschloß Walton, Lazarus in den Vorstand von Wal-Mart zu berufen. Toys „R" Us war das beste Beispiel für die neueste Variante, die sich im Dschungel des Kaufhaussektors entwickelt hatte: die sog. „Branchenräuber", also diejenigen Einzelhandelsunternehmen, die die Idee des Discounters auf eine einzelne Warengruppe übertrugen, in diesem Fall auf Spielwaren. Lazarus hatte Toys „R" Us 1957 gegründet. Neun Jahre später verkaufte er die Firma, um sie dann nach einem Konkursverfahren 1978 wieder zu übernehmen. In den folgenden sechs Jahren ließ Lazarus riesige Filialen errichten, groß wie Flugzeughallen und randvoll mit Markenspielzeug gefüllt, die zu den niedrigsten Preisen weit und breit verkauft wurden. Er erzielte damit einen durchschlagenden Erfolg. Das Unternehmen wuchs sogar schneller als Wal-Mart und hatte sich inzwischen einen Marktanteil von 10 Prozent auf dem Spielwarensektor in den Vereinigten Staaten erobert.

Walton war von Toys „R" Us fasziniert und wollte den 59-jährigen Lazarus in der Führungsmannschaft haben, um ihn in aller Ruhe studieren zu können. Shewmaker hingegen war entsetzt bei dem Gedanken, die geheimsten Vorgänge und Strategien von Wal-Mart vor dem Mann an der Spitze eines Unternehmens auszubreiten, das für ihn schließlich ein Konkurrent im Einzelhandelssektor war.

Seiner Ansicht nach würde dies für Lazarus einen fürchterlichen Interessenkonflikt bedeuten. Man müsse davon ausgehen, daß er sich weit mehr seinem eigenen Unternehmen als Wal-Mart verpflichtet fühlte, argumentierte Shewmaker in endlosen Diskussionen aufgebracht – vielleicht zu aufgebracht, wenn man bedenkt, daß er wegen seines Satellitensystems und der damals noch ständig zunehmenden Probleme und Kosten nicht gerade hoch in Waltons Gunst stand.

Eines Tages im Sommer jenen Jahres, kurz nachdem Walton gegen Shewmakers Einwände Lazarus tatsächlich in den Vorstand berufen hatte, ließ der Gründer von Wal-Mart Shewmaker und Glass zu sich rufen. Er eröffnete den beiden, er wünsche, daß sie ihre Jobs tauschten. Glass sei von nun an President und Shewmaker Finanzleiter. Als Trostpflaster für Shewmaker sollte dieser auch Vice Chairman werden.

„So überrascht war Jack in seinem ganzen Leben noch nie", erinnert sich ein Mitglied der Chefetage, dem Shewmaker unmittelbar nach jenem Gespräch über den Weg lief. Shewmaker hatte nicht ohne Protest klein beigegeben, aber Walton erklärte unmißverständlich, seine Entscheidung sei endgültig. Nach einer hitzigen Debatte fügte sich Shewmaker. Es blieb ihm auch gar nichts anderes übrig, denn er war viel zu loyal, um zu kündigen.

In der offiziellen Verlautbarung erklärte Walton, er beabsichtige mit dem Stellentausch eine Erweiterung des Erfahrungshorizontes, eine Art von „Fremdbefruchtung". Er wolle damit seinen Führungskräften lediglich eine weitere Möglichkeit bieten, sich mit jedem Unternehmensbereich vertraut zu machen. Als Beleg für die Gleichwertigkeit ihrer Positionen würden die beiden Manager dasselbe Gehalt bekommen.* Glass und Shewmaker wußten natürlich, was sie in Wirklichkeit davon zu halten hatten. Walton hätte Glass auch gleich mit einem Ritterschlag zu seinem Kronprinzen ernennen können.

Walton hatte sich tatsächlich schon seit Ende des vorherigen Jahres mit dem Gedanken getragen, Glass als seinen Nachfolger zu benennen. Er hatte sich mit Rob Walton besprochen, der ganz und gar dafür war. Daraufhin vergewisserten sich die beiden der Sichtweise einiger anderer Verwaltungsratsmitglieder bezüglich eines solchen Positionstausches. „Sam schnitt das Thema zum wiederholten Male an", erzählte Jones, der Shewmaker schlichtweg für brillant hielt. „Ich fragte: ‚Was stört dich denn an ihm?', und er antwortete: ‚Er stößt die Leute so vor den Kopf... er läßt sich nicht lenken.' Er und Rob kamen mit seiner starken Persönlichkeit einfach nicht zurecht."

„Ich entgegnete, ich würde alles tun, um den Positionstausch zu verhindern, und jedes einzelne Verwaltungsratsmitglied persönlich anrufen", erinnerte sich Jones, der von Glass als Kaufmann nicht viel hielt. Walton ließ das Thema eine

---

* Im Jahr nach dem Stellentausch erhielt jeder von ihnen $ 465.000, zuzüglich Aktienoptionen.

Weile ruhen. Nachdem er sich aber noch etwas weiter umgehört hatte, rief er Jones erneut an, um ihm mitzuteilen, er werde den Rollentausch durchziehen. Jones wetterte empört gegen diese Idee und rief nach dem Gespräch mit Walton sofort die übrigen Verwaltungsratsmitglieder an. Die meisten sagten, daß ihnen Shewmaker zwar auch lieber sei, sie dem Wechsel aber zustimmen würden. Wie hätten sie sich auch gegen Sam stellen können?

Shewmaker ließ sich die niederschmetternde Enttäuschung nicht anmerken, aber in der Unternehmenszentrale verursachte dieser abrupte Wechsel heftige Spannungen zwischen den beiden Lagern, nicht zuletzt deshalb, weil viele Anhänger Shewmakers nun Glass unterstellt waren und umgekehrt. Wie in jeder Unternehmensorganisation spürte auch das gesamte mittlere Management die Erschütterungen dieser erdbebenhaften Verschiebung, doch niemand konnte vorhersagen, welche Nachbeben noch kommen würden. Würde Shewmaker die Firma verlassen? Wer würde mit ihm gehen? Hatte er noch eine Chance? Was waren die Folgen für diejenigen, die sich auf seine Seite gestellt hatten? Draußen in den Niederlassungen war der Wechsel für die Filialleiter kaum nachvollziehbar, denn vielen war Shewmaker sympathischer als der verschlossenere Glass. Kurz nach ihrem Positionstausch sprachen beide Männer auf einer Konferenz von Filialleitern in Little Rock anläßlich der Vorbereitungen für das Weihnachtsgeschäft. Während Glass höflichen Beifall erhielt, erhoben sich für Shewmaker die Teilnehmer von ihren Stühlen und applaudierten ihm frenetisch.*

Mit einem Programm, das Walton im darauffolgenden Jahr einführte, wollte er wohl das Image von Glass fördern. Jeder Mitarbeiter, der Beschwerden oder Verbesserungsvorschläge vorzubringen hatte, sollte sich damit schriftlich oder telefonisch an Glass persönlich wenden. Dieser erhielt daraufhin 18.000 Briefe, wobei „jedem einzelnen Anliegen nachgegangen wird", wie Don Soderquist einem Wirtschaftsjournalisten versicherte.[3]

Falls Shewmaker selbst noch irgendwelche Hoffnungen hegte, eines Tages die Nachfolge Waltons anzutreten – was recht unwahrscheinlich ist – so muß er im Laufe der folgenden Jahre doch gemerkt haben, daß sich seine Chancen kontinuierlich verschlechterten. Dem äußeren Anschein nach schienen er und Glass absolut gleichgestellt zu sein, mit gleicher Redezeit bei Konferenzen auf Führungsebene und Jahreshauptversammlungen, gemeinsamen Konsultationen mit Analysten der Wall Street und ähnlichen Auftritten. Gelegentlich ging Shewmaker immer noch mit Walton auf die Jagd. Er arbeitete genauso hart wie immer. „Jacks Motto lautet: Gott sei Dank ist endlich Montag!", behauptete da-

---

* Der *Mass Merchant Retailer*, ein Branchenblatt, kürte Shewmaker im folgenden Jahr zum Einzelhändler des Jahres – eine deutliche Geste, die erkennen läßt, was viele Leute außerhalb von Wal-Mart von diesem Wechsel hielten.

mals ein Wal-Mart-Mitarbeiter ironisch. „Wenn es nach Jack ginge, käme nach dem Freitag der Montag, und das Wochenende dazwischen würde abgeschafft."[4] Shewmaker ließ sich auch auf keinen Versuch von Konkurrenzunternehmen ein, die ihn abwerben wollten. Als Jones ihn fragte, warum er denn nicht eines dieser Angebote annähme, antwortete Shewmaker: „Vielleicht bin ich verrückt, aber ich bringe es einfach nicht fertig, zu einer anderen Firma zu gehen und dann zu versuchen, das Unternehmen, an dessen Aufbau ich mein Leben lang gearbeitet habe, in die Knie zu zwingen und zu überflügeln."

Es wurde jedoch immer deutlicher, daß Walton seine Entscheidung nicht revidieren würde. Glass schien ebenfalls noch härter als je zuvor zu arbeiten, bis zu 16 Stunden am Tag, so als wolle er um jeden Preis verhindern, daß Walton es sich doch noch einmal anders überlegte.* Doch dann, eines Abends im Februar 1985, als Glass nach einem langen Arbeitstag mit endlosen Besprechungsterminen zu Hause seiner Tochter Dayna bei ihren Hausaufgaben half, spürte er plötzlich stechende Schmerzen in der Brust.

Er bekam kaum noch Luft und schleppte sich ins Bett. Nur wenige Minuten später beschloß seine Frau Ruth, ihn ins Krankenhaus zu fahren.

Das war sein Glück, denn er hatte einen Herzinfarkt erlitten. Ruth Glass rief Walton an, der sofort kam. Er sprach mit den Ärzten und bot an, Glass in ein Krankenhaus in Tulsa fliegen zu lassen, das für solche Fälle besser ausgerüstet war.

Nach Ansicht der Ärzte in Tulsa mußte Glass sich einer mehrfachen Bypass-Operation unterziehen, was er selbst jedoch strikt ablehnte. Walton, der ihn begleitet hatte, hängte sich ans Telefon, um die besten Fachärzte aufzutreiben, die er nur bekommen konnte. Sobald sich Glass' Zustand ausreichend stabilisiert hatte, ließ er ihn nach Houston in dieselbe Klinik fliegen, in der er sich der Interferon-Behandlung unterzogen hatte. Die dortigen Kardiologen stimmten Glass zu, daß er keine Operation benötige, sofern er sich zu einer angemessenen Erholungspause mit entsprechender medikamentöser Behandlung bereit erklären würde, gefolgt von einer gesünderen Ernährungsweise und regelmäßiger körperlicher Betätigung. Glass legte sich ein Laufband zu, das er gewissenhaft benutzte, obwohl er es haßte. Schon wenige Wochen später arbeitete er wieder, ohne auch nur im mindesten kürzer zu treten.

Im Februar 1988 gab Walton schließlich zwei Monate vor seinem siebzigsten Geburtstag die Übergabe seiner Position als Chief Executive Officer an Glass bekannt. Noch am selben Tag erfolgte von Wal-Mart lapidar die Meldung, daß

---

* Die Arbeitsbelastung der Führungskräfte war brutal. Als Ron Loveless sich 1986 von seinem Posten als Senior Vice President zurückzog, weil er mit nur zweiundvierzig Jahren durch den beruflichen Streß schon völlig ausgebrannt war, äußerte er gegenüber der Arkansas Gazette: „Wenn du nicht die erwartete Leistung bringst, bist du weg vom Fenster."

Shewmaker demnächst in Pension gehe, um sich „persönlichen Geschäftsinteressen" zu widmen, unter anderem der Zucht von Angus- und Hereford-Rindern auf der Ranch, die er sich 1983 in der Nähe von Bentonville gekauft hatte.

Natürlich hatte Shewmaker damit gerechnet, fühlte sich aber dennoch reichlich frustriert. Im Büro reagierte er noch gereizter als vorher. Als er völlig überraschend eine lange geplante Rede auf einer Konferenz von Procter & Gamble in Cincinnati absagte, wußte sich ein Vorstandsmitglied von P&G in seiner Verzweiflung nicht anders zu helfen, als Walton zu bitten, ein Machtwort zu sprechen. „Nur keine Aufregung", beruhigte ihn Walton amüsiert, „er wird kommen."

Auch wenn Walton das Steuer von Wal-Mart nicht an Shewmaker hatte übergeben wollen, so wußte er dessen Fähigkeiten doch zu schätzen. Sehr zum Leidwesen von Glass bat er Shewmaker, dem Unternehmen auch weiterhin zur Verfügung zu stehen und gab ihm einen Beratervertrag für fünf Jahre mit einem Jahresgehalt von 100.000 Dollar. Außerdem sorgte er für eine würdige Verabschiedung Shewmakers in den Ruhestand. Er gab für ihn ein Abschiedsessen in Springfield, Missouri, mit über zweihundert Gästen, darunter vielen Analysten der Wall Street und Spitzenmanagern der wichtigsten Lieferanten von Wal-Mart. In seiner Festrede erzählte Walton als Anekdote, wie er und Shewmaker sich auf der Wachteljagd als Schützen gegenseitig zu übertreffen versuchten und überreichte ihm als Geschenk eine Schrotflinte, Kaliber 20 – mit rechtwinklig verbogenem Lauf. Shewmaker legte an und tat so, als visierte er den Lauf entlang. Nur halb im Scherz meinte er: „Ich glaube, Sam, du wirst wohl nie zulassen, daß dir jemand auf irgendeinem Gebiet etwas voraus hat."

Und so zog sich Shewmaker mit neunundvierzig Jahren, von denen er achtzehn für Wal-Mart gearbeitet hatte, aus dem Tagesgeschäft des Unternehmens zurück, an dem er Aktien im Wert von 23 Millionen Dollar besaß.

Was Glass anbelangte, sollte dieser nur allzu bald feststellen, welcher Unterschied darin liegt, designierter Nachfolger zu sein oder die tatsächliche Macht in den Händen zu halten.

Kapitel 9
Etwas Geborgtes, etwas Neues

Sam Walton hielt sich selbst gerne für jemanden, der das Gras wachsen hört. Und angesichts der zahllosen Besuche, die er sowohl den eigenen Niederlassungen als auch denen der Konkurrenz abstattete, seiner regelmäßigen Lektüre der gesamten Fach- und Wirtschaftspresse sowie der trügerischen Harmlosigkeit, mit der er Führungskräfte rivalisierender Unternehmen ins Gespräch verwickelte, um sie auszuhorchen, traf das auch durchaus auf ihn zu.

Dennoch dauerte es fast sieben Jahre, bis er das Potential einer völlig neuen Form des Discounter-Handels erkannte, die 1976 in San Diego aufkam. Tatsächlich reagierte kaum jemand schneller als er, was wohl vor allem daran lag, daß diese neue Art des Einzelhandels wirklich etwas noch nie Dagewesenes darstellte. Es waren nicht viele Leute, die hier ein großes Marktpotential sahen.

Dieses umwälzend neue Konzept war der Großhandelsmarkt: eine riesige, kubusförmige Geschäftshalle, dessen Ausstattung so radikal auf das Nötigste beschränkt war, daß sich eine Wal-Mart-Filiale daneben geradezu luxuriös ausmachte. Mit ihren Betonfußböden und über fünf Meter hohen Stahlregalen, in denen die Ware palettenweise gestapelt war, sahen die Großhandelsmärkte wie Lagerhallen aus. Es gab Senf in Ein-Liter-Eimern und Bohnen in Vier-Liter-Dosen, andere Lebensmittel eingeschweißt in Kisten, Autoreifen, Haushaltsgeräte, Bürobedarf, Stofftiere, ja sogar Eßzimmerstühle im Louis-XIV-Stil mit Gobelinstickerei. Im Gegensatz zu den Discount-Kaufhäusern führten die Großhandelsmärkte auch manche sehr hochwertige Artikel, sofern sich diese nur schnell absetzen ließen. Das Warensortiment war breit gefächert, aber nicht sehr tief gestaffelt. So gab es vielleicht nur einen oder zwei verschiedene Toaster anstelle einer Auswahl von acht bis zehn Modellen, die man in einem Discounter finden konnte. Während ein Discounter etwa 50.000 bis 60.000 verschiedene Artikel führte, waren es in einem Großhandelsmarkt nur 2.500 bis 3.000.

Wirklich ungewöhnlich am Konzept des Großhandelsmarktes – und hierbei kamen die anderen Einzelhändler gehörig ins Grübeln – war die Tatsache, daß man dafür bezahlen mußte, um hier einkaufen zu dürfen. Man mußte nämlich für einen Jahresbeitrag von 25 Dollar eine Mitgliedschaft erwerben. Das schien auf den ersten Blick unglaublich. Warum sollte irgend jemand bereit sein, für eine Einkaufsberechtigung zu bezahlen?

Natürlich nur, weil sich eine solche Einkaufsberechtigung letztlich rentierte. Die Verkaufspreise lagen weit unter den ansonsten im Einzelhandel üblichen, da es sich im wesentlichen um Großhandelspreise handelte. Ein großer Anteil der Kunden von Großhandelsmärkten bestand aus Inhabern kleiner Geschäfte, die ihre Bürobedarfsartikel oder Handelsware hier leichter und billiger beziehen konnten als über den herkömmlichen Großhandel.

Im Unterschied zum Großhandel im eigentlichen Sinn blühte in den Großhandelsmärkten zusätzlich das Geschäft mit dem normalen Endverbraucher, der auf besonders günstige Einkaufsmöglichkeiten für seinen persönlichen Bedarf bedacht war. Das Konzept der Großhandelsmärkte läßt sich auf dieselbe Überlegung zurückführen, aus der die Versandhäuser, Einzelhandelsketten, Supermärkte und Discounter hervorgingen, nämlich die Ware so billig wie möglich anzubieten und seinen Gewinn durch möglichst hohe Umsätze zu erzielen. Im Rückblick boten all diese vorausgegangenen Einzelhandelskonzepte nach einiger Zeit neuen, noch billigeren Anbietern eine Möglichkeit, sich von unten her in den Markt zu drängen. So hatten die Discounter – einschließlich Wal-Mart – nach der Zeit der absoluten Tiefstpreise in den 50er und 60er Jahren in Kauf genommen, daß ihre Kosten, Preise und Gewinnspannen Stückchen für Stückchen nach oben kletterten, während Ausstattung und Einrichtung anspruchsvoller und die Werbeetats erhöht wurden. Die Lücke, die dadurch am unteren Ende der Preisskala entstand, wurde von den Großhandelsmärkten ausgefüllt. Sie führten das Konzept der niedrigen Preise bei hohem Umsatz sogar noch einen Schritt weiter als die Discounter vor ihnen, wie etwa Wal-Mart, die in der Regel einige Lockvogelartikel zum Selbstkostenpreis anboten, die Preise der meisten anderen Artikel jedoch mit einer Bruttogewinnspanne von 25 bis 30 Prozent ansetzten. Die Großhandelsmärkte hingegen kalkulierten sämtliche Preise mit einer unglaublich niedrigen Gewinnspanne von lediglich 8 bis 10 Prozent.

Mit einer so hauchdünnen Gewinnspanne konnte sich das Geschäft nur unter zwei Voraussetzungen rentieren: Erstens mußte man alles daransetzen, die Kosten niedrig zu halten durch geradezu spartanischen Verzicht auf Werbung, aufwendige Warenpräsentation und alles, was nicht unbedingt erforderlich war; zweitens mußte man ein enormes Absatzvolumen erzielen. Genau aus diesem

Grund war die Auswahl in den Großhandelsmärkten so begrenzt: Man konnte es sich einfach nicht leisten, Artikel zu führen, die nicht rasch verkauft wurden.

In diesem Zusammenhang ist das Wort „rasch" noch eine Untertreibung. Als der Mann, der das Konzept erfunden hatte, Sol Price, es schließlich erfolgreich in die Praxis umgesetzt hatte, wurde ihm die Ware in seinen Großhandelsmärkten so schnell aus der Hand gerissen, daß innerhalb von zwei Wochen der gesamte durchschnittliche Bestand umgesetzt wurde. Das war das Vierfache der Umsatzgeschwindigkeit von Wal-Mart, der effizientesten Discounter-Kette der Vereinigten Staaten. Normalerweise waren alle Einzelhändler gezwungen, einen bestimmten Betrag an flüssigen Mitteln in ihrem Vorratsvermögen zu binden, also den zum Verkauf angebotenen Artikeln in den Warenregalen und denen im Lager. Price hingegen hatte auf Grund der extremen Umsatzgeschwindigkeit ein *negatives* Vorratsvermögen, das heißt, er hatte die Ware größtenteils schon verkauft, noch bevor die Zahlung an die Lieferanten fällig war. Somit finanzierten ihm tatsächlich seine Lieferanten den Warenbestand. Anfang der 80er Jahre liefen in jedem seiner Großhandelsmärkte, den sogenannten „Price Clubs", bei einem durchschnittlichen Umsatz pro Woche von zwei Millionen Dollar die Kassen heiß.

Als allmählich auch außerhalb Kaliforniens bekannt wurde, wie unglaublich das Geschäft von Price florierte, sah Walton darin nicht nur eine Bedrohung, sondern auch ein phantastisches Potential für die Discounter, das auch andere über kurz oder lang entdecken mußten. Also beschloß er, sich ein genaueres Bild vom phänomenalen Erfolg der Price Clubs zu verschaffen.

Er wußte bereits eine Menge über Sol Price, der einer der Pioniere im Discount-Geschäft war. Price war ursprünglich Anwalt von Beruf und 39 Jahre alt, als er 1954 in Südkalifornien die überaus erfolgreiche Discounter-Kette Fed-Mart gründete. Sein Vater war Hersteller von Damenoberbekleidung gewesen, doch Price selbst besaß keine konkrete Einzelhandelserfahrung. Wie Walton hatte er jedoch die Möglichkeiten erkannt, die im Discount-Geschäft steckten. Mit 50.000 Dollar Startkapital und einigen Partnern eröffnete er einen Discounter.

Anfangs verkaufte Fed-Mart nur an öffentliche Bedienstete, daher auch der Name („Fed" ist die Kurzform für „Federal" ist, was auf staatliche Behörden und Institutionen hinweist). Bei Price mußte man gegen einen Mitgliedsbeitrag von zwei Dollar eine Einkaufsberechtigung erwerben, was damals für Discounter noch völlig unüblich war und den Eindruck einer gewissen Exklusivität vermittelte. Außerdem vertraute er darauf, daß von zahlenden Mitgliedern als Kunden weniger Ladendiebstähle und ungedeckte Schecks zu erwarten wären. Abgesehen von dieser Besonderheit hatte Price genau wie die anderen Discount-Händler der ersten Stunde gegen bestehende Beschränkungen und Hindernisse im

Einzelhandel zu kämpfen. Er mußt sich gegen Vorwürfe aus Branchenkreisen verteidigen, er mißachte die sogenannten Fair-Trade-Gesetze. Diese bestanden in einer Ansammlung von veralteten Bestimmungen aus der Zeit der Wirtschaftskrise in den 30er Jahren, die durch die Festlegung von Mindestpreisen Schutz vor unlauterem Wettbewerb bieten sollten. Zeitungen weigerten sich, Anzeigen von Fed-Mart zu drucken, da sie befürchteten, andernfalls Kunden aus dem Einzelhandel zu verlieren. Das „Better Business Bureau", ein gemeinnütziger, vom örtlichen Einzelhandel finanzierter Verband zur Förderung gewerblicher Interessen und des Verbraucherschutzes, wies Fed-Marts Antrag auf eine Mitgliedschaft im Verband zurück.

Aber wie überall in den Vereinigten Staaten waren die Bemühungen, dem Discount-Warenhandel Einhalt zu gebieten genauso vergeblich, als wollte man versuchen, die Gezeiten aufzuhalten. Fed-Mart war so erfolgreich, daß Walton sich 1960 und 1961, als er die Gründung von Wal-Mart vorbereitete, besonders eingehend mit dem Unternehmen befaßte. Später erzählte Walton gerne: „Ich glaube, es gibt kaum jemanden in der Branche, dem ich so viele Ideen geklaut habe wie Sol Price – wobei mir das Wort ‚geborgt' besser gefällt.

Um ein Beispiel zu nennen: Es stimmt zwar, daß Bob Bogle mir damals im Flugzeug Wal-Mart als Firmenname vorschlug, aber der Grund, warum ich mich dafür entschied, war nicht, daß der Name so schön kurz und die Firmenschilder deshalb billiger wären", fuhr er fort. „Ich fand ‚Fed-Mart' als Firmenname von Sols Unternehmen so gut, daß ich seine Idee sofort aufgriff und mich für ‚Wal-Mart' entschied."[1]

1975 war Fed-Mart zu einer Kette mit 45 Filialen und einem Jahresumsatz von 300 Millionen Dollar herangewachsen.* Price verkaufte im gleichen Jahr die Mehrheit am Unternehmen an den Deutschen Hugo Mann, einen Einzelhandelsmogul. Price, von dem sein Sohn Larry sagte, er sei jemand, der die Zügel nicht aus der Hand geben könne, sollte eigentlich weiterhin die Leitung der Discounter-Kette behalten, aber es fiel ihm schwer, nicht mehr die Nummer eins zu sein. In der ersten Vorstandssitzung nach dem Verkauf hatten er und Mann einen heftigen Streit wegen etlicher Veränderungen, die der neue Eigentümer vornehmen wollte. Die Auseinandersetzung war dermaßen explosiv, daß Mann den Unternehmensgründer Price feuerte und ihm sogar den Zugang zu seinem eigenen Büro verweigerte. Price mußte Mann verklagen, um sein Gehalt zu bekommen und seine persönlichen Unterlagen abholen zu können. Mann und die späteren Leiter des Unternehmens waren jedoch nicht in der Lage, den Erfolg von Fed-Mart fortzuführen. Ohne Price und seine beiden Söhne Larry und

---

* Wal-Mart erzielte im gleichen Jahr mit 104 Filialen einen Umsatz von 236 Millionen Dollar.

Robert, die ihre Stellen in der oberen Führungsetage sofort kündigten, als ihr Vater abserviert wurde, rutschte die Kette im Laufe der folgenden sieben Jahre immer mehr in die roten Zahlen und ging schließlich in Liquidation.

Sol Price brauchte indessen nicht lange, um mit einer neuen Geschäftsidee aufzuwarten. In zufälligen Gesprächen mit Inhabern von Restaurants, Gemischtwarenläden „an der Ecke", Zeitungsständen und anderen kleinen Geschäften in Raum San Diego stellte er fest, daß diese in vielen Fällen fünf verschiedene Großhändler brauchten, um ihre Betriebsmittel und Handelsware zu beziehen, oft auch noch zu ungünstigen Konditionen. Wenn er ihnen jeweils eine einzige Bezugsquelle zur Deckung ihres gesamten Bedarfs bieten könnte, und dies zu einem vernünftigen Preis, hätte er eine neue Marktnische gefunden.

Mit 800.000 Dollar Eigenkapital und den Geldern neuer Anleger sowie früherer Führungskräfte von Fed-Mart eröffnete Price 1976 am Stadtrand von San Diego, wo die Grundstückspreise niedriger waren, seinen ersten Price Club. Um eine Einkaufsberechtigung zu bekommen, mußte man nicht nur einen Mitgliedsbeitrag entrichten, sondern auch einen Geschäftsbetrieb nachweisen. Dabei spielte es keine Rolle, ob es sich um einen Einzelunternehmer oder einen Angehörigen der freien Berufe handelte – etwa einen Arzt oder Rechtsanwalt, der hier seine Bürobedarfsartikel einkaufen wollte. Allerdings mußte jeder Kunde eine Gewerbe- oder Niederlassungsgenehmigung oder etwas ähnliches vorlegen.

Schon im ersten Geschäftsjahr erzielte der Price Club einen Umsatz von 16 Millionen Dollar – und machte dabei einen Verlust von 750.000 Dollar. Angesichts der extrem niedrig kalkulierten Gewinnspannen reichte das Umsatzvolumen immer noch nicht aus. „Wir grübelten darüber, was falsch gelaufen war", erzählte Price einem Reporter der *New York Times*. „Lag es am Mitgliedsbeitrag? Oder führten wir nicht die richtigen Artikel?"[2]

Price hätte sich außerdem auch fragen können, ob die Vorteile, die er zu bieten hatte, von der breiten Masse der Kleinunternehmer begriffen wurde. Er brauchte unbedingt eine umfangreichere Klientel. Eines Tages kam von einem Kunden ein Vorschlag, der an die ursprüngliche Idee der Fed-Marts anknüpfte: Sollte man nicht den Kundenkreis ein wenig erweitern und auch öffentliche Bedienstete als Einkaufsberechtigte zulassen? Warum eigentlich nicht? Price ließ sich den Vorschlag durch den Kopf gehen und kam zu der Entscheidung, gleich eine Vielzahl von Käufergruppen als Einkaufsberechtigte zuzulassen: öffentliche Bedienstete, Personal von Krankenhäusern und behördlich konzessionierten Versorgungsunternehmen, Mitglieder bestimmter Gewerkschaften, Mitglieder von Kreditgenossenschaften – kurz gesagt, alle Gruppen von Leuten, die er insofern für vertrauenswürdig hielt, als sie nur selten mit ungedeckten Schecks bezahlten. Selbstverständlich mußten auch sie Mitgliedsbeiträge entrichten, was das Risiko ungedeckter Schecks und sonstiger unerlaubter Machenschaften zusätzlich schmälerte.

Durch diese Idee erhielt das Unternehmen genau den zusätzlichen Auftrieb, den es benötigte. Noch war das Konzept eines Großhandelsmarktes für Einkaufsberechtigte so gut wie unbekannt und folglich mußte viel Informationsarbeit geleistet werden, doch als die potentiellen Kunden begriffen, daß ihnen hier eine Einkaufsmöglichkeit zu Großhandelspreisen geboten wurde, gingen Umsatz- und Gewinnzahlen zunächst allmählich, dann aber steil nach oben. Niemanden störte es, wenn zum Beispiel Erdnußbutter der Marke Peter Pan nur im Ein-Kilo-Glas angeboten wurde, denn schließlich kostete es hier weniger als die Hälfte des Preises, den man im nächsten Lebensmittelgeschäft für drei 340-Gramm-Gläser bezahlte. Die Menschen waren in ihrem Einkaufsverhalten bereits gewohnheitsmäßig so preisbewußt, daß sie bei vielen Artikeln einfach nicht widerstehen konnten und spontan zugriffen, sobald sie einen Price Club betraten.* „Für meinen Schwiegervater ist es hier wirklich gefährlich", beklagte sich eine Kundin gegenüber einem Reporter der *New York Times*. „Er kauft Sachen, die er nie verbrauchen kann, wie zwölf Rollen Film für seinen Fotoapparat, eine Kiste Motoröl, oder zehn Rollen Klebeband. Meine Schwiegermutter geht grundsätzlich nur noch ohne ihn zum Einkaufen in den Price Club."[3]

Schon bald gab jedes Mitglied pro Einkauf im Durchschnitt mehr als 100 Dollar aus.

Als Sam Walton Ende des Jahres 1982 nach San Diego flog, um ein wenig zu spionieren, nahm er seinen Sohn Rob mit. Überrascht es, daß es Sam gelang, sich und seinen Sohn auch ohne Mitgliedsausweis in den Price Club einzuschmuggeln? Nachdem sie jeden Winkel gründlich unter die Lupe genommen hatten und gehörig beeindruckt waren, statteten sie Sol Price einen Besuch ab.

Als etwa gleichaltrige Unternehmer im Discount-Geschäft hatten die beiden Männer viele Gemeinsamkeiten. Das ärmlich wirkende Büro von Price im unprätentiösen Flachbau der Hauptverwaltung weit ab vom Zentrum San Diegos fand sicherlich Waltons Zustimmung. Ganz wie bei Wal-Mart gab es auch hier keine reservierten Parkplätze für Führungskräfte. Wer im Inneren des Gebäudes Perserteppiche, Eichentäfelungen oder edles Mobiliar erwartete, suchte verge-

---

* Joseph Ellis, ein scharfsichtiger Einzelhandelsanalyst bei Goldman Sachs und einer der ersten, die sich mit der Bewertung von Großhandelsmärkten beschäftigten, führte einige Beispiele von günstigen Angeboten an, die er – Price hatte inzwischen Konkurrenz bekommen – bei verschiedenen Großhandelsmärkte entdeckte: eine lederne Aktentasche der Firma Hartmann für 230 Dollar, die in den meisten Einzelhandelsgeschäften für 300 Dollar verkauft wurde; Aluminiumfolie in Packungen mit ca. 18 m² für 5,79 Dollar à 2 Stück, gegenüber 4,99 Dollar für nur eine Packung in einem örtlichen Discounter; eine goldene Rolex-Armbanduhr, Modell Oyster für 1.699 Dollar gegenüber 2.800 Dollar in Juwelierfachgeschäften.

bens. Die Aktenregale bestanden aus Betonblocksteinen und einfachen Holzbrettern; Price' Schuhkarton von einem Büro war mit Linoleum ausgelegt und genauso klein wie Waltons. Es bot gerade genug Platz für seinen Schreibtisch, einige Aktenschränke und die Stühle für seine beiden Besucher.

Sowohl der 65-jährige Price als auch der zwei Jahre jüngere Walton kämpften gegen ernstliche Erkrankungen an: Im Jahr zuvor war bei Walton Haarzellenleukämie diagnostiziert worden, und bei Price hatten die Ärzte eine Bell-Lähmung festgestellt, durch die seine linke Gesichtshälfte gelähmt war.

Trotz all dieser Parallelen waren Sam Walton und Sol Price in ihrer Einstellung zum Leben und zur Arbeit sehr verschieden. So brüstete Price sich gerne, daß er statt des *Wall Street Journal* lieber den *Daily Worker*[Ü1] lese.

Als die Price Clubs noch keine Kreditkarten akzeptierten, führte er ironisch als Grund dafür an, es widerspräche seiner religiösen Überzeugung, wenn Leute beim Einkaufen Schulden machten.[4] Was Löhne und betriebliche Sozialleistungen anging, war er wesentlich großzügiger als andere Unternehmer seiner Branche, Walton eingeschlossen. Im Gegensatz zur wenig spendenfreudigen Art Waltons in jenen Jahren hatte Sol Price eine freigiebige Hand für Wohltätigkeitsorganisationen, denen er häufig Spenden über eine von ihm eingerichtete und mit 70 Millionen Dollar ausgestattete Stiftung zukommen ließ.

Zugleich galt Price als selbstherrlich und rücksichtslos, auch gegenüber seiner eigenen Familie. Er überwarf sich mit seinem Sohn Larry, der auf von den Price Clubs angemieteten Geschäftsflächen Montagewerkstätten für Autoreifen betrieb. Nach einer unbedeutenden Auseinandersetzung wegen einer Familienangelegenheit kündigte Sol Price seinem Sohn kurzerhand die Mietverträge und warf ihn somit aus dem Geschäft. In einem Schiedsverfahren wurden Larry Price daraufhin 3,7 Millionen Dollar zugesprochen. Anschließend nahm sich der Sohn einen auf Unternehmensentflechtungen spezialisierten Rechtsanwalt, um seinen Vater auf weitere Zahlungen zu verklagen.

Bei ihrem ersten persönlichen Treffen wirkte Sam Walton auf Price wie ein typischer Südstaatler, äußerst zuvorkommend, freigiebig mit Komplimenten und von fast schon übermütigem Wesen. Er hatte den Verdacht, Walton wollte den Eindruck erwecken, als sei doch wohl jedermann klüger als er.

Price erinnerte sich, daß Walton mit dem Ausdruck offenmütiger Bescheidenheit erzählte: „Vor 25 Jahren habe ich Ihren Fed-Mart in Houston gesehen, und ich wußte gleich, daß das eine großartige Sache ist, aber mir fehlte das nötige Geld, um so etwas in einer Großstadt aufzuziehen, also ging ich wieder in meine Kleinstadt zurück und fing dort an. Daß ich heute 350 Geschäfte habe,

---

Ü1 Anm. d. Übers.: sozialistisch orientierte Tageszeitung

ein Vermögen von 700 Millionen Dollar besitze und mit meinem Unternehmen an der New Yorker Börse bin, verdanke ich alles Ihnen."

„Wenn das so ist", entgegnete Price wie aus der Pistole geschossen, „meinen Sie dann nicht auch, daß mir für die Lieferung der Geschäftsidee ein Honorar zusteht?" Einen Moment lang schien Walton reichlich perplex, bis er merkte, daß Price nur scherzte.

Im Laufe der Jahre entwickelte sich eine eigenartige Beziehung zwischen den beiden Männern, die man wohl am treffendsten als eine Geschäftsfreundschaft bezeichnen kann. Sie bezeugten sich natürlich gegenseitig ihre große Hochachtung vor der enormen Geschäftstüchtigkeit des anderen. Wenn Walton nach Südkalifornien kam, wobei ihn seine Frau oft begleitete, verabredeten sich die beiden meist mit Price und dessen Ehefrau zum Abendessen. Price als vielseitig interessierter Mensch empfand diese privaten Treffen jedoch als recht einseitig. „Für gewöhnlich unterhielten wir uns nur darüber, wie man Kunden bei der Stange hält und ähnliche Dinge", berichtete er später. Jedesmal, wenn Price ein anderes Thema anschnitt, lenkte Walton das Gespräch gnadenlos auf das einzige Feld zurück, das er so gerne beackerte. „Sein Denken kreiste fast ausschließlich ums Geschäft", wie Price feststellte.

Das Geschäft von Price erschien Walton durchaus lukrativ genug, um das zugrundeliegende Konzept zu kopieren. Kaum war er wieder in Bentonville, suchte er in einem gemeinsamen Brainstorming mit seiner Führungsriege nach Möglichkeiten, mit Wal-Mart in den Sektor der Großhandelsmärkte vorzudringen.

Anläßlich eines Einzelhandelskongresses flogen er und seine Frau Helen bald darauf wieder nach San Diego, wo sie sich auch diesmal mit dem Ehepaar Price zum Abendessen trafen, das wieder von der gewohnt eingleisigen Unterhaltung dominiert wurde. Nach seiner Rückkehr beschloß er, seinen ersten Großhandelsmarkt in Oklahoma City zu eröffnen, und zwar in einer ehemaligen, fast 9.300 Quadratmeter großen Filiale der Woolco-Kette, von der nur noch die äußere Hülle stand.

Zumindest aus Höflichkeit, aber vielleicht auch, weil er ein schlechtes Gewissen hatte, rief Walton kurz vor der Eröffnung Price an, um ihn zu informieren. Dieser hatte diese Entwicklung jedoch schon vor ihrem letzten gemeinsamen Abendessen kommen sehen und teilte Walton mit, daß er keineswegs überrascht sei.

Im April 1983 öffnete der neue Großhandelsmarkt unter dem Namen Sam's Wholesale Club* seine Tore.

---

* 1990 wurde der Namensbestandteil „Wholesale" (dt.: Großhandel) gestrichen, weil das Better Business Bureau in einem Gerichtsverfahren in North Carolina mit der Klage obsiegte, daß ein Großteil der Ware nicht zum Weiterverkauf bestimmt war.

Walton war jedoch nicht der einzige, der ein Stück von dem Kuchen haben wollte, der Price einmal allein gehört hatte. Genauso wie im Jahr 1962, als überall in den Vereinigten Staaten Discounterketten wie Pilze nach einem warmen Regen aus dem Boden schossen, sah man 1983 eine ganze Saat von Großhandelsmärkten aufgehen. Im Februar öffnete in Indianapolis die erste Filiale der Kette „The Wholesale Club" unter der Führung von John Geisse, der 1962 Gründungsmitglied der Target-Discountwarenhäuser gewesen war. Fast gleichzeitig tauchte Walter Tenninga, dessen Hoffnungen auf die Leitung von Kmart sich nicht erfüllt hatten, in Chicago als Gründer der neuen Kette „Warehouse Club" wieder auf. Im Juli klingelten die Kassen der ersten Filiale von „Pace Membership Warehouse" in einem Vorort von Denver, und im September ließ ein früheres Mitglied der Unternehmensleitung von Price Club zusammen mit einem Partner in Seattle die Costco-Kette vom Stapel. 1984 folgten weitere Großhandelsmärkte, darunter Super Saver, Price-Savers und BJ's Wholesale Club.

Nur einer glänzte durch Abwesenheit, nämlich Kmart. Dessen Chairman Bernie Fauber hatte zwar ebenfalls mit der Idee geliebäugelt, ins Geschäft der Großhandelsmärkte einzusteigen, jedoch nur kurz. 1984 entschied er sich statt dessen, in einem wahren Übernahmerausch dem Konzern Heimwerkermärkte, Drugstores und Buchhandlungen einzuverleiben.* Dank Faubers Entscheidung befand Walton sich nun in der gleichen glücklichen Lage wie Harry Cunningham, als dieser 1962 Kmart gründete: In einem brandneuen Sektor der Einzelhandelsbranche verfügte er über das dickste Kapitalpolster. Die neuen Großhandelsmarktketten kopierten alle mehr oder weniger das Erfolgsrezept von Sol Price, aber keine von ihnen konnte in ähnlich großem Stil investieren wie Wal-Mart.

Ende jenes Jahres war Wal-Mart bereits mit drei Sam's Clubs im Geschäft. Innerhalb der folgenden drei Jahre eröffnete Wal-Mart weitere 40 Großhandelsmärkte, und überflügelte damit Price in der Zahl der Niederlassungen. Sol Price hatte es jedoch anscheinend gar nicht eilig, sich weiteres Terrain zu sichern. Ihm schien die Wertentwicklung der Grundstücke, auf denen seine Niederlassungen standen, genauso wichtig zu sein wie das Ergebnis der normalen Geschäftätigkeit. Grundsätzlich kaufte er die Immobilien und bemühte sich dann, andere Großmarktunternehmen als Pächter oder Mieter zu gewinnen und auf diese Weise ganze Einkaufszentren aufzubauen. Walton pachtete die Gebäude für seine Sam's Clubs und sparte dadurch pro Niederlassung mehrere Millionen Dollar an Investitionskosten, die er statt dessen für die weitere Expansion des Unternehmens zur Verfügung hatte.

---

* Im einzelnen waren dies die Geschäftsketten Home Centers of America, nach der Übernahme umbenannt in Builders Square Inc., sowie Pay Less Drugstores Northwest Inc. und Walden Book Co.

Walton übernahm persönlich die Projektleitung zur Einführung der neuen Geschäftskette und stürzte sich mit geradezu maßlosem Enthusiasmus in die Arbeit. Seine Begeisterung beschrieb er später mit den Worten: „Es war fast, als würde ich meine zweite Jugend erleben".[5]

Zunächst kopierte Wal-Mart des Konzept von Price ganz pedantisch. Immerhin war Price damit sehr gut gefahren, doch um das nötige Umsatzvolumen zu erzielen, kamen für die neuen Großhandelsmärkte nur großstädtischere Standorte in Frage als die von Wal-Mart bisher meist bevorzugten. Auch das Warensortiment wich deutlich vom Gewohnten ab; viele Artikel waren wesentlich hochwertiger als alles, was die Einkäufer von Wal-Mart in der Regel geordert hatten. Wenn also in den Price Clubs Kisten mit teurem Wein gleich neben den Eingangstüren gestapelt wurden, würde man es bei Sam's Clubs eben genauso machen – zumindest, bis die Einkäufer die schmerzliche Erfahrung machten, daß Wein in Oklahoma bei weitem nicht so gefragt war wie in Kalifornien.

In der Anfangsphase unternahm Walton immer wieder Erkundungsstreifzüge durch die Price Clubs und zeichnete seine Beobachtungen, welche Artikel zu welchem Preis angeboten wurden, mit einem Minikassettenrecorder auf. Einmal wurde er von einem Filialleiter ertappt, der die Herausgabe der Kassette forderte. Walton übergab sie ihm mit einer hastig gekritzelten Mitteilung für Robert Price, den Sohn von Sol Price, daß es zwar das gute Recht seines Vaters sei, das Band abzuhören, sich darauf aber auch noch anderweitige Aufzeichnungen befänden, die er, Walton, auf jeden Fall wiederhaben wollte, sobald Price genug gehört hätte. Vier Tage später sandte Price ihm die Kassette zurück.

Sol Price erzählt, er habe sich wegen der Konkurrenz durch Wal-Mart nie ernsthaft Sorgen gemacht. Er sei davon ausgegangen, daß Walton mit seinen Sam's Clubs längst kein so aggressives Marktverhalten wie er selbst zeigen würde. Andernfalls hätte Walton sich nämlich in die Situation hineinmanövriert, daß seine herkömmlichen Wal-Mart-Niederlassungen, wie er sich ausdrückte, „mächtig Schiß haben müßten" vor der Konkurrenz der konzerneigenen Großhandelsmärkte. Seiner Meinung nach waren deshalb Sam's Clubs im Kampf um Marktanteile doch weitgehend die Hände gebunden. Wesentlich besorgter war er im Hinblick auf andere Ketten, wie etwa Costco, die eine unmittelbarere Bedrohung darstellten.

Tatsächlich mußte bald jeder jeden fürchten. Die Zahl der regionalen Märkte, auf denen Großhandelsmärkte jene enormen, für einen Gewinn erforderlichen Umsätze verbuchen konnten, war begrenzt. Die Großhandelsmarktketten lieferten sich untereinander knallharte Wettrennen, um als erste einen neuen Markt zu erschließen. Das war insofern wichtig, als die meisten Ketten mehr oder weniger die gleiche Ware anboten und für Kunden, die gegen einen Mitgliedsbeitrag von 25 Dollar bereits die Einkaufsberechtigung in einem Groß-handelsmarkt erworben hatten, keine Veranlassung mehr bestand, eine weitere Einkaufsberechtigung bei einem Konkurrenten zu erwerben.

Anfang des Jahres 1983, als noch alle wie verrückt auf diesen neuen Markt-sektor drängten, existierten lediglich acht Großhandelsmärkte, allesamt Price Clubs. Kaum vier Jahre später betrieben allein die acht größten Ketten schon 200 solcher Niederlassungen. Es dauerte nicht lange, bis die Ketten einander so sehr auf den Pelz rückten, daß kleinere Wettbewerber auf der Strecke blieben, so zum Beispiel die Super-Saver-Kette, die zu Howard Brothers gehörte, einem re-gionalen Discounter mit Sitz in Monroe, Louisiana.

Um sich nur möglichst schnell ein Terrain zu sichern, hatte Super Saver bis Ende des Jahres 1986 quer durch die Südstaaten 21 Niederlassungen eröffnet – doch leider befanden sich zehn davon in Städten, in denen es auch einen Sam's Club gab. Nach drei Jahren des Ringens um Kunden und ständige Verluste ver-kauften die Gebrüder Howard ihre Kette 1987 für 36 Millionen Dollar an Wal-Mart.

In einer Hinsicht wich Walton ganz deutlich von der Strategie von Sol Price ab. Auf Grund einer sehr besonnen Expansionspolitik und einer intensiveren Konzentration auf das Großhandelsgeschäft im ursprünglichen Sinn erzielte Price mit jedem seiner Märkte einen wesentlich höheren Umsatz als seine Kon-kurrenten – zum Beispiel mehr als das Doppelte des Umsatzes, den Wal-Mart mit seinen Sam's Clubs im Durchschnitt erzielte. Im Gegensatz dazu verlegte Wal-ton sich darauf, neue Niederlassungen so schnell es nur ging zu eröffnen, um eine Marktsättigung zu erreichen und keinen Raum für Konkurrenz zu lassen – selbst wenn das zur Folge hatte, daß seine sechs Großhandelsmärkte in Houston oder die fünf, die er in Dallas hatte, sich gegenseitig Umsatzverluste zufügten. Er war der Ansicht, es sei immer noch besser, Umsatz an eigene Geschäfte als an fremde zu verlieren.

1988 wurde dieser Branchensektor schließlich von Price Club und dem zu Wal-Mart gehörenden Sam's Club dominiert. Walton hielt daher seine Marktpo-sition für stark genug, um sich auf ein noch ehrgeizigeres Experiment einzulas-sen in Form eines neuen Geschäftstyps von so gigantischer Größe, daß daneben selbst die gewiß nicht kleinen Großhandelsmärkte wie Five-and-Dime-Geschäf-te von anno dazumal wirkten: den Hypermart. Während eine Wal-Mart-Filiale im Durchschnitt eine Verkaufsfläche von etwa 5.760 Quadratmetern besaß (was etwa dem $3/_4$-fachen eines Fußballfeldes entspricht) und die Durchschnittsfläche der Sam's Clubs 9.300 Quadratmeter betrug (entspricht dem $1^1/_2$-fachen eines Fußballfeldes), sollte sich Waltons erster Hypermart über eine Fläche von knapp *20.440 Quadratmetern* erstrecken, was annähernd drei nebeneinander liegen-den Fußballfeldern entspricht.

Der Hypermart basierte auf dem Konzept, unter einem Dach das Sortiment der Wal-Marts kombiniert mit der Auswahl an Lebensmitteln eines riesigen Supermarktes anzubieten, und das Ganze mit den extrem niedrig kalkulierten Gewinnspannen eines Großhandelsmarktes – im Grunde nichts anderes als eine modernere und größere Version der Big-Bear-Supermärkte aus den 30er Jahren.

Die Wall Street ebenso wie viele Einzelhandelsunternehmen betrachteten diese angekündigte riesenhafte Monstrosität als unausweichliche logische Fortentwicklung – die Apotheose des Discountkaufhauses, wie sie von einem Kommentator genannt wurde, als wolle er damit unterstellen, daß wir uns dem evolutionären Höhepunkt all der Trends näherten, die in den vergangenen Jahrzehnten das Erscheinungsbild des Einzelhandels geprägt hatten, und dies nun endlich der ultimative Einkaufstempel im Lagerhallenformat für den städtischen Randbezirk sei.

Das stimmte auch irgendwie – zumindest in dem Sinn, daß auch der Brontosaurus den Höhepunkt der Entwicklung der gewaltigen Dinosaurier im Jura-Zeitalter darstellten. Doch wie der Brontosaurus sollte sich auch der Hypermart letztlich als zu groß herausstellen, um überleben zu können.

Natürlich erscheint dies erst im Rückblick als offensichtlich. Walton hatte immerhin mit eigenen Augen gesehen, daß das Konzept funktionieren konnte. Seine Vorstellung von einem Hypermart ging nicht auf die längst verschwundenen Big-Bear-Supermärkte zurück, sondern entstammte einer Reise nach Brasilien, die er Anfang der 80er Jahre unternommen hatte. Damals war er hingerissen von den Kundenmassen, die zu den Carrefour-Märkten strömten, einer französischen Einzelhandelskette.

Carrefour hatte den *hypermarché* erstaunlicherweise bereits 1962 erfunden. Im Laufe der Jahre hatte das Unternehmen erst in Spanien, später in Südamerika expandiert. Walton scheint jedoch entgangen zu sein, daß diese Verbrauchergroßmärkte in Europa und Südamerika vor allem deshalb florierten, weil Supermärkte und Discounter nach US-amerikanischem Zuschnitt in diesen Ländern keine Verbreitung gefunden hatten und die Hypermarts deshalb die führende Alternative zu den winzigen Lebensmittel- und Gemischtwarenläden in der Nachbarschaft darstellten. Darüber hinaus hatten in Frankreich obskure baurechtliche Bestimmungen am Anfang einen wirksamen Schutz der Verbrauchergroßmärkte vor Konkurrenz bewirkt. Das änderte sich 1973, als sich im ganzen Land verzweifelte Inhaber kleiner Geschäfte zusammenschlossen und die Verabschiedung eines Gesetzes erreichten, das für jeden weiteren *hypermarché* eine behördliche Genehmigung vorschrieb. Carrefour und andere französische Unternehmen sahen sich daraufhin im Ausland nach Expansionsmöglichkeiten um. In Frankreich selbst waren sie damals schon so fest etabliert, daß sie den so lange gewährten Schutz nicht mehr brauchten. Im weitgehend unbeschränkten Wettbewerb des US-amerikanischen Einzelhandelsgeschäfts herrschten jedoch völlig andere Voraussetzungen.

Im Laufe der Jahrzehnte hatte es in den Vereinigten Staaten immer wieder vereinzelte Versuche einer Neuauflage der Big-Bear-Supermärkte gegeben. In den 60er Jahren wagte sich schließlich Fred Meijer, ein Unternehmer aus Michigan, an die Eröffnung großer Discount-Märkte mit einer Fläche von 9.300 Quadratmetern, die auch Lebensmittel verkauften und jeweils eine eigene Bäckerei und ein Restaurant beinhalteten. Im Nordwesten der Vereinigten Staaten ging ein anderer Händler im Discountwarenhandel, nämlich Fred Meyer aus Portland, Oregon, nach dem gleichen Konzept vor. 1987 besaß Meijer fast vier Dutzend Niederlassungen im nördlichen Teil des Mittleren Westens und Meyer doppelt so viele in seiner Marktregion. Aber trotz der Kombination von Lebensmitteln und Gemischtwarensortiment wurden diese Geschäfte ehe wie herkömmliche Discounter betrieben und nicht wie Hypermarts. Der Unterschied war darin begründet, daß ein richtiger Hypermart wegen seiner gigantischen Dimension und der damit verbunden Bau- und Betriebskosten dieselben aberwitzig hohen Umsätze erzielen mußte wie ein Großhandelsmarkt.

Verschiedene Einzelhandelskonzerne, darunter auch Fed-Mart, hatten in den 70er Jahren Experimente mit Hypermarts unternommen und waren gescheitert. Als Walton 1984 gerade von seiner Reise nach Brasilien zurückgekehrt war und sich an die Umsetzung des Konzepts von Carrefour machen wollte, streckte ein anderes französisches Einzelhandelsunternehmen zaghaft seine Fühler auf dem US-Markt aus, um mit einigen amerikanischen Partnern in Cincinnati einen Hypermart mit 18.600 Quadratmetern unter dem Namen Bigg's zu eröffnen. Der dafür gewählte Standort unmittelbar an einer Schnellstraße war ideal. In einem Umkreis von 16 Kilometern gab es mehr als eine halbe Million Haushalte mit einem Durchschnittseinkommen von mindestens 33.000 Dollar pro Jahr. Als Bigg's in den ersten paar Jahren schwer zu kämpfen hatte, führten die Analysten das lediglich darauf zurück, daß das Management den Produktmix noch besser auf den Geschmack des amerikanischen Durchschnittsbürgers anpassen müsse.

Walton sah im Hypermart ein Instrument, mit dem man auf den Markt der Großstädte vordringen könnte, den Wal-Mart bisher meist nur gestreift hatte, und das im Wettbewerb sofort eine dominierende Stellung einnehmen würde. Das einzige Problem bestand darin, daß Wal-Mart trotz des schnellen Wachstums der Sam's-Club-Kette nach wie vor keine große Erfahrung im Einkauf, Vertrieb und Verkauf von Lebensmitteln hatte, die auf Grund ihrer Verderblichkeit besondere Anforderungen stellten.

Wie nicht anders zu erwarten, machte sich Walton an die Lösung dieses Problems, indem er sich außerhalb seines Konzerns nach Führungskräften umsah, die die ihm fehlenden Fachkenntnisse besaßen, und sie kurzerhand abwarb – hier einen Topmanager von Fred Meyer, dort einen von Pace Membership Warehouse, und eine ganze Reihe von Supermarktketten wie Safeway, Cub Food und HEB. Gleichzeitig verband er sein Unternehmen in Form eines Joint Ventures mit Cullum Companies, einer großen, in Dallas ansässigen Supermarktkette. Diese sollte ihn mit Lebensmitteln für seinen ersten Hypermart beliefern, bis er bei Wal-Mart seinen eigenen Unternehmensbereich Lebensmittel betriebsbereit aufgebaut hätte.

1987 eröffneten Wal-Mart und Cullum drei Tage nach Weihnachten ihren ersten „Hypermart USA" in einem Vorort von Dallas. Außer Lebensmitteln und dem Gemischtwarensortiment fand der Kunde dort auch Abteilungen für Feinkost, Backwaren, Fisch sowie einen Schnellimbiß. Dank massiver Werbung und umfangreicher Berichterstattung in den Medien war der Ansturm mit mehr als 50.000 Kunden in der ersten Woche so groß, daß man ihn kaum noch bewältigen konnte. Einen Monat später öffneten sich die Türen zu Wal-Marts zweitem Hypermart in Topeka, Kansas – wobei man diesmal schon auf die Schützenhilfe von Cullum im Lebensmittelbereich verzichtete.

Maggie Gilliam, Analystin bei First Boston, gab warnend zu bedenken, daß jeder dieser gigantischen Verbrauchergroßmärkte einen Jahresumsatz von 85 Millionen Dollar benötigte, *um wenigstens die Gewinnschwelle zu erreichen.* Insgesamt glaubte Gilliam felsenfest an die Geschäftstüchtigkeit Waltons und den wirtschaftlichen Erfolg von Wal-Mart. Sie ließ durchblicken, daß der gigantische Verbrauchergroßmarkt in Dallas möglicherweise noch zu klein war. Dabei stützte sie sich auf die Überlegung, daß der große Vorteil dieses Konzepts darin lag, die Zahl der möglichen Konkurrenten von vornherein auf eine Handvoll zu reduzieren und den Stärken von Wal-Mart entgegenzukommen, weil erstens die Baukosten eines Hypermarts mit 50 Millionen Dollar außerordentlich hoch lagen, zweitens die für ein ausgewogenes Verhältnis zwischen Lebensmittelangebot und Gemischtwarensortiment erforderliche Sachkenntnis sehr umfassend sein mußte und drittens der für einen Gewinn benötigte Umsatz enorm war. „Wir glauben fest daran", verkündigte sie feierlich, „daß das Hypermarkt-Konzept sich als bestimmender Trend im Einzelhandel durchsetzen wird."[6]

Nun ja – heute wissen wir, wie völlig falsch sie mit ihrer Prognose lag. Dabei war sie keineswegs die einzige, die daran glaubte. Die Mehrzahl der Analysten wie auch große Kreise der Einzelhandelsbranche waren der Ansicht, der Siegeszug der Hypermarts durch ganz Amerika sei unaufhaltsam. Nachdem Carrefour im Jahr zuvor durch fünf Abgesandte den Markt erkundet hatte, feierte der französische Konzern im Februar 1988 in Philadelphia mit großem Getöse die Eröffnung seines ersten Hypermarts, einem Koloß mit einer Fläche von 30.660 Quadratmetern, wo manche Mitarbeiter Rollschuhe verpaßt bekamen, um die großen Distanzen schneller zurücklegen zu können.* Auchan, ein anderes französisches Einzelhandelsunternehmen, gab sein Vorhaben bekannt, 1989 einen Hypermart in Chicago aufzumachen, während Euromarché die baldige Einweihung einer zweiten Niederlassung ankündigte.

Und dann ging auch Kmart, das einzige Discounthandelsunternehmen, das noch größer als Wal-Mart war, mit der Nachricht an die Öffentlichkeit, daß es ebenfalls beabsichtige, in das Hypermart-Geschäft einzusteigen.

* In einem durchaus passenden Vergleich schrieb Anthony Ramirez von der *New York Times:* „...nimmt man ein Stückchen vom Parkplatz hinzu und verpflanzt Carrefour nach Ägypten, würde es die Grundfläche der Großen Cheops-Pyramide bedecken."

Kapitel 10
Ein eitles Vorhaben

Was ging bei Kmart vor? Während des größten Teils der 80er Jahre war das Unternehmen unter Fauber damit beschäftigt gewesen, sich Buchhandlungen, Baumarktketten, ja sogar Selbstbedienungsrestaurants einzuverleiben, und schien an jeder Form des Einzelhandels interessiert zu sein, nur nicht am Discount-Geschäft. Und dann plötzlich im Jahre 1988 – es war, als ob man dem emporgekommenen Rivalen den Fehdehandschuh hinwarf – gab Kmart nicht nur den Plan bekannt, mehrere Hypermarts zu eröffnen, sondern kaufte im selben Frühjahr unvermittelt eine 51prozentige Beteiligung an einer Großhandelsmarktkette mit sechs Filialen an der Ostküste und signalisierte damit den Einstieg auch in diesen Geschäftszweig.

Der Eindruck, daß bei Kmart jetzt die Ärmel hochgekrempelt wurden, täuschte nicht. Das Unternehmen hatte einen neuen Chairman, President und Chief Executive Officer in einer einzigen, kraftvoll-dynamischen Person, nämlich dem 46-jährigen Joe Antonini. Er hatte die Geschäftsleitung übernommen, als Fauber im Herbst 1987 in den Ruhestand ging. Und er war ein Mann, bei dem alles schnell gehen mußte.

Antonini war innerhalb von Kmart beliebt und schien ein einzigartiger Fall in der Firma zu sein: Auf seinem zielstrebigen Weg nach oben durch die obligatorische Kresge-Kmart-Hierarchie war es ihm gelungen, nicht in jene unbewegliche Geisteshaltung mit dem Kopf im Sand zu verfallen, die sich in der Unternehmenskultur von Kmart breit gemacht hatte. Im Gegenteil, Antonini war fröhlich, charmant, energiegeladen und höchst interessiert an Anregungen von außen und schien sehr stark bestrebt, sich auch außerhalb der Firma die notwendige Unterstützung zu holen, um neuen Schwung in das Unternehmen zu bringen und Kmarts Position als führendem Discounter des Landes zu sichern. Er hatte Wal-Mart und Sam Walton genau beobachtet und war fest entschlossen, sich gegenüber diesem Konkurrenten zu behaupten – notfalls durch den bloßen Einsatz seiner Persönlichkeit.

„Er hatte ein unglaubliches Charisma", erinnert sich Jeanne Golly, eine ehemalige Abteilungsleiterin von Kmart, die Antonini aus einer New Yorker Public-Relations-Firma abgeworben hatte.

Bei ihrem ersten Zusammentreffen war Golly zunächst amüsiert, dann aber fasziniert von dem ansteckenden Enthusiasmus, den dieser lebhafte, rundliche kleine Mann ausstrahlte. Sie sagte: „Mit ihm gemeinsam daran zur arbeiten, dieses 25-Millarden-Dollar-Unternehmen wieder auf Vordermann zu bringen, das war wie eine Mission."

Antoninis herzliche, überschäumende Art verführte zu Übertreibungen dieser Art. Sein Elan wirkte wie eine frische Brise in diesem ansonsten so schwerfälligen Unternehmen. Viele Vertreter der Wall Street und der Wirtschaftspresse sahen in ihm gar einen zweiten Harry Cunningham. Dieses Energiebündel sei genau die treibende Kraft, die man bräuchte, um Kmart wieder im früheren Glanz erstrahlen zu lassen. Ein Reporter der *New York Times* ließ sich zu dem Kommentar hinreißen, Antonini sei ein Paradebeispiel für die klassische amerikanische Erfolgsgeschichte vom Tellerwäscher, der es bis zum Millionär bringt.[1]

Antoninis beruflichen Start mit einer Tellerwäscherkarriere gleichzusetzen ist natürlich nur als Parabel zu verstehen. Aber es trifft zu, daß Antonini genau die Quintessenz des amerikanischen Traums verkörpert, insofern als seine Familie von Generation zu Generation einen sozialen und wirtschaftlichen Aufstieg schaffte. Sein Großvater Antonio Antonini war ein Steinmetz, der Anfang der 20er Jahre aus den Abruzzen in Mittelitalien nach West Virginia ausgewandert war und bei seiner Ankunft kaum mehr besessen haben soll als zwei starke Hände und die Bereitschaft zu arbeiten. Auf Grund seiner beruflichen Fachkenntnisse war er jedoch nicht wie die meisten Immigranten darauf angewiesen, seine Überfahrt fast wie ein Sklave in den Kohlebergwerken von West Virginia abzuarbeiten. Er siedelte sich in Morgantown an und konnte es sich innerhalb weniger Jahre leisten, seinen halbwüchsigen Sohn Theodore nachkommen zu lassen.

Theodore heiratete eine Einwanderin aus Neapel. Catherine Antonini brachte 1941 Joe Antonini zur Welt, das erste von fünf Kindern. Ganz wie sein Vater war er ein sehr aufgeschlossener, geselliger Mann, der am glücklichsten zu sein schien, wenn er möglichst viele Menschen um sich herum hatte. Jahrelang arbeitete Theodore Antonini als selbständiger Flickschuster in einem Laden im Untergeschoß von Morrison's Kaufhaus in der High Street, der Hauptgeschäftsstraße von Morgantown. Schließlich eröffnete er unter dem Namen Morgan Shoe Repair sein eigenes Geschäft – ebenfalls in der High Street – mit direktem Zugang von der Straße.

Als Junge arbeitete Joe Antonini im Laden seines Vaters und später als Verkäufer bei Morrison. Als Chairman von Kmart pflegte er zu behaupten, daß er bereits damals – im zarten Alter von 14 Jahren – wußte, daß seine Zukunft im Einzelhandel liegen würde.

Wie alle Kinder der Antoninis ging er in die High School von Morgantown. Er war klein, aber athletisch (er wurde 1,70 m groß), und spielte Basketball und Baseball. Was die Schule an Aktivitäten außerhalb des Stundenplans nur anbot, er schien überall dabei zu sein, spielte Saxophon in der Schulband, war Mitglied verschiedener Klubs und übernahm Funktionen in der Schülerselbstverwaltung und bei allen möglichen Organisationen.

Er finanzierte sich sein Studium an der Universität von West Virginia in Morgantown durch Auftritte mit der Rock-'n'-Roll-Band „The Bonnevilles", die er selbst gegründet hatte. 1964 erhielt er, gerade 22 Jahre alt und frisch vom College, Einladungen zu Vorstellungsgesprächen bei verschiedenen Einzelhandelsunternehmen, darunter R.H. Macy & Co. in New York. Aber Max Maddox, Inhaber von Morrison und Freund der Familie Antonini, riet Joe davon ab, zu Macy zu gehen. Er meinte, die besten Zeiten dieses Unternehmens seien schon vorüber. Die Zukunft läge bei den großen Discountmärkten wie Kmart, die Kresge gerade überall eröffnete.

Aber obwohl Antonini den Rat von Maddox befolgte, sollte es noch Jahre dauern, bis er in den Kmart-Bereich des Konzerns vordrang. Bei Kresge war es Tradition, daß alle Trainees am Beginn ihrer Managementlaufbahn – so auch Antonini – als Regalauffüller arbeiten mußten. Seine erste Station war also ein älteres Kresge-Kaufhaus in Uniontown im Bundesstaat Pennsylvania. Von dort wurde er – wie es für Management-Trainees üblich war – häufig versetzt; mit einer Unterbrechung von sieben Monaten in der Army arbeitete er als Assistent der Geschäftsleitung in Kresge-Filialen in New York, Pennsylvania und Connecticut.

Vier Jahre später wurde er in die Firmenzentrale im Geschäftsviertel von Detroit versetzt und stieg zum Assistenten des Vertriebsleiters auf. Nach zwei weiteren Jahren wurde ihm 1970 erstmals die Leitung eines Kaufhauses übertragen, einer Kresge-Filiale in Buffalo, New York, die „so alt war, daß es in der Auslieferung keine Förderbänder gab und wir die Ware in Körben nach oben bringen mußten. Die Fußböden mußten wir sogar noch mit Sägespänen kehren", erzählte Antonini.[2]

Immerhin machte er seine Arbeit so gut, daß Kresge ihn drei Jahre später als Bezirksleiter nach Baltimore versetzte, wo er für 15 Kaufhäuser zuständig war. 1976, vier Jahre nachdem Harry Cunningham, der Gründer von Kmart, sich zur Ruhe gesetzt hatte, erhielt Antonini endlich als Filialleiter seinen eigenen, nagelneuen Kmart in Maryland.

Jetzt konnte er loslegen.

Damals – noch in der Ära von Cunninghams technikfeindlichem Schützling Robert Dewar – gaben bei Kresge erst ganz allmählich manche festgefahrenen Strukturen nach und man stellte erst zögernd vom antiquierten, handschriftlichen Warenbestellsystem auf Computer um. Diesen Prozeß konnte Antonini nicht beschleunigen, aber er fand eine andere Methode, das Rad schneller zu drehen, die spektakuläre Erfolge erzielte. In der Regel faßten die Filialleiter der Kmarts den Lieferbedarf ihrer verschiedenen Abteilungen – von Damenunterwäsche bis Autozubehör – in einer einzigen, umfangreichen Sammelbestellung zusammen, die dann an die Zentrale abgeschickt wurde. Und es oblag allein dem Filialleiter, mit Fingerspitzengefühl den Bedarf an den verschiedenen Artikeln richtig vorherzusehen. In der Praxis kam es deshalb vor, daß Sonderangebote in der Werbung plaziert wurden, die Kunden jedoch binnen kürzester Zeit vor leeren Regalen standen, wenn der Filialleiter die Nachfrage zu niedrig eingeschätzt hatte. Außerdem konnte es passieren, daß die Regale wochenlang leer blieben, weil das Sammelbestellverfahren keine raschen Nachlieferungen von überraschend gutgehenden Artikeln zuließ.

Allein dadurch, daß er jede Abteilung ihre eigene Ware je nach Bedarf direkt bestellen ließ, halbierte Antonini die Nachlieferungzeit der meisten Artikel auf nur eine Woche. Im Durchschnitt benötigten Kmart-Filialen drei Jahre, bis sie einen Gewinn abwarfen. Auf Grund des effizienteren Nachbestellsystems erwirtschaftete Antoninis Kmart bereits im ersten Jahr einen Gewinn. Damit erregte er bei der Unternehmensleitung in Detroit Aufsehen. In den nächsten sieben Jahren wurde Antonini viermal befördert und stieg schließlich zum Leiter der Verkaufsförderung auf, d.h. er arbeitete ab sofort in Kmarts Bezirksbüro Ost in East Brunswick, New Jersey.

Dort erhielt er unter Fauber seine nächste große Chance, wieder indem er sich in der Kunst des Verkaufens auf seinen gesunden Menschenverstand verließ. Zunächst zur Vorgeschichte: 1962, als Kresge den Unternehmensbereich Kmart aus der Taufe hob, ging man nach dem damals für Discounter üblichen Verfahren vor, den Betrieb verschiedener Abteilungen von Kmart vertraglich an eine ganze Reihe von Fremdfirmen zu vergeben, zum Beispiel die Abteilung für Damen- und Herrenbekleidung, Schmuck, Schuhe, Autozubehör und Sportartikel. Durch das frühzeitige Vermieten von Abteilungen an andere Betreiber verringerte Kresge sein finanzielles Risiko und die für die Eröffnung von Kmart-Filialen zwangsläufige Bindung liquider Mittel. Außerdem ging man davon aus, daß die einzelnen Händler für Schuhe, Schmuck und andere Warengruppen, die die Abteilungen betrieben, über den Verkauf dieser Produkte bessere Fachkenntnisse hatten.

Über die Jahrzehnte hinweg hatte Kresge/Kmart viele dieser eingemieteten Einzelhandelsfirmen aufgekauft. Anstatt sie aber in den Kmart-Unternehmensbereich einzugliedern, wandelte zuerst Cunningham und dann Dewar sie in 100prozentige Tochtergesellschaften um, die parallel zu Kmart als unabhängige Unternehmenszweige operierten, jeder mit eigenem Einkauf und Vertrieb. Schließlich kam das Management von Kmart jedoch zu dem Schluß, daß diese Zweigleisigkeit ein absurder Luxus war und sich durch eine Konsolidierung dieser Töchter beträchtliche Einsparungen erzielen ließen. Doch wie bei allen Projekten des Unternehmens in den 70er und 80er Jahren schleppte sich die Durchführung dieser Umstrukturierung im Tempo erdgeschichtlicher Verschiebungen hin.

So schaffte Kmart es erst 1983, Einkauf und Vertrieb seiner separaten Tochtergesellschaften für Damen-, beziehungsweise Herrenbekleidung, zu konsolidieren. Und selbst dann blieb der Kmart-Geschäftbereich Bekleidung an seinem Standort in North Bergen, New Jersey, und wurde bis 1991 unabhängig vom Unternehmensbereich Kmart-Discounter geführt. Als Kmart dann endlich den Verkauf und das Bestellsystem auf Computer umstellte, hatte das zur Folge, daß im Sektor Bekleidung ein anderes System zur Überwachung des Warenflusses verwendet wurde als im übrigen Unternehmen, mit unterschiedlichen Scannern, Preisschildern und Abläufen, in die die Angestellten eingeführt werden mußten.

Jeder Bereich war eine Welt für sich. „Es gab keinerlei horizontale Durchlässigkeit", erinnert sich Larry Parkin, 1983 Leiter des Bezirks West bei Kmart. „Nur sehr wenige Mitarbeiter wechselten jemals von der Muttergesellschaft zum Geschäftsfeld Bekleidung, und umgekehrt überhaupt niemand." Die Grenzen zwischen den einzelnen Bereichen war so starr, daß Parkin ein wenig verwirrt war, als Fauber in diese ungeschriebenen Gesetze der Unternehmenshierarchie eingriff und anordnete, daß er und Antonini zur Bekleidungsseite überwechseln sollten. Obwohl ihnen offensichtlich eine große Aufgabe anvertraut worden war – die Verschmelzung der Bereiche Herrenbekleidung, Damenbekleidung und Mode-Accessoirs zu einem einzigen Geschäftsbereich – war Parkin nicht sicher, was er davon halten sollte. Wurde er nun befördert oder aufs Abstellgleis geschoben?

„Ich fragte: ‚Von welchem Standort soll ich denn operieren, von North Bergen oder von Troy?'" erzählt Parkin. „Sie antworteten: ‚Von Troy', und ich sagte bloß: ‚Gut'".

Für Antonini jedoch, der damit in der Unternehmenshierarchie ein halbes Dutzend Stufen übersprang und Leiter des operativen Geschäfts des Unternehmensbereichs Bekleidung wurde, war das die Chance für sein großes Aufräumvorhaben. Es spielte dabei keine Rolle, daß sein Standort North Bergen hieß und er Parkin als dem neuen stellvertretenden Bereichsleiter unterstellt war – die Gelegenheit war phantastisch.

Kmart hatte zwar seine schnelle Expansion in den 70er und 80er Jahren fortgesetzt, doch die Kosten der Eröffnung hunderter Filialen und die Preissenkungen im Kampf um Kunden während der Inflation und Rezession jener Jahre nagten an der Nettogewinnspanne des Unternehmens. Wer diese Gewinnspanne ein wenig verbessern könnte, würde als Held gefeiert, und auf dem Bekleidungssektor gab es dafür viele Möglichkeiten. Der Gewinnaufschlag, d.h. die Differenz zwischen Kmarts Kosten pro Artikel und dem Verkaufspreis, war für Bekleidungsartikel höher als bei den meisten anderen Waren. Antonini mußte nur einen Weg finden, den Umsatz zu steigern, ohne den Gewinnaufschlag zu reduzieren. Der Schlüssel zum Erfolg bestand darin, die Kunden zu überzeugen, daß Kleidungsstücke, die nicht viel kosten, nicht unbedingt billig aussehen müssen.

Fauber hatte das Image von Kmart als Polyester-Hochburg schon enorm verbessert, indem er die minderwertigen Bekleidungsartikel aus Polyester, die unter Hausmarken liefen, aus dem Sortiment nahm und statt dessen Artikel aus Baumwolle, Wolle und Mischgeweben einführte. Antonini und Parkin machten sich jetzt daran, die Qualität der verbliebenen Eigenmarken von Kmart zu verbessern und solche US-Markenartikel einzuführen, die bei den Kunden besonders beliebt waren. Sie wußten, daß das alles andere als einfach sein würde, da viele Hersteller in der Bekleidungsindustrie es noch immer ablehnten, ihre bekanntesten Marken an Discounter zu liefern. Firmen wie der Jeans-Hersteller Levi Strauss befürchteten, daß sie durch den Verkauf über Discounter ihr Image schädigen und Kunden von Kaufhäusern verlieren würden, die im Prestige höher standen.

Antonini begann, im *Cosmopolitan* und anderen Modezeitschriften für Frauen schick aufgemachte, doppelseitige Anzeigenwerbung für Kmarts Bekleidungsartikel zu plazieren. Er ließ Untersuchungen über regionale Geschmacksunterschiede durchführen und fand zum Beispiel heraus, daß man in Florida die neue Frühjahrsmode schon im Oktober in die Geschäfte bringen konnte, statt wie ansonsten üblich erst im Januar. Eine weitere Studie zeigte, daß das ständig zunehmende Durchschnittsgewicht der amerikanischen Bevölkerung von der Bekleidungsindustrie weitgehend ignoriert worden war. Also nahm Antonini XL- und XXL-Größen ins Sortiment auf, die prompt reißenden Absatz fanden.

Auf Grund anderer Untersuchungen kam er zu der Überzeugung, daß Kmart im Bereich der Hausmarken seine Strategie ändern mußte: Statt zahlreiche, bunt durcheinander gewürfelte Einzelartikel anzubieten, schien es angeraten, ganze Modekollektionen von aufeinander abgestimmten Artikeln zu entwickeln und sie wie die großen, in den ganzen USA verbreiteten Marken zu bewerben.

Eine Eigenmarke populär zur machen funktionierte etwa folgendermaßen: Stelle eine Markenidentität her, und um einen durchschlagenden Bekanntheitserfolg zu erzielen, setze als Werbeträger eine prominente Persönlichkeit ein, mit der man die Marke identifizieren kann.

Mit Prominenten in der Produktwerbung zu arbeiten war natürlich nichts Neues. In den 40er Jahren fanden sich in den Versandhauskatalogen von Montgomery Ward solche jungen, aufsteigenden Stars wie Susan Hayward, Lauren Bacall und Gregory Peck. Kresge selbst hatte 1968 die Olympiasiegerin im Eiskunstlaufen, Peggy Fleming, als Aushängeschild für Kmart unter Vertrag genommen. Antonini ging jedoch noch einen Schritt weiter, den zuvor noch kein anderer Discounter unternommen hatte. Die Idee hierfür übernahm er von einem Rivalen mit hochwertigerem Sortiment, nämlich von Sears.

Ende der 80er Jahre brachte Sears eine komplette Modekollektion unter dem Namen von Cheryl Tiegs auf den Markt, einem berühmten Top-Model, das nach Untersuchungen von Sears bei den weiblichen Kunden außerordentlich populär war. Die Kollektion wurde innerhalb der Sears-Warenhäuser massiv beworben, mit dem Gesicht von Cheryl Tiegs auf Postern, Plakatwänden, Schautafeln und Preisschildern. Der im ersten Jahr erzielte Umsatz von 100 Millionen Dollar löste in der gesamten Branche ein Erdbeben aus.

Der Schock war teilweise darauf zurückzuführen, daß Sears trotz seines großen Absatzvolumens im Bekleidungssegment nicht gerade als führendes Haus für schicke Mode galt. Kmarts Ruf war noch schlechter: Umfragen belegten, daß selbst die treuesten Discount-Kundinnen bei der Frage nach Einkaufsmöglichkeiten für modische Kleidung nicht an Kmart dachten. Antonini war jedoch überzeugt, daß Kmart dasselbe Wunder wie Sears vollbringen und sich ein für alle Mal vom Image eines Massenanbieters wenig attraktiver Polyesterkleidung befreien konnte.

Als ein Vertreter eines Konfektionsherstellers mit dem Vorschlag für eine neue Modekollektion zu ihm kam, die von einer prominenten Persönlichkeit repräsentiert werden sollte, ging er sofort darauf ein. Als Werbeträgerin konnte er die beliebte Fernsehschauspielerin Jaclyn Smith mit ihrem besonders adretten Image gewinnen, unter deren Namen er eine vollständige Kollektion auf einander abgestimmter Damenmodeartikel zusammenstellte. Die Kollektion wurde ein absoluter Hit. In den Filialen standen die Leute Schlange, um den Star zu sehen. 1986 entfiel bereits die Hälfte des Konzernumsatzes im Bekleidungssegment auf die Jaclyn-Smith-Kollektion sowie andere als Kmart-Hausmarken entwickelte Kollektionen, gegenüber nur 10 Prozent des Umsatzes drei Jahre zuvor. Der Bekleidungsanteil am Gesamtumsatz von Kmart stieg von 20 Prozent auf 24 Prozent. Der Gewinnzuwachs war sogar noch überzeugender. Der Konzern hatte einen gewaltigen Treffer gelandet, bei dem, wie Parkin bereitwillig zugestand, „Joe sich einfach den Ball geschnappt hatte und damit losgerannt war".

Antonini überzeugt Fauber auch, in Textilfabriken im Fernen Osten zu investieren. Um Kosten zu sparen, war Kmart wie die meisten anderen großen Einzelhändler dazu übergegangen, Ware ihrer eigenen Labels in Ostasien statt in den Vereinigten Staaten produzieren zu lassen. Die langen Frachtwege, die geringere Flexibilität der Hersteller und ihr niedrigerer technischer Entwicklungstand brachten jedoch den Nachteil mit sich, daß die Ware Monate im voraus fest geordert werden mußte. Durch Investitionen in eigene Fertigungsstätten war Kmart, im Gegensatz zu den meisten anderen Einzelhandelsketten, nicht mehr auf externe Hersteller oder Zwischenhändler angewiesen, sondern hatte direkteren Einfluß auf die Produktion und konnte die Frachtzeiten wesentlich verkürzen.

Fauber zeigt seine Anerkennung, indem er 1984 Antonini zunächst zum Leiter des Unternehmensbereichs Bekleidung beförderte, ihn im Jahr darauf zu einem der Hauptabteilungsleiter von Kmart ernannte, um ihn schließlich Anfang 1986 in die höchste Führungsebene aufzunehmen.

Als Fauber im weiteren Verlauf jenes Jahres allmählich daran dachte, sich zur Ruhe zu setzen, sprach er gelegentlich mit Mitgliedern des Vorstands über seinen möglichen Nachfolger. Obwohl erst vierundvierzig Jahre alt, war Antonini einer von vier Kandidaten. Fauber bat jeden der vier, eine Darstellung seiner Vision der Zukunft von Kmart vorzubereiten, die sie dann jeder für sich dem Vorstand in der abgeschirmten Atmosphäre einer Ferienanlage in Traverse City im nördlichen Michigan präsentieren sollten.

Antonini wagte kaum zu glauben, daß er wirklich Aussichten auf die Spitzenposition hatte. Aufgeregt rief er seine bewährte Freundin Marjorie Alfus an und bat sie, eine Rede für ihn zu schreiben. Er hatte Alfus in North Bergen kennengelernt, wo sie als Anwältin Kmarts Lieferverträge mit Herstellerfirmen aushandelte. Sie war eine hochintelligente, gebildete, zähe und dominierende Person. Alfus ließ sich nicht von der Unternehmenskultur bei Kmart vereinnahmen. In ihr hatte Antonini eine Vertraute gefunden, die ihm ihre Kritik an der Politik und den Entscheidungen des Unternehmens in schonungsloser Offenheit mitteilte, was bei Kmart absolut ungewöhnlich war, denn dort war grundsätzlich jeder suspekt, der sich frei äußerte und unbequem war. Alfus ihrerseits hatte den ernsthaften, jüngeren Mann ins Herz geschlossen, der offensichtlich alle Voraussetzungen für eine kometenhafte Karriere besaß.

Als er jetzt anrief, hatte sie den Eindruck, Antonini sei ehrlich überrascht, daß man ihn als künftigen President in Erwägung zog. Er schien es für weit wahrscheinlicher zu halten, daß einer seiner besser etablierten Rivalen – wie

Parkin, dem er in North Bergen unterstellt war – den Posten erhalten würde. Trotzdem entwarfen sie sorgfältig eine Rede, Antonini übte sie immer wieder, glättete seinen Vortragsstil und feilte intensiv an der Präsentation seiner Vision von Kmart als der Einzelhandelskette der Zukunft.

Tatsächlich tendierten verschiedene Vorstandsmitglieder schon im Vorfeld zu Antonini auf Grund seiner phänomenalen Leistungen im Unternehmensbereich Bekleidung. Falls sie noch irgendwelche Zweifel hatten, so schienen diese nach seinem selbstsicheren, meisterhaften Vortrag restlos beseitigt. „Ich kann es immer noch nicht glauben!", jubelte er am Telefon, als er Alfus erzählte, wie ihn Fauber mit der Nachricht, er habe den Job, überrascht hatte.

Antonini wurde im August 1986 zum President und Leiter des operativen Geschäfts ernannt. Auf der Jahreshauptversammlung im folgenden März wurde er zum Chief Executive Officer berufen, und als Fauber im September in den Ruhestand ging, wurde Antonini auch noch Chairman. Fauber führte ihn als Mitglied im exklusiven Bloomfield Hills Country Club ein, wo sich die Spitze der Geschäftswelt von Detroit traf, darunter auch ein Vertreter des Hochadels der Automobilindustrie, Lee Iacocca von Chrysler.

Antonini hatte es geschafft.

Er wußte, daß seine Arbeit jetzt erst richtig beginnen würde. Der quirlige neue Chairman war wild entschlossen, die Dinge richtig anzupacken. Noch bevor er in sein neues Büro im vierten Stock einzog, hatte er schon entschieden, etwas ganz Neues bei Kmart einzuführen: einen ad-hoc-Ausschuß, der als „Küchenkabinett" außerhalb der Kmart-Bürokratie operieren und ihm ungeschminkte Ratschläge und Meinungen unterbreiten sollte.

Dem Ausschuß gehörte natürlich Alfus an, zusammen mit Mike Wellman, einem klugen Mann und Leiter der Marketingabteilung; ferner Patrick Kelly, Professor für Betriebswirtschaft an der Wayne State University, der schon früher für Kmart gearbeitet hatte, und Barbara Loren, Werbe- und Marketing-Beraterin, die unverblümt ihre Meinung äußerte und Antonini mit ihrem Scharfsinn schon zwei Jahre zuvor beeindruckt hatte, als sie auf Faubers Anweisung hin einen Vortrag im Unternehmensbereich Bekleidung gehalten hatte.

Der Auftrag an die Gruppe war, prüfende Blick schweifen lassen, ohne irgend etwas auszulassen, und sämtliche Aspekte der Geschäftstätigkeit von Kmart unter die Lupe nehmen, um Antonini zu beraten und Verbesserungsvorschläge zu machen. Nicht, daß man lange suchen mußte, um auf Mißstände zu stoßen.

Man brauchte nur eine der Kmart-Filialen zu besuchen. Fauber hatte wohl schon damit begonnen, einige der ältesten Kmarts zu renovieren, aber diese Angelegenheit nicht mit besonderer Priorität betrieben. Noch als Antonini das Ruder übernahm, waren die Kmart-Filialen im Durchschnitt fünfzehn Jahre alt, was man ihnen auch deutlich ansah. In vielen fand man von Feuchtigkeit gewellte Fußböden, defekte Beleuchtung und in den ohnehin engen Gängen schwer zu passierende Hindernisse in Form von wenig ansprechenden Warenständern. Bei Wal-Mart waren zwar ebenfalls viele Gebäude schnell und billig aus dem Boden gestampft worden, aber es gab immerhin einen laufenden Instandhaltungsplan, nach dem die Kaufhäuser alle fünf Jahre renoviert wurden, wodurch der Zustand der älteren Filialen weit besser war als bei Kmart. Weil Wal-Mart außerdem recht häufig seine ältesten Gebäude durch neue und größere ersetzte, war mehr als ein Drittel seiner Filialen weniger als drei Jahre alt.

Der nächste Punkt betraf die Ware in den Regalen – beziehungsweise die Frage, wann sie denn nun geliefert würde. Antonini erkannte, daß er zur besseren Erfassung von Verkaufsdaten und schnelleren Nachlieferung von Ware viel intensiver auf Computer und Satellitenkommunikation zurückgreifen mußte. Dies war ein weiteres Gebiet, auf dem es einen deutlichen Nachholbedarf gegenüber Wal-Mart und anderen, kleineren Konkurrenten gab. Kurz nach seiner Ernennung zum Chief Executive Officer gab er bekannt, daß Kmart in den nächsten fünf Jahren eine Milliarde Dollar in die beschleunigte Einführung neuer Technologie investieren werde, um die Verkaufsdatenerfassung zu verbessern und kontinuierlichen Warenbestand zu gewährleisten.

Und dann wollte Antonini natürlich unbedingt den groben Fehler korrigieren, den Fauber seiner Ansicht nach begangen hatte, als er das aufsteigende Großhandelsgeschäft ignorierte. Jetzt, da er das Sagen hatte, wollte Antonini in dieses Geschäft einsteigen, und zwar schnell. Für ihn lag es auf der Hand, daß Wal-Mart und Price Club mit ihren Großhandelsmärkten einfach ein Vermögen scheffelten. Da Kmart größer als diese beiden war und eine bessere Marktdurchdringung hatte, müßte es möglich sein, sich binnen kurzem einen ordentlichen Marktanteil zu sichern. Im März 1988 drückte Antonini im Vorstand den Erwerb eines 51prozentigen Anteils an Makro Inc. durch, einer Kette von Großhandelsmärkten für das obere Preissegment, die zu einem holländischen Konzern gehörte und sechs Niederlassungen im Osten der Vereinigten Staaten besaß.

Die Großhandelsmärkte von Makro in Amerika wiesen denselben Stil auf wie die Niederlassungen des Unternehmens in den Niederlanden und boten dasselbe Sortiment von hochklassigen Artikeln an, das sich dort gut verkauft hatte. Aber während die meisten Großhandelsmärkte auch ein paar ausgefallene Artikel anboten, um das Interesse der Einkaufsberechtigten anzuregen, tat man bei Makro des Guten einfach viel zu viel.

Es schien die Amerikaner zu verwirren, wenn eine solche Fülle von Delikatessen in einer Lagerhausumgebung angeboten wurde. Ein Jahr, nachdem

Antonini Makro gekauft hatte, war das Unternehmen immer noch tief in den roten Zahlen.

Aber Makro war sowieso nur ein Appetithappen. Antonini hatte seine Mitarbeiter angewiesen, ihre Angeln nach einer weiteren Kette von Großhandelsmärkten auszuwerfen, die Kmart übernehmen könnte, und eine, nämlich Pace Membership Warehouse, biß recht schnell an.

Pace war 1982 von Henry Mainsohn, zuvor Abteilungsleiter bei einer regionalen Baumarktkette, und Charlie Steinbrueck von Grand Central, einer regionalen Discounter-Kette aus Salt Lake City, gegründet worden. In nur sieben Jahren hatten die beiden Unternehmer 47 Niederlassungen mit einem Jahresumsatz von 1,5 Milliarden Dollar aufgebaut und sich damit in der oberen Riege der Branche etabliert. Beiden war jedoch bewußt, daß eine branchenbezogene Flurbereinigung bevorstand. Sie waren sich einig, daß sie, um Pace auch künftig eine gute Marktposition zu sichern, entweder eine Unmenge an Kapital aufbringen mußten, um eine schnelle Expansion zu finanzieren, oder aber sie ein wesentlich kapitalkräftigeres Einzelhandelsunternehmen finden mußten, das an einer Übernahme interessiert war.

Sam Walton, der Pace mit Sam's Club verschmelzen wollte, hatte im Herbst 1988 zähe Preisverhandlungen mit ihnen aufgenommen. Als Mainsohn und Steinbrueck jedoch hörten, daß Kmart nach einer weiteren Großhandelskette Ausschau hielt, schwenkten sie sofort um. Sie gingen davon aus, daß Kmart gieriger auf eine Übernahme war und deshalb auch im Preis höher gehen würde.

„Sam zahlte nie besonders gute Preise", sagte Steinbrueck. „Wir wußten, daß Kmart die Hälfte von Makro gekauft hatte, was ein absoluter Fehlschlag gewesen war. Sie hatten damals wirklich ein gutes Stück über dem Marktwert gezahlt, was sich nie rentiert hatte … daher konnten wir annehmen, daß Kmart für unser Unternehmen einen anständigen Preis bieten würde."

Steinbrueck behauptet, er und Mainsohn hätten es zwar nie direkt angesprochen, aber Antonini doch klar zu verstehen gegeben, daß sie mit einem weiteren Interessenten verhandelten. Aus den Andeutungen würde er schon schließen, daß es sich um Walton handelte. Wie beabsichtigt, reagierte Antonini wie ein Stier auf das rote Tuch. Nach Ansicht von Steinbrueck wie auch vieler Kmart-Manager schien sich Antonini geradezu zwanghaft von Wal-Mart, Walton und allem, was diese taten, verfolgt zu fühlen. Sein ganzes Verhalten wirkte wie von einer persönlichen Rivalität bestimmt. Einige Vertreter der alten Garde erzählen noch immer, wie Antonini Anfang 1988 in einer Bezirksleiterkonferenz von Kmart Walton lautstark als einen „billigen Wundermittel-Hausierer" bezeichnete – typisch für die Art von Kommentaren, die er für seinen Widersacher übrig hatte.

Diese öffentliche Herabsetzung war aber wohl eher ein Ausdruck von Angst. Antonini kannte die Stärken von Wal-Mart genau. Er hatte sich in vielen Wal-Mart-Filialen selbst ein Bild davon gemacht und sogar etliches, was er bei Wal-Mart gut fand, für Kmart übernommen, angefangen vom „Greeter", der die Kunden am Eingang begrüßt, bis zur Abschaffung fast aller Sonderaktionen zugunsten der Strategie von Dauerniedrigpreisen.

Mit der Bereitstellung von einer Milliarde Dollar zum Aufrüsten des Bestell- und Datenübertragungssystems von Kmart wollte er mit dem fortschrittlichen Stand der Technik bei Wal-Mart gleichziehen.

Sein Augenmerk auf den Konkurrenten war durchaus sachlich begründet. Kmart war mit 27,3 Milliarden Dollar Umsatz im Jahr 1988 und 2.200 Filialen zwar immer noch viel größer als Wal-Mart mit seinem Umsatz von 20,6 Milliarden Dollar Umsatz und 1.325 Filialen. Aber Wal-Mart wuchs viel schneller und war auch profitabler. Antoninis hohe Investitionen in die Instandsetzung alter Filialen und in die Einführung neuer Technologie bei seinen gleichzeitigen Anstrengungen, die Preise zu senken, drückten Kmarts Gewinn nach unten. 1988 konnte Wal-Mart somit zum ersten Mal einen höheren Reingewinn als sein Konkurrent verbuchen: 837 Millionen Dollar gegenüber 803 Millionen Dollar von Kmart.

Mittlerweile geriet das mächtige Unternehmen Sears ins Schwanken, die einzige Einzelhandelskette, die immer noch vor den beiden anderen auf Platz eins lag. Schon seit 1965 hielt Sears die Position als größter Handelskonzern der Welt. Als 1972 mit dem Bau der neuen Unternehmenszentrale, dem Sears Tower in Chicago, begonnen wurde, schien es völlig angemessen, daß dies das höchste Gebäude der Welt werden sollte. Mehr als die Hälfte aller Haushalte in den Vereinigten Staaten besaß eine Kreditkarte von Sears. In jenem Jahr entfiel ein Prozent des Bruttosozialprodukts der Vereinigten Staaten allein auf Sears. Aber wie zum Beleg für das alte Sprichwort: „Hochmut kommt vor dem Fall", zeigte die Unternehmensführung von Sears an diesem Höhepunkt ihrer marktbeherrschenden Stellung eine verhängnisvolle Überheblichkeit.

Seit seinen Anfängen als Versandhaus im Jahre 1887 hatte Sears seinen Marktanteil ausgebaut, indem es Qualitätsprodukte zu niedrigen Preisen versprach. Als nach dem Zweiten Weltkrieg die Zahl der Discounter sprunghaft anstieg, konnte Sears noch eine Weile von diesem Ruf zehren und die Vorteile seiner Größe und damit der Möglichkeit, die Lieferantenpreise zu drücken, sowie seiner landesweiten Präsenz nutzen. Jedermann hatte irgendwo in seiner Nähe eine Sears-Niederlassung oder -Bestellannahme oder erhielt wenigstens einen Sears-Katalog mit der Post.

Aber als die Discounter – besonders Kmart – größer und mächtiger wurden, wanderten Sears-Kunden zu ihnen ab. Um dieser Bedrohung zu begegnen, gab

Sears Anfang der 70er Jahre seine Politik der niedrigen Preise auf und zielte statt dessen mit der Einführung von hochmodischen Artikeln im höheren Preissegment, die von Discountern nicht angeboten wurden, verstärkt auf Kunden der gehobenen Einkommensschicht. Doch dieser Schuß ging nach hinten los: Noch mehr Sears-Kunden der unteren Einkommensschichten wurden in die Arme von Kmart und anderen Discountern getrieben, während sich nicht genügend anspruchsvolle Käufer von den schickeren Kaufhäusern abwerben ließen, denen Sears noch mehr Konkurrenz machen wollte.

Daher machten die Verantwortlichen bei Sears im Jahre 1977 unvermittelt eine Kehrtwendung. Im Weihnachtsgeschäft senkten sie die Preise bei 75 Prozent der Ware radikal auf ein absolutes Minimum, verkauften manche Artikel sogar unter dem Selbstkostenpreis, in der Erwartung, daß die von den Sonderangeboten angelockten Kunden auch Ware mit einer höheren Gewinnspanne mitnehmen würden. Wie Heuschrecken fielen die Kunden in die Kaufhäuser ein und schleppten nach Hause, soviel sie nur tragen konnten.

Es war der größte Kaufrausch, den man bei Sears je erlebt hatte. An allen nicht herabgesetzten Artikeln, die den Gewinn einbringen sollten, hasteten die Massen jedoch vorbei, wodurch die riesige Verkaufsaktion zu einem katastrophalen Fehlschlag wurde. Der Ansturm der Schäppchenjäger bedeutete für Sears den Ausverkauf seines Gewinns. Die so erzielte Umsatzsteigerung war eine der höchsten in der langen Geschichte des Unternehmens, aber der Gewinn sackte um 130 Millionen Dollar gegenüber dem Vorjahr ab.

Die Unternehmensleitung war von dem Debakel wie gelähmt. In den nächsten Jahren schien Sears wie ein ruderloses Boot dahinzutreiben. Abgesehen von bescheidenen Aufschwüngen in den Jahren 1975 und 1976 war der Gewinn von Sears zwischen 1973 und 1980 ausnahmslos rückläufig.

Sears' Ausrutscher im Marketing standen den Schnitzern, die sich das Unternehmen im Umgang mit seinen Lieferanten leistete, in nichts nach. Im Anschluß an das Weihnachtsfiasko von 1977 entschied man sich, viele der weniger gut gehenden Produktlinien zu verkleinern und teilte den Lieferanten mit, daß Artikel, die sich nur schleppend verkauften, aus dem Sortiment genommen würde. In gewissem Sinn war das natürlich vernünftig, doch die Führungsriege von Sears hätte wirklich voraussehen müssen, was als nächstes passieren würde: Um ihre Umsatzverluste wettzumachen, wandten sich viele Lieferanten, z.B. der Haushaltsgerätehersteller Whirlpool Corp., mit ihrer Ware an die Discounter, die dadurch Zugang zu hochwertigen Marken bekamen, die sie zuvor gar nicht anbieten konnten.

Um Kosten zu senken, reduzierte Sears das Personal in den Niederlassungen, ohne jedoch den zahlreichen Schichten des mittleren Managements, die sich das Unternehmen im Laufe der Jahre gewissermaßen wie Wohlstandsspeck zugelegt hatte, die gleiche Aufmerksamkeit zuteil werden zu lassen. Darüber hinaus schädigte sich Sears durch seine mangelnde Unternehmenskultur selbst. Das Verhältnis unter den Führungskräften der verschiedenen Unternehmensbereiche, die einander als Rivalen betrachteten, war von tiefem Mißtrauen geprägt; die beiden Hälften des Unternehmens – die Seite der Beschaffungswirtschaft und die Seite der Absatzwirtschaft – operierten, als wären sie zwei getrennte Firmen. All diese internen Rivalitäten und Abgrenzungskonflikte von Zuständigkeiten hatten eine massive Bremswirkung auf die Bemühungen des Chairman Edward Telling, der Anfang der 80er Jahre versuchte, Sears wieder auf Kurs zu bringen. Telling, hinter dessen naturburschenhafter Fassade sich ein hochgebildeter Intellektueller verbarg, hatte schon sein ganzes Leben bei Sears gearbeitet und war sich der Notwendigkeit bewußt, dem Unternehmen eine neue Richtung zu geben.

Aber diese neue Richtung schien vom Einzelhandelsgeschäft wegzuführen. Neben seinen Warenhäusern besaß Sears auch das Versicherungsunternehmen Allstate Insurance Co. und einen separaten Unternehmensbereich für Immobilien- und Finanzgeschäfte. Telling strukturierte Sears in eine Holdinggesellschaft um, in der die Bereiche Versicherung, Immobilien und Finanzgeschäfte auf gleicher Ebene mit dem Handelskonzern, also dem Kaufhausgeschäft, angesiedelt waren. Telling sprach von dem großen Potential, das er insbesondere im Ausbau der Finanzdienstleistungen sah. An der Wall Street und in den Kreisen der Konkurrenz deutete man dies nicht ohne Grund als Zeichen, daß für die größte Kaufhauskette der Welt das Kerngeschäft künftig nicht mehr im Einzelhandel liegen sollte.

Der Mann an der Spitze des Geschäftsbereichs Einzelhandel, Edward Brennan, war jedoch keineswegs bereit, Kmart oder einem anderen Wettbewerber das Terrain zu überlassen, solange er dies verhindern konnte. Brennan, der in seiner Familie als Vertreter der dritten Generation bei Sears arbeitete und ein schier unerschöpfliches Wissen über das Einzelhandelsgeschäft besaß, verpaßte den Sears-Niederlassungen ein neues, auffälliges Erscheinungsbild in einem Design, das er „das Warenhaus der Zukunft" nannte.

In einer eigens kreierten, landesweiten Werbekampagne versprach er den Kunden: „Sears macht mehr aus Ihrem Leben" und nahm neue Produktlinien wie Levi's Jeans ins Sortiment (wodurch Sears über Nacht der größte Kunde von Levi Strauss wurde). Das Unternehmen rüstete Kassen und Scanner auf, um den neuesten Stand der Technik zu nutzen. Brennan wollte sich gegenüber den Discountern, die er nicht ausstehen konnte und verächtlich „Verramscher" nannte, auf keinen Fall geschlagen geben. Er vertrat den Standpunkt: „Wenn man einer

Aufgabe überhaupt nicht gewachsen ist, verdient man es eben, gefeuert zu werden. "[3] Er wies seine Mitarbeiter an, sich bei der Konkurrenz umzusehen – Kmart und die anderen Discounter eingeschlossen – um mitzunehmen, was immer sie an Methoden fanden, die besser als die von Sears waren.

All diese Maßnahmen halfen zwar, aber es reichte nicht ganz für einen echten Umschwung. Daher entschloß sich Brennan gegen Ende des Jahres 1988, seine eigenen Anweisungen in der Praxis zu testen. Sears stellte in einer Testphase zunächst in einem Kaufhaus in Wichita alle Sonderaktionen ein, reduzierte statt dessen die Preise für alle Artikel und übernahm somit Wal-Marts Politik der Dauerniedrigpreise. Normalerweise bot ein durchschnittliches Sears-Kaufhaus damals noch jede Woche etwa 9.000 Artikel zu Sonderpreisen an. Dafür mußte die Ware umdekoriert, neu ausgezeichnet und umgelagert werden. Ohne diesen Arbeitsaufwand könnte man erhebliche Einsparungen erzielen, vorausgesetzt, es kämen trotzdem noch Kunden.

Wal-Mart empfand diesen Test als ernste Bedrohung und warnte die Verbraucher in grell aufgemachten Werbeanzeigen, sich nicht an der Nase herumführen zu lassen, wenn jemand vorgab, wie Wal-Mart zu Dauerniedrigpreisen zu verkaufen. Doch Brennan war vom Ergebnis beeindruckt. Der Umsatz des Filiale in Wichita stieg zwar nur um einige Prozentpunkte gegenüber vergleichbaren Sears-Kaufhäusern an anderen Standorten, der Gewinn schnellte jedoch um 40 Prozent nach oben. Er entschied, daß sämtliche Sears-Filialen in den Vereinigten Staaten die Strategie der Dauerniedrigpreise übernehmen sollten, wobei die Preise für manche Artikel um mehr als 50 Prozent herabgesetzt wurden.

Ende Februar 1989 erfolgte eine aufsehenerregende Maßnahme: Alle Sears-Kaufhäuser blieben anderthalb Tage geschlossen, während Tausende von Angestellten damit beschäftigt waren, 30.000 verschiedene Artikel neu auszuzeichnen. Gleichzeitig wurde in einer riesigen Werbekampagne in Radio, Fernsehen und Zeitungen lauthals verkündet, daß bei Sears „das ganze Jahr Schlußverkauf ist." Als die Warenhäuser am 1. März wieder öffneten, kam es zu einem Kundenansturm wie kurz vor Weihnachten.

Obwohl nun viele der neuen Preise mit denen von Wal-Mart und Kmart konkurrieren konnten, hatte Sears immer noch ein großes Problem: Auf Grund seiner relativ hohen Betriebskosten mußte das Unternehmen Gewinnspannen in einer bestimmten Größenordnung veranschlagen, und deswegen konnte es seine Ware nicht genauso günstig wie die Discounter anbieten. Bei Artikeln, die Sears billiger verkaufte, senkten Kmart und Wal-Mart umgehend ihre Preise, um gleichzuziehen. Sie konnten sich diese Strategie des Unterbietens leisten, da sie deutlich niedrigere Gemeinkosten hatten, insbesondere Wal-Mart. Bei Sears waren die Vertriebskosten pro Artikel, also die Kosten für die Verteilung der Ware von den Herstellern in die Kaufhäuser, dreimal so hoch wie bei Wal-Mart (und etwa um 30 Prozent höher als bei Kmart).

Überdies hielt Sears hartnäckig an manch überholter Unternehmenspolitik fest, etwa der Annahme, man könne die in Discover Card umbenannte Sears-Kreditkarte schützen, indem man keine Kreditkarten von Visa, Mastercard und American Express annahm.

Tatsache war, daß die Veränderungen bei Sears nicht umfassend genug und zu spät erfolgten. Das große und mächtige Einzelhandelsunternehmen sollte sich auch künftig behaupten, aber der Gipfel des Erfolgs, den man Ende der 60er und Anfang der 70er Jahre erklommen hatte, war überschritten. Ohne daß man es bei Sears bemerkte, hatten Discounter wie Kmart, Wal-Mart oder Target Sears' frühere Rolle als erste Anlaufstelle für alltägliche Dinge wie Socken, Unterwäsche, Handtücher, Motoröl, Geschirr oder Videokassetten, übernommen.

Etwa Mitte der 80er Jahre sagten Analysten voraus, daß Sears' Tage als das größte Einzelhandelsunternehmen der Welt gezählt seien. Die Frage war nur, wer auf diese Spitzenposition nachrücken würde, Kmart oder Wal-Mart.

Antoninis Antwort auf diese Frage schien darin zu bestehen, daß er versuchte, Kmart in ein halbes Dutzend Richtungen gleichzeitig zu steuern, und das sogar während der Zeit, als er sich um die Renovierung der Kmart-Filialen und der Modernisierung des Vertriebssystems kümmerte. Er erweiterte die Unternehmensaktivitäten und drang mit der Eröffnung einer Kette riesiger Fachmärkte für Bürobedarf unter dem Namen Office Square sowie der Kette Sports Giant, einer Fachhandelkette für Sportartikel in einer Größenordnung, die schon anabolikaverdächtig war, auf den Marktsektor der „Branchenräuber" vor. Immer ein Auge auf Wal-Mart gerichtet, beschloß Antonini, dem Beispiel Waltons zu folgen und gegen die Hypermarts anzutreten. Er arrangierte für Kmart die Kooperation mit der Firma Bruno's Inc., einer Supermarktkette mit 150 Filialen und Sitz in Birmingham im Bundesstaat Alabama, die die neuen Lebensmittelabteilungen betreiben würden.

Im Januar 1989 eröffnete Kmart im östlichen Randbezirk von Atlanta seinen ersten Hypermart mit einer Verkaufsfläche von 21.000 Quadratmetern und 600 Angestellten, der laut Antoninis anmaßender Vorhersage einen Jahresumsatz von 100 Millionen Dollar erzielen sollte. Dieser Hypermart mit dem Namen „American Fare" hatte zwar den üblichen Betonfußboden, versuchte aber sein lagerhausähnliches Erscheinungsbild hinter Massen von farbenprächtigen Schildern und Transparenten zu verbergen; grüne Spaliergitter und große Glasflächen am Gebäude vermittelten einen hellen, luftigen Eindruck. Das Sortiment umfaßte mehr Markenkleidung und hochwertigere Artikel als sie die herkömmlichen Kmarts führten. Die Ausstattung war ebenfalls hochwertiger, mehr in der Art, wie man sie in einem größeren Kaufhaus erwarten würde. Im Lebensmittelbereich hatte die Firma Bruno's mittlerweile das Standardangebot um eine ansehnliche Palette von Delikatessen erweitert, die ebenfalls zu Discountpreisen verkauft wurden.

Antonini war so überzeugt vom Erfolg des neuen Hypermarts, daß er Dutzende von Einzelhandels-Analysten aus New York und anderswo einfliegen ließ, und seine Zuversicht schien gerechtfertigt. „Ich glaube, damit könnte der langweilige alte Kmart auf dem richtigen Weg sein", vermerkte William Smith, ein Analyst bei Smith Barney, nach der Besichtigung.[4] Walter Loeb, Analyst bei Morgan Stanley, war der Ansicht, daß dieser gigantische Hypermart leicht den von Antonini vorhergesagten Umsatz erreichen werde.

Es gab aber auch Skeptiker. Während Kmart von einem Kundeneinzugsgebiet im Umkreis von 50 Kilometern sprach, hielt es das Marktforschungsunternehmen Leo Shapiro & Associates aus Chicago für unwahrscheinlich, daß der durchschnittliche amerikanische Verbraucher seine Lebensmittel nicht mehr im Supermarkt, sondern im Hypermart kaufen würde, wenn er nicht zufällig näher am Hypermart wohnte.

Wie sich herausstellte, hatten Shapiros Marktforscher recht. Angesichts des enormen Geschäftsvolumens, das für den Erfolg der Hypermarts nötig war, scheinen sowohl Walton als auch Antonini selbst gewisse Zweifel gekommen zu sein. Während die Mitarbeiter noch hektisch mit den Vorbereitungen für die Eröffnung des American Fare beschäftigt waren, experimentierten nämlich Wal-Mart wie auch Kmart bereits mit einer verkleinerten Version der Hypermarts, die sie als Supercenter bezeichneten. Nicht ganz ein Jahr zuvor hatte Wal-Mart bereits sein erstes Supercenter in Washington, Missouri, eröffnet, dessen Lebensmittelabteilung etwa ein Viertel der Gesamtfläche von 11.700 Quadratmeter einnahm und sich im Warenangebot auf etwa 50 Prozent der Palette eines normalen Supermarkts beschränkte. Kmart hatte unterdessen im November 1988 zwei Super Kmarts eröffnet und dabei einen etwas anderen Weg eingeschlagen. Schon seit Jahren hatte Kmart viele seiner Filialen in straßenförmig angelegten Einkaufszentren, Strip Malls genannt, direkt neben Lebensmittelgeschäften plaziert, um von deren Kundenverkehr zu profitieren. Als Alternative zu weiteren Geschäftsneubauten unternahm man jetzt in zwei Fällen bereits bestehender Kmart-Filialen das Experiment, die benachbarten Verkaufsflächen einfach zu übernehmen.

Aber dieses Projekt war damals noch nicht vorrangig. Antonini war mehr daran gelegen, rasch in das Großhandelsmarkt-Geschäft einzusteigen, und zwar mit etwas Besserem als der Makro-Kette. Zuerst hatte Antonini einen seiner direkten Mitarbeiter, Joe Newsome, vorgeschickt, um mit Steinbrueck und Mainsohn den Kauf von Pace in die Wege zu leiten. Als diese dann aber durchblicken ließen, daß Walton ebenfalls interessiert war, schaltete sich Antonini selbst ein.

Er wußte, daß es nur wenige Marktüberschneidungen zwischen den Filialen von Pace und denen von Sam's Club gab. Die 47 Großhandelsmärkte von Pace und die 105 Sam's Clubs zusammengenommen würden Wal-Mart zu einer fast unangreifbaren Führungsposition in der Branche verhelfen und den Zugang zu vielen Marktbereichen blockieren, die Kmart dann entweder von vornherein ignorieren müßte oder nur mit sehr großem Aufwand für sich erschließen könnte. Gelänge es hingegen Kmart, Pace dem Erzgegner wegzuschnappen, so wäre das eine solide Basis, um mit dem Großhandelsgeschäft von Wal-Mart zu konkurrieren.

Sowohl Mainsohn als auch Steinbrueck hatten keinerlei Interesse, nach Abschluß des Verkaufs ihre Tätigkeit für das Unternehmen fortzusetzen, doch Antonini wußte, daß er ihre Sachkenntnis brauchen würde. Über den Preis der Übernahme war man sich schnell einig. Da Antonini so erpicht auf den Abschluß war, akzeptierte er die mit 326 Millionen Dollar ziemlich hoch angesetzte Forderung, wofür er allerdings ohne Mühe die Zustimmung der Vorstands erhielt. Für diesen Preis bestand Antonini jedoch darauf, daß Steinbrueck sich verpflichtete, die Geschäfte noch drei Jahre lang weiterzuführen. Wie Steinbrueck sich erinnert, versprach Antonini, sich in keiner Weise einzumischen und Steinbrueck völlig freie Hand zu lassen. Ohne sein Verbleiben bei Pace würde jedoch nichts aus dem Geschäft.

Steinbrueck willigte ein, und im November erfolgte die Übernahme.

Damit war Antonini ein wirklicher Coup geglückt. Er befand sich allem Anschein nach genau auf dem richtigen Weg, wurde von den Analysten der Wall Street und der Presse gleichermaßen als Held gefeiert und genoß das Gefühl, im Rampenlicht zu stehen. 1987 wurde er in Detroit vom Festkommitee für den Columbus Day zum Mann des Jahres von Detroit ernannt.

Eine der Auszeichnungen, von denen er 1988 ein halbes Dutzend erhielt, lautete „Discount-Händler des Jahres", ein Titel, den er von der Branchenzeitung *Discount Store News* verliehen bekam.

All das Aufsehen, das um ihn gemacht wurde, schien seinen Ehrgeiz eher anzustacheln als zu befriedigen. Er ernannte sich selbst zum Aushängeschild von Kmart und trat genau wie zuvor sein Freund aus dem Country Club, Lee Iacocca von Chrysler, in Werbespots im Fernsehen auf. „Ich verspreche Ihnen", strahlte er in die Kamera, „Sie werden begeistert sein, wenn Sie in Ihrem neuen Kmart einkaufen."[5] Er erklärte, daß er zeigen wollte, wie sehr er sich für den Erfolg von

Kmart einsetzte. Das war zweifellos seine ehrliche Absicht – doch gleichzeitig liebte er es, als Prominenter im Licht der Öffentlichkeit zu stehen.

Bei alledem verlor er nie sein höchstes Ziel aus den Augen, nämlich Sears zu übertrumpfen und Wal-Mart in die Schranken zu verweisen, um Kmart zur größten Einzelhandelsfirma der Welt, und damit natürlich auch Joe Antonini zum großartigsten Unternehmer der Welt in der Einzelhandelsbranche zu machen.

Kapitel 11
So wahr mir Sam helfe

An einem frischen, windigen Märzmorgen 1984 stand Sam Walton in seinem blauen Nadelstreifenanzug vor der Hauptverwaltung von Merrill Lynch in der Wall Street und trat nervös von einem Bein auf das andere. David Glass, dem vor Stolz fast die Brust platzte, half Walton, in ein Baströckchen zu schlüpfen, und befestigte es um seine Taille. Er reichte seinem Chef ein himmelblaues Hawaii-Hemd mit rosaroten Blumen, das Walton mit zunehmender Verlegenheit überstreifte. Es folgten ein paar Blütenkränze und schließlich ein Blumengebinde, das auf seinem nur noch spärlichen Haupthaar wie eine Krone thronte.

Vorübergehende Passanten blieben stehen und bildeten kleine Gruppen. Drei wartende Hula-Tänzer schlüpften aus ihren Mänteln und Schuhen und zogen sich ihren Blütenschmuck über. Zwei Ukulele-Musiker begannen rhythmische Lieder zu spielen.

Mit einem angedeuteten Lächeln für die Fernsehkameras und Pressefotografen, die sich eingefunden hatten, streckte Walton linkisch seine Arme aus und tanzte ungelenk mit den Tänzern im Anhang den Hula die Straße hinunter.

Er hatte es schließlich versprochen. Ein halbes Jahr zuvor hatte er vor seinen Mitarbeitern den Schwur abgelegt, daß er den Hula die Wall Street hinuntertanzen würde, wenn die Vorsteuergewinne von Wal-Mart im laufenden Jahr einen Anteil von acht Prozent am Umsatz erreichen würden (das war ein ganzer Prozentpunkt mehr als der bisherige Unternehmensrekord).

Dieses etwas absurde Bild – einer der reichsten Männer Amerikas stützt die Arme in die Seite und führt so elegant, wie man es von einem 65jährigen Konzernleiter eben erwarten kann, einen karibischen Tanz auf – wurde eines der zentralen Bilder der Sam-Walton-Mythologie. Die Videoaufnahmen von dieser Szene wurden in jeder Wal-Mart-Filiale vorgeführt, und sicherlich sah sie jeder Mitarbeiter des Unternehmens. Selbstverständlich machte dieses Bild auch in Zeitungen und sogar in den Abendnachrichten die Runde. Walton selbst wählte unter den Bildern für seine Autobiographie ein Photo aus, auf dem er den Hula tanzt.

Obwohl dies offensichtlich eine der wenigen Situationen war, in denen sich Walton anmerken ließ, daß ihm sein eigener Auftritt peinlich war (eine solche Vorführung hätte er sicherlich auch lieber in einem Wal-Mart-Kaufhaus voller begeisterter Unternehmensangestellter als im nüchternen Finanzviertel von New York gegeben), gelang es Walton mit großem Erfolg, sein angestrebtes Ziel zu erreichen, nämlich „unseren Mitarbeitern das Gefühl zu geben, zu einer Familie zu gehören, in der niemand zu wichtig oder zu arrogant ist, um unseren ‚company cheer' anzuleiten oder die anderen zum Lachen zu bringen".[1] Bei den Kaufhauseröffnungen, den Samstagmorgen-Besprechungen und anderen offiziellen Anlässen gab es immer irgendwelche spaßigen Auftritte von Führungskräften. Bei einer anderen Gelegenheit hatte Jack Shewmaker z.B. auch schon einmal den Hula in einer Wal-Mart-Filiale getanzt. Und als der Aktienkurs 1983 einen neuen Höchststand erreichte, tanzte sogar Glass für die Angestellten in der Hauptgeschäftsstelle des Unternehmens. Ein Filialleiter in Texas kämpfte mit einem Bären. Ein anderer ritt – mit rosaroten Strumpfhosen und einer blonden Perücke – auf einem Schimmel um den Marktplatz von Bentonville. Man ermunterte die Angestellten, zusammen auf Veranstaltungen aufzutreten – zum Beispiel als Gruppe von Lastwagenfahrern, Buchhaltern oder Verkäufern – und selbstgedichtete Wal-Mart-Lieder und Firmensprüche zum besten zu geben. Die Filialleiter wurden aufgefordert, Wettbewerbe und Happenings zu veranstalten, bei denen die Kunden miteinbezogen wurden und die für die Angestellten eine Abwechslung zu ihrer Arbeit bedeuteten. Walton erinnerte sich dabei besonders gerne an ein Moonpie-Wettessen in einer Wal-Mart-Filiale in Alabama, das – so ist es zumindest in der Firmenchronik überliefert – der puren Not entsprang, da man versehentlich Tausende dieser schokoladenüberzogenen Gebäckstücke zuviel bestellt hatte und sie nun loswerden mußte.

Jana Jae, eine Country-Geigerin aus Tulsa, erinnerte sich an ihren ersten Auftritt bei einer Filialleiterversammlung in einer Hütte in Lake Fort Gibson, Oklahoma, Ende der 70er Jahre. Walton hatte seinen Lieblingsjagdhund mitgenommen. „Als ich zu spielen begann, wachte Ol' Roy, der zu Waltons Füßen lag, auf und kam vor an die Bühne. Er hatte den Ruf, gerne seine Spuren in Räumen zu hinterlassen – wovon ich allerdings nichts wußte – und so warteten alle Filialleiter wie gebannt, was er nun tun würde. Der Hund lief direkt zum Mikrofon, legte den Kopf in den Nacken und begann zu jaulen." Als die Manager in großes Gelächter ausbrachen, beugte sich Jae über das Mikrofon und sagte: „Ich weiß nicht, wem dieser Hund gehört, doch wenn er unsere Musik so gerne mag, daß er mitsingen möchte, sollte sein Besitzer doch auch auf die Bühne kommen und mitsingen."

Walton lehnte dieses Angebot zwar ab, doch trat Jae noch auf hundert anderen Wal-Mart-Veranstaltungen auf und hatte daher häufig Gelegenheit, Walton immer und immer wieder in Aktion zu beobachten. „Er tat alles, um die Aufmerksamkeit auf sich zu ziehen", erinnerte sie sich. „Er unterbrach zum Beispiel seine Gesprächspartner permanent." Wenn der Bericht eines Managers anfing, langweilig zu werden, fuhr Walton dazwischen und stellte sicher, daß die Zuhörer begriffen hatten, um was es ging. Er sagte zum Beispiel: ‚Was meinen Sie mit 500 Millionen Dollar? Können wir uns nicht noch steigern? Glauben Sie, wir könnten die Zahl verdoppeln?'" erinnerte sich Jae an eine bestimmte Szene. Walton war sich sicher, mit solchen Fragen das Interesse und Engagement der Angestellten für den zunehmend unübersichtlichen Konzern besser aufrechterhalten zu können. Über die Samstagmorgen-Besprechungen äußerte er in seiner Autobiographie: „Ohne ein bißchen Spaß und Überraschungen mit ins Spiel zu bringen, wie in aller Welt hätten wir diese Hunderte von Menschen – ein Großteil Filialleiter und Kollegen aus der Hauptgeschäftsstelle in Bentonville – jeden Samstagmorgen hierher locken können, und zwar auch noch so, daß sie gerne kamen? Wenn sie in der Erwartung gekommen wären, bei der Besprechung wieder Zahlenreihe um Zahlenreihe vorgesetzt zu bekommen und sich danach einen ernsthaften Vortrag über die Schwachpunkte unseres Unternehmens anhören zu müssen, wie hätten wir diese Besprechungen dann über all die Jahre fortführen können? Überhaupt nicht. Ganz gleich wie wichtig mir selbst die Samstag-Meetings gewesen wären, irgendwann hätten meine Mitarbeiter rebelliert. Und wenn wir dann eine Anwesenheitspflicht eingeführt hätten, wäre der Nutzen der Besprechungen gleich null gewesen."[2]

Jedes Jahr beging Wal-Mart mit großem Aufwand und Spektakel die Hauptversammlung der Aktionäre und feierte mit großem Pathos seine Unternehmenskultur. Die eigentlichen Punkte der Tagesordnung – die Wahl neuer Aufsichtsratsmitglieder, Stimmrechtsangelegenheiten oder der Rechenschaftsbericht – spielten neben dem gigantischen Unterhaltungsprogramm für die angereiste Menschenmenge eher eine untergeordnete Rolle. Noch immer flog Wal-Mart Analysten ein und präsentierte ihnen ein Wochenende mit vielen Programmpunkten, wie etwa ein Picknick in Waltons Zuhause* oder eine Kanufahrt den Sugar River hinab. (Als Nachsorge für die Kanufahrer gab es einen besonderen Clou: Der „Ozark-Cajun-Flußeintopf, der wieder alle Knochen heilt" – wie auf

---

* Hierzu wurden auch viele Angestellte eingeladen.

dem Ankündigungsblatt für die Kanufahrt versprochen wurde. Dieser Eintopf wurde von Alice Walton persönlich zubereitet, was man der humorigen Zeichnung auf der Ankündigung entnehmen konnte: Eine Frau – die wohl Alice darstellen sollte – mit Overall und einem ziemlich zerrupften Strohhut rührte in einem riesigen Topf voller toter Schlangen und Hühnchen, während sie genüßlich eine Maiskolbenpfeife schmauchte.)

Doch das Unternehmen begnügte sich nicht mit der Einladung an alle Angestellte, zur Jahresversammlung zu kommen, sondern organisierte auch Busse, die sie direkt an den Veranstaltungsort brachten. 1984 war der einzige Ort in Bentonville, an dem die 1.800 Gäste untergebracht werden konnten, die Turn- und Festhalle der Bentonville High School. In ihr gab es eine Bühne, die man zu diesem Anlaß über und über mit roten, weißen und blauen Wimpeln schmückte. Walton mischte sich zunächst unter die Menschenansammlung und gab dann das Startsignal für den Beginn der Veranstaltung, indem er die amerikanische Nationalhymne anstimmte. Ein Großteil des Morgens verging mit der Verleihung von Auszeichnungen an verschiedene Niederlassungen, Filialleiter und Angestellte. Walton forderte jeden mit Nachdruck auf, mehr Wal-Mart-Aktien zu kaufen. Bei der Samstagmorgen-Besprechung der Manager am nächsten Tag gehörte Gouverneur Bill Clinton aus Arkansas und vier US-Kongreßmitglieder, unter anderem der Abgeordnete Jack Kemp aus New York, zu seinen Gästen.

„Das hier ist nicht einfach nur eine Hauptversammlung, oder?", fragte Walton die Menschenmenge bei der Aktionärsversammlung 1989. „Es ist ein Happening – es ist ein Revival!" Über seinem weißem Hemd mit Krawatte trug er ein blaues T-Shirt, auf dem riesengroß „Nr. 1" stand sowie die Aufforderung „Go for it!". Doch bevor die Versammlung formell losging, bearbeitete Walton erst einmal über eine Stunde lang die Menge. Wie immer hatte er auch Reden an andere Spitzenleute delegiert, vor allem Jack Shewmaker, David Glass und Rob Walton, wobei dieser das Ganze wohl als eine Art Übungsfeld betrachtete. Doch es war unbestritten die Show von Sam Walton. Und was für eine Show! Jedes Jahr schien das Unternehmen mehr Attraktionen ins Programm aufzunehmen, um die Menschen bei der Stange zu halten. 1985 traten der Countrymusiker Jack Atkins und die Basketballstars der US-Nationalmannschaft Sidney Moncrief und Darrel Walker, die früher bei den Razorbacks in Arkansas gespielt hatten, als Gäste auf. Letztere gingen amüsiert auf Waltons Vorschlag ein, sich in einem spontan organisierten Basketballspiel mit Glass und Shewmaker zu messen. In anderen Jahren traten regelmäßig regionale und überregionale Schönheitsköniginnen und eine ganze Reihe von Stars und Künstlern auf, angefangen von Joe DiMaggio bis Reba McEntire, wobei die Auftrittshonorare der prominenten Gäste in der Regel von Wal-Marts Lieferanten bezahlt wurden. Ein weiterer Programmpunkt war oft der Auftritt von Angestellten, die bereits Monate zuvor bei unternehmensinternen Talentwettbewerben miteinander darum wetteiferten, auf der Jahresversammlung ein populäres, auf Wal-Mart umgedichtetes Lied vorzutragen.

Im Jahre 1987 konnte Wal-Mart die Hauptversammlung aus Platzgründen – 6.000 Aktionäre meldeten in diesem Jahr ihr Kommen an – nicht mehr in Bentonville abhalten und verlegte sie nach Fayetteville in die Barnhill-Arena der Universität von Arkansas. In jenem Jahr kündigte Jack Shewmaker einen weiteren Aktiensplit an und berichtete von einer Witwe eines Vietnam-Veteranen, die vor einiger Zeit ihren Wandschrank ausgeräumt hatte und dabei 200 Wal-Mart-Aktien fand, die ihr Ehemann 1970 gekauft hatte. Wenn man den vorangegangenen und den bevorstehenden Aktiensplit berücksichtige – rechnete Shewmaker seinem Publikum vor – besitze die Frau heute 40.000 Aktien im Wert von über einer Million Dollar.* Diese rasante Kursentwicklung war natürlich ein Grund für den Gefühlsüberschwang der Menschen auf den Hauptversammlungen von Wal-Mart. Doch es ging noch um etwas anderes. Der Funke der Begeisterung sprang einfach vom energiegeladenen Walton über, der wie jedes Jahr mit Standing Ovations gefeiert wurde. Die Angestellten, die in die Barnhill-Arena zur Versammlung kamen – selbst diejenigen, die ihm persönlich nie begegnet waren – hatten das Gefühl, Mr. Sam zu *kennen*. Als er sie aufforderte, aufzustehen und den „company cheer" anzustimmen, und daran mitzuhelfen, daß man Kmart überhole und größte Discounter-Kette des Landes würde, brachen die Anwesenden in Jubel aus, stampften mit den Füßen und grölten mit einer Begeisterung, die für Analysten oder institutionelle Anleger, die noch nie einer Jahresversammlung von Wal-Mart beigewohnt hatten, unbegreiflich war. „Sam Walton besitzt vielleicht eine Million Dollar, aber er hat auch eine Million Volt in seinen Adern", erklärte ein junger Wal-Mart-Angestellter, der zur Hauptversammlung 1987 aus einer Filiale in Orlando, Florida, eingeflogen worden war.[3] Wie hundert andere auch war er von den Kollegen in seinem Wal-Mart-Markt ausgewählt worden, sie auf der Hauptversammlung zu vertreten.**

Waltons Selbstvertrauen war so groß, daß er an einem Programmpunkt festhielt, den man immer seltener auf Aktionärsversammlungen finden konnte: Er beantwortete spontane und ungefilterte Fragen aus der Menge. Als eine Aktionärin in jenem Jahr aufstand und forderte, Wal-Mart solle damit aufhören,

---

* Tatsächlich untertrieb Shewmaker mit dem Wertzuwachs der Aktien sogar noch etwas. Jemand, der 1970, d.h. im Jahr von Wal-Marts Börsengang, 200 Aktien erworben hatte, wäre im Juni 1987 im Besitz von insgesamt 51.200 Aktien im Wert von 1,7 Millionen Dollar.
** Die meisten Angestellten wurden auf Firmenkosten in Bussen oder – wenn ihr Anfahrtsweg länger war – mit dem Flugzeug abgeholt und nach Bentonville gebracht. Anderen Angestellten empfahl man, sich zu Fahrgemeinschaften zusammenzuschließen. Wal-Mart bezahlte dann zwar das Benzin, aber nicht die zurückgelegten Kilometer.

„Grundstücke zu roden", um seine Filialen und Parkplätze bauen zu können, und dann unter Applaus aus der Menge das Unternehmen aufforderte, „die Parkflächen [bei ihrer Filiale] schöner zu gestalten", entschuldigte sich Walton und gab zu: „Wir haben uns bislang zu wenig darum gekümmert", und versprach, die Mißstände bei dem betreffenden Kaufhaus zu beheben. Solche Versprechen hatten zwar nicht immer Taten zur Folge (wie einige Aktionäre bestätigen können, die auf mehr Frauen in den oberen Führungsetagen gedrängt hatten), doch es kam selten oder nie vor, daß Walton einen Fragesteller nicht beschwichtigen konnte.

Als das Satellitensystem fertig installiert war und seinen Betrieb aufgenommen hatte, wurden die Jahreshauptversammlungen in alle Filialen übertragen. Jedes Jahr wurde die Zeremonie aufwendiger, die Veranstaltung länger und die Rituale ritueller. 1989 begann die Hauptversammlung in der verdunkelten Halle mit dem Abspielen patriotischer Szenen auf drei riesigen Bildschirmen, und 7.000 Menschen sprachen den nationalen Treueschwur. Dann wurden die Lichter eingeschaltet, und es folgte ein Gebet, das von Walton vorgesprochen wurde: mit gesenktem Haupt auf einem Bein kniend und die Baseballmütze mit dem Wal-Mart-Emblem in der Hand. Zu Waltons letzter Hauptversammlung im Jahre 1991 versammelten sich die Menschen für die Veranstaltung, die bis Mittag dauern sollte, schon vor sieben Uhr morgens.

Es bestand auch eine reelle Notwendigkeit, die Mitarbeiter von Wal-Mart zu motivieren, denn wenn man es im Unternehmen zu etwas bringen wollte, gab es fast kein Leben mehr neben der Arbeit. Ein stellvertretender Filialleiter in Oklahoma, der seine 52-Stunden-Woche im Unternehmensvergleich noch als relativ kurz empfand, erklärte „Wir müssen Überstunden machen, wenn wir befördert werden wollen. Wer einen sicheren Arbeitsplatz möchte, muß eben dafür bezahlen." Andere stellvertretende Filialleiter gaben an, 60 bis 70 Stunden pro Woche zu arbeiten. „Man mußte mindestens einmal im Monat damit rechnen, eine Sieben-Tage-Woche einzuschieben, die dann meist direkt in die nächste Arbeitswoche überging", erzählte ein ehemaliger Angestellter, dem die Belastung über den Kopf wuchs und der sich deshalb von Wal-Mart trennte.[4]

Selbst die einfachen Arbeiter, die nach Stunden bezahlt wurden und offiziell keine unbezahlten Stunden arbeiten sollten, hatten unzählige Verpflichtungen und wurden mit Nachdruck dazu „ermuntert", sich für bestimmte Aufgaben freiwillig zu melden. Und natürlich war die Bezahlung des Personals noch immer jämmerlich. Jay Bradford, Senator des Bundesstaates Arkansas, ging 1988 sogar einmal soweit, das Unternehmen zu beschuldigen, „seine Gemeinkosten an den Steuerzahler abzuwälzen", da viele Teilzeitkräfte und Arbeiter vom

Handelskonzern nur knapp über dem Mindestlohn bezahlt wurden und daher so wenig Geld mit nach Hause brachten, daß sie in den Personenkreis der Sozialhilfeberechtigten fielen. Sein Versuch, die Lohn- und Gehaltslisten daraufhin offiziell untersuchen zu lassen, um seine Behauptung zu belegen, verlief im Sande.

Zweifellos war dem Gründervater von Wal-Mart jedoch klar, daß man Arbeitern, die für einen bescheidenen Lohn hart arbeiteten, das Gefühl geben mußte, daß sie einen Anteil am Unternehmenserfolg hatten und daß man sie wertschätzte. Er wußte, wie wichtig für seine Mitarbeiter das Gefühl war, eine persönliche Beziehung zu ihm zu haben. Aus diesem Grund trug er – wie jeder normale Verkäufer – stets ein Namensschild aus Plastik, auf dem in Großbuchstaben SAM stand. Walton konnte zu den Führungskräften in der Unternehmenszentrale sehr hart und fordernd sein und nahm oft kein Blatt vor den Mund. Doch auf seinen Kaufhausvisiten war er aufmerksam und verbindlich und suchte immer die Gelegenheit zu einem ungezwungenen Gespräch mit den Angestellten, vorzugsweise in Abwesenheit ihres Vorgesetzten, um ein ehrliches Feedback von ihnen zu bekommen.

„Er war ein Meister darin, Leute zum Reden zu bringen", sagte Jae. „Er holte die ganze Belegschaft zusammen, nahm sich eine Packung Erdnüsse und ging mit ihnen in den hintersten Winkel des Kaufhauses. Oder er ging nach vorne, wie in den Sam's-Club-Großhandelsmärkten, forderte alle auf, sich auf den Boden zu setzen und ging auf ein Knie herunter, um mit ihnen ein Zwiegespräch zu führen. Er begab sich sozusagen auf dasselbe Niveau wie seine Gesprächspartner. Er brachte sie dazu, über *ihre* Ideen zu sprechen. Er schaute seinem Gegenüber direkt in die Augen und richtete seine ganze Aufmerksamkeit nur auf ihn, so daß alles um ihn herum verschwand. Er verstand es, die Menschen aus der Reserve zu locken."

So besuchte er weiterhin Kaufhäuser, schüttelte Hände, führte intensive Zwiegespräche und versuchte sich Namen zu merken – auch wenn es viel zu viele Mitarbeiter und Kaufhäuser gab, um allen gerecht zu werden. Und er schrieb in der unternehmensinternen Zeitschrift *Wal-Mart World* persönliche Briefe an seine Mitarbeiter in einem herzlichen, kumpelhaften Ton, oder aber sprach – nachdem das Funksystem fertig installiert war – über Satellit zu ihnen, so als säße er bei ihnen im Wohnzimmer.

Mit steigender Zahl der Angestellten mußte er sich natürlich auch immer mehr ins Zeug legen. Und es wurde sicherlich immer schwieriger, das Image vom Menschen wie du und ich aufrechtzuerhalten, besonders als das amerikanische Wirtschaftsmagazin *Forbes* Waltons Vermögen als ebenso hoch einstufte wie das von Rockefeller. Streng genommen war er sogar noch reicher.

Als *Forbes* 1982 seine erste Liste der 400 reichsten Amerikaner veröffentlichte, wurde Waltons Guthaben auf 690 Millionen Dollar geschätzt, womit er Rang 17 der Liste belegte. Obwohl *Forbes* sein Vermögen viel zu niedrig angesetzt hatte, war Walton äußerst erzürnt, überhaupt genannt worden zu sein und beschwerte sich (wie viele andere auf der Liste), daß damit nur unerwünschte Aufmerksamkeit auf ihn zukomme. Als ob sein Wutausbruch daran etwas hätte ändern können. Nachdem *Forbes* besser recherchiert hatte und der Kursverlauf der Wal-Mart-Aktien auf dem überhitzten Wertpapiermarkt der 80er Jahre ein neues Rekordhoch erreicht hatte*, wurde Walton im nächsten Jahr auf den zweiten Platz katapultiert. Mit einem Vermögen von schätzungsweise 2,15 Milliarden Dollar lag er knapp hinter Gordon Peter Getty, einem Amateurkomponisten, dem Sohn und einzigen Erben des Ölmagnaten Jean Paul Getty. 1984 lag Walton mit 2,3 Milliarden Dollar ein weiteres Mal auf Platz Zwei hinter Getty.

Doch dann verkauften die Gettys ihren Ölkonzern, und das riesige Vermögen wurde aufgeteilt, um den verschiedenen Rechtsansprüchen der einzelnen Familienmitglieder gerecht zu werden. Und so kam es, daß 1985 Sam Walton mit einem geschätzten Vermögen von 2,8 Milliarden Dollar von *Forbes* offiziell zum reichsten Mann des Landes gekürt wurde.

Durch diese Meldung stand Sam plötzlich im Mittelpunkt einer überwältigenden und zuweilen bizarren öffentlichen Aufmerksamkeit. Scharen von Journalisten, Fotografen und Fernsehteams drängten ihn zu einem Interview. Walton weigerte sich jedoch, was sein Image als bescheidenem Menschen weiter nährte. Das *People*-Magazin widmete ihm eine Ausgabe als einer Art „Magnaten der Woche". Die *New York Post* veröffentlichte ein großes Foto von ihm, das zeigte, wie er im Friseurladen von John Mayhall im Zentrum von Bentonville saß und sich seinen üblichen Haarschnitt für fünf Dollar schneiden ließ, wobei man im dazugehörigen Artikel genüßlich darauf hinwies, daß Walton niemals Trinkgeld gebe. „Amerikas reichster Niemand" nannte ihn der *San Francisco Chronicle* in einem typischen Artikel. Walton fühlte sich überhaupt nicht wohl dabei, mit der Höhe seines Vermögens offen umgehen zu müssen. Er gab nur sehr widerwillig nach, als ihn Führungskräfte und Sicherheitspersonal von Wal-Mart immer mehr dazu drängten, an seinem Haus eine Alarmanlage zu installieren. Ähnlich widerwillig schaffte er sich – ebenfalls aus Sicherheitsgründen – ein Autotelefon für seinen Truck an, doch letztendlich ließ er es immer abgeschaltet. In den Augen der Wal-Mart-Mitarbeiter stieg sein Ansehen mit der Höhe seines Vermögens jedoch offensichtlich eher noch an. Man bat ihn auf seinen Kauf-

---

* Zwischen dem Beginn der Börsenhausse im August 1982 und Anfang Oktober 1983, als Forbes seine zweite Liste der reichsten Amerikaner veröffentlichte, stieg der Wert der Wal-Mart-Aktie um 212 Prozent.

hausbesuchen um Autogramme auf Dollarscheinen. Und obwohl es ihm eigentlich unangenehm war, lächelte er und unterschrieb.

Für das Image von Walton als bodenständigem, mitarbeiternahem Konzernchef war es nur zuträglich, daß er damals keine Interviews gab. Als er in seiner Autobiographie auf diese Phase zurückblickte, beschwerte er sich bitterlich über die „Aasgeier" und beklagte sich übertrieben darüber, daß ihn damals so viele Leute angerufen oder ihm geschrieben hätten, um ihn um Geld zu bitten – ein Klagelied, das vielleicht bei einem H. Ross Perot oder Bill Gates Mitleid erregen würde, doch wahrscheinlich nicht bei den meisten seiner Mitmenschen. *Forbes* beantwortete das Gejammere der Milliardäre, deren Vermögen das Magazin gegen ihren Willen offengelegt hatte, Walton eingeschlossen, indem es eine einfache Lösung des Problems vorschlug: Gebt Euer Geld doch einfach weg! *Forbes* beschrieb Großindustrielle, die genau das getan hatten, z.B. den Erben der Warenhauskette Kresge, Stanley S. Kresge, der bereits 1924 zwei- bis dreistellige Millionensummen in die Kresge-Stiftung fließen ließ und der, als er 1966 starb, von seinem Erbe 20 Mal mehr wohltätigen Zwecken zukommen ließ als seinen Hinterbliebenen. Sein Sohn Stanley Kresge, ein Mitinhaber der Stiftung, erklärte gegenüber dem Wirtschaftsmagazin: „Ich hege keinerlei mißgünstigen Gefühle. Er tat, was er tun wollte. Und außerdem wurden wir von ihm auch gut versorgt."[5]

Wenn man sich anschaut, wie Sam Walton den Familienbesitz organisiert hatte, liefen seine Kinder keine Gefahr, sich mit ein paar Millionen Dollar begnügen zu müssen. Klarheit besteht auch über die Frage, ob Walton Geld gerne weggab oder nicht, ganz gleich ob sein eigenes oder das seiner Firma. Er sagte später: „Wal-Mart ist eben kein Wohltätigkeitsverein, und das strebten wir auch nie an."[6] Dennoch gründete er im Jahre 1981 auf Drängen seiner Frau die Wal-Mart-Stiftung, über die die Spenden des Unternehmens abgewickelt wurden. In jenem Jahr gab Walton für wohltätige Zwecke die gigantische Summe von 64.700 Dollar aus. Dies entsprach etwa 0,1 Prozent des Nettoeinkommens der Firma von 1981. Bis 1987 hatte er seine Zuwendungen an die Stiftung auf immerhin 4,3 Millionen Dollar pro Jahr aufgestockt. Doch mit diesem Betrag lag Wal-Mart immer noch an letzter Stelle hinter allen größeren Einzelhandelsunternehmen. Normalerweise wurde die Großzügigkeit eines industriellen Spenders daran gemessen, welchen prozentuellen Anteil seine finanziellen Aufwendungen für wohltätige Zwecke am Gewinn hatte. Setzt man diesen Maßstab an, war der Geiz von Wal-Mart regelrecht bemerkenswert: 1987 betrug der Obolus des Handelskonzerns für gute Zwecke gerade einmal 0,4 Prozent seines Reingewinns. Im Durchschnitt lagen die Spenden US-amerikanischer Unternehmen um das 2,5fache höher, d.h. knapp über einem Prozent ihres Nettoertrags. Kmart spendete 1,5 Prozent, Sears 2,4 Prozent und Dayton-Hudson, der Besitzer der Discounter-Kette Target, spendete sogar 3,8 Prozent seines Gewinns – und somit über neun Mal mehr als Wal-Mart.

Doch wie sooft gelang es Walton, mit einem kleinen Einsatz eine enorme Wirkung zu erzielen. Er ließ jede Filiale jährlich Stipendien in Höhe von 1.000 Dollar an High Schools vor Ort vergeben, was ihm eine enorme Publicity einbrachte. Denn ein weiterer Vorteil seiner kleinstädtischen Standorte bestand darin, daß die Wal-Mart-Spenden nicht mit denjenigen der anderen Großkonzerne verglichen wurden, sondern mit denjenigen der ortsansässigen kleineren Geschäfte. Walton ermunterte auch seine Angestellten, als Spendenbeschaffungsmaßnahme selbstgebackene Kuchen zu verkaufen, Autos zu waschen, Pfannkuchenfrühstücke zu veranstalten und andere Aktionen in den Kaufhäusern durchzuführen. Die Unternehmensstiftung würde dann innerhalb eines bestimmten Rahmens den entsprechenden Betrag ergänzen. Diese Idee hatte folgende Vorteile: Erstens bezog man so die Angestellten intensiver mit ein, zweitens wurden die Aktionen für den einzelnen Kunden sichtbarer, drittens trat man auf diese Weise der Kritik entgegen, die überdimensionalen Filialen des Konzerns würden den Kleinstädten nicht guttun, und schließlich mußte Wal-Mart so nur für die Hälfte der tatsächlichen Spenden aufkommen.

Heute wird allgemein anerkannt – außer vielleicht von Wirtschaftswissenschaftler Milton Friedman – daß es eine glänzende Idee ist, seine Angestellten in Spendenaktionen einzubinden. Und hätte Wal-Mart den selbstlosen Einsatz seiner Mitarbeiter mit einem anständigen Spendenprogramm von Unternehmensseite begleitet, vergleichbar mit dem von Dayton-Hudson, wäre der soziale Effekt wirklich enorm gewesen. Doch Walton verließ sich mehr oder weniger auf die soziale Einsatzbereitschaft seiner Angestellten und Kunden und setzte die Idee wieder einmal vor allem dazu ein, um seine Kosten niedrig zu halten, ohne geizig zu wirken.

Walton duldete immer, wenn man Wal-Mart für seine vermeintliche Großzügigkeit lobte, selbst wenn er damit die Lorbeeren für die Freigebigkeit anderer einkassierte. Ein klassisches Beispiel dafür ist die Hilfsaktion anläßlich der Verwüstungen durch den Hurrikan Hugo, der 1989 den Bundesstaat Carolina heimsuchte. Wal-Mart verkündete lautstark, daß es an die Opfer der Verwüstung Güter im Wert von 1,1 Millionen Dollar spenden würde und heimste in vielen überregionalen Nachrichtensendungen und Zeitungen Lob und Anerkennung für die generöse Spendenbereitschaft ein. Tatsache war jedoch, daß die 1,1 Millionen Dollar auf Basis der Einzelhandelspreise berechnet waren und dem Handelskonzern natürlich erheblich niedrigere Kosten für die gespendete Ware entstanden. Außerdem wurde ein Großteil der Ware, vielleicht sogar der größte

Anteil, nicht vom Konzern selbst gespendet, sondern von einzelnen Herstellern. Wal-Mart stellte lediglich seine Lastwagen zur Verfügung, um die gespendeten Güter zu den Bedürftigen zu transportieren und erntete dann alle Lorbeeren für die Hilfsaktion. Viele der Lieferanten waren verständlicherweise verärgert, doch wer wollte es schon riskieren, seinen größten Kunden zu verlieren, indem man etwas Journalisten gegenüber verlautbaren ließ? Noch Jahre später weigerten sich Führungskräfte von Wal-Mart, Auskunft darüber zu geben, welcher Prozentsatz der gespendeten Ware tatsächlich von Lieferanten kam. Wal-Mart – und Sam Walton – bekamen eine wunderbare Presse für ihre Aktion, was ihnen schließlich das Wichtigste gewesen war.

Viele Lkw-Fahrer und andere Freiwillige der Wal-Mart-Belegschaft arbeiteten während des Hilfseinsatzes pausenlos und unermüdlich. Einer davon war Martin Novak, Leiter des Vertriebszentrums in Douglas, Georgia, der die Koordination des Hilfsgüterflusses nach Charleston, South Carolina, übernommen hatte. In Hunderten von Filialen brachten Arbeiter viel Zeit und Engagement ein, um Spendengelder aufzubringen. Doch darf man nicht vergessen, daß es – besonders im Bundesstaat Carolina selbst – ebenfalls eine Vielzahl von Freiwilligen gab, z.B. Mitarbeiter von Target, Kmart, von den beiden Regionalketten Homelite und Brendle's sowie vielen anderen Firmen, die tatkräftig zu helfen versuchten.

An der Führungsspitze von Wal-Mart hörte man das Murren der Lieferanten, die sich über den Tisch gezogen fühlten. Und so veröffentlichte man anläßlich der Hilfsaktion für die Opfer der Verwüstung durch den Hurrikan Andrew, der im Jahr 1992 über Florida hinwegfegte, eine Liste derjenigen Lieferanten, die einen Spendenbeitrag geleistet hatten. Allerdings hüllte sich Wal-Mart bezüglich des Anteils der Lieferantenspende in Schweigen.

Das soziale Gewissen wurde bei Sam Walton eigentlich nur durch die spitzen Ellbogen seiner Frau geweckt. Im Jahre 1985 überredete ihn Helen, drei kleinen Colleges in Arkansas Stipendien in Höhe von 3,6 Millionen Dollar für Studenten aus Zentralamerika zukommenzulassen. Sie war auch die treibende Kraft hinter den Spenden, mit deren Hilfe ein Kunstzentrum sowie eine Sporthalle für zwei der genannten Colleges gebaut wurden. Und Sam Walton gründete schließlich aufgrund von Helens unermüdlichem Drängen die Walton Foundation und zwei weitere Stiftungen, mit denen auch andere gemeinnützige Einrichtungen mitfinanziert wurden, wie etwa neue Tennisplätze für die High School von Bentonville oder das Bürogebäude der Organisation „Planned Parenthood". Helens tiefempfundenes soziales Pflichtbewußtsein war auch der Grund, warum man sie 1989 in den Vorstand der Presbyterian Church Foundation wählte. Dieser Stiftung ließ sie später einmal sechs Millionen Dollar zukommen.

Doch eigentlich hielt Sam an der für ihn so typischen Spardisziplin, die noch aus der Zeit der großen Wirtschaftsdepression stammte, auch weiterhin fest. Wenn er sich einmal einen gewissen Luxus erlaubte, z.b. eines der regelmäßigen Familientreffen in einem modernen Kurhotel abzuhalten, tat er dies möglichst so, daß die Bewohner von Bentonville oder seine Wal-Mart-Mitarbeiter davon nichts erfuhren. Außerdem wählte er stets Orte, an denen er verschiedenen Kaufhäusern Visiten abstatten konnte. Als er 1985 nach langem Zureden von seiten seiner Familie mit Helen und den Enkelkindern eine Kreuzfahrt nach Alaska unternahm, lief er wie ein gefangener Tiger auf dem Schiff auf und ab und machte alle mit seinem Frust darüber verrückt, daß er nicht an Land konnte. Als Bürger seiner Stadt fiel Walton am liebsten so wenig wie möglich auf. Man mußte sich dazu nur sein Haus anschauen: Walton hätte sich sicherlich einen ähnlichen Prachtbau wie das San Simeon von William Randolph Hearst leisten können, doch das war eben nicht sein Stil.

Im Jahre 1958 hatte Sam – wieder einmal auf Helens Drängen hin – einen Architekten beauftragt, für seine Familie ein schönes Zuhause zu planen. Er hatte ein 800 Quadratmeter großes Grundstück in einem Waldgebiet am östlichen Rand der Stadt gekauft und überließ nun E. Fay Jones, einem jungen Architekturprofessor der Universität Arkansas, der ein Schüler von Frank Lloyd Wright gewesen war, die Planung.

Jones staute das Wasser eines kleinen Baches, der das Grundstück durchquerte, legte einen Teich und einen über vier Meter hohen Wasserfall an und entwarf ein Gebäude mit einer Wohnfläche von 540 Quadratmetern. Es bestand im wesentlichen aus einheimischem Naturstein, Glas und Zedernholz. Ein Gebäudeteil bildete eine Brücke über den Bach und grenzte an Teich und Wasserfall. Der Entwurf – ein langes, flaches Gebäude – war elegant und unaufdringlich. Wie Jones erzählt, machte er sich Sorgen darüber, ob das von ihm entworfene Gebäude vielleicht den finanziellen Rahmen des Paares sprengen könnte. Doch es stellte sich heraus, daß die 100.000 Dollar Baukosten größtenteils aus Helens Vermögen bezahlt werden konnten.*

Eines Nachts im Jahre 1972 wurde das Haus bei einem Frühlingsgewitter von einem Blitz getroffen und fiel dem Feuer zum Opfer. Die Waltons wurden glücklicherweise durch den Donnerschlag geweckt und konnten das Haus unversehrt verlassen. Doch ein Großteil des Gebäudes wurde von den Flammen zerstört, bevor die Feuerwehr den Brand löschen konnte. Helen Walton rief Jones ein zweites Mal an. Dieses Mal ließ sie ihn angesichts der Tatsache, daß die Kinder inzwischen erwachsen und nicht mehr zu Hause lebten – Alice war in

---

* Dies entspricht 1998 einem Gegenwert von 556.000 Dollar.

ihrem letzten Collegejahr – ein leicht verändertes, größeres Haus zum Repräsentieren entwerfen. „Das Entwurfskonzept war im wesentlichen das gleiche", erklärte Jones, „doch dieses Mal konnten sie sich hochwertigere Materialien leisten", ganz zu schweigen von der zentralen Klimaanlage, einer Extravaganz, die für Sam Walton beim ersten Mal nicht einmal zur Diskussion stand.*

Wie bereits beim ersten Haus übernahm Helen Walton die Aufgabe, sich mit Jones zusammen um die Planung des neuen Hauses zu kümmern. Zuweilen saß auch Sam Walton mit bei den Besprechungen. Wie sich Jones erinnert, „sagte Sam meistens: ‚Ach Helen, brauchen wir das wirklich?' und sie sagte dann: ‚Ja, Sam, das brauchen wir.'"

Während der Bauphase lebten die Waltons in einem überbreiten Wohnwagen auf ihrem Grundstück. Später baute ihr Sohn Rob nur etwa 100 Meter weit entfernt – etwas höher am Hang gelegen – ebenfalls ein Haus. Rob kaufte sich außerdem für 1,5 Millionen Dollar ein Haus in Aspen im Bundesstaat Colorado.

Von allen Walton-Kindern schien nur John, der zweitälteste und unabhängigste, Bentonville für immer den Rücken gekehrt zu haben. Seine Arbeit, das Besprühen von Baumwollfeldern mit Schädlingsbekämpfungsmitteln, hatte er inzwischen zu einem eigenen Unternehmen ausgebaut, das sich teilweise über die „Familien-Gesellschaft" Walton Enterprises finanzierte, in dessen Besitz es sich auch befand. Nach einer kurzen Zeit in Casa Grande, Arizona, wo der Hauptsitz seines neuen Unternehmens lag, heiratete er erneut. 1984 übergab er die Unternehmensgeschäfte einem der Manager und zog mit seiner neuen Frau nach San Diego. Sie brachte bald darauf einen Sohn zur Welt, den sie Luke nannten. John Walton tat sich mit einem australischen Bootsbauer zusammen und gründete erneut eine Firma namens Corsair Marine, die Trimarane baute, d.h. Segelboote mit zwei zusätzlichen Schiffsrümpfen auf Auslegern. Die Trimarane, die Corsair Marine herstellte, hatten noch ein besonderes Kennzeichen: die beiden Schwimmkörper konnten bei Bedarf eingefahren werden, so daß die Segelboote an ganz normalen Anlegeplätzen andocken und sogar problemlos auf Anhängern transportiert werden konnten.

Jim Walton, der noch immer Geschäftsführer der Walton Enterprises war, kümmerte sich nach seiner Rückkehr nach Bentonville auch um die Walton Foundation, die für seinen Vater vor allem ein Instrument war, um Spenden des Unternehmens steuerlich geltend machen zu können. Auch Jim hatte wieder geheiratet, und zwar im Herbst 1978. Seine Frau Lynne McNabb, die ein paar Jahre lang als Lektorin eines Verlags in New York gearbeitet hatte, eröffnete schließ-

---

* Eine Person war von dem Haus besonders stark beeindruckt: David G ass. 1996 beauftragte er Jones, ihm in Bentonville ein Natursteinhaus mit aufwendigen Stuckarbeiten und einer Wohnfläche von knapp 850 Quadratmetern zu bauen. Es war etwas luxuriöser als das Walton-Haus: Der Palast von Glass besaß einen Springbrunnen, einen Swimmingpool und großzügige Außenterrassen. Jones entwarf auch für Alice Walton ein Haus in Fayetteville.

lich einen Buchladen in Bentonville. 1987 ließen sie sich hier zu einer ruhigen Existenz nieder – falls man einen Haushalt mit vier Kindern eine ruhige Existenz nennen kann. Jim Walton baute ein Haus am selben Bach wie seine Eltern, nur ein Paar Häuserecken weiter.

Alice Walton hatte ebenfalls geheiratet, und zwar 1974, zwei Monate vor ihrem 25. Geburtstag. Sie heiratete Laurance Eustis III, einen gutaussehenden jungen Investmentbanker aus New Orleans. Sie entschied sich für eine kleine Hochzeitsfeier in Sam und Helens neuem Zuhause. Das junge Paar ließ sich in New Orleans nieder und kurze Zeit später verließ Alice die Bank von Jim Jones, um bei E.F. Hutton eine Position als Kundenbetreuerin anzunehmen. Damit war sie eine der wenigen weiblichen Broker in der überwiegend männlich besetzten Branche.

Nun begann für sie eine wenig erfreuliche Zeit. Anfang 1977 trennten sie und Eustis sich offiziell. Innerhalb eines Jahres wurden sie schuldlos geschieden. Obwohl beide wenig über die Gründe ihrer Trennung verlauten ließen, verwiesen Freunde von Alice Walton auf eine grundlegende Unvereinbarkeit zwischen beiden Charakteren. Alice war vielleicht mehr als all ihre Geschwister nach ihrem Vater Sam geraten: Sie war intelligent, herrisch, dickköpfig, unglaublich ehrgeizig und oft unterkühlt – und sie hatte sich noch nicht den charmanten Umgangston ihres Vaters zugelegt. „Eustis war ein netter Kerl", sagte eine enge Freundin von Alice, „doch er kam einfach nicht mit ihr zurecht."

Alice Walton ging fast ohne Übergang eine neue Ehe ein, dieses Mal mit Hall Moorehead, einem Bauunternehmer, den sie kennengelernt hatte, als er auf ihrem Grundstück einen Swimmingpool installieren ließ. Die neue Verbindung stellte sich als noch glückloser heraus, denn nach den Angaben ihrer Freunde war die Ehe bereits vor Ablauf des Jahres nicht mehr zu retten. Gleichzeitig steuerte sie bei E.F. Hutton auf schwierige Zeiten zu.

Die späten 70er waren für die meisten Broker-Firmen magere Jahre. Sie gehörten zu einer 16 Jahre andauernden Flaute zwischen der Börsenhausse der 60er Jahre und der noch größeren Hausse, die 1982 ihren Anfang nahm.

Die Investoren schauten sich in jenen Jahren nach anderen Anlagemöglichkeiten um. Die Gesamtsumme des in Aktien angelegten Kapitals zeigte daher stark rückläufige Tendenzen, und mit ihnen schwanden auch die Provisionen der Broker. Das war die Ausgangssituation, in der Alice zusammen mit einem anderen Kundenbetreuer bei E.F. Hutton, Donald LoCoco, begann, ein aggressives Handelsprogramm für Aktienoptionen* zu entwickeln. Es handelte sich hierbei um eine überaus riskante Strategie, die ihr, LoCoco und E.F. Hutton fette Provi-

---

* Eine Option ist das Recht, ein Wertpapier zu einem bestimmten Preis an einem bestimmten Datum zu kaufen oder zu verkaufen.

sionen einbringen sollte. Und es war eine Strategie, auf die sich viele andere Broker-Firmen, die unter den schwindenden Provisionen litten, ebenfalls stürzten. Doch als Schwankungen auf dem Wertpapiermarkt große Verluste bei Hutton nach sich zogen, und die Beschwerden von Kunden sich häuften, beschloß die amerikanische Börsenaufsichtsbehörde SEC, sich die Brokerhäuser näher anzuschauen, die diese Programme so intensiv vorangetrieben hatten.

E.F. Hutton war die dritte Broker-Firma, der die Aufsichtsbehörde vorwarf, sogenannte „unlautere" Handelsgeschäfte zu betreiben. Anfang 1979 beschuldigte die Kommission Alice, LoCoco und zehn weitere E.F. Hutton-Mitarbeiter in acht Städten, mit ihren Optionsgeschäften Bestimmungen der Wertpapiergesetze durch betrügerische Transaktionen verletzt zu haben. Laut der gegen sie vorgebrachten Anschuldigungen hatten die abgeschlossenen Geschäfte ihr und LoCoco Provisionen in Höhe von etwa 129.000 Dollar netto eingebracht, während ihre Kunden einen Verlust von 197.000 Dollar hinnehmen mußten. Die SEC-Kommission führte eine ganze Liste von Vorwürfen auf: Alice Walton und LoCoco hätten zusammen mit einigen ihrer Kollegen falsche und irreführende Aussagen gemacht; sie hätten ihren Kunden gegenüber nicht vollständig offengelegt, wie riskant das von ihnen angebotene Programm war, und überdies illegale Geschäftsstrategien angewandt, die „der finanziellen Situation, der fehlenden Investitionserfahrung und den Investitionszielen" vieler ihrer Kunden entgegengelaufen seien.

Das Brokerhaus und die meisten der Angeklagten – einschließlich Alice Walton – stimmten zu, das Verfahren im Vergleichswege beizulegen, ohne etwas zuzugeben oder abzustreiten. Später jedoch bestritt Alice die damaligen Anschuldigungen und sagte, sie hätte dem Vergleich nur zugestimmt, um einem langgezogenen Rechtsstreit aus dem Weg zu gehen. Als sie zehn Jahre später ein SEC-Antragsformular ausfüllte, in dem sie die Gründung einer eigenen Investitionsfirma anzeigte, behauptete sie auf dem Formular, daß alle Anleger, die damals Beschwerde erhoben hatten, von LoCoco angeworben und beraten worden seien und daß „falls diese Personen bezüglich der Richtlinien und Ziele des Programms fehlinformiert waren, es allein die Schuld von Mr. LoCoco", und nicht die ihre war. Der SEC-Ausschuß schien jedoch davon auszugehen, daß Alice Walton nicht unbeteiligt zugesehen hatte, wie die Geschäfte abgewickelt wurden. Der Vergleich hatte auch beinhaltet, daß Alice sechs Monate lang keine Stelle bei einem Broker, einer Plazierungsbank, einer Investmentgesellschaft, einem Anlageberater oder ähnlichen Unternehmen annehmen durfte. LoCoco erhielt diese Auflage für den Zeitraum von zwei Monaten. Im Rahmen des Vergleichs gab es für keinen anderen E.F. Hutton-Mitarbeiter eine Auflage, die sich über mehr als drei Monate erstreckte.

Alice Walton verließ die Firma. Sie ließ sich ein zweites Mal scheiden und zog wieder nach Arkansas. Dann passierte ihr Unfall in Acapulco.

Alice hatte wie ihre Eltern und ihr Bruder Rob einen Ruf als rasante Autofahrerin. Über den Bleifuß der Waltons wurden in Bentonville schon lange Witze gemacht. Helens Pastor, Reverend Gordon Garlington, scherzte beispielsweise, daß man Helens silbernen Lincoln Continental doch passender „Silberpfeil" nennen sollte. Einmal schenkten sich Sam und Helen gegenseitig Radardetektoren zu Weihnachten. Auch Sam Walton fuhr meist zu schnell. Er verließ sich auf seine guten Augen und schnellen Reflexe, um nicht allzusehr in Schwierigkeiten zu geraten, was ihm nicht immer gelang. Einmal fuhr er auf einen der eigenen Wal-Mart-Lastwagen auf, während er nach Springdale unterwegs war. Dieser Unfall wurde ihm von seinen Mitarbeitern mehr als einmal unter die Nase gerieben. Als führende Köpfe von Bentonville beschlossen, für Sam und Helen Walton 1983 einen „Ehrentag" zu veranstalten, hatten einige leitende Wal-Mart-Männer die Idee, den Unfall für die Festparade nachzustellen, indem man einen halben Wal-Mart-Lastwagen präparierte, an dessen Ende eine abgewrackte Blechmühle befestigt war, und dem ganzen einen Polizisten hinterherbummeln ließ. Besonders Helen schien sich darüber köstlich zu amüsieren.

Im selben Jahr beschlossen die Waltons, ihr regelmäßiges Familientreffen, bei dem die Investitionen von Walton Enterprises und andere Themen besprochen wurden, während der Thanksgiving-Feiertage an einem Badeort in der Nähe von Acapulco abzuhalten. Während sich der Rest der Familie entspannte, mietete sich Alice an einem der Tage einen Jeep und brauste mit ihm auf einer engen, verschlungenen Straße durch die Berge hinter der Stadt. Irgendwie muß sie wohl in einer Kurve die Kontrolle verloren haben, denn sie stürzte in eine Schlucht und zog sich einen komplizierten Beinbruch zu. Nach einer Behandlung in der Notfallambulanz eines Krankenhauses in Acapulco ließ sie sich in die Vereinigten Staaten zurückfliegen. Unglücklicherweise zog sie sich eine Virusinfektion des Knochens zu und mußte sich mehr als zwei Dutzend Operationen unterziehen. Sie benötigte über ein Jahr, um wieder auf die Beine zu kommen, doch die Verletzung bereitete ihr auch später offensichtlich noch immer Schmerzen.

Mitte der 80er Jahre verwaltete Alice Walton die Investitionen der sechs Banken in Arkansas, die sich in Familienbesitz befanden. Sie baute in drei der Banken einen Discount-Brokerbereich auf und tätigte Investitionen in Höhe von 180 Millionen Dollar in verschiedene Treuhandfonds.

1988 gründete sie schließlich mit 19,5 Millionen Dollar von Walton Enterprises und fünf Millionen Dollar aus ihrer Tasche eine eigene Investmentgesellschaft in Fayetteville, Arkansas. Das Büro der Gesellschaft lag etwa 30 Kilometer von der 360 Hektar großen Pferdefarm entfernt, auf der sie sich unweit der Kleinstadt Lowell niedergelassen hatte. Sie nannte ihre Gesellschaft Llama Company, und zwar nach einem gezähmten Lama, das sie unlängst erworben hatte.

„Es kostete mehr, als ich ursprünglich ausgeben wollte – jetzt ist es auf unserem Briefkopf, und ich kann es abschreiben", scherzte sie.[7] Ihren Angaben zufolge wollte sie hauptsächlich mit kleinen und mittleren Unternehmen in Arkansas ins Geschäft kommen, um für sie Schuldverschreibungen aufzulegen sowie Investitionen im Rentenfonds- und Bankgeschäftsbereich zu tätigen.

Die Gesellschaft war recht erfolgreich. Doch als Alice an einem wunderschönen, nebligen Aprilmorgen 1989 mit ihrem Porsche, Baujahr 1987, die Schnellstraße von der Farm zur Arbeit entlangbrauste, raste sie in eine Frau, die die Straße überqueren wollte und tötete sie auf der Stelle. Die 50jährige Oleta Hardin, Mutter zweier erwachsener Söhne, hatte auf ihre Mitfahrgelegenheit zur Arbeit in einer nahegelegenen Konservenfabrik gewartet. Sie war von ihrer Veranda heruntergegangen und hatte einen Schritt auf die Straße gesetzt, um nach ihrer Freundin Ausschau zu halten, die sich verspätet hatte.

Sie und Alice Walton sahen einander zu spät. Oleta Hardin wurde auf die Kühlerhaube des Autos geschleudert, der Kopf schlug durch die Windschutzscheibe und ihr Körper wurde über das Auto katapultiert, als der Porsche mit einer Vollbremsung zum Stehen kam.

Völlig hysterisch, mit Blut und Glassplittern bedeckt, rannte Alice Walton zu dem leblosen Körper zurück, aber es gab nichts mehr, was sie tun konnte. Alice erlitt einen Schock und kleinere Verletzungen. Oleta Hardins Ehemann Harold, der in einer nahegelegenen Werkzeugfabrik in der Nachtschicht gearbeitet hatte, kam bereits eine Stunde später nach Hause und fand einen Polizisten vor seiner Veranda, der ihm die schreckliche Nachricht überbrachte. Er stand immer noch unter Schock, als Alice im späteren Verlauf des Tages bei ihm erschien und stotternd versuchte, sich so gut sie konnte zu entschuldigen.

Obwohl Alice Walton mit überhöhter Geschwindigkeit gefahren war und bereits ein Jahr zuvor zwei Strafzettel für zu schnelles Fahren erhalten hatte, beschloß die Polizei, sie nicht anzuzeigen. Zeugen sagten aus, sie hätte der Frau unmöglich ausweichen können, wie die Polizei auch Harold Hardin erklärte. Er akzeptierte ihre Erklärung. „Es war nicht ihre [Alices] Schuld", sagte Hardin später. „Oleta trat einfach zu kurz vor das Auto auf die Straße, als daß sie hätte anhalten können." Abgesehen von einer Zahlung über Alice Waltons Autoversicherung erhielt Hardin nach eigenen Angaben keine Entschädigung von seiten der Walton-Familie und bat auch nicht darum.*

---

* Der Schriftsteller Vance Trimble zitiert Hardin in seiner 1991 veröffentlichen Biographie über Sam Walton dahingehend, daß Hardin Alice die Schuld für den Unfall gab, und sagte, sie hätte anhalten können, wenn sie aufgepaßt hätte. Trimble zitiert Hardin auch mit der Aussage, Waltons Rechtsanwälte hätten ihm 2.500 Dollar für die Beerdigungskosten angeboten und er habe einen Rechtsanwalt beauftragt, für ihn eine nicht genannte, wahrscheinlich größere Summe in einem außergerichtlichen Vergleich durchzufechten. In einem Interview 1997 erklärte Hardin jedoch, er habe Alice Walton nie für den Unfall verantwortlich gemacht, er habe kein Geld angeboten bekommen und nie welches verlangt.

An jenem Ehrentag, an dem man Sam Walton mit einer Paradenummer wegen seines Auffahrunfalls neckte, nannte die Stadt eine ihrer Hauptdurchfahrtsstraßen in Walton-Boulevard um, benannte eine Mittelschule nach Sam Walton und eine Kindertagesstätte nach Helen. Zu den Würdenträgern, die an diesem Abend zum Ehrenbankett für Walton kamen, gehörten sogar Gouverneur Clinton, Senator Dale Bumpers und per Video Vizepräsident George Bush. Dies war ein Zeichen für Sam Waltons wachsenden Einfluß, obwohl er sich von jeher gesträubt hatte, die Wahlkampfkampagne irgendeiner Partei finanziell zu unterstützen.* Präsident Reagan übermittelte telefonisch seine Glückwünsche, die über riesige Lautsprecher für alle Gäste übertragen wurden. Um das Ereignis gebührend zu feiern, gab die Lokalzeitung „Benton County Democrat" eine Sonderausgabe speziell über Walton heraus – der ganz zufällig ihr Eigentümer war. Er hatte das Blatt 1972 gekauft und übertrug später Jim die Verantwortung für die Zeitung als weiteren Vermögenswert der „Familien-Gesellschaft".

Über das sensationelle Phänomen Walton wurde auch an vielen anderen Stellen berichtet. Allerdings wurde die Berichterstattung durch die Tatsache erschwert, daß fast niemand von Walton ein Interview erhielt. Trotzdem wurden ständig neue Artikel geschrieben, in denen nette Einzelheiten in den Mittelpunkt gerückt wurden, die über ihn als Mensch bekannt waren, wie etwa daß er einen alten, schäbigen Truck fuhr, und anderes, das zu Waltons Image des ganz normalen, bodenständigen Mitbürgers beitrugen. Das Faszinierende an all diesen Berichten über ihn war – wie schon Waltons Hula-Tanz in der Wall Street – daß sie belegten, welch Genie Walton dafür entwickelt hatte, eine vorgegebene Situation immer zu seinen Gunsten zu nutzen, ohne daß man sagen konnte, wie er das genau anstellte.

Ein Beispiel dafür sind die „Greeter" des Unternehmens, jene übertrieben freundlichen, oft von Pensionären besetzten Posten am Eingang jedes Wal-Mart-Kaufhauses, die die Kunden willkommen heißen und sie fragen, ob sie ihnen behilflich sein könnten. Laut unternehmensinterner Überlieferung war es ein Filialleiter in Crowley, Louisiana, der diesen Einfall als erster hatte. Als Sam Walton 1980 dessen Kaufhaus besuchte, war er so begeistert von der Idee, daß er dieses Empfangspersonal für alle Filialen anordnete, da es seiner Überzeugung nach den Kunden das angenehme Gefühl vermittelte, willkommen geheißen zu werden. Natürlich ist ein Stückchen Wahrheit daran. Aber – und dies sollte uns eigentlich nicht verwundern – es gab auch einen finanziellen Aspekt, weshalb Walton die Idee so gut gefiel: Das Kaufhaus in Crowley hatte ein größeres Pro-

---

* Dale Bumpers, Senator von Arkansas, sagte einmal, daß das Warten auf Wahlkampfspenden von Walton damit vergleichbar sei, die Landelichter für die niemals von ihrem letzten Flug über den Pazifik zurückgekehrte amerikanische Flugpionierin Amelia Earhart anzulassen.

blem mit Ladendiebstählen. Die Greeter konnten nun die Leute, die das Kaufhaus verließen, unauffällig beobachten und aufpassen, ob jemand etwas bei sich trug, das er nicht bezahlt hatte. McAllister, der Filialleiter, fand es einleuchtend, daß die Kunden durch einen freundlichen älteren Herrn an der Tür weniger irritiert wären als durch eine Wache in Uniform.

Und genau das begeisterte Walton am neuen Konzept: Es senkte die Anzahl der Ladendiebstähle. Das warme und kundenfreundliche Image, mit dem sich das Unternehmen umgab, war reines Zierwerk. Nicht jeder erfaßte den Reiz der Idee so schnell wie Walton. Für viele seiner Führungskräfte und viele Filialleiter waren die Greeter eine überflüssige und nutzlose Einrichtung, und sie weigerten sich, die Idee umzusetzen. Bis Ende der 80er Jahre standen allerdings in den Filialen von etwa einem halben Dutzend anderer Ketten bereits ebenfalls Greeter – so auch, auf Joe Antoninis Drängen hin, bei Kmart.

Einer von Waltons größten Publicity-Triumphen war sein „Buy American"-Programm, mit dem er die Käufer dazu bringen wollte, einheimische Produkte ausländischen gegenüber zu bevorzugen. Es gibt unterschiedliche Behauptungen, auf wen die Idee zurückzuführen sei. In seiner Autobiographie erklärt Walton, der Gedanke dazu sei ihm beim Blick auf das schwindelerregende US-Handelsdefizit gekommen. Doch einige Vorstandsmitglieder erinnern sich, wie Walton 1984 von einer Urlaubsreise mit Helen aus Zentralamerika zurückkam und seine Stimmung ungewöhnlich nachdenklich und düster war. Wie gewöhnlich hatte er sich vorgenommen, Fabriken vor Ort unter die Lupe zu nehmen, die für verschiedene US-amerikanische Einzelhandelsunternehmen Artikel herstellten, während sich seine Frau verschiedene Sehenswürdigkeiten ansah. Die Arbeitsbedingungen entsetzten ihn – vor allem im Vergleich zu den Fabriken in den Vereinigten Staaten, die er früher besucht hatte. Es ist nicht mehr genau festzustellen, welche Fabriken sich Walton im einzelnen angesehen hat, doch es ist leicht, sich vorzustellen, womit er wahrscheinlich konfrontiert war: Ausbeuterbetriebe wie aus dem 19. Jahrhundert. Beschreibungen der Arbeitsbedingungen in zentralamerikanischen Textilfabriken der damaligen Zeit schildern den typischen Herstellungsbetrieb als dicht gedrängten Raum, heiß, staubig, schlecht belichtet und kaum belüftet, in dem oft eine große Anzahl von Kindern 12 bis 14 Stunden am Tag arbeitete und so wenig Geld verdiente, daß sie sich nicht einmal Schuhe leisten konnten.

Als er nach Bentonville zurückgekehrt war, begann Walton mit seinen Führungskräften darüber zu sprechen, ob es nicht eine Möglichkeit gebe, einen größeren Anteil der vom Unternehmen verkauften Ware in den Vereinigten Staaten herstellen zu lassen. Wenig später erhielt Walton einen Anruf von Gouverneur Clinton. Die beiden Männer kannten einander relativ gut. Obwohl Walton

Republikaner war und für politische Zwecke stets nur wenig Geld übrig gehabt hatte, war er doch gleichzeitig der reichste Mann und größte private Arbeitgeber des Bundesstaates. Clinton hatte ihn bereits bei mehreren Wirtschaftsentwicklungsprogrammen um finanzielle Unterstützung gebeten und war bei einer ganzen Reihe von Wal-Mart-Hauptversammlungen – natürlich auch mit einer gehörigen Portion Eigeninteresse – als Ehrengast und Redner aufgetreten. Seine Frau, Hillary Rodham Clinton, war schon seit einiger Zeit sowohl mit Helen als auch Alice Walton befreundet.

Bei diesem Anruf fragte Gouverneur Clinton Walton, ob Walton etwas tun könne, um Farris Fashions Inc., ein Textilunternehmen in Arkansas, vor der Schließung zu bewahren. Die Firma stand kurz vor dem Aus, nachdem ihr Phillips-Van Heusen Aufträge über die Anfertigung von Flanellhemden entzogen hatte. Die Hemden wurden inzwischen billiger in einer Fabrik in China hergestellt. Walton erklärte sich bereit, dem Unternehmen eine Chance zu geben. Nach mehreren Besprechungen einigten sich er und der Geschäftsführer des Textilunternehmens, Farris Burroughs, auf folgende Abmachung: Walton würde bei Farris eine große Anzahl von Flanellhemden in Auftrag geben und innerhalb einer besonders kurzen Frist zahlen. Farris sollte im Gegenzug seine Kosten senken. Allerdings fand das Unternehmen keinen einheimischen Lieferanten, der den Flanell billig genug anbot, und importierte das Gewebe schließlich (ein Detail, das in der späteren Berichterstattung unerwähnt blieb). Die Lokalpresse jubelte, als Wal-Mart den ersten von mehreren Verträgen mit dem Textilhersteller unterschrieb, da nicht nur eine Schließung verhindert wurde, sondern durch das höhere Auftragsvolumen die Belegschaft im Laufe der Zeit sogar von 90 auf 350 aufgestockt werden konnte.

Clinton lobte Walton und Wal-Mart als große Patrioten. Auch die Führungsspitze von Farris sang höchste Lobgesänge. An diesem Punkt beauftragte Walton laut Firmenchronik ein paar führende Köpfe im Unternehmen – stets mit Hinweis auf das ständig anwachsende Handelsdefizit der Vereinigten Staaten und die anhaltende Standortverlagerung amerikanischer Hersteller ins Ausland – ein Buy-American-Programm zu entwickeln. Im März 1985 legte Walton in einem Brief an die etwa 3.000 US-amerikanischen Lieferanten von Wal-Mart das Programm vor.

In dem Brief, der in Auszügen als Pressemitteilung an alle nur erdenklichen Nachrichtenstationen Amerikas weitergeleitet wurde, erläuterte Walton, daß zwischen 1981 und 1984 über 1,6 Millionen amerikanische Arbeitsplätze an die Importwirtschaft verlorengegangen waren, daß die Importzahlen (Ölimporte ausgenommen) im Jahre 1983 um ein Drittel auf 70 Milliarden Dollar angewachsen waren und somit große Mitschuld am traurigen Rekord des Handelsdefizits von 123,3 Milliarden Dollar trugen. „Es kann und muß etwas getan werden, um dieser äußerst ernst zu nehmenden Bedrohung für unser freies Wirtschaftssystem und unser großartiges Land entgegenzutreten", schrieb Walton. „Das Wal-Mart-Unternehmen verpflichtet sich ab sofort dem Grundsatz, möglichst viele Produkte von Lieferanten zu kaufen, die ihre Ware in den Vereinigten Staaten herstellen."

Walton bot nun seinen Lieferanten und Herstellern „dieselben günstigen Modalitäten an, wie wir sie Lieferanten im Ausland gewähren", wie etwa längere Vorlaufzeiten bei Bestellungen. Und er lud jedes am Programm interessierte Produktionsunternehmen ein, sich mit ihm in Verbindung zu setzen. Wie man sich denken kann, wurde Wal-Mart für seine plakative Ankündigung, in Zukunft möglichst nur noch amerikanische Produkte einzukaufen, von Politikern, der Presse und vielen einfachen Bürgern gelobt und gefeiert. Bald forderte Walton auch andere Einzelhandelsunternehmen auf, sich ihm anzuschließen. Sein Timing war perfekt. Wie sooft schien er rein intuitiv und noch vor seinen Konkurrenten den gesellschaftlichen Stimmungsumschwung erahnt zu haben.

Doch zunächst einmal die Fakten: Schätzungen zufolge wurden im Jahre 1985 43 Prozent aller in den Vereinigten Staaten verkauften Textilwaren importiert. Hunderte US-amerikanische Hersteller hatten ihre Produktion ins Ausland verlegt, vor allem nach Asien, in die Karibik und nach Zentralamerika. Wurden US-amerikanische Unternehmen in den beiden zuletzt genannten Regionen tätig, erhielten sie sogar aktive Unterstützung und finanzielle Hilfe von seiten der Agentur für Internationale Entwicklung des Außenministeriums, kurz: AID. Präsident John F. Kennedy hatte seinerzeit 1961 ein massives Wirtschaftsentwicklungsprogramm für Lateinamerika initiiert, genannt „Allianz für den Fortschritt". Ziel des Programms war, die Demokratiebewegung in diesen Ländern zu fördern und den Kommunismus zu bekämpfen, indem man den Lebensstandard anhob. In der Realität jedoch führten die meisten Geschäfte, die über die AID abgewickelt wurden, lediglich zu einer Förderung der lateinamerikanischen Exportindustrie und einer steigenden Investitionstätigkeit US-amerikanischer Unternehmen in Lateinamerika. Mehrere Länder schufen Freihandelszonen, in denen Fabriken angesiedelt werden konnten. Zwei Jahrzehnte später verabschiedete der amerikanische Kongreß auf massives Drängen von Präsident Reagan die „Initiative für das Karibische Becken", ein Gesetz, das es dem Präsidenten ermöglichte, viele Produkte einschließlich Textilien, die aus karibischen und zentralamerikanischen Ländern importiert wurden, vom Zoll zu befreien. Das Resultat war ein weiterer Abwanderungstrend der Produktionsstätten US-amerikanischer Hersteller in diese Länder.

Doch ab 1985 begann sich eine Gegenbewegung zu formatieren. Die Gewerkschaften machten in Washington mobil und verlangten, daß etwas gegen den Verlust von Arbeitsplätzen ans Ausland getan werden sollte. Umfragen ergaben, daß sich viele Amerikaner über die ausländische Konkurrenz Sorgen machten – und nicht zuletzt darüber, selbst arbeitslos zu werden. Im Kongreß wurde darüber diskutiert, Importbegrenzungen einzuführen. Gleichzeitig versuchten die meisten Handelskonzerne und Interessengruppen des Einzelhandels mit viel Öffentlichkeitsarbeit, ihre billigen Importe zu schützen und machten sich auf dem Capitol Hill gegen jegliche Art von Restriktionen stark.

Als Journalisten nach Waltons Ankündigung seines Buy-American-Programms Kmart und Target nach ihrem Standpunkt fragten, erklärten Führungskräfte beider Unternehmen, daß ihre einzige Sorge darin bestehe, die Kosten niedrig zu halten. Ein paar andere Einzelhandelsunternehmen waren sogar – verführt durch die laufenden Debatten im amerikanischen Kongreß – dumm genug, Walton anzuklagen, er würde mit diesem Programm nur die Kosten für die Verbraucher in die Höhe treiben. Wie vorauszusehen war und sie es im übrigen auch verdienten, entstand dadurch in der Öffentlichkeit der Eindruck, für diese Konzerne zähle nur der eigene Gewinn, während Waltons Haltung als patriotisch gefeiert wurde. Die *Washington Post* illustrierte ihren Artikel über das Buy-American-Programm mit einer Zeichnung von Sam Walton als einem kahlköpfigen Adler, der mit ausgebreiteten Schwingen sein Nest beschützt. Die *New York Times* lobte ihn als einen Mann, der gegen die Strömung schwimmt.

Walton machte die Buy-American-Aktion zum Dreh- und Angelpunkt der überschwenglichen Hauptversammlungen des Unternehmens: Es wurde berichtet, wie man die Herstellung bestimmter Produkte wieder ins Inland gebracht hatte, und Fabrikarbeiter und Politiker bezeugten dies mit großem Epos vor der versammelten Menschenmenge. Ab Anfang 1986 warb Wal-Mart in seinen Fernsehspots mit dem Buy-American-Programm, und an allen Filialen wehten rotweiß-blaue „Made in USA"-Flaggen, auf denen in großen Lettern die Aufforderung an die Bürger der Vereinigten Staaten zu lesen war, sie sollten doch zur Sicherung amerikanischer Arbeitsplätze und Stärkung Amerikas als Produktionsstandort beitragen: KEEP AMERICA WORKING AND STRONG. Bei den Amerikanern kam das sehr gut an. Laut Umfrageergebnissen war Wal-Mart in jenen Tagen eines der respektiertesten Unternehmen des ganzen Landes.

Doch wenn man etwas genauer hinsah, war die Sache nicht ganz astrein. Wie die anderen Discounter-Unternehmen hatte Walton von Anfang an dort seine Ware besorgt, wo er sie am günstigsten bekommen konnte, ohne dabei auf andere Faktoren Rücksicht zu nehmen. Seiner damaligen Strategie entsprechend hatte er versucht, immer mehr Markenartikel ins Programm zu nehmen, und schließlich auch zunehmend Produkte besserer Qualität eingekauft. Wo sie hergestellt wurden, spielte für ihn eigentlich keine Rolle, und so kam es, daß Walton – wie auch andere Discounter – immer öfter Importprodukte in Betracht zogen, die normalerweise billiger waren, da Arbeiter in China und anderen asiatischen Ländern – woher die meisten Importgüter bezogen wurden – einen viel geringeren Lohn erhielten als ein amerikanischer Arbeitnehmer. Tatsächlich ging Walton, für den es so ungeheuer wichtig war, bei seinen Lieferanten stets den günstigsten Preis auszuhandeln, auf seiner Suche nach ausländischen Herstellern besonders aggressiv vor. 1981 eröffnete Wal-Mart eine Geschäftsstelle in Hongkong, um vor Ort Ware einzukaufen und zu bestellen, und bald darauf kam eine zweite Einkaufsabteilung in Taipeh, Taiwan, hinzu.

Natürlich machten die *direkten* Importe von Wal-Mart und anderen Discounter-Unternehmen nur einen kleinen Prozentsatz der verkauften Ware aus. Zu dem Zeitpunkt, als Walton das Buy-American-Programm ins Rollen brachte, betrug beispielsweise der Anteil direkt importierter Ware durch Wal-Mart nach seinen eigenen Schätzungen 5,8 Prozent des Gesamtumsatzes. Es waren jedoch die Lieferanten von Wal-Mart und den anderen Einzelhandelsunternehmen, die ihrerseits einen Großteil des Ausgangsmaterials für ihre Produkte aus dem Ausland bezogen. Das war die Kehrseite der Medaille: Im Zuge des ungebremsten Wachstums der Discount-Branche und des immer aggressiveren Preiskampfes sahen sich die Hersteller von Bekleidung, Spielsachen, Schuhen und anderer Ware zunehmend unter Druck, ihre Kosten zu senken. Selbst Einzelhandelsunternehmen, die vom Preisniveau auf einer mittleren Stufe anzusiedeln waren, d.h. Konzerne wie Penney und Sears, bemühten sich um Kostensenkungen, um besser mit den Discounter-Märkten konkurrieren zu können.

Genau diese Gründe waren es, die viele Lieferanten dazu veranlaßten, ihre Produktion aus den Vereinigten Staaten in Länder mit niedrigeren Lohnkosten zu verlagern. So war ja auch die bedrohliche Situation für Farris entstanden: Phillips-Van Heusen hatte die Produktion der Hemden ins Ausland verlegt, um den Forderungen von Sears und Penney nach niedrigeren Einkaufspreisen Genüge zu leisten. Dieselbe Entwicklung war in Dutzenden von Branchen zu beobachten. Allein in der Textilindustrie schlossen zwischen 1980 und 1985 über 250 inländische Fabriken ihre Pforten.

China wurde nach 1981 für Amerika zu einer sehr beliebten Importquelle, denn in diesem Jahr begann die chinesische Regierung damit, den Export eigener Produkte zu subventionieren, um das Wachstum der einheimischen Textil- und Bekleidungsindustrie zu fördern. Als 1983 US-amerikanische Textil- und Bekleidungsunternehmen vom Handelsministerium forderten, für die subventionierten ausländischen Produkte höhere Einfuhrzölle zu erheben, flogen leitende Angestellte von Wal-Mart nach Washington, um sich für Chinas Interessen stark zu machen.

Die Ironie lag darin, daß die Herstellung von Ware in verschiedenen Ländern der Dritten Welt für ein Unternehmen auch ein Bündel neuer Probleme mit sich brachte. Aufgrund der langen Transportwege und möglichen Komplikationen mußten die Einzelhändler ihre Bestellungen viel früher tätigen, häufig bis zu einem Jahr im voraus. Sie mußten auch früher zahlen. Normalerweise räumten US-amerikanische Lieferanten ihren Kunden eine Zahlungsfrist von 30 Tagen nach Erhalt der Ware ein. Doch ausländische Hersteller verlangten die Zahlung der Ware bei Lieferung und manchmal sogar vor Lieferung. Aufgrund des zeitlichen Faktors und der räumlichen Distanz waren die Einzelhändler ihren ausländischen Lieferanten gegenüber normalerweise nicht so rigoros, wenn es darum ging, für verspätete oder fehlerhafte Ware Entschädigung zu fordern. Außerdem kam auf die Konzerne ein erhöhter Kosten- und Zeitaufwand zu, wenn Einkaufsvertreter ins Ausland reisen mußten, um die Fabriken zu inspizieren und sicherzustellen, daß die Ware richtig und termingerecht hergestellt wurde.

Die Idee, die Walton nach seiner Unterhaltung mit Clinton hatte, war, ob er nicht US-amerikanische Lieferanten dazu bringen könnte, ihre Preise Wal-Mart gegenüber zu senken, wenn er ihnen dieselben Konditionen anbot, die er und andere Handelsunternehmen ihren ausländischen Produzenten gewährten. Er beauftragte seine Führungskräfte, die versteckten Kosten hinter dem Einkauf von Ware in Produktionsstätten außerhalb Amerikas zu berechnen. „Wir versuchten herauszufinden, welche zusätzlichen Kosten beim Bezug von Ware aus dem Ausland tatsächlich entstanden",[9] berichtete Al Johnson, einer der Leiter des operativen Geschäfts bei Wal-Mart. Die relevanten Positionen beinhalteten – neben den eben erwähnten Aufwendungen – Kosten für die Lagerung der Produkte in Wal-Mart-Lagern nach ihrer Ankunft in den Vereinigten Staaten sowie die Risiken beim Kauf großer Warenmengen, vor allem von Kleidern, lange vor der eigentlichen Saison. „Wir entwickelten schließlich eine komplizierte Formel, die Schritt für Schritt berechnete, wie sich die Kosten eines importierten Artikels zu denjenigen eines im Inland hergestellten Artikels verhielten. Nachdem wir das erst einmal erarbeitet hatten, war es etwas einfacher, diese Art von Vergleichen anzustellen", erinnerte sich Johnson.[10]

Vom Einkaufspreis einmal abgesehen, war es leichter, sicherer, schneller und bequemer, Ware im eigenen Land herstellen zu lassen, nicht zuletzt aufgrund der kulturellen und sprachlichen Barrieren. Wenn man US-amerikanischen Lieferanten eine großzügige Vorlaufzeit gewähren und Großaufträge erteilen würde, hätten diese sicherlich die Möglichkeit, ihr Material günstiger zu bestellen, ihre Belegschaft effizienter einzusetzen und ihr Lager wirtschaftlicher zu führen, was Kosteneinsparungen nach sich ziehen würde. Wenn er einige amerikanische Lieferanten dazu bringen könnte, die Preise zu senken, als Gegenleistung für ein paar Zugeständnisse bei den Zahlungs- und Bestellmodalitäten, würde dies – und das wußte Walton – Wal-Mart einen noch größeren Vorsprung verschaffen. „Eines unserer großen Ziele" beim Buy-American-Programm, erinnerte sich ein Vorstandsmitglied von Wal-Mart, der die Aktion aktiv mitgestaltete, „bestand darin, amerikanischen Herstellern Dampf zu machen, damit sie ihre Preise senkten."

Das war des Pudels Kern: Walton hatte vielleicht wirklich mit den Fabrikarbeitern Mitleid gehabt, die er in Zentralamerika bei ihrer Sklavenarbeit beobachtet hatte. Doch was für ihn mehr zählte als alles andere war der Unternehmensumsatz.

Walton machte seinen Lieferanten unmißverständlich klar, daß die Preise, die sie von ihm im Einkauf verlangten, mit den Preisen der ausländischen Hersteller gleichziehen oder zumindest annähernd gleichziehen müßten. „Wir sind nicht an Wohltätigkeit interessiert", erklärte er. „Wir halten nicht viel davon, Arbeit, die unter einem bestimmten Standard liegt oder sogar ineffizient ist, zu subventionieren."[11] Doch Walton wußte auch, daß Zugeständnisse seinerseits bei etwas höheren Einkaufspreisen für einheimische Ware durch die niedrigeren Lager-, Bestell- und diverse andere Kosten bei weitem kompensiert würden.

Und die laute Proklamation des Buy-American-Programms hatte noch einen weiteren Vorteil: Sie übte einen zusätzlichen Druck auf die ausländischen Lieferanten aus.

Im Sommer 1986 hielt Walton auf einer Einzelhandelstagung in Dallas eine Rede, in der er von der Firma Frazier Engineering aus Morristown, Indiana, berichtete, die einen Gartenstuhl anbot, von dem Wal-Mart zum damaligen Zeitpunkt ein ähnliches Modell in China für 4,98 Dollar pro Stück herstellen ließ: „Das Unternehmen aus Indiana rief Al Johnson an und sagte: ‚Wir sind der Meinung, daß wir diesen Stuhl für Sie herstellen können, und wir glauben sogar, daß wir den Preis, den man Ihnen im Ausland bietet, noch unterbieten können.' Und so setzten sich Al und seine Leute aus der Einkaufsabteilung mit dem Produzenten an einen Tisch und sprachen über Quantität und Qualität. Wir gewährten ihnen eine großzügige Vorlaufzeit und boten ihnen an, bei Lieferung per Akkreditiv zu bezahlen", erzählte Walton und hielt den weißen Stuhl in die Luft, um den es dabei ging.

„Nun, die Fabrik aus Indiana gab sich für uns die allergrößte Mühe und stellte schließlich den Stuhl für 3,50 Dollar her. Dieses Jahr haben die Leute in China davon erfahren, und wissen Sie, was passiert ist?", fragte er seine Zuhörerschaft. „Sie haben ihre Preise gesenkt. Es funktioniert also in beide Richtungen", sagte er triumphierend und fügte schnell hinzu, daß Wal-Mart natürlich trotzdem bei den in Amerika hergestellten Stühlen geblieben sei.

Doch trotz der Fahnen, Werbespots und lautstarken Hinweise auf den Patriotismus des Programms weigerten sich Walton und die Unternehmensleitung von Wal-Mart, den Anteil der importierten Güter am Gesamtvolumen der von Wal-Mart verkauften Ware genau zu beziffern – und das aus gutem Grund. 1988 gab Walton an, daß sein Unternehmen Produkte im Wert von 1,2 Milliarden Dollar (auf Basis des Einzelhandelspreises berechnet) in US-amerikanische Herstellungsbetriebe zurückgebracht habe (d.h. zwischen 400 Millionen und 500 Millionen Dollar auf Basis der Einkaufspreise berechnet), was dazu beigetragen habe, 17.000 Arbeitsplätze zu schaffen oder zu retten. Doch Wal-Marts Direktimporte waren relativ zum Umsatz überhaupt nicht gesunken, da das Unternehmen mehr Ware direkt bei Herstellern kaufte als jemals zuvor – einschließlich einer größeren Menge an importierten Gütern. Allein Wal-Marts Einkaufsabteilungen in Hongkong und Taipeh waren auf 90 Mitarbeiter angewachsen.

Hinzu kam, daß nicht alle neuen Geschäftsverbindungen zu einheimischen Firmen ein gutes Ende nahmen. Die Fabrik in Indiana beispielsweise bemühte sich so sehr, ihre Kosten zu senken, daß sie nach einem Jahr bankrott ging, und Wal-Mart wandte sich für die Herstellung der Gartenstühle wieder an ausländische Hersteller.

Einige rivalisierende Handelsunternehmen murrten – in der Regel aber ohne damit an die Öffentlichkeit zu gehen – daß Wal-Mart mehr Ware denn je importierte. Der Wirtschaftsexperte von Kmart, Robert E. Hayes, behauptete, daß Kmart einen größeren Anteil seiner Ware bei einheimischen Herstellern einkaufte als Wal-Mart. „Die Wahrheit ist, daß wir eine bessere Bilanz aufweisen", sagte er und fügte hinzu, daß Walton eigentlich nur eine bessere Bilanz bei der Publicity für seine Aktion aufweisen könne, als sei das ein zu vernachlässigender Faktor.[12] Doch niemand wußte genau, wieviel seiner Ware Wal-Mart wirklich importierte. Wal-Mart legte darüber den Mantel des Schweigens – und außerdem hing es ganz davon ab, wie man „made in America" definierte. War ein Flanellhemd von Farris, bei dem der Flanell importiert war, das Hemd aber in Arkansas genäht wurde, „made in America"? Walton war ganz gewiß dieser Meinung – und wahrscheinlich stimmten dieser Ansicht auch die Arbeiter bei Farris zu.

Doch für den Publicity-Effekt spielte es kaum eine Rolle, wieviel Prozent der Ware Wal-Mart wirklich importierte. Es existierten einige Beispiele echter „Rückführungen" von ausländischen Produktionen in US-amerikanische Fabrikationsstätten, und die Wal-Mart-Filialen waren diesbezüglich mit Hinweisschildern gespickt, wie etwa: DIESER ARTIKEL, DER FRÜHER IMPORTIERT

WURDE, WIRD NUN VON WAL-MART IN DEN USA EINGEKAUFT UND SCHAFFT ODER ERHÄLT ARBEITSPLÄTZE FÜR AMERIKANER!

Kapitel 12
Man nennt mich Mr. Sam

Nachdem Sam Walton 1988 den Posten des Chief Executive Officer an David Glass abgegeben hatte, konzentrierte er sich mehr denn je darauf, zu dem unaufhaltsam wachsenden Heer von Angestellten – es umfaßte 1989 bereits über 223.000 Mitarbeiter – einen lebendigen Kontakt aufzubauen und aufrechtzuerhalten. Ein Instrument, dessen er sich gerne bediente, war die interne Mitarbeiterzeitschrift *Wal-Mart World*, in der die Angestellten alles über die hehren Bemühungen von Wal-Mart nachlesen konnten, z.B. über das Buy-American-Programm und andere werbeträchtige Aktionen. Abgesehen von Waltons eigenen Briefen an seine Angestellten, die er in einem bewußt offenherzigen Stil verfaßte, schrieben oft Mitarbeiter selbst Artikel über ihre persönlichen Erlebnisse. So beschrieb ein Mitarbeiter in einer Ausgabe ehrfurchtsvoll, wie er einmal mit Mr. Sam im Flugzeug mitgeflogen war. „Ich nahm den Platz des Copiloten ein, um die Aussicht zu genießen", schrieb Tim Crane. „Ich hätte es wissen müssen. Wenn man sich in die Nähe von Mr. Sam begibt, dann heißt es arbeiten. Bevor ich auch nur einen Ton sagen konnte, war ich damit beschäftigt, Notizen zu machen und Papiere zu sortieren, während Mr. Sam den Autopiloten einschaltete und sich die Berichte der Bezirksleiter durchlas."[1]

Walton versuchte in *Wal-Mart World* auch oft, seine Mitarbeiter durch das vorbildhafte Verhalten eines ihrer Kollegen zu motivieren. So griff er das lobenswerte Beispiel eines Verkäufers aus Florida heraus, der extra 32 Kilometer zu einer anderen Filiale gefahren war, nur um für eine Kundin ein paar Eisenteile zu besorgen, die noch an ihrem neu erworbenen Picknicktisch fehlten. Er kehrte zur Kundin nach Hause zurück und half ihr, den Tisch zusammenzubauen. Eine solche Geschichte ließ Walton frohlocken: „Hier haben wir eine Kundin fürs Leben!"[2]

Ständig wurden die Angestellten daran erinnert, welche Vorteile ihnen die Gewinnbeteiligung einbringen würde. „Wie eine Mitarbeiterin vor kurzem mit-

teilte, hat ihre einstige Investition von 1.200 Dollar in das Aktienoptionsprogramm von Wal-Mart innerhalb von 17 Jahren eine Summe von 138.000 Dollar
erbracht", machte Walton in der Einleitung eines Handbuchs für neue Mitarbeiter Appetit auf eine Beteiligung am Unternehmen.[3] In der Tat waren die 80er
Jahre eine ganz außergewöhnliche Periode für die Kursentwicklung der Wal-
Mart-Aktien. Nach Berechnungen des Unternehmens stieg ein Aktienpaket, das
man 1981 für 3.000 Dollar erworben hatte, innerhalb von zehn Jahren auf den
Wert von 105.600 Dollar.

Doch davon abgesehen wurde es für das Unternehmen immer schwieriger,
die begeisterten, glückstrahlenden Mitarbeiter, die Walton sich wünschte, auf
dem Markt zu finden und bei der Stange zu halten. Wie auf den meisten Arbeitsplätzen, wo Angestellte kaum mehr als den Mindestlohn verdienten, war die
Fluktuation hoch. Ein Lösungsansatz bestand darin, Arbeitskräfte mittleren Alters anzuwerben. Das heißt Angestellte, die schon seit Jahren im Berufsleben
standen und wahrscheinlich noch die Arbeitsmoral der älteren Generation besaßen. Als Wal-Mart mehr und mehr in den Vorstädten Einzug hielt, begann man
damit, bei den Bewerbern auch Drogentests durchzuführen. Man unterzog sie
außerdem Persönlichkeitstests, um festzustellen, ob sie in die Unternehmenskultur paßten und ob sie Produktivität und Ehrlichkeit mitbrachten. Wenn man
sich bei Wal-Mart auf eine Stelle bewarb, bekam man im Rahmen des Einstel-
lungsgesprächs in der Regel Fragen wie diese vorgelegt:

Man könnte meine Kindheit als
A. glücklich   B. durchschnittlich   C. unglücklich
beschreiben.

Ich verspürte in der Vergangenheit schon einmal das Verlangen, etwas zu
zerstören: A. stimmt   B. weiß nicht   C. stimmt nicht

Welche der folgenden Behauptungen trifft auf Sie zu:
A. Ich habe es gern, wenn es bei mir zu Hause sauber und aufgeräumt ist.
B. Ich habe nichts gegen ein unordentliches Zuhause, solange es sauber ist.
C. Es ist mir egal, ob es bei mir zu Hause ordentlich und sauber ist.

In den Augen meiner Freunde bin ich:
A. ein knallharter Typ   B. ein ganz normaler Typ   C. ein Schwächling.

Ich habe manchmal ganz schön verrückte Tagträume:
A. stimmt   B. weiß nicht   C. stimmt nicht.

Hatte man den Bewerbungstest bestanden und wurde eingestellt, erhielt
man ein Mitarbeiterhandbuch, das eine seltsame Kombination aus strikten Re-

geln und väterlichen Tips enthielt und vor allem das Ziel hatte, den Neuling auf Wal-Mart-Linie zu bringen. „Suche das Gute im Mitmenschen!" oder „Vermeide Klatsch!" lauteten die Anweisungen im Handbuch von 1988. Man solle darauf achten, nicht über seine eigenen Verhältnisse zu leben. „Bei Wal-Mart gibt es keinen Bedarf an Gewerkschaften!" lautete eine direktive Feststellung. Neben sehr genauen Regeln, wie etwa die Arbeitskleidung auszusehen habe und wann man Pausen machen dürfe, wurde auch darauf hingewiesen, daß sich stundenweise beschäftigte Arbeiter und Arbeiterinnen erst eine Erlaubnis vom Bezirksleiter holen mußte, wenn sie sich mit einer Kollegin oder einem Kollegen zu einem Rendezvous treffen wollten.

Anwärter auf Management-Positionen rekrutierte das Unternehmen fast immer aus kleineren Colleges im Süden und Mittleren Westen des Landes. „Bei Wal-Mart ist man sehr kostenbewußt. Dort werden Leute eingestellt, von denen man den Eindruck hat, daß sie hart arbeiten werden und gleichzeitig erkennen, welche Chancen vor ihnen liegen. Gefragt sind Absolventen, die bereit sind, mit einem geringeren Gehalt einzusteigen und auch an einem Ort zu arbeiten, der keine bedeutende Weltstadt ist", führte Sharon Lutz aus, stellvertretende Leiterin für den Bereich Arbeitsvermittlung an der Universität von Texas in Austin. „Man sucht dort Leute, die sich die ersten Jahre aufopfern würden, aber auch erkennen, daß – je nach erbrachter Leistung – in diesem jungen und wachstumsorientierten Unternehmen einmalige Aufstiegschancen auf sie warten." Man pflege bei Wal-Mart das Klischee vom kleinen Angestellten, der ganz groß rauskomme, so Lutz.[4]

Während einer seiner predigtähnlichen Ansprachen, die per Satellit an alle Filialen gesendet wurden, führte Walton 1989 einen neuen Brauch ein, der seinen Platz am Wal-Mart-Firmament nicht besser hätte illustrieren können. Er drängte die Angestellten zu versprechen, den Kunden gegenüber immer aufmerksam zu sein, z.B. sie ab einer Entfernung von drei Metern höflich zu grüßen, und bat sie, dies zu beschwören, „so wahr mir Sam helfe".

In einer Hinsicht hatte sich Walton überhaupt nicht verändert, und das war im Hinblick auf seine Einstellung zu Frauen. Wie viele Geschäftsmänner seiner Generation hatte er nicht das geringste dagegen, wenn Frauen für ihn als Verkäuferinnen und stellvertretende Filialleiterinnen arbeiteten, aber er hielt sie für nicht geeignet für anspruchsvollere Managementpositionen. Es gab beispielsweise 1985 im 42köpfigen Führungsteam von Wal-Mart (d.h. ab Abteilungsleiterebene aufwärts), dessen Mitglieder im Geschäftsbericht namentlich aufgelistet wurden, keine einzige Frau. Und es gab keine Frau im Vorstand. Die Frauenbewegung der 60er und 70er Jahre, das Bewußtsein, daß Frauen die gleichen Chancen haben sollten wie Männer, war im Unternehmen kaum auf fruchtbaren Boden gefallen.

Einige Vorstandsmitglieder, wie etwa Jim Jones, der Bankier, hatten jahrelang versucht, Walton dazu zu bringen, eine Frau in den Vorstand zu holen, ohne damit Erfolg zu haben. Jones hatte Walton ebenfalls gedrängt, einen Schwarzen in die Unternehmensspitze aufzunehmen – ohne Erfolg. „Sam hatte mit dieser Vorstellung wirklich Probleme", erinnerte sich Jones. Seiner Ansicht nach handelte es sich bei Walton weniger um Vorurteile, als vielmehr darum, daß „er Angst hatte, jemanden von außerhalb mit einer Führungsposition in seinem Unternehmen zu betrauen".

In Wirklichkeit gab es jedoch mehrere „Außenseiter" im 15köpfigen Vorstand, wie Edward Charles Lazarus von Toys „R" Us, Sidney McKnight, den ehemaligen President von Montgomery Ward & Co., und Robert Kahn, einen Unternehmensberater von der San Francisco Bay Area, der seit Jahrzehnten in der Einzelhandelsbranche zu Hause war. In den Augen von Walton und den meisten Vorstandsmitgliedern war diese Zusammensetzung sinnvoll: Im Vorstand saßen sieben Führungskräfte von Wal-Mart, unter anderem Sam, Bud und Rob Walton. Die anderen acht Vorstandsmitglieder waren auf verschiedenen Gebieten Experten und konnten Waltons Ansicht nach dem Unternehmen sehr nützlich sein. Viele von ihnen unterhielten schon seit Jahren Geschäftsbeziehungen mit Wal-Mart, wie etwa Jones oder Jackson Stephens, Geschäftsführer des Investmenthauses Stephens Inc. aus Little Rock. Doch allmählich begannen sich die Dinge zu verändern. Kahn, der dem Vorstand 1980 beitrat, plädierte ebenfalls dafür, ein weibliches Vorstandsmitglied zu ernennen, und nannte auch gleich die ideale Besetzung: Betsy Sanders, Abteilungsleiterin und Geschäftsführerin bei Nordstrom Inc. Die exklusive und angesehene Kaufhauskette mit Unternehmenssitz in Seattle war möglicherweise der einzige größere Handelskonzern mit einem besseren Ruf für seinen Kundenservice als Wal-Mart. Sam Walton hatte einen solchen Respekt vor dem Unternehmen, daß er Saunders tatsächlich einen Sitz im Vorstand bei Wal-Mart anbot, doch Nordstrom erlaubte nicht, daß eine Führungskraft im Vorstand eines anderen Einzelhandelsunternehmens saß, und Betsy Sanders sah sich gezwungen abzulehnen.*

Inzwischen hatten Helen und Alice damit begonnen, Sam für eine andere Kandidatin zu erwärmen: Hillary Rodham Clinton. Sie war eine außergewöhnliche Erscheinung in Arkansas: Eine starke Frau, die sich auszudrücken wußte und es ablehnte, dem Stereotyp der Südstaatenschönheit zu entsprechen, wie

---

* Saunders stieß 1993 schließlich doch noch zum Vorstand von Wal-Mart. In der Zwischenzeit hatte sie Nordstrom verlassen und war als Unternehmensberaterin tätig.

man es in dieser Region von einer prominenten Frau erwartete.* Vielleicht war dies einer der Gründe, warum die beiden Walton-Frauen sich mit ihr verbunden fühlten. Sam Walton kannte sie natürlich auch, und das nicht nur weil sie Bill Clintons Frau war und Anteile am Unternehmen hielt. Die Anwaltsfirma Rose Law Firm in Little Rock, an der sie Teilhaberin war, hatte Wal-Mart schon häufig vertreten. Etwas näher lernte er sie 1983 kennen, als sie alle Hebel in Bewegung setzte, um ein ehrgeiziges bundesstaatliches Bildungsreformprogramm als Gesetz im Parlament von Arkansas durchzukämpfen, und Sam Walton persönlich um Unterstützung in dieser Sache bat. Das Programm wurde später Bill Clinton als die größte Errungenschaft seiner Gouverneurszeit angerechnet.

Damals war Walton Vorsitzender des „The Good Suits Club", einem Treffpunkt reicher und politisch aktiver Männer aus Arkansas. Offiziell hieß der Club „Wirtschaftsrat von Arkansas" und hatte sich zum Ziel gesetzt, die Lebensbedingungen im Bundesstaat zu verbessern. Hillary Clinton konnte den Club überzeugen, die Bildungsreform zu unterstützen, und brachte Walton und andere Geldmogule – wie etwa den „Hühnchenkönig" Don Tyson – dazu, sich finanziell an einem politischen Fonds zu beteiligen, aus dem die Werbung für die Gesetzesinitiative bezahlt wurde.

Die Schulen von Arkansas gehörten zu den schlechtesten in ganz Amerika. Von allen fünfzig US-Bundesstaaten hatten sie die niedrigste Quote an High-School-Absolventen, die sich nach der Schule für ein Studium entschieden. In der Hälfte der Schulbezirke gab es keinen Fremdsprachenunterricht, und in knapp einem Drittel wurde nicht einmal das Fach Mathematik unterrichtet. Clintons Programm sah die Einrichtung von Pflichtkindergärten, kleineren Klassen, Leistungstests für Schüler, die die High School nach dem dritten, sechsten bzw. achten Jahr verließen, Leistungskontrollen für Lehrer und eine Konsolidierung der Schulbezirksfinanzen vor. Und alles sollte durch eine Erhöhung der Mehrwertsteuer finanziert werden.

Hillary Clinton verrichtete nicht nur bei den „Good Suits" Lobbyarbeit. Sie hielt im ganzen Bundesstaat Vorträge und leistete bei jedem widerspenstigen Parlamentsvertreter persönlich Überzeugungsarbeit. Letztendlich wurde das Reformpaket mit einer knappen Mehrheit verabschiedet. Und Hillary Clintons Ansehen wuchs beträchtlich. Doch als Helen und Alice Sam Walton drängten, sie in den Wal-Mart-Vorstand aufzunehmen, konnte er sich noch immer nicht leichten Herzens dafür entscheiden. Es ist schwer zu sagen, ob es ihr Liberalismus

---

* Mit Rücksicht auf die politische Karriere ihres Mannes machte sie später ein paar Zugeständnisse an die konservativen Gepflogenheiten in Arkansas, z.B. daß sie nur noch Clinton als Familiennamen verwendete, anstelle ihres eigenen Nachnamens, Rodham, den sie nach ihrer Heirat beibehalten hatte. Sie legte auch etwas von ihrer Gleichgültigkeit gegenüber ihrem Äußeren ab und gab sich ein etwas „damenhafteres" Aussehen: Sie blondierte sich die Haare, trug statt Brille nun Kontaktlinsen und legte sich eine weichere, modischere Garderobe zu.

war, der ihn abschreckte. Zumindest ist es unwahrscheinlich, daß Walton von den bekannteren Episoden ihrer Vergangenheit wußte: So etwa 1970, als sie für Senator Walter Mondale als Syndikusanwältin im Unterausschuß für ausländische Arbeiter saß und einen Zusammenstoß mit dem President von Coca-Cola, J. Paul Austin, provozierte. Sie hatte kurz zuvor das entsetzliche Arbeitslager besucht, das von Coca-Colas Minute-Maid-Abteilung in Florida betrieben wurde. Als nun Austin zu einer Anhörung vor dem Unterausschuß den Flur entlang kam, stellte sie sich ihm in den Weg und fuhr ihn an: „Wir werden Sie festnageln, Sie Arschloch – Sie Arschloch!"[5] Nein, diese Geschichte war wahrscheinlich nicht bis Bentonville durchgedrungen. Doch Walton kannte mit großer Wahrscheinlichkeit ihre Arbeit, wie etwa ihr Engagement für das „Kinderhilfsprogramm: Arkansas für Teenagermütter". Dieses Projekt sollte helfen, die Schwangerschaftsrate von Teenagern in Arkansas zu senken, die im bundesweiten Durchschnitt an zweiter Stelle lag. Hierzu sollten von den Schulkrankenhäusern Kondome und andere Verhütungsmittel an Schüler verteilt werden – eine Vorgehensweise, die in einem so konservativ geprägten Bundesstaat wie Arkansas natürlich eine heftige Kontroverse hervorrief.

Obwohl er selbst ziemlich konservativ war, scheint Walton Hillary Clinton als Menschen gemocht oder zumindest toleriert zu haben. Und möglicherweise war er einfach unsicher, welche Auswirkungen es hätte, wenn diese starke und intelligente 38jährige Jura-Absolventin der Elite-Universitäten Wellesley and Yale im Vorstand sitzen würde. Schließlich stimmte er im November 1986 zögernd zu, Hillary Clinton als erste Frau in den Vorstand von Wal-Mart zu berufen.

Hillary nutzte ihre neue Position im Vorstand, die mit 15.000 Dollar im Jahr dotiert war, als eine Chance, Wal-Mart in vielerlei Hinsicht auf Vordermann zu bringen. Noch bevor sie dem Vorstand beigetreten war, hatte Walton zugestimmt, eine externe Studie über die tatsächliche Umsetzung der Chancengleichheit von Frauen und Minderheiten bei Wal-Mart durchführen zu lassen. Das Ergebnis war katastrophal – was eigentlich keinen überraschte.

Die Situation war natürlich in weiten Teilen der Einzelhandelsbranche katastrophal, und dies änderte sich auch nicht spürbar nach der Verabschiedung des Gesetzes über die Gleichstellung am Arbeitsplatz im Jahr 1972. Der Ausschuß für die Gleichstellung am Arbeitsplatz, genannt EEOC, hatte zunächst einen großen Erfolg in bezug auf die Diskriminierung von Frauen in der Einzelhandelsbranche verzeichnen können. Er hatte sich vornehmlich mit Sears beschäftigt, dem damals größten Handelskonzern Amerikas und größten privaten Arbeitgeber von Frauen. Bei Sears – wie auch bei den meisten anderen Einzelhandelsfirmen – arbeiteten Männer vorwiegend in Abteilungen, in denen sie bei einem Verkaufsabschluß Provision erhielten, und generell waren die Männer auch für die teureren Artikel zuständig, z.b. Elektronikgeräte und andere Apparate. Frauen dagegen arbeiteten als Verkäuferinnen in Abteilungen mit niedriger oder keiner Provision und erhielten einen Stundensatz, der nur knapp über dem Mindestlohn lag. Laut EEOC-Bericht verdiente ein durchschnittlicher, provisionsberechtigter Verkäufer bei Sears in seinem ersten Jahr doppelt soviel wie eine durchschnittliche, nicht provisionsberechtigte Verkäuferin, unabhängig davon, wie lange sie schon bei Sears beschäftigt war.

1979 zog der EEOC gegen Sears vor Gericht, und der Konzern verdoppelte prompt die Anzahl der provisionsberechtigten Verkäuferinnen. Doch obwohl es für Sears alles andere als gut aussah, beschloß der Handelskonzern, sich gegen die Anklagepunkte vor Gericht zu verteidigen. Und dieser Schachzug sollte sich auszahlen. Sears gelang es, das Gerichtsverfahren bis zur Machtübernahme der Reagan-Regierung Anfang 1981 hinauszuzögern. Unter der neuen Führung, die Großunternehmen wesentlich freundlicher gesonnen war, machte der EEOC rasch einen Rückzieher. Als der Fall vor Gericht eigentlich noch verhandelt wurde, erklärte der neue EEOC-Ausschußvorsitzende Clarence Thomas Jr. gegenüber der *Washington Post:* „Ich versuche die ganze Sache schon so lange loszuwerden, wie ich hier bin."[6] Letztendlich führte das halbherzige Engagement des Ausschusses vor einem skeptischen, von Ronald Reagan ernannten Richter zu einem glatten Sieg für Sears.

Doch obwohl dies etwas Druck vom Einzelhandel zu nehmen schien, hatte das seit zehn Jahren geltende Gleichstellungsgesetz auf anderen Gebieten zumindest ein Bewußtsein für die Gleichberechtigung von Frauen und Minderheiten geweckt – wenn auch kaum zu tatsächlichen Verbesserungen geführt – und das Thema zu einem festen gesellschaftlichen Bestandteil gemacht. Die Unternehmen fühlten sich zunehmend gezwungen, wenigstens symbolische Bemühungen in diese Richtung zu unternehmen.

Hillary Clinton war als Vorstandsmitglied von Wal-Mart an Veränderungen interessiert, die mehr waren als nur symbolische Gesten, und sie hatte auch keine Hemmungen, dies unmißverständlich zum Ausdruck zu bringen. Im Verbund mit ein paar Vorstandsmitgliedern und Führungskräften, die ihren Standpunkt teilten, konnte sie nach und nach Erfolge verbuchen.* Im Jahre 1989 gab es zwar immer noch keine Frauen auf den 22 Posten der Unternehmensspitze, d.h. vom

---

* Als Walton auf der Jahreshauptversammlung 1987 von einem Aktionär gefragt wurde, warum Wal-Mart so wenig weibliche Führungskräfte besitze, antwortete er: „Wir sind noch nicht soweit, wie wir gerne wären... [doch wir haben] zur Zeit eine junge Dame mit einem starken Willen im Vorstand, die den anderen Vorstandsmitgliedern bereits klargemacht hat, daß sie mehr für das berufliche Fortkommen von Frauen tun müssen." Und er nannte Zahlen, was eine große Seltenheit war: Nach seinen Angaben gab es unter den Leitern der Wal-Mart-Filialen 33 Frauen. Wal-Mart besaß damals über 1.100 Handelsfilialen, mit anderen Worten: 97 Prozent der Filialleiter waren männlich.

Hauptabteilungsleiter aufwärts, aber es gab immerhin zwei weibliche Abteilungsleiter unter den 88 Führungskräften der oberen Managementebene, einschließlich der Leiterin der Personalabteilung, die für die Einstellung neuer Kräfte zuständig war. In jenem Sommer schrieb Walton in einem seiner monatlichen Briefe in der *Wal-Mart World:* „Es gefällt mir ausgesprochen gut, wie wir überall im Unternehmen endlich beginnen, die Fähigkeiten von Frauen zu erkennen und mit unseren Mitarbeiterinnen verantwortungsvolle Führungspositionen zu besetzen. Jahrelang wurde die Führungsebene im Einzelhandel ausschließlich als Domäne der Männer betrachtet. Das ist heute nicht mehr so. Die Unternehmensleitung* von Wal-Mart hat erkannt, daß sich unter unseren weiblichen Mitarbeitern ein enormes Potential an vielversprechendem Führungstalent befindet, und hat sich dazu verpflichtet, die Frauen in größtmöglichem Umfang weiterzubilden und zu fördern."[7]

Sam Walton hatte gelernt, schöne Worte über die Gleichstellung von Frau und Mann zu machen. Doch letztendlich führten die schönen Worte nicht zu sichtbaren Veränderungen. Wal-Mart lehnte es immer wieder ab, konkrete Zahlen zu nennen, wie viele Frauen tatsächlich mit der Leitung einer Filiale betraut waren oder sich bis zur mittleren Führungsebene emporgearbeitet hatten. Nachdem Hillary Clinton 1992 aufgrund ihrer zeitlichen Beanspruchung für den Präsidentschaftswahlkampf ihres Mannes aus dem Vorstand ausschied, wurde das Thema wieder aktuell.

Als Bud Walton bei der Jahreshauptversammlung 1992 die Aktionäre fragte, wie man die Veranstaltung denn noch attraktiver gestalten könne, rief jemand: „Setzen Sie doch ein paar Frauen in den Vorstand!", ein Vorschlag, der aus der Menge lautstarke Zustimmung erhielt und die Männer auf der Bühne sichtlich verlegen machte. Im Jahre 1998 waren zwei der 14 Vorstandsmitglieder von Wal-Mart Frauen, doch es gab über der Ebene des Abteilungsleiters keine weiblichen Führungskräfte und lediglich eine Frau unter den 38 leitenden Angestellten. (Im Unternehmensbereich Sam's Club und in den einzelnen Kaufhausabteilungen der Wal-Mart-Märkte gab es lediglich zwei weibliche Hauptabteilungsleiter.)

Nicht, daß Hillary Clinton während ihrer Zeit im Vorstand nicht ihr Möglichstes versucht hätte. Aber es ist nicht leicht, eine Unternehmenskultur zu verändern, vor allem, wenn der Mann an der Spitze der Idee bestenfalls halbherzig gegenübersteht. Der Sexismus war bei Wal-Mart in vielfacher Weise verwurzelt. Bei Treffen der Führungsspitze versuchte Walton beispielsweise, die Ehefrauen der Manager miteinzubeziehen, indem er ihnen ein Parallelprogramm anbot,

---

* Zusammengesetzt aus: Sam, Bud und Rob Walton, David Glass, Don Soderquist, John Tate (der Gewerkschaftsbekämpfer, der jetzt Hauptabteilungsleiter war) und Paul Carter, Finanzleiter des Unternehmens.

z.B. die Teilnahme an einer „Mecker-Gruppe", in der sie ihren Frust und Kummer loswerden konnten – doch er ging dabei natürlich davon aus, daß alle Manager männlich und deren Ehepartner weiblich waren. Und wenngleich andere Vorstandsmitglieder Hillary Clinton attestieren, daß ihr das Thema Gleichberechtigung wirklich am Herzen lag und sie viele konkrete Anstrengungen in diese Richtung unternahm, so gab es für sie natürlich auch noch ihr eigenes vordringliches Interesse, das darin bestand, ihren Mann zunächst als Gouverneur bestätigt und dann zum Präsidenten der Vereinigten Staaten gewählt zu sehen.

Während ihrer Mitgliedschaft im Wal-Mart-Vorstand engagierte sich Hillary Clinton auch noch auf einem anderen Gebiet: Sie wollte, daß das Unternehmen in Umweltfragen aktiv würde. Sie überredete Sam Walton dazu, einen Beratungsausschuß für Umweltfragen einzurichten, in dem sie den Vorsitz hatte und der Walton die Ergebnisse seiner Arbeit vorlegen mußte. In diesem Ausschuß saßen mehrere Vorstandsmitglieder von außerhalb, eine Führungskraft von Wal-Marts größtem Lieferanten, Procter & Gamble, und ein paar Spitzenleute von Wal-Mart, einschließlich Bill Fields, ein junger Hauptabteilungsleiter, der anfangs die Rolle des unermüdlichen Vorkämpfers in Sachen Ökologie übernahm.

Fields, der zwei Jahre jünger als Hillary Clinton war, gehörte zu den besonderen Schützlingen von Walton. Er hatte zusammen mit Alice Walton die High School von Bentonville besucht und sich das Geld für sein Universitätsstudium in Arkansas als junger Mann in einem Sears-Kaufhaus verdient. Fields hatte geplant, eine Managementlaufbahn bei Sears einzuschlagen. Doch sein Universitätsabschluß fiel zeitgleich mit Sam Waltons Beschluß zusammen, sich Berufseinsteiger direkt vom College zu holen, und Walton hatte ihn dazu überreden können, bei ihm als stellvertretender Filialleiter eines Wal-Mart-Marktes einzusteigen.

Fields war noch aus einem anderen Grund etwas Besonderes: Er war in den 70er Jahren ein loyaler Ron-Mayer-Mann gewesen und hatte damals mit Mayer den Wechsel von Wal-Mart zu Ayr-Way vollzogen. Doch nachdem Ayr-Way nicht die wunschgemäße Entwicklung genommen hatte, war Sam Walton sofort wieder bereit gewesen, Fields mit offenen Armen zu empfangen, ohne im geringsten nachtragend zu sein.

Mit Hillary Clinton als treibender Kraft beschäftigte sich der Vorstand mit Dutzenden neuer Ideen: Man diskutierte verstärktes Recycling in den Kaufhäusern, die Verwendung von Umweltschutzpapier für Werbeprospekte und Plakate, die Vermarktung von „Öko"-Produkten und sogar solche abgehobenen Projekte wie die Planung und den Bau ökologischer Wal-Mart-Filialen. Letztendlich wurde jedoch jede neue Idee vor allem dahingehend überprüft, ob sie auch den

Umsatz fördern würde. Andere Einzelhandelsunternehmen, wie etwa Sears, experimentierten bereits mit einer Verringerung des Verpackungsaufwandes, sowohl um die Abfallmenge zu reduzieren als auch um Kosten zu senken. Doch als Wal-Mart mit einer ganzseitigen Zeitungsannonce unter dem Motto: „Wir suchen Qualitätsprodukte, die garantiert nicht lange halten" offiziell den Startschuß für seine ökologische Kampagne gab, dauerte es nicht lange, bis Kmart, Target und andere Discount-Unternehmen folgten.

Fast vom ersten Tag an wurde das Programm von Wal-Mart kritisch hinterfragt, vor allem im Hinblick auf die „Öko"-Symbole, die Wal-Mart auf diejenigen Artikel drucken ließ, die angeblich auf irgendeine Weise „umweltfreundlich" sein sollten.

„Das Wal-Mart-Programm signalisierte den Anfang der ökologischen Verbraucherbewegung im kollektiven Bewußtsein der Amerikaner", erklärte Joel Makower, Herausgeber des Öko-Magazins *The Green Consumer Letter* gegenüber der Zeitschrift *Audubon* 1990. „Doch gleichzeitig ist es möglich, daß das Programm auch einen großen Beitrag zum Scheitern eben dieser Verbraucherbewegung leistet."

Warum? „Man läuft den Gang in einem Wal-Mart entlang und zieht beispielsweise eine Rolle Bounty-Papiertücher aus dem Regal, d.h. 6,3 Quadratmeter chlorgebleichtes, nicht-recyceltes Papier, das in Plastikfolie verpackt ist. Weshalb trägt dieser Artikel das Ökosymbol von Wal-Mart, fragt man sich? Die Kartonröhre im Inneren besteht zu 100 Prozent aus recyceltem Papier. Vor meinem inneren Auge sehe ich eine Gruppe von Marketingmännern zusammenhocken, sich einen Drink nach dem anderen genehmigen und irgendwann sagen: ‚Und wie wollen wir nun Bounty in dieser Geschichte unterbringen? Warte mal, ist nicht die Papprohre aus recyceltem Papier? Wenn wir das in den Vordergrund rücken, fallen sie vielleicht darauf rein.'"[8]

Wal-Mart verließ sich in dieser Angelegenheit auf seine Lieferanten, und einige der ökologischen Symbole waren mehr als zweifelhaft. Doch in seiner Hauptgeschäftsstelle unternahm Wal-Mart tatsächlich aufrichtige Recycling-Bemühungen und behauptete, dadurch die Abfälle um 80 Prozent gesenkt zu haben. Es wurden für viele der Niederlassungen Recyclingbehälter angeschafft, und man bot an, die gesparten Kosten der Hilfsorganisation United Way of America zu stiften. Es wurde Umweltschutzpapier für Wurfsendungen, Werbeplakate und Briefpapier verwendet, und man startete eine Ölrecycling-Initiative in Filialen, in denen es sogenannte Auto-Center gab. Und schließlich entwickelte man ein „Öko-Kaufhaus", dessen Prototyp 1993 mit großem Aufwand in Lawrence im Bundesstaat Kansas eröffnet wurde und einen weiteren großen Publicity-Erfolg darstellte.

Nach drei Jahren Planung und Bauausführung entstand ein Kaufhaus mit einer Verkaufsfläche von 10.440 Quadratmetern, dessen Kosten um 500.000 Dollar über den üblichen 2,4 Millionen Dollar für eine Wal-Mart-Filiale dieser Größenordnung lagen. Die Mehrkosten wurden durch den Werbeeffekt, den Wal-Mart mit diesem Kaufhaus erzielte, mehr als aufgewogen. Einige Details, die angeblich ökologisch sein sollten, grenzten schon fast an das Absurde. Wal-Mart erklärte, daß das Gebäude eine außergewöhnlich hohe Decke habe und es die Stellung der Fertigbauteile ermögliche, im Falle eines Auszugs von Wal-Mart Fenster einzusetzen, das Gebäude um ein Geschoß aufzustocken und so das Gesamtobjekt in Wohnungen umzuwandeln. Wohnungen, die praktischerweise inmitten einer asphaltierten Parkfläche von 16 Hektar lagen!

Doch das Kaufhaus besaß tatsächlich ein paar ökologische Details. Wal-Mart wies darauf hin, daß die gebogenen Holzträger der Dachkonstruktion aus nachgewachsenen, ausgewählten Baumbeständen und nicht von reinen Rodungsflächen stammten. Das Kaufhaus besaß Oberlichter, um Strom für künstliches Licht zu sparen, und elektronische Tageslichtsensoren auf dem Dach, die die Neonröhren im Inneren des Kaufhauses je nach Tageslichteinfall regulierten. Der Asphalt, den man für die Befestigung des Parkplatzes benutzt hatte, war recycelt, und die Außenwerbung ließ sich mit Sonnenenergie betreiben. Außerdem gab es einen Sammelbehälter für Brauchwasser und das Oberflächenwasser der Parkplatzflächen, so daß Büsche und Sträucher ohne zusätzlichen Wasserverbrauch bewässert werden konnten.

Bei der Kaufhauseröffnung erklärte David Glass, daß „dies der Anfang einer großartigen neuen Ära" sei, womit er implizit andeutete, daß in den kommenden Jahren mehr und mehr Wal-Mart-Filialen ökologisch gebaut werden würden. In Wirklichkeit aber kamen auf die Hunderte neuer Filialen, die das Unternehmen pro Jahr eröffnete, im Durchschnitt etwa ein einziges ökologisches Kaufhaus – Grund genug für Wal-Mart, sich mit seinem Umweltbewußtsein in Millionen von (recycelbaren) Werbewurfsendungen zu brüsten.

Mindestens einmal benutzte Wal-Mart, sein Vorzeige-Kaufhaus als Köder, so z.B. als das Unternehmen versuchte, ein Öko-Kaufhaus in Boulder, Colorado, einer Universitätsstadt und reichen, liberal geprägten Enklave mit einer breiten 68er-Bewegung, zu eröffnen. Der Leiter der Grundstücks- und Immobilienabteilung von Wal-Mart, Steven P. Lane, meinte, mit seinem Öko-Kaufhaus den Stadtratsmitgliedern ein tolles Angebot zu machen und ritt immer wieder auf den ökologischen Details des Kaufhauses herum, wie etwa den solarbetriebenen Werbetafeln. Doch als das Stadtratsmitglied Spenser Havlick, einer der Organisatoren des ersten Earth Day 1970, vorschlug, das gesamte *Kaufhaus* mit Solarenergie zu betreiben, und Wal-Mart aufforderte, für seine Angestellten preisgünstige Wohnungen zu bauen, da man sich mit einem knapp über dem Mindestlohn liegenden Gehalt keinesfalls die teuren Mieten von Boulder leisten könne, verstummte Lane. „Das Projekt war nicht so ökologisch, wie sie dachten", erinnerte sich Havlick, Professor für ökologisches Design an der Universität von Colorado.

Fazit war, daß bei dem Versuch, Wal-Mart zum Vorbild-Unternehmen in Sachen Umweltbewußtsein aufzubauen, genau dann einige bescheidene Erfolge erzielt werden konnten, wenn gleichzeitig Kostenersparnisse zu erwarten waren. So verwendete man beispielsweise bei vielen neuen Filialen wiederaufbereiteten Asphalt für die Befestigung der Parkplätze. Doch der gute Wille und der mit allen Mitteln geförderte Werbeeffekt standen in keinem Verhältnis zur tatsächlichen Ökobilanz. Umweltschützer könnten berechtigterweise die Frage stellen, wie überhaupt ein Unternehmen, das Tausende von Filialen baut, die von hektargroßen Asphaltflächen umgeben sind, und das seine Ware über Tausende von Kilometern in Filialen transportieren läßt, zu denen seine Kunden wiederum nur mit dem Auto gelangen können und somit unvermeidlich zur Erhöhung des Schadstoffausstoßes beitragen, auch nur rein theoretisch als ökologisches Musterbeispiel für den Einzelhandel dienen kann, wenn es so etwas überhaupt gibt.

Hillary Clinton konnte also letztendlich nicht einen so bedeutenden Einfluß ausüben, wie es ihre Anhänger vielleicht erhofft hatten, auch wenn sie in mancherlei Hinsicht bei Wal-Mart sicherlich als Katalysator diente. Doch es gab für sie schließlich auch noch andere wichtige Dinge. Erstaunlicherweise waren es zwei ihrer Kollegen im Beraterausschuß für Umweltfragen bei Wal-Mart, die ihr nach einer Sitzung in Bentonville dabei halfen, eine Entscheidung zu treffen, die für die Kandidatur von Bill Clinton bei der Präsidentschaftswahl 1992 von ausschlaggebender Bedeutung war. Das Ehepaar Clinton hatte über Bills mögliche Kandidatur gesprochen und sich gefragt, wie man mit dem Problem umgehen könne, daß er bei seiner Wiederwahl als Gouverneur 1990 den Wählern von Arkansas versprochen hatte, er bleibe ihnen bis zum Ende seiner Amtszeit erhalten.

Nach einer Sitzung des Beratungsausschusses bot Hillary am 14. August 1991 zwei ihrer Kollegen an, mit ihr noch etwas spazierenzufahren. Es handelte sich dabei um Garry Mauro, Mitglied im Land-und-Boden-Ausschuß des Bundesstaates Texas, und um Roy Spence, Leiter einer Werbeagentur in Austin, Texas, die bei Wal-Mart unter Vertrag war. Sie kannte beide Männer bereits seit fast 20 Jahren, d.h. seit sie mit ihnen in Texas während des Präsidentschaftswahlkampfes von George McGovern 1972 zusammengearbeitet hatte. Während Spence am Steuer saß und sie ein bißchen in der Gegend herumfuhren, sagte

Hillary Clinton: „Wir werden es wohl tun. Wir werden uns wohl auf dieses große Abenteuer einlassen. Was haltet ihr beide davon?"[9] Die beiden Männer bekräftigten sie in ihren Plänen, doch Hillary begann von dem Versprechen ihres Mannes zu reden, und so diskutierte man schließlich, wie dieses Problem zu lösen wäre. Jenes Gespräch, das in Hillarys Auto auf einem Parkplatz vor dem Backsteingebäude der Hauptgeschäftsstelle von Wal-Mart geführt wurde, war der Ursprung der „Geheimtour", wie man die Aktion später nannte: Clinton machte sich auf den Weg und besuchte heimlich seine Anhänger in den Städten von ganz Arkansas, um sich ihren Segen für den Bruch seines Versprechens zu holen.

In der Zwischenzeit hatte Sam Walton seine eigenen Sorgen: Ende 1989 hatte er erfahren, daß er unter einem Plasmozytom litt, und wie bereits bei seiner Erkrankung an Haarzellenleukämie sieben Jahre zuvor schrieb er im lockersten Ton, der ihm möglich war, aus diesem Anlaß ein Memorandum, das von jedem Filialleiter der versammelten Belegschaft vorgelesen werden sollte. In den ersten Dreivierteln des Briefes bedankte er sich wie immer überschwenglich und gratulierte jedem dazu, daß Wal-Mart von einem Wirtschaftsmagazin zum Einzelhandelsunternehmen der 80er Jahre gewählt worden war und daß die Wal-Mart-„Partner" von einer anderen Einzelhandelszeitschrift kollektiv den jährlich vergebenen Titel „Herausragende Führungskräfte im Einzelhandel" erhalten hatten. Erst dann erlaubte sich der 71jährige Walton, auf seine Krankheit zu sprechen zu kommen:

> Die persönliche Angelegenheit, die ich schon einmal kurz erwähnt habe, ist eigentlich keine große Sache, aber mir ist es lieber, Euch nichts vorzumachen und die Wahrheit über meinen aktuellen Gesundheitszustand persönlich mitzuteilen, als daß Ihr irgendwelche Gerüchte hört, von denen vielleicht viele übertrieben oder unwahr sind. Wie viele von Euch wissen, lebe ich seit 1982, d.h. seit etwa siebeneinhalb Jahren, mit einer Form von Krebs, die man Haarzellenleukämie nennt. Im großen und ganzen war die Behandlung im M.D. Anderson Hospital in Houston sehr erfolgreich, auch dank der hervorragenden Ärzte, die mir in Bentonville und in anderen Städten zur Seite standen. Ich nehme noch immer ein Medikament namens Interferon, und die Leukämie scheint zur Zeit auf dem Rückzug zu sein.
> Letzte Woche habe ich jedoch erfahren, daß ich an einer anderen Form von Krebs leide, die man Plasmozytom nennt und eine Knochenkrankheit ist. Das ist wohl auch der Grund für meine unter unerklärlichen Schmerzen in den vergangenen zwei bis drei Monaten. Ich bin weiterhin auf Wachteljagd gegangen, was meinen Zustand wahrscheinlich verschlechtert hat.

Tatsache ist, daß diese Art von Krebs, ähnlich der Leukämie, eine Fehlfunktion der Blutkörperchen im Knochenmark darstellt. Vielleicht gibt es eine Verbindung zwischen den beiden Erkrankungen, doch der gegenwärtige Stand der Dinge ist, daß meine Ärzte keinen Zusammenhang sehen. Sie haben mir auch mitgeteilt, daß es bei der Behandlung dieser Krebsart gute Erfolgschancen gibt, wenn man sie frühzeitig entdeckt. In den vergangenen Tagen habe ich bereits mit einer Chemo- und Strahlentherapie begonnen und fühle mich schon besser. Wahrscheinlich werde ich noch zwei bis drei Wochen in Houston bleiben, um meine Behandlung fortzusetzen, und werde dann hoffentlich in ein bis zwei Monaten meine Besuche im Wal-Mart-Land wieder aufnehmen können.

Meine Freunde, wir sind überzeugt, daß wir – und dafür habe ich Euch und Wal-Mart oft gelobt – in all den Jahren immer wieder „gegen den Strom" geschwommen sind, indem wir entgegengesetzte Strategien und Arbeitsprinzipien wie unsere Mitbewerber angewandt haben – und es hat funktioniert. Wir können auch in den 90er Jahren erneut beweisen, daß wir die Nase vorn haben. Wenn Ihr mir mit Euren Gedanken und Gebeten beisteht, wird Euer Chef bald zurück sein, und ich werde Euch in den kommenden Jahren als äußerst interessierter Zuschauer und Teilhaber am Unternehmen helfen, so gut ich nur kann.

Ihr seid großartig und ohne Zweifel als Männer und Frauen an vorderster Front unsere eigentlichen Führungskräfte!

Wir verfügen über hervorragende Leute unter unsern Managern, und ich weiß, daß wir in den 90er Jahren ein phantastisches Jahrzehnt erleben werden.

Gott segne Euch und noch einmal danke an Euch alle! Euer Freund Sam.

Walton entschied sich, nicht das preiszugeben, was er bereits wußte, nämlich daß die Krankheit mit an Sicherheit grenzender Wahrscheinlichkeit unheilbar war. Selbst als er schon in Behandlung war, organisierte Walton Besuche in einem Sam's Club und einer Reihe von Wal-Mart-Filialen in Houston, obwohl er dieses Mal nicht durch die Kaufhäuser lief und jeden, dem er begegnete, wie üblich überschwenglich begrüßte, sondern sich auf Anraten seiner Ärzte in ein Hinterzimmer setzte und die Angestellten zu ihm kamen. In jenem Jahr schien er bei der Jahreshauptversammlung wieder er selbst zu sein, sprang auf der Bühne herum, führte die Wal-Mart-Sprechchöre an und sagte voraus, daß Wal-Mart bis zum Jahre 2000 einen Umsatz von 130 Milliarden Dollar erzielen würde. „Schaffen wir das?" rief er den versammelten 9.000 Mann von der Bühne herunter zu, und reckte das Kinn provozierend in die Höhe. *„Ja, wir schaffen das!"* schallte es zurück.[10]

In den beiden folgenden Jahren versuchte Walton, so gut es ging, seiner Routine nachzugehen. Er arbeitete mehr von zu Hause aus, da er sich häufiger hinlegen und ausruhen mußte. Im Laufe der Zeit geschah es sogar immer häufiger, daß er nicht an den Besprechungen am Samstagmorgen und an anderen Besprechungen der Führungsspitze teilnahm.

Als sich Waltons Gesundheitszustand immer mehr verschlechterte, drängten ihn seine Familie und einige Führungskräfte von Wal-Mart erneut, seine Memoiren zu schreiben, ein Projekt, aus dem er nach der Plasmozytom-Diagnose ausgestiegen war. Es gab einen Autoren namens Vance Trimble, der gerade an einer nicht-autorisierten Biographie schrieb. Trimble schickte Walton immer wieder Briefe, in denen er ihn um ein Interview bat. Möglicherweise haben auch diese Briefe dazu beigetragen, daß es sich Walton doch noch einmal anders überlegte, und eine eigene Version seiner Geschichte veröffentlichen wollte. Als Walton damals den *Wall Street Journal*-Reporter Eric Morgenthaler aufforderte, das Biographieprojekt abzubrechen, hatte er sich aus dem Vertrag mit dem Autor freigekauft und von Morgenthaler alle Notizen und Transkripte der Interviews mit Walton, der Familie und Wal-Mart-Führungskräften erhalten. Da er nun all dieses Material in Händen hielt, fiel es ihm dieses Mal leichter, einer Biographie zuzustimmen. Hinzu kam, daß der Wirtschaftsjournalist John Huey vom Magazin *Fortune* jetzt verfügbar war. Walton hatte Huey, der ebenfalls gerne auf Wachteljagd ging und genau diesen kumpelhaften, von Walton so meisterhaft beherrschten Ton anschlagen konnte, bereits das erste Mal als Autor seiner Biographie gewollt. Da dieser jedoch andere Verpflichtungen einhalten mußte, hatte er Walton an Morgenthaler verwiesen.

Jetzt hatte Huey Zeit und konnte es gar nicht abwarten, das Buch zu schreiben. Walton stimmte dem Projekt zu und erhielt angeblich vier Millionen Dollar Vorschuß vom New Yorker Verlag Doubleday, die er nach eigenen Angaben wohltätigen Zwecken spenden wollte.

Ende 1991 war er zu schwach, um seine Kaufhausvisiten fortzusetzen. Bei einem seiner letzten Besuche „erinnere ich mich, wie schwer es ihm fiel, seine Jacke anzuziehen. Er wollte nicht, daß ihm jemand dabei half, doch er schaffte es alleine einfach nicht", erinnerte sich die Sängerin Jana Jae. „Man konnte spüren, welche Schmerzen ihm das Gehen bereitete, aber er versuchte einfach die Schmerzen zu ignorieren."

Es war ganz offensichtlich, daß es mit ihm bergab ging. Er ermüdete zusehends schneller. Als seine junge fürsorgliche Sekretärin Becky Elliott bemerkte, daß er in seinem Büro immer leicht zu frieren begann, wollte sie für ihn einen Raumheizkörper besorgen, doch er lehnte entschieden ab: „Nein, nein, mir geht es gut." Dann brachte sie während seiner Abwesenheit im oberen Bereich einer

Wand Heizschleifen an, die sich mit einem leisen Klack-Geräusch in Betrieb setzten, sobald jemand den Raum betrat. „Eine Woche verging, und er sagte kein Wort, doch er beklagte sich auch nicht mehr, daß er friere", erzählte Elliott. „Eines Tages fragte er mich: ‚Becky, was klackt denn da in meinem Büro immer?'" Als sie ihm gestand, was sie getan hatte, lächelte er nachsichtig – bis sie zugab, daß die Heizelemente 500 Dollar gekostet hatten. „Das gefiel ihm ganz und gar nicht", erinnerte sie sich. „Es war mehr, als er mir zugestanden hätte, wenn ich ihn vorher um Erlaubnis gefragt hätte."

Als Präsident Bush in Begleitung der First Lady im März 1992 nach Bentonville kam und Walton im Vortragssaal der Hauptgeschäftsstelle von Wal-Mart die „Freiheitsmedaille des Präsidenten" verlieh, eine der höchsten zivilen Ehren Amerikas, mußte Walton in einem Rollstuhl auf die Bühne gerollt werden. Seine Haut war teigig und aufgedunsen, aber sein Blick war noch immer fest. Walton bestand darauf – obwohl es ihn offensichtlich größte Mühe kostete – aufzustehen, als Bush ihm die Medaille um seinen zerbrechlichen Hals legte. Bei der Übergabe wurde folgender Text verlesen: „Als amerikanisches Original verkörpert Sam Walton Unternehmergeist und den amerikanischen Traum." Als Bush ihm die Medaille umhängte, erhielt Walton vom Clan der Wal-Mart-Mitarbeiter, die sich in den Saal gedrängt hatten, begeisterte Standing Ovations, die minutenlang anhielten. Walton stand die ganze Zeit, winkte schwach mit stolzer und gerührter Miene, während er sich mit einer Hand am Rollstuhl hinter ihm festhielt.

Wenige Tage nach der Festlichkeit, die Walton Mitarbeitern gegenüber als „den Höhepunkt unserer Karriere" bezeichnete, mußte der Gründervater in das Medical Sciences Hospital der Universität von Arkansas in Little Rock eingeliefert werden. Freunde und Angehörige kamen in großen Scharen an sein Krankenbett. Einer seiner letzten Besucher – und einer, der seine Lebensgeister noch einmal am meisten belebte – war der Leiter einer Wal-Mart-Filiale in Little Rock. Ihn löcherte Walton ein letztes Mal mit Fragen über die Umsatzzahlen seines Kaufhauses für die laufende Woche.

Am 6. April 1992 starb er.

In Nachrufen wurde Walton als einflußreichster Einzelhändler des Jahrhunderts gelobt, und das mit gutem Grund: Denn fast jedes große Einzelhandelsunternehmen nach ihm versuchte, in seine Fußstapfen zu treten. Doch im Hinblick darauf, mit welcher Leidenschaft er aus sich selbst einen Kaufmann gemacht hat, belegt Walton auch einen Platz in der Chronik der besessenen Gründer von Imperien, die für die verschiedenen amerikanischen Zeitalter prägend waren, eine Chronik, die sich von Thomas Alva Edison, Henry Ford, J. P. Morgan über Andrew Carnegie bis Bill Gates und weiter erstreckt.

Mehr als jedes andere Wirtschaftsgenie vor ihm schuf Walton jedoch nicht nur ein Geschäftsimperium und sammelte ein riesiges Vermögen an, sondern richtete auch seine ganze Energie darauf, Wal-Mart zu einer regelrechten Einzelhandelsmaschine zu machen, die ausschließlich auf Expansion ausgerichtet war und einen Selbsterhaltungs- und Selbstkorrekturmechanismus besaß. Diese Maschinerie sollte nach Waltons Willen noch lange nach seinem Tod seine Werte und Zielvorstellungen weitertransportieren. Einige Beobachter verglichen die Unternehmenskultur und die Gebräuche, die er zu institutionalisieren versuchte, mit einer Art Einzelhandelskirche oder -kult. Und dieser Vergleich ist durchaus angebracht.

Am Tag nach seinem Tod versammelte sich die Walton-Familie zu einer kleinen privaten Beerdigungsfeier, wobei sie ihre Privatsphäre von einem so großen Polizeiaufgebot schützen ließ, daß die Kleinstadt Bentonville fast aus allen Nähten platzte. David Glass hielt am selben Abend im Sportstadion der High School von Bentonville eine öffentliche Gedenkfeier für Sam Walton ab.

Eine weitere Gedenkfeier in den Räumlichkeiten des Unternehmenssitzes wurde über Satellitenfunk an alle Kaufhausfilialen gesendet. Es war Don Soderquist, der Leiter des operativen Geschäfts, der diese Gedenkstunde hielt, bei der auch Radiokommentator Paul Harvey und Gouverneur Bill Clinton ein paar Worte sprachen. Clinton hatte sogar auf die Teilnahme an der Wahlveranstaltung anläßlich der innerparteilichen Vorwahlen in New York verzichtet, um persönlich anwesend sein zu können.

Mr. Sam war gegangen. Was würde jetzt aus Wal-Mart werden?

Kapitel 13
Kmarts Schicksal

Es war schließlich, als laste ein Fluch auf der ausladenden, sterilen Unternehmenszentrale von Kmart. Sie glich einem Hort der Hoffnungslosigkeit, der wie ein Seuchenherd jeden Winkel des Kmart-Imperiums mit Trübsal zu infizieren schien. Vom Konferenzzimmer des Vorstands, wo man nun diskutierte, ob man Konkurs anmelden sollte, über die abgeteilten Arbeitsplätze in den Großraumbüros und die Flure, bis hin zu den Regalbuchten in weit von der Zentrale entfernten Filialen, wo die Mitarbeiter vor neuen, umfangreichen Entlassungen zitterten, weil diesmal auch sie von der Schließung einiger weiterer hundert Niederlassungen betroffen sein könnten – überall machte sich das Gefühl breit, der Zusammenbruch sei unaufhaltsam, wie das Sterben eines ehemals majestätischen Baums, dessen Stamm nun morsch und dem allmählichen Verfall preisgegeben war. Selbst nachdem man Joe Antonini in die Wüste geschickt hatte und bei Kmart niemand mehr etwas von ihm hörte, hielt diese Stimmung an. In jener Zeit dachte kaum mehr jemand daran, wie vielversprechend nur sieben Jahre zuvor die Zukunft für Antonini und sein Unternehmen ausgesehen hatte. Das alles schien eine Ewigkeit zurückzuliegen.

In der ersten Zeit als neuer Chairman, President und Chief Executive Officer von Kmart fegte Joe Antonini wie ein Wirbelwind durch den Konzern. Er veranlaßte Änderungen auf allen Ebenen, ordnete eine Umstrukturierung der Abteilungen an, beschleunigte die Einführung von Computern, verfügte Hunderte von Preissenkungen und ließ ein neues Erscheinungsbild für die Kmarts entwerfen.

Außerdem war er der erste in der oberen Führungsetage von Kmart, der sich einen Computer in sein Büro stellen ließ, um ständig über die Umsätze und sonstige Daten auf dem laufenden zu sein. „Es war schon lustig, zu beobachten", erinnert sich Jay Scussel, Abteilungsleiter unter dem computerbegeisterten David

Carlson, „wie unmittelbar, nachdem Antoninis Computer installiert war, plötzlich auch alle übrigen Führungskräfte in der Unternehmungsleitung ganz dringend einen brauchten."[1]

Für das Jahr 1989 erwartete Kmart Umsätze in Höhe von 29,5 Milliarden Dollar. Vor diesem Hintergrund gab Antonini seinen Plan bekannt, bis 1995 den Jahresumsatz auf 50 Milliarden zu steigern. Er kündigte eine Senkung der Dauerniedrigpreise an sowie gesteigerte Kundenfreundlichkeit, Neueröffnungen und Renovierungen von Kaufhäusern, Qualitätsverbesserungen im Warenangebot und praktisch alle nur denkbaren Maßnahmen, um Kmart attraktiver zu machen.

Doch obwohl sich Antonini einerseits dafür engagierte, das Geschäft der Kmart-Warenhäuser voranzubringen, versuchte er andererseits gleichzeitig, die Abhängigkeit des Unternehmens von deren Erfolg durch eine Diversifizierung hin zu anderen Formen des Einzelhandels zu reduzieren. Seine letztendliche Vision – er nannte sie „die Methode der Zukunft" – bestand in riesigen „Leistungszentren", nämlich ausgedehnten Einkaufszentren mit einem Kmart als Zugpferd und umgeben von einem reichhaltigen Angebot an Großhandelsmärkten und einer Vielzahl von großen „Super-Fachmärkten", zum Beispiel für Bürobedarf, Sportartikel, Bücher und ähnliches mehr, die ebenfalls zum Kmart-Konzern gehören sollten. Folglich ergriff Antonini jede Gelegenheit, eine Kette von Fachgeschäften nach der anderen aufzukaufen.

Die Idee, solche Leistungszentren zu errichten, war keineswegs schlecht. Man könnte sie eventuell sogar visionär nennen – und an Visionen hatte Antonini keinen Mangel. Leider läßt sich jedoch die Tatsache nicht leugnen, daß es Antonini weit mehr Spaß machte, diese neue Vision zu verfolgen, als sich um die dringendere, wenn auch prosaischere Aufgabe zu kümmern, das Schlamassel zu bereinigen, das ihm seine Vorgänger hinterlassen hatten. Im Grunde war Antonini bewußt, worauf er sich hätte konzentrieren müssen, denn unmittelbar nach seiner Ernennung zum Chairman sagte er in einem seiner ersten Interviews: „Die Zukunft im US-amerikanischen Einzelhandelsgeschäft gehört den Unternehmen mit den effektivsten und kostengünstigsten Organisationsstrukturen ihrer betrieblichen Prozesse."[2]

Anstatt sich jedoch mit aller Kraft dafür einzusetzen, die Betriebskosten zu minimieren, den Vertrieb und seine Datenfernübertragungs- und Computersysteme zu rationalisieren und modernisieren, wollte Antonini sich mit Kmart jedem neuen, erfolgversprechenden Trend anschließen, der sich in der Einzelhandelsbranche abzeichnete. Man kann ihm nicht vorwerfen, er habe den Vertrieb und die Renovierung der Warenhäuser vernachlässigt – 1989 kündigte er ein Investitionsprogramm mit einem Volumen von 1,3 Milliarden Dollar für die

Modernisierung und den Ausbau der Warenhäuser in den folgenden Jahren an. Anfang 1990 erhöhte er dieses Budget für die nächsten fünf Jahre auf 2,3 Milliarden Dollar, um es später noch einmal auf 3,5 Milliarden Dollar aufzustocken. Man muß sich jedoch vergegenwärtigen, daß zum Zeitpunkt der Bekanntgabe des Investitionsprogramms nur 10 Prozent aller Kmart-Niederlassungen nicht älter als drei Jahre waren, während bei Wal-Mart und Target diese neueren Geschäfte 40 Prozent ausmachten. Als Kmart sein Modernisierungs- und Ausbauprogramm mit einem Budget von 3,5 Milliarden Dollar durchführte, investierte Wal-Mart im gleichen Zeitraum den dreifachen Betrag in seine Filialen, und dies ohne viel Aufhebens. Dabei waren die Wal-Mart-Filialen ohnehin neuer und in einem besseren Zustand, da das Unternehmen ein Renovierungsprogramm eingeführt hatte und durch laufende Investitionen deutlich mehr für das äußere Erscheinungsbild seiner Geschäfte aufgewendet hatte, obwohl deren Anzahl geringer war als die der Kmarts, als Antonini dort das Ruder übernahm.

Unter seiner Führung flossen Zeit, Energie und Investitionsmittel, die für die Renovierung der Warenhäuser erforderlich gewesen wären, statt dessen in zahlreiche andere, kostspielige Lieblingsprojekte von Antonini. 1988 wurde Office Square, die Kette für Bürobedarfsartikel, eröffnet; 1989 die Sports-Giant-Kette; 1990 folgte die Übernahme der Sports-Authority-Geschäfte, die in die Sports-Giant-Kette integriert wurden; 1991 erwarb Kmart die Mehrheit an der Office-Max-Kette; 1992 wurden die Buchhandelskette Borders Inc. erworben und Kmart-Filialen in Tschechien und der Slowakei eröffnet; 1994 wurden Niederlassungen in Mexiko und Singapur eingeweiht. Daneben existierten, nicht zur vergessen, die Hypermarts, Supercenter und Großhandelsmärkte. Antonini war wild entschlossen, in jede Art von Geschäftstätigkeit einzusteigen, um mit dem so erzielten Absatz Kmart zum größten Einzelhandelsunternehmen weltweit zu machen.

Eines der Projekte, die Antonini besonders am Herzen lagen, bestand darin, die Großhandelsmärkte von Pace Membership Warehouses zu übernehmen und somit in unmittelbare Konkurrenz zu den Sam's Clubs von Wal-Mart zu treten. Antonini hatte diesbezüglich sehr konkrete Vorstellungen – wie Charlie Steinbrueck, der Mitbegründer von Pace bei einer der ersten Geschäftsbesprechungen mit Antonini und Larry Parkin Ende 1989 sehr zu seinem Leidwesen feststellen mußte. Noch während der Übernahmeverhandlungen zu Beginn jenen Jahres hatte Antonini ihm versprochen, er werde sich nicht aktiv in die Geschäftsführung einschalten. Steinbrueck hatte das so verstanden, daß er nach der Übernahme durch Kmart nach wie vor die Geschäfte von Pace eigenverantwortlich leiten sollte. Es sollte sich jedoch zeigen, daß es eine große Diskrepanz gab, zwischen dem, was Antonini meinte und dem, was Steinbrueck zu verstehen glaubte.

„Als erstes mischten sie sich gleich ein und rissen alle Immobilienangelegenheiten an sich", also die Auswahl und den Ankauf von Grundstücken für Filialen, erzählt Steinbrueck. Antonini hatte es eilig, den Anschluß an die Konkurrenz wieder herzustellen und die Pace-Kette möglichst schnell auszubauen. Die gesamte Planung hierfür erfolgte nun vom Unternehmenssitz von Kmart in Troy aus.*

Dies bedeutete insofern einen grundlegenden Wandel, als es Pace in der Vergangenheit grundsätzlich vermieden hatte, Sam's Club, Price Club oder andere Konkurrenten unmittelbar zu attackieren. Natürlich hatte sich der Wettbewerb bis zum Jahr 1989 zunehmend verschärft. Die meisten der kleineren Ketten waren entweder vom Markt verdrängt oder von größeren Unternehmen geschluckt worden, und die verbliebenen – Sam's Club, Price Club, Costco und Pace – lieferten sich gegenseitig wahre Wettrennen, um neue Absatzregionen für sich zu gewinnen und Filialen möglichst schnell aus dem Boden zu stampfen. Doch auch wenn man dies berücksichtigte, schien es Steinbrueck übertrieben, wie Antonini alles daransetzte, um Pace auf direkten Konfrontationskurs mit Wal-Mart zu bringen.

„Er war wie besessen", sagte Steinbrueck. „Immer fragte er: ‚Was unternimmt Wal-Mart? Was unternimmt Sam's?', statt zu fragen: ‚Was sollten *wir* unternehmen?'"

Die beiden Männer hatten unterschiedliche taktische Ansätze. Steinbrueck wollte in Städten, in denen es bereits einen oder mehrere Pace-Großhandelsmärkte gab – wie etwa in Atlanta – weitere errichten, um sie vollständig für sich zu vereinnahmen, bevor ein Sam's Club Fuß fassen konnte. Antonini hingegen war darauf aus, gerade in die Hochburgen der Sam's Clubs vorzudringen. Schon kurz nach der Übernahme von Pace schickte er Parkin, seinen früheren Rivalen, der nun in seinem Unternehmen den Geschäftsbereich der Hypermarts, Supercenter und Großhandelsmärkte leitete, gemeinsam mit Steinbrueck auf eine Reise durch zahlreiche Städte mit Niederlassungen von Sam's Club, wie New Orleans, Birmingham, Nashville, ja sogar Little Rock. Dort sollten sie für Pace Schlupflöcher auskundschaften, um sich auf feindlichem Terrain zu etablieren.

Steinbrueck hoffte zunächst, er könnte gemeinsam mit Parkin etwas mehr Einfluß auf Standortentscheidungen und Bauprojekte nehmen. Doch dann ging Parkin Anfang 1991 in den Ruhestand. Steinbrueck mußt sich nun häufiger direkt mit Antonini auseinandersetzen und begann, seine Ansichten mit immer

---

* „Die Planung erfolgte zwar von Troy aus, aber Charlie wurde nach wie vor vollständig miteinbezogen", erinnert sich Parkin.

mehr Nachdruck zu vertreten. Da er nicht aus der Kmart-Unternehmensfamilie stammte, war er es nicht gewohnt, Antonini mit derselben Ehrerbietung zu behandeln, die diesem ansonsten von allen Seiten entgegengebracht wurde. Er kam ohnehin nur sehr ungern nach Troy, denn die Unternehmenszentrale von Kmart wirkte auf ihn steif, kalt und förmlich; abgesehen von Antonini redete man sich dort mit „Herr Sowieso" an, statt wie in anderen Unternehmen üblich mit dem Vornamen. Das Bürogebäude selbst war ein Irrgarten von mehr oder weniger abgeteilten Arbeitsplätzen, in dem man sich nur allzu leicht verlaufen konnte.

In diesem Sinne versinnbildlichte das Gebäude die Unternehmenskultur von Kmart. Die Geschäftsleitung von Pace hatte sich schon gleich nach der Übernahme um Kosteneinsparungen durch eine Zusammenarbeit mit dem Kmart-Geschäftsbereich Fachmärkte bemüht, zum Beispiel im Wareneinkauf. Dieser Versuch wurde jedoch angesichts der Vielzahl der Managementebenen, die durchlaufen werden mußten, um etwas durchzusetzen, und der komplexen Unterstellungsverhältnisse bald aufgegeben. Die Führungskräfte der einzelnen Geschäftsbereiche von Kmart betrachteten sich gegenseitig nicht als Verbündete, sondern als Rivalen. Dies zeigte sich deutlich, als eines Tages zwei Angehörige der Unternehmensleitung von Pace feststellten, daß einige Lieferanten Kmart für bestimmte Ware weit höhere Preise in Rechnung stellten, als Pace Club seinen Lieferanten dafür bezahlte. Sie entwickelten eine Planung zur Belieferung der Kmart Filialen durch Pace-Lagerhäuser, um auf diese Weise Kmarts Kosten zu senken und den Umsatz von Pace zu steigern. Als Antwort bekamen sie jedoch nur zu hören, daß Kmart die Geschäftsbeziehungen zu seinen Lieferanten nicht gefährden wollte.

Im Herbst des Jahres 1991 flog Steinbrueck wieder einmal nach Detroit, um an einer der regelmäßigen Sitzungen zur Erörterung von Standortfragen in einem Konferenzraum der Führungsetage von Kmart im vierten Stock teilzunehmen. Nach Steinbruecks Erinnerung gerieten er und Antonini wie üblich wegen strategischer Meinungsverschiedenheiten aneinander, da Steinbrueck, wie gesagt, den Sam's Clubs lieber aus dem Weg gehen wollte. Die Auseinandersetzung spitzte sich zu, bis sie einander schließlich über den Tisch hinweg anbrüllten, an dem noch weitere sechs Mitglieder der Unternehmensführung saßen und kaum mehr zu atmen wagten.

Steinbrueck erzählt, daß Antonini ihn angeschrien habe: „Sie sind ein jämmerlicher Feigling! Sie haben ja bloß Schiß vor Sam Walton!"

„Nein," brüllte Steinbrueck zurück, „überhaupt nicht – das ist nur vernünftiges Geschäftsdenken!" Wütend und immer noch lautstark ging er die Argumente durch, die allen Anwesenden ohnehin bekannt waren: Die Dinge lägen hier anders als im Discount-Geschäft; je länger ein Großhandelsmarkt schon bestünde, um so schwerer sei es, dessen Kunden abzuwerben. Warum sollte man versuchen, auf regionale Märkte vorzudringen, auf denen Sam's Club schon vier oder fünf Jahre fest etabliert war? Es sei unwahrscheinlich, daß Kunden, die für die Einkaufsberechtigung bereits eine Mitgliedsgebühr bezahlten, zur Konkurrenz überlaufen würden.

Antonini sah das jedoch ganz anders. „Sie befürchten doch nur, daß Ihre Mitarbeiter nicht so gut sind wie die von Sam", bemerkte er höhnisch.

Wie Steinbrueck erzählt, beharrte er darauf, daß das Ganze nur eine Frage des besseren Merchandising, der höheren Umsatzzahlen sei. (Antonini bestritt später, daß dieses Gespräch je stattgefunden habe.)

Die übrigen Anwesenden sagten kein Wort. Nachdem sich die beiden Männer einige Minuten lang nur wütend angestarrt hatten, beruhigten sie sich schließlich ein wenig. Antonini sagte, er werde demnächst nach Denver kommen, um herauszufinden, warum sie so große Angst vor Sam hätten. Dann könnten sie das Thema weiter erörtern.

Beim allgemeinen Aufbruch am Ende der Sitzung sprachen zwei der Topmanager von Kmart Steinbrueck kurz im Flur an. „Sie hatten recht, Charlie", meinte der eine, was der andere nickend bestätigte.

„Wenn das eure Überzeugung ist", dachte Steinbrueck bei sich, „hättet ihr die auch drinnen äußern können."

Antoninis Strategie war im Grunde genommen das Spiel, wer den Konkurrenten zuerst das Fürchten lehrte – ein Spiel mit einem Einsatz von Milliarden von Dollar. Und es war ein Spiel, bei dem Sam Walton, David Glass und ihre Führungsmannschaften bereitwilligst mitmachten. Das obere Management von Sam's Club folgte dem Beispiel von Pace und agierte gemäß der Strategie, die Konkurrenz auf deren eigenem Terrain anzugreifen, direkt vor deren Nase.

In der Vorgehensweise gab es jedoch große Unterschiede. Pace und die anderen beiden großen Ketten, Price Club und Costco Wholesale Corp. mit Sitz in Seattle, verstreuten ihre neuen Großhandelsmärkte quer durch das ganze Land. Wal-Mart hingegen ging bei der Expansion der Sam's-Club-Kette nach demselben Muster vor, wie schon in der Vergangenheit bei den Discountern, nämlich fast ausnahmslos der Ausdehnung gesicherter regionaler Marktterritorien, um so deren Belieferung einfach und effizient organisieren zu können und die Kosten niedrig zu halten.

1991 stieß Antonini mit der Pace-Kette nach Dallas und Houston vor, zwei Städte, die zum territorialen Besitzstand von Sam's Club gehörten. Die Aktion stand gewissermaßen unter dem Motto „Wie du mir, so ich dir", denn zuvor waren Sam's Clubs in von Pace beherrschten Regionen, wie Atlanta, eröffnet worden. Kaum hatten die Filialen von Sam's Club in Atlanta eröffnet, unterboten sie radikal die Preise der Konkurrenz, um deren Kunden abzuwerben. Dan Doerflein, der redegewandte Hauptabteilungsleiter für Warenwirtschaft bei Pace, äußerte seine Überzeugung, daß die Sam's Clubs in Atlanta angesichts ihrer niedrigen Preise lediglich mit der Hälfte der Bruttogewinnspanne kalkulierten, die ansonsten in der Branche üblich war. Sam's konnte sich das leisten, da die Kette in Städten wie Houston oder Dallas, wo sie den Markt unangefochten dominierte, dicke Gewinne einstrich. Die Filialen von Sam's Club in Texas hatten ein höheres Preisniveau als die Niederlassungen in Atlanta und erzielten jeweils einen Jahresumsatz von über 100 Millionen Dollar, mehr als das Doppelte des durchschnittlichen Umsatzes aller Sam's Clubs.

Deshalb meinte Antonini, daß er durch ein Vordringen auf den texanischen Markt ebenfalls Gewinn machen und Wal-Mart nötigen könnte, seine dortigen Gewinnspannen drastisch zu reduzieren. Steinbrueck, der seine Zweifel an diesem Manöver hatte, jedoch gezwungen war, öffentlich eine Strategie zu verteidigen, die er nicht billigte, nannte es „einen Akt der Selbstverteidigung".

Er sollte sich als gewaltiger Fehlschlag erweisen.

Steinbrueck versuchte, von der Konkurrenz noch nicht besetzte Standorte ausfindig zu machen, die zumindest nicht allzu dicht am nächsten Sam's Club lagen. Wal-Mart fügte jedoch prompt zu seinen in Dallas schon bestehenden acht Sam's-Club-Filialen noch weitere hinzu. Wenn die neuen Niederlassungen auch den Umsatz der älteren schmälern würden, so vertraten Walton und Glass den Standpunkt, es wäre immer noch besser, sich selbst Konkurrenz zu machen, als einem Mitbewerber die Gelegenheit zu bieten, Fuß zu fassen. Sobald sie den Standort eines Bauprojektes von Pace erfuhren, verlegten sie sogar manchen Sam's Club in dessen Nähe, um dem Eindringling dicht auf den Fersen zu bleiben.

Als sich auch die Price-Club-Kette 1992 in Dallas niederließ, äußerte sich deren President, Mitchell Lynn, herablassend zu Wal-Marts Vorhaben, weitere Filialen zu errichten. „Na, so ein Zufall aber auch! Könnte es sein, daß die versuchen, uns abzuschrecken?" fragte er und fügt noch hinzu: „Das wird ein Riesenspaß."[3] Ein Spaß wurde es, wenn auch nicht für Price. Dessen erste Filiale, die im Sommer im Norden von Dallas eröffnete, war von der vorbeiführenden Schnellstraße kaum zu sehen, weil eine riesige Plakatwand den Autofahrern den Blick darauf versperrte und sie statt dessen zum nahegelegenen, brandneuen Sam's Club lenkte. In seiner Aussage zielte das Plakat direkt auf den ausgeprägten Lokalpatriotismus der Texaner ab, indem es nämlich die Kette der Sam's Clubs als den „wahren texanischen Großhandelsmarkt" bezeichnete. Der Price Club strengte sich zwar sehr an, Kunden zu gewinnen, mußte aber doch nach nur fünfzehn Monaten schließen.

Auch die Filialen von Pace hatten sehr zu kämpfen, um in Texas einen Gewinn einzufahren. Der Konkurrenzkampf hatte sich inzwischen auf die gesamten Vereinigten Staaten ausgedehnt und wurde teilweise mit ans Absurde grenzender Verbissenheit geführt. Als Pace den ersten Großhandelsmarkt von Puerto Rico in der Stadt Bayamon eröffnet hatte, zog Wal-Mart mit dem zweiten Markt dieser Art auf der Karibikinsel nach – ausgerechnet auch in Bayamon.

In der Kleinstadt El Centro in Kalifornien, nahe der mexikanischen Grenze gelegen, wurden 1992 innerhalb weniger Monate Filialen sowohl von Sam's Club, als auch von Pace und Costco eröffnet. „Trotz einer Einwohnerzahl von nur 75.000 ließ sich keines der Unternehmen davon abhalten", wunderte sich Thomas Vander Ark, Leiter der Strategischen Planung bei Pace, im nachhinein. Ähnliches passierte in Anchorage in Alaska, wo Pace, den Markt für sich erschlossen hatte und Costco mit der Errichtung von gleich zwei Niederlassungen nachdrängte, worauf Pace mit einer zweiten Filiale antwortete. Damit bescherten die beiden Unternehmen dieser Stadt mit 250.000 Einwohnern ebenso viele Großhandelsmärkte, wie man sie sonst nur in Städten der sechsfachen Größe fand.

Der Konkurrenzkampf beschränkte sich keineswegs nur auf den Bau von Niederlassungen. Als zum Beispiel ein neuer Sam's Club in Colorado Springs eröffnete, wurde als dessen Filialleiter sofort der stellvertretende Geschäftsleiter des nahegelegenen Pace Clubs abgeworben. Der Mann hatte natürlich genaue Kenntnisse über den Kundenstamm von Pace, dessen Preiskalkulation, Kosten, Strategien und Geschäftsgrundsätze – also über alles, was dem Sam's Club nur dienlich sein konnte, um sich diesen Absatzmarkt unter den Nagel zu reißen. Laut Vander Ark konnte dieser Sam's Club rasch bewirken, daß es zu Einbrüchen im Geschäft von Pace kam, und konnte einige von dessen größten Kunden an sich ziehen.

In der Öffentlichkeit beschuldigten sich all diese Filialunternehmen gegenseitig dunkler Machenschaften, während man selbst natürlich eine saubere Weste hatte. „Woran man unbedingt herankommen wollte, war die Liste der Einkaufsberechtigten des jeweiligen Konkurrenten", berichtete Vander Ark. Das wußte jeder – wenn auch keines der Kettenunternehmen, Sam's Club eingeschlossen, irgendwelche Versuche zugeben würde, sich diese Listen zu beschaffen.

Herb Zarkin, der President von der Firma Waban Inc., dem die regionale, in den Neu-England-Staaten verbreitete Großhandelsmarktkette BJ's Wholesale Club gehörte, kam einem Eingeständnis noch am nächsten. Er gab zu, daß Geschäftsführer, die BJ's von der Konkurrenz abgeworben hatte, häufig anboten, solche Listen von ihren vorherigen Arbeitgebern mitzubringen. Zarkin habe derartige Angebote jedoch stets zurückgewiesen.

Ein weiteres Mittel im Konkurrenzkampf war die Preisgestaltung. Als Sam's Club auf das Terrain von BJ's in Delrand im Staat New Jersey vordrang, marschierte Zarkin los, um sich beim neuen Rivalen umzusehen. Schon auf den ersten Blick war er sicher, daß dort M&M, Mars und andere Großpackungen von Süßwaren unter dem Selbstkostenpreis verkauft wurden. „Wir gingen immer wieder in die Niederlassung von Sam's Club, um Süßwaren im Wert von mehreren tausend Dollar zu kaufen, die wir dann bei uns zum selben Preis weiterverkauften, bis sie den Wink schließlich verstanden", erzählte er später. Zarkin erhob dieses Vorgehensweise zu einem festen Geschäftsgrundsatz: Sobald ein Sam's-Club-Großhandelsmarkt in der Nähe einer Niederlassung von BJ's etwas allem Anschein nach unter Preis verkaufte, entsandte er einige seiner Leute, um den gesamten Bestand der betreffenden Ware aufzukaufen und diese anschließend bei BJ's zum selben Preis weiterzuverkaufen.

Mit seinem Vorwurf, Wal-Mart verkaufe unter Preis, um BJ's aus dem Markt zu drängen, reihte sich Zarkin in eine ganze Reihe von Beschwerdeführern ein. Im Laufe der Jahre hatten bereits Hunderte von Einzelhändlern in Kleinstädten Wal-Mart ebendieser Taktik bezichtigt. Und selbstverständlich hatte Wal-Mart sich 1987 bereit erklärt, seine Preise in Oklahoma anzuheben, nachdem ein Gericht dieses US-Staates verkündet hatte, Wal-Mart verstoße gegen das dort geltende Gesetz über faire Preisbildung.* 1991 verklagten schließlich drei Apotheken in der Kleinstadt Conway in Arkansas Wal-Mart vor einem Gericht dieses US-Bundesstaates. Sie führten an, Wal-Mart betreibe einen ruinösen Wettbewerb, indem das Unternehmen Hunderte von Artikel, von der Zahnpaste Crest bis zu rezeptfreien Arzneimitteln, unter Preis verkaufe. Arkansas gehörte zu den 23 US-Bundesstaaten, in denen immer noch die alten, gegen Filialunternehmen gerichteten Preisbildungsgesetze aus den 30er und 40er Jahren galten. Mit typisch aggressivem Wettbewerbsverhalten hatte der Filialleiter des Wal-Mart-Marktes in Conway eine Werbung postiert, in der für verschiedene Artikel direkte Preisvergleiche zu den jeweiligen Apotheken gezogen wurden.

Wie auch schon im früheren Fall in Oklahoma leisteten Apotheken im ganzen Land finanzielle Unterstützung für die Kläger von Conway. Falls diese recht bekämen, müßte Wal-Mart befürchten, mit weiteren Klagen ähnlicher Art überzogen zu werden, und würde sich deshalb im Wettbewerb vielleicht fairer verhalten. Nach jahrelanger Verfahrensdauer und mehreren Berufungsverfahren siegte Wal-Mart schließlich. Der oberste Gerichtshof des Staates Arkansas

---

* Wal-Mart unterlag in dem Verfahren, obwohl das Unternehmen Unterstützung von der Regierung Reagan erhielt, auf deren Veranlassung sich die Fair Trade Commission – die Bundeshandelskommission – zugunsten von Wal-Mart in den Fall einschaltete.

führte in seiner Urteilsbegründung aus, die Apotheken hätten nicht den vom Gesetz geforderten Beweis erbracht, daß Wal-Mart sowohl unter dem Selbstkostenpreis verkaufte, als dabei auch den konkreten Vorsatz hatte, Wettbewerber zu schädigen und sie vom Markt zu drängen.

Trotzdem waren etliche Situationen in diesem Fall doch recht peinlich für Wal-Mart. In Oklahoma wie auch in einem späteren Gerichtsverfahren in Colorado wegen Praktiken des Verdrängungswettbewerbs hatte das Unternehmen einen außergerichtlichen Vergleich mit Verpflichtung der Parteien zur Verschwiegenheit geschlossen. Diesmal wurden Wal-Marts Wettbewerbspraktiken im Hinblick auf die Preisgestaltung jedoch in aller Öffentlichkeit unter die Lupe genommen. Nachdem die Anwälte des Unternehmens zunächst jeglichen Verkauf unter Preis abgestritten hatten, trugen sie später vor, ihr Mandant habe keinerlei Verdrängungsvorsatz gehabt, falls dies doch vorgekommen sei. Auf das Verlangen des Rechtsbeistands der Apotheker, Einsicht in Preiskalkulationsunterlagen zu erhalten, entgegneten Wal-Marts Anwälte, das Unternehmen besäße keine Aufzeichnungen über die Preise seiner Waren. Natürlich stellte sich dann doch heraus, daß hierzu Akten geführt wurden, und Wal-Mart mußte sie schließlich vorlegen. Als das Gerichtsverfahren im Herbst 1993 eröffnet wurde, versuchte David Glass zuerst, die Aufhebung seiner Ladung als Zeuge zu bewirken, erklärte sich dann aber doch bereit, vor Gericht auszusagen. Unter Eid gestand er ein, daß Wal-Mart teilweise unter Preis verkauft hatte und behauptete, keine Ahnung davon zu haben, daß die Anwälte des Unternehmens dies je geleugnet hätten.

Bereits vor dem Rechtsstreit von Conway war Wal-Mart in einen Skandal wegen unlauterer Wettbewerbsmethoden verwickelt gewesen. Im Frühjahr 1991 reichte die Discounter-Kette Target eine Beschwerde gegen Wal-Mart beim Ausschuß für unlautere Werbung des Dachverbandes der Better Business Bureaus ein und schaltete in sechs US-Bundesstaaten ganzseitige Anzeigen, in denen Wal-Mart vorgeworfen wurde, die Kunden durch Plakate mit verfälschten Preisvergleichen getäuscht zu haben. Targets Vorwurf lautete, Wal-Mart habe Preise von Target regelmäßig höher wiedergegeben, als sie tatsächlich waren, Preise miteinander verglichen, ohne darauf hinzuweisen, daß es sich um unterschiedliche Packungsgrößen handelte und Plakate mit solchen Preisvergleichen noch wochenlang hängen lassen, nachdem Target seine Preise schon längst geändert hatte.

Der Aufmacher für die Zeitungsanzeigen von Target lautete: „DAS WÄRE NIE PASSIERT, WENN SAM WALTON NOCH LEBTE" mit dem Zusatz: „Er kannte den Unterschied zwischen einem ehrlichen Kampf und schmutzigen Tricks." Mit der Berufung auf Sam Walton, Wal-Marts eigene Symbolfigur, traf Target einen empfindlichen Nerv bei seinem Widersacher. Natürlich stritt Wal-Mart alle Vorwürfe ab, hielt es jedoch für angebracht, eine wütende Gegenattacke in der Öffentlichkeit zu führen.

Glass schoß zurück, indem er von einer Verleumdungskampagne sprach, in der man versuche, aus dem Andenken an Sam Walton Kapital zu schlagen, und die Anzeigen von Target als unbegründete Hetzjagd bezeichnete, die „deutlich über die Grenzen der Fairneß und des Anstands hinausgeht".

„Uns kommt es nur darauf an, daß sie (Wal-Mart) aufhören, Lügen zu verbreiten", entgegnete eine Pressesprecherin von Target.[4]

Wal-Mart plazierte daraufhin eigene, ganzseitige Zeitungsanzeigen, in denen die Breitseiten von Target als Herabsetzung „sämtlicher moralischer Werte, die Sam Walton je verkörperte" bezeichnet wurden.

Diese Art von wutschnaubendem Kleinkrieg kommt im Einzelhandel laufend vor (wenn in der Regel auch nicht ganz so öffentlich ausgetragen). Das Besondere in diesem Fall war jedoch, daß Target mit seiner Anzeigenkampagne einen interessanten Punkt ansprach – nicht mit dem Vorwurf, daß Wal-Mart die Kunden täuschte, denn das traf offensichtlich zu,* sondern mit dem Hinweis, daß dies nie passiert wäre, wenn Walton noch lebte. Die Anzeigen demonstrierten, wie unerschütterlich das Image von Sam Walton als gediegenem Geschäftsmann in der Meinung der Öffentlichkeit verankert war. In Wirklichkeit waren ähnliche Vorwürfe gegen Wal-Mart auch schon zu Lebzeiten von Walton immer wieder erhoben worden. Doch daran erinnerten sich die Leute nicht mehr.

Dem Beispiel von Target folgend schlossen sich Kmart und Meijer, eine regionale Discounter-Kette mit Sitz in Michigan, der Attacke an und reichten ihrerseits Beschwerde beim Dachverband der Better Business Bureaus ein, Meijer außerdem bei der Verbraucherschutzbehörde von Michigan. Nachdem die Ermittlungsbehörden dieses US-Staates den Fall sechs Monate lang untersucht hatten, unterzeichnete Wal-Mart im März 1994 – ohne jegliche Schuldanerkenntnis – eine Vergleichsvereinbarung vor einem Gericht des US-Staates Michigan, in der sich das Unternehmen verpflichtete, Kunden nicht durch inkorrekte Preisvergleiche zu täuschen und ausgehängte Preisvergleiche mindestens jede Woche zu aktualisieren. Wenig später entschied auch der US-Bundesausschuß für unlautere Werbung des Dachverbandes der Better Business Bureaus gegen Wal-Mart. Das Unternehmen verpflichtete sich daraufhin ebenfalls, in seinen Geschäften keine preisvergleichende Werbung mehr zu betreiben und seinen Slogan „Immer zum

---

* Unabhängige Untersuchungen, die von verschiedenen Presseinstitutionen nach dem Erscheinen der ersten Anzeigenkampagne von Target durchgeführt wurden, belegten, daß Wal-Mart tatsächlich die Preise von Target zu hoch wiedergab, Preise miteinander verglich, ohne darauf hinzuweisen, daß es sich um unterschiedliche Packungsgrößen handelte und Preisvergleiche noch wochenlang aushängen ließ, nachdem Target seine Preise schon längst geändert hatte.

niedrigeren Preis. Immer.“* zu ändern, der nach Auffassung des Beschwerdeaus-
schusses den falschen Eindruck erweckte, Wal-Mart verkaufe sämtliche Artikel
grundsätzlich zum niedrigsten Preis auf dem gesamten Markt. Der Tenor des
neuen Slogans war allgemeiner gehalten: „Immer Niedrigpreise. Immer.“

Weder aus den beiden Vergleichsvereinbarungen noch aus den anschließen-
den Presseberichten gingen Einzelheiten hervor, wie Wal-Mart die Öffentlichkeit
bezüglich der Preise hinters Licht führte. Aufschluß hierüber geben jedoch Briefe und Aktennotizen von Fred Hoffecker, Vertreter der Anklagebehörde in Michigan, darunter auch Schreiben an die Anwälte von Wal-Mart. Mit Hilfe seiner
Machtposition als Großabnehmer setzte Wal-Mart seine Lieferanten unter
Druck, Packungen in Sondergrößen zu liefern, die lediglich den Eindruck er-
weckten, daß der jeweilige Artikel billiger sei. So produzierte zum Beispiel die
Firma Hills Brothers eigens für Wal-Mart Kaffeedosen, die ganz wie die Stan-
darddosen aussahen, jedoch etwa 142 Gramm weniger Kaffee enthielten. Auf diese Weise konnte Wal-Mart mit einem vergleichsweise niedrigeren Verkaufspreis
werben, obwohl das Produkt tatsächlich nicht vergleichbar war.

Ein anderer, äußerst beliebter Trick bestand darin, am Eingang einer Filiale zwei Einkaufskörbe zu plazieren, von denen einer mit Ware von Wal-Mart, der
andere angeblich mit den gleichen Artikeln einer anderen Einzelhandelskette
gefüllt war, zum Beispiel von Meijer. In einem konkreten Fall wurden zwei Einkaufskörbe mit der gleichen Ware ausgestellt, für die man bei Meijer 172,33
Dollar, bei Wal-Mart jedoch nur 125,34 Dollar bezahlte. Da beide Körbe dick in
Zellophan eingewickelt waren, konnten die Kunden die Artikel weder heraus-
nehmen noch genauer erkennen, worum es sich im einzelnen handelte. Daß die
Artikel tatsächlich nicht identisch waren, ließ sich auf Grund der Verpackung
nicht feststellen. So wurde etwa eine Armbanduhr von Meijer mit automati-
schem Quarzwerk zum Preis von 20 Dollar einer Uhr von Wal-Mart für 13 Dollar
gegenübergestellt, die man aufziehen mußte, ohne auf diesen Unterschied hinzuweisen. Hoffecker berichtet außerdem, daß die Preisangaben bei Wal-Mart an
den Regalen regelmäßig niedriger waren als die an der Kasse eingescannten
Preise. Darauf entgegnete Wal-Mart, solche Probleme seien lediglich ein Versehen in einer einzigen Niederlassung gewesen. Doch genau die gleichen Probleme tauchten auch in Geschäften in Michigan und Florida auf.

---

* Sam Walton wollte ursprünglich eine noch aggressivere Version dieses Slogans, nämlich: „Immer zum niedrigsten Preis. Immer.“
Als mehrere Mitglieder der Unternehmensleitung zu bedenken gaben, daß dies als eine verbindliche Zusicherung aufgefaßt werden
könnte, deren Einhaltung Wal-Mart unmöglich für jeden Artikel in jeder Niederlassung und zu jedem Zeitpunkt gewährleisten konnte, ließ er sich von diesem Superlativ abbringen. Die Bedenken jener, die für mehr Zurückhaltung plädierten, waren auch mit dem so
erzielten Kompromiß nicht ausgeräumt. Es war ausgerechnet der von Target vorgebrachten Anschuldigung zu verdanken, daß Glass
sich sogar noch vor der Entscheidung des Ausschusses für unlautere Werbung überzeugen ließ, den Slogan durch die Version „Immer Niedrigpreise. Immer.“ zu ersetzen. Die Entscheidungen des Ausschusses hatten zwar keine Rechtskraft, aber in der Regel beug-
ten sich die Einzelhandelsunternehmen dessen Empfehlungen.

Die Suche nach Grundstücken, die für Großhandelsmärkte geeignet waren, hatte sich allmählich zu einem gierigen Wettlauf entwickelt. Jedes Unternehmen wollte unbedingt das erste sein, das eine Niederlassung an den wenigen freien Standorten baute, die es noch gab, um die Kunden durch Einkaufsberechtigungen an sich binden zu können. „Es kam durchaus vor, daß wir vom Hubschrauber aus ein Grundstück an einer Hauptverkehrskreuzung erkundeten und dabei auf mehrere Hubschrauber mit Repräsentanten verschiedener anderer Einzelhandelsketten stießen, die denselben Flecken Erde im Visier hatten und mit denen wir uns anschließend in den Verhandlungen mit dem Grundstückseigentümer harte Gefechte lieferten", berichtete Vander Ark von Pace.

Zarkin von der Großhandelsmarktkette BJ's Wholesale Club machte zum Beispiel für ein Grundstück in Paramus in New Jersey ein Angebot, das seiner Ansicht nach mehr als angemessen war. Obwohl die Verkehrslage nicht besonders günstig war – an der Ausfahrt aus dem Parkplatz durfte man nicht links abbiegen – wurde er von Pace weit überboten. Pace machte häufig sehr hohe Kaufangebote für Immobilien und ging im Preis weit höher als Wal-Mart.

„Bei Wal-Mart hören sie nicht auf, in zermürbenden Verhandlungen den Preis ständig weiter zu drücken. Sie haben mich ‚so klein mit Hut' gekriegt", erzählte William Buettner, Abteilungsleiter bei Antonoff Miller Properties, einer Bauträgerfirma in Denver. „Daß sie ein wirklich gutes Geschäft gemacht haben, glauben sie erst, wenn sie dich mit dem Hut in der Hand an der nächsten Straßenecke stehen sehen."

Nach fünfmonatigem, zähen Feilschen mit Wal-Mart um ein Grundstück in Billings in Montana gelang es dem inzwischen reichlich frustrieren Buettner, Costco zu einem Gegenangebot zu bewegen. Als dann einer der Firmeninhaber von Antonoff Miller bei einer Wohltätigkeitsveranstaltung in Denver die Grundstücksverhandlungen mit Wal-Mart gegenüber einem Mitglied der Unternehmensführung von Pace erwähnte, wurde Pace sofort aktiv und legte ein höheres Angebot für die Bebauungsrechte an dem Grundstück auf den Tisch, welches die Firma Antonoff Miller mit Freuden akzeptierte. Buettner wollte zwar den Preis nicht nennen, sagte aber, daß er mehr als 50 Prozent über der Pacht lag, die man andernfalls für das Grundstück erzielt hätte.

Die für Geschäftsimmobilien Verantwortlichen bei Wal-Mart kochten vor Wut. „Wenn ich mich zur Zeit in Bentonville blicken ließe, hätte ich eine Lebenserwartung wie eine Gans am St. Martinstag", vermutete Buettner damals. Letzten Endes schlug Costco aber den beiden anderen Kontrahenten ein Schnippchen durch den Kauf eines Areals auf der anderen Straßenseite, wo der Bau schneller errichtet werden konnte, da weniger Erschließungsarbeiten erforderlich waren. Pace nahm daraufhin sein Angebot zurück.

Wal-Mart hatte bald danach Gelegenheit, sich zu rächen. Als eine von Costco vorgeschickte Firma einen Kaufvertrag für ein Grundstück in Great Falls in Montana unterschrieben hatte, schaltete sich der für diesen Bezirk zuständige Immobilienbeauftragte von Wal-Mart ein und unterbreitete ein besseres Angebot. Die Eigentümerin trat vom Geschäft mit Costco zurück und verkaufte statt dessen an Wal-Mart. Am Morgen danach zeigte das Thermometer – 13° Celsius an, wovon sich Wal-Mart nicht abhalten ließ, mit dem Aushub für seinen neuen Sam's Club zu beginnen.*

Der Wettkampf artete zu einem Zermürbungskrieg aus. Kleinere Großhandelsmarktketten wurden allmählich aus dem Geschäft gedrängt oder von den mächtigeren aufgekauft. Doch auch die Sieger hatten sich so verausgabt, daß sie erschöpft am Boden lagen. Als dann Anfang der 90er Jahre ein Konjunkturrückgang auftrat, sanken die Umsätze bei sich gleichzeitig verschärfendem Wettbewerb. 1993 war die Umsatztendenz bei allen noch bestehenden Großhandelsmarktketten ständig rückläufig, selbst bei alteingesessenen Filialen.

Auch Pace geriet ins Schwanken. Um in diesem Verdrängungswettbewerb zu überleben, mußte das Unternehmen seine niedrigen Preise an neuen Standorten aus Gewinnen finanzieren, die in marktbeherrschenden Positionen erzielt wurden – nur leider verfügte Pace nicht über allzu viele Niederlassungen mit marktbeherrschender Position. Außerdem war das Vertriebssystem von Pace, ebenso wie das der Discounter von Kmart, dem der Sam's-Club-Kette im Hinblick auf kurze Lieferzeiten und Effizienz deutlich unterlegen.

Steinbrueck hatte sich bald nach der Übernahme durch Wal-Mart entschlossen, aus dem Unternehmen auszuscheiden, sobald sein Geschäftsführungsvertrag von drei Jahren im Januar 1993 auslief. Ende 1992, als die Planungen für das folgende Geschäftsjahr begannen, wandte sich Steinbrueck an Antonini und George Mrkonic, Nachfolger von Parkin als Leiter des Geschäftsbereichs Fachgeschäfte, mit dem Vorschlag, einen Schlußstrich unter die in zwei der am heftigsten umkämpften Marktregionen, Chicago und Dallas, erlittenen Verluste zu ziehen. Mrkonic überprüfte der Vorschlag und stellte fest, daß auch in anderen Regionen die Verluste nicht länger hingenommen werden konnten. Da durch die Krise bereits etliche Wettbewerber aus dem Markt gedrängt worden waren, blieben nicht mehr viele potentielle Käufer übrig. Es wurmte Antonini zwar ungemein, es blieb ihm jedoch nichts anderes übrig, als die Aufnahme von Verhandlungen über den Verkauf von 14 Pace-Großhandelsmärkten an Wal-Mart anzuordnen. Im Mai 1993 wurde das Geschäft abgeschlossen. Drei Pace-Niederlassungen, die Wal-Mart nicht übernehmen wollte, wurden geschlossen.

---

* Costco verklagte Wal-Mart daraufhin wegen Verleitung zum Vertragsbruch.

Nach diesem Verkauf kontaktierten Marketing-Mitarbeiter der Sam's-Club-Kette gezielt Filialen der verbliebenen 113 Pace-Großhandelsmärkte. „Sie rieten ihnen, zu Sam's Club überzuwechseln, weil es uns nicht mehr lange geben würde", ärgerte sich Bruce Quinnell, Finanzleiter von Pace. Im Juni gaben die Geschäftsketten von Price und Costco ihre Fusion bekannt, womit Pace an abgeschlagener dritter Position unter den überlebenden Großhandelsmärkten mit landesweiter Präsenz lag.

In jenem Sommer rief Mrkonic eines Tages Steinbrueck in Denver an, um ihm deprimiert mitzuteilen, daß die Pace-Großhandelsmärkte im ersten Halbjahr einen Betriebsverlust von 63 Millionen Dollar verbuchen mußten. „Da haben wir uns etwas Schönes eingebrockt", sagte er zu Steinbrueck. Er wisse nun wirklich nicht mehr weiter. Darauf meinte Steinbrueck im Scherz, man sollte sich vielleicht wieder einmal an Wal-Mart wenden. Mrkonic fand das gar nicht lustig.

Antonini wurde inzwischen von einigen Großaktionären heftig unter Druck gesetzt, die zu Kmart gehörenden Ketten von Fachgeschäften zu verkaufen, da sie doch nur den führenden Konkurrenzunternehmen hinterherhinkten, ebenso wie Pace, und das Unternehmen Geld und Energie kosteten, die man besser in das Kerngeschäft der Discounter investieren sollte. Diese befanden sich nämlich ebenfalls in ernsthaften Schwierigkeiten. Kmart benötigte Barmittel. Vielleicht wäre es angesichts dieser Umstände gar keine so schlechte Idee, Pace abzustoßen.

Mittlerweile zeigte sich auch, daß die Geschäftsidee mit den Supercentern nicht wie geplant funktionierte. Antonini war vom Konzept der Discounter mit angegliederten Lebensmittelbereichen ursprünglich ganz begeistert gewesen. Schließlich waren Hunderte älterer, sich nur mühsam behauptender Kmart-Niederlassungen in Strip Malls unmittelbar neben Lebensmittelgeschäften oder leerstehenden Geschäftsräumen gelegen. Als neuer Mann an der Unternehmensspitze hatte er gehofft, diesen Niederlassungen durch die Übernahme der angrenzenden Läden und die Aufnahme von Lebensmitteln in das Sortiment neuen Auftrieb zu geben.

Im November 1988 waren versuchsweise die ersten beiden Supercenter mit Lebensmittelabteilungen eröffnet worden, deren Ausstattung im Lagerhallenstil radikal auf das absolut Notwendige reduziert war. Kurze Zeit später legte Antonini seine Geschäftsstrategie Gene Hoffman dar, den er gerade als Unternehmensberater unter Vertrag genommen hatte. Hoffman – ein Experte in der Supermarkt-Branche mit 30 Jahren Erfahrung – hielt die Idee schlichtweg für miserabel, brachte es jedoch nicht fertig, Antonini dies gleich zu Beginn seiner Tätigkeit zu sagen.

Antonini ordnete an, daß Hoffman und Parkin als Team arbeiten sollten. Die beiden inspizierten die Pilot-Supercenter und verschafften sich einen Eindruck von Kmarts Hypermart in Atlanta, der trotz anfänglich begeisterter Beurteilungen schnell rote Zahlen schrieb und die geplanten Umsätze nicht erreichte. Darüber hinaus analysierten sie immer wieder jeden Fußbreit und jedes Merkmal der ersten Supercenter und Hypermarts von Wal-Mart bis ins kleinste Detail.

Hoffmans anfänglich Zurückhaltung, Kritik deutlich zu äußern, verflog rasch. Er hielt den Versuch für verfehlt, mit Gewalt Lebensmittelbereiche in abgenutzten, alten Filialen unterbringen zu wollen. Seiner Ansicht nach sollte Kmart vorteilhafte Standorte finden und dort Neubauten für Supercenter errichten. Parkin stimmte darin mit ihm überein. Sie entwickelten gemeinsam einen Plan, der Sam Walton, hätte er davon erfahren, wohl sehr bekannt vorgekommen wäre: Aufbau von Niederlassungen strahlenförmig um eine in der Mitte gelegene Vertriebszentrale; Sättigung einer Region, davon ausgehend weitere Expansion. Sie waren sich einig, daß es mit einer solchen Struktur viel einfacher wäre, die Regale im Verkauf stets gut gefüllt zu halten, weil man die Geschäfte schneller und häufiger beliefern könnte.

Hoffman erklärte ganz offen, daß eines der Hauptprobleme von Kmart die verstaubte, von Gleichgültigkeit geprägte Unternehmenskultur war. Er sagte im Hinblick auf das Supercenter-Projekt: „Wir müssen das von der Kultur von Kmart abkoppeln. Wir sollten versuchen, hier etwas entstehen zu lassen, das eines Tages in seiner Rückwirkung die bestehende Unternehmenskultur von Kmart bereichern kann." Parkin war skeptisch. Er war schon seit 34 Jahren bei Kmart und hielt dieses Unterfangen für wesentlich schwieriger, als Hoffman sich das überhaupt vorstellen konnte. Nach seiner Einschätzung müßten die Supercenter schon ein gewaltiger Erfolg werden, um von ihnen irgendeine positive Rückwirkung in dieser Hinsicht erwarten zu können. Einen Versuch wäre es jedoch wert. Wieder einmal beschlossen sie, nachzuahmen, was bei der Konkurrenz funktionierte. Den Mitarbeitern in den Supercentern von Kmart wurden rote Westen verpaßt, um für hilfesuchende Kunden sofort erkennbar zu sein. Sie forderten die Belegschaft auf, Verbesserungsvorschläge zu machen und sich persönlich für die Belange der Niederlassung und der Lokalpolitik zu engagieren. „Wir legten das Konzept nach dem Muster von Sam Walton an, nach seinem Personalkonzept", berichtete Hoffman später.

Bis Antonini zustimmte, war einige Überredungskunst erforderlich. Vielleicht gab er Parkin und Hoffman deshalb freie Hand, ihre Ideen für dieses Projekt umzusetzen, weil er sich daran erinnerte, daß Parkin einst sein Vorgesetzter gewesen war, als sie beide noch im Oberbekleidungssektor von Kmart arbeiteten.

Ansonsten schienen Antonini und Parkin jedoch immer seltener in ihren Auffassungen übereinzustimmen. Im Interesse der gemeinsamen Sache war Parkin meist bereit, zurückzustecken, bevor ihre Meinungsverschiedenheiten eskalierten, aber er bedauerte, daß Antonini häufig von Problemen einfach nichts wissen wollte. So war Parkin schon recht frühzeitig zu dem Schluß gekommen, daß das Konzept des American-Fare-Hypermarts nicht funktionierte. Immer wieder erklärte er der Firma Bruno's, die in der Form eines Joint Venture das Lebensmittelgeschäft betrieb, ihre Ware sei zu teuer. Antonini unterstützte ihn in dieser Angelegenheit jedoch nicht. Vielmehr forderte er Parkin eines Tages sogar auf, an Sitzungen mit dem Management von Bruno's nicht mehr teilzunehmen. Doch schließlich gelangte Antonini selbst zu der Einsicht, daß die Hypermarts einfach zu groß angelegt waren. Wie Walton ließ er dieses Konzept fallen und setzte statt dessen auf die kleineren Supercenter. Nur leider vollzog er diesen Sinneswandel nicht so schnell wie Walton.

Parkin gefiel die Art der Unternehmensführung von Antonini überhaupt nicht, der weit mehr auf die zahlreichen neuen Unternehmensberater und „Experten" zu hören schien als auf seine unternehmensinternen Führungskräfte. Vielleicht spielte auch ein subjektives Element eine Rolle; immerhin hatte Antonini ihn damals als Mitbewerber um die oberste Führungsposition ausgestochen. Vielleicht, dachte sich der 65-jährige Parkin, war es einfach an der Zeit zu gehen.

Ende 1989 flog er mit Antonini im neuesten Jet des Konzerns nach Denver zu einer Sitzung mit dem oberen Management der kürzlich übernommenen Kette der Pace-Großhandelsmärkte. Sie befanden sich über Nebraska, als Parkin Antonini eröffnete, er habe sich entschlossen, Ende nächsten Jahres in den Ruhestand zu gehen. Er wolle nach Kansas umziehen und dort Ponies züchten. Zeitlich bedeutete dies, daß er kurz vor der Eröffnung des ersten der neu konzipierten Supercenter ausscheiden würde. Deren weitere Verbreitung müßte folglich ein anderer übernehmen. Der sollte sich dann ruhig auch in den Kampf gegen die Windmühlen stürzen, der darin bestand, die Kmarts Unternehmenskultur verändern zu wollen.

Auch ohne Parkin wurde die erste Niederlassung nach dem Supercenter-Konzept – der Super Kmart – ein riesiger Erfolg. Die Umsätze lagen weit über denen der herkömmlichen Kmarts. Auch die zweite Niederlassung dieser Art war ein Volltreffer. Angesichts der Geschäftsergebnisse verfiel Antonini dann jedoch darauf, daß dieses Konzept bestens geeignet sei, bestehende, schlecht lau ̄nde Geschäfte in Schwung zu bringen, oder auch um neuere Kmarts zu erset ̄ sich im Wettbewerb nicht so gut behaupteten wie erwartet.

Damit war die Idee der allmählichen Expansion der Supercenter zentralen Punkt aus vom Tisch gefegt. Wie schon zuvor im F

Großhandelsmärkte verfügte Antonini die Verbreitung der neuen Super Ks quer durch das ganze Land und machte somit die Effizienzsteigerung im Vertrieb zunichte, die Hoffman und Parkin angestrebt hatten. Hoffman wies verärgert darauf hin, daß die Super Ks nun die gleichen Nachschubprobleme hatten wie die Kmarts. Er versuchte Antonini davon zu überzeugen, daß sich die Super-K-Märkte nur durchsetzen würden, wenn man Versorgungslücken um jeden Preis verhinderte, selbst wenn man hierfür Ware von anderen Kmart-Niederlassungen abziehen müßte. Doch Antonini hielt das nicht für so dringlich.

„Ich habe immer wieder gesagt, man müsse das anders anpacken, bis er mich schließlich nicht mehr sehen wollte", erzählte Hoffman, der 1993 das Unternehmen verließ. Mit ihm schwand die Hoffnung, den Grundstein für eine neue Unternehmenskultur zu legen, die Kmart eines Tages neuen Schwung verleihen könnte.

Abgesehen davon, was Antonini tat oder nicht tat, war es auch die Unternehmenskultur von Kmart, die das Unternehmen Mitte der 90er Jahre an den Rand des Konkurses brachte. Man darf nicht vergessen, daß ja auch Antonini während drei Jahrzehnten davon geprägt worden war, wie man bei Kmart dachte und handelte, und so erging es auch fast allen Spitzenkräften, die für ihn arbeiteten. Sie beteiligten sich alle am Kaufhausleiter-Kult, der für Kmart so charakteristisch war: Man war fest davon überzeugt, daß jemand, der ein Kaufhaus leitete, auch jede andere Aufgabe bewältigen konnte, ganz gleich, ob er dafür ausgebildet war oder nicht. Die Unternehmenskultur war also alles andere als offen für Innovationen oder einen fundamentalen Wandel – Dinge, die Kmart dringend gebraucht hätte.

Es gab bereits frühe Anzeichen dafür, daß Antonini für die Dimension dieses schwerwiegenden Mangels im Unternehmen und bei sich selbst blind war. Als Bernie Fauber, sein Vorgänger als Chairman, den Konzern verließ, gab er Antonini den Rat, nicht alle drei zentrale Posten im Vorstand zu übernehmen, d.h. Chairman, Chief Executive Officer und President, sondern lieber einen klugen Kopf von außen zum President zu ernennen. Antoninis ad-hoc-Berater drängten ihn ebenfalls in diese Richtung. Ihrer Überzeugung nach hatte er mit einem starken President an der Seite bessere Chancen, die Schwierigkeiten beim Kurswechsel des Discounter-Unternehmens zu bewältigen. Doch nach seinem langen Weg an die Spitze war Antonini nicht bereit, auch nur einen Deut seiner Macht abzugeben. Wie es die anderen vor ihm getan hatten, hielt auch er als Chairman am Posten des President fest.

Selbst für Außenstehende, die die Schwachpunkte von Kmart klar lokalisieren konnten, war es nicht leicht, wirkungsvolle Veränderungen durchzuführen:

Man rannte gewissermaßen gegen eine Gummiwand, d.h. wenn der Druck von außen nachließ, fiel alles wieder in den Urzustand zurück.

Bereits zu einem frühen Zeitpunkt engagierte Antonini eine Einzelhandelsberaterin namens Carol Farmer, die die Arbeit des „Küchenkabinetts" unterstützen sollte. Farmer hatte bereits bei Target, Wal-Mart und J.C. Penney gearbeitet und sie war an der Entwicklung eines neuen Kaufhauskonzepts beteiligt gewesen, das sich in der Discounter-Branche der 70er Jahre rasch durchsetzte.* Im November 1988 stimmte Antonini einem Vorschlag seiner Berater zu, fern von Troy, dem Firmensitz des Unternehmens, mit allen Führungskräften von Kmart eine dreitägige Tagung in einer abgeschirmten Atmosphäre zum Thema Strategische Planung durchzuführen. Farmer sollte den Vorsitz der Tagung führen.

Seit er dem Bloomfield Hills Country Club beigetreten war, hatte Antonini seine große Leidenschaft für das Golfspielen entdeckt. Er beauftragte Farmer also damit, für die Tagung einen abgeschirmten Ort mit einer guten Golfschule zu suchen und die Tage so zu strukturieren, daß er ab 13 Uhr eine Golfstunde und 18 Löcher einplanen konnte. Sie wurde bei einer Ferienanlage in Orlando, Florida, fündig.

Wie es sich für den Vorsitz gehörte, kam Farmer bereits bei der ersten Sitzung auf ein Problem nach dem anderen zu sprechen, kritisierte die Struktur der Kmart-Märkte, die Verwendung von Neonröhren, die ineffiziente Steuerung des Warenbestands und weitere Punkte. Als sie einen Vergleich mit Wal-Mart anstellte, reagierte Antonini wütend. „Warum ist denn alles bei Wal-Mart so toll?", knurrte er. „Was machen die denn, was wir nicht tun?"

Farmer starrte ihn an. „Sind Sie verrückt?", sagte sie zu ihm. „Wal-Mart hat ein unglaublich effizientes Vertriebssystem, das ist schon mal das erste..." Später am Tag ließ sie alle Führungskräfte eine „Zukunftsvision" formulieren, d.h. eine Idee, was ihrer Ansicht nach bei Kmart im Vordergrund stehen sollte und welche Richtung der Konzern einschlagen könnte.

„Sie waren damit vollkommen überfordert", erinnerte sie sich. Doch sie kannte in ihrer Kritik ebenfalls kein Erbarmen. Die Sitzung enthielt bald so viel Zündstoff, daß Antonini an einem Nachmittag Mike Wellman, Leiter der Marketingabteilung und Mitglied des „Küchenkabinetts", auf dem Golfplatz erklärte, er würde sich für den Rest der Tagung nach einer anderen Person umsehen, falls Farmer ihr Verhalten nicht ändern sollte. Wellman sprach daraufhin mit Farmer und gab ihr den Rat, etwas weniger rigoros in ihrer Kritik zu sein.

In ihren Augen hätte das Verhalten der Kmart-Führungskräfte keinen schärferen Kontrast zu demjenigen der Führungskräfte von Wal-Mart bilden können.

---

* Das Konzept wurde „Rennbahn" genannt, da es einen Gang gab, der einen großen Ring um die Verkaufsfläche bildete.

„Die Wal-Mart-Leute waren so neugierig, so begierig etwas zu lernen", erklärte sie. „Bei Kmart war es das genaue Gegenteil." Die Manager bei Kmart schienen es komplett abzulehnen, jegliches Risiko einzugehen. Sie waren wie bürokratische Schildkröten: Sie wagten sich nie sehr weit nach vorne und verließen sich stets auf den Schutz ihres Panzers. Sobald sie sich mit ihnen in einem Raum befand, erinnerte sich Farmer, konnte sie spüren, wie ihr ihre eigene Energie allmählich abhanden kam. (Der Eindruck, den Farmer damals von den Kmart-Führungskräften gewann, sollte sich nie ändern. Zwei Jahre später feuerte Antonini sie. Ihrer Version zufolge hatte sie ihm einen Brief geschrieben, in dem sie ihm erklärte, daß man mit dem gegenwärtigen Führungsteam unmöglich einen Wandel im Unternehmen herbeiführen könne. Antonini leugnete, daß der Brief etwas mit ihrer Entlassung zu tun gehabt habe.)

Davon abgesehen gab es jedoch auch ein paar Schlüsselentscheidungen, die auf der Tagung in Orlando fielen: Unter anderem wurde der Beschluß gefaßt, die Filialen umzubauen und ein durchgreifendes Modernisierungsprogramm in die Wege zu leiten. Um dem Vertrieb wieder auf die Sprünge zu helfen, sollte Kmart außerdem sein Sortiment an „harter Ware" um 25 Prozent zurückschrauben.*

Doch als man wieder im Unternehmenssitz in Troy war, konnte die Idee, die Produktpalette zu begrenzen, um bei der Steuerung der Warenbestände Verbesserungen zu erzielen, sich nicht durchsetzen. Bei Bill Underwood, dem Hauptabteilungsleiter der Verkaufssteuerung und -förderung, stieß diese Idee beispielsweise auf alles andere als Gegenliebe und deshalb machte er auch keinerlei Anstrengungen, sie auszuführen. „Drei Monate nach der Tagung in Orlando war das Sortiment noch nicht reduziert worden, im Gegenteil. Sechs Monate später war es größer denn je, und ein Jahr später sogar noch mehr angewachsen", erinnert sich Dave Carlson. Carlson legte diese Zahlen Antonini vor. Es passierte nichts. Antonini übte keinen Druck auf Underwood aus, den Plan doch nun endlich umzusetzen.

Das war das eigentliche Problem von Kmart: die praktische Umsetzung. Antoninis Berater und Ratgeber entwickelten Strategien, doch blieben viele von ihnen reine Theorie. Nachdem das Satelliten- und Computersystem komplett installiert und in Betrieb genommen war, hatte Kmart damit viel vom technologischen Vorsprung Wal-Marts aufgeholt. Doch die Daten, die man sammelte, wurden nicht ebenso schnell oder effizient genutzt. Noch im November 1993 brachte eine unternehmensinterne Studie bei Kmart ans Tageslicht, daß den Angestellten auf erschreckende Weise Ausbildung und Kenntnisse zur Steuerung der Wa-

---

* Zu den „harten Waren" gehörten im wesentlichen alle Artikel außer Kleidung und Stoffen, die man als „weiche Ware" bezeichnete.

renbestände fehlte. Laut Studie wußte – um nur ein paar der Mißstände zu nennen – die Mehrheit der Einkäufer von Kmart nicht, wie sie ihren Computer effizient einsetzen konnten, um Umsatz- und Bestelldaten abzurufen, manche Einkäufer von Kmart machten von ihrem Computer überhaupt nicht Gebrauch, die Daten in den Registrierkassen wurden oft nicht aktualisiert, und somit stimmten die Preise an der Kasse häufig nicht mit den Sonderangebotspreisen überein.* Darüber hinaus machte man bei Kmart immer noch von den rätselhaften Buchhaltungsmethoden Gebrauch, die die Einkäufer wider gegen jede Logik belohnten, wenn sie Hersteller die Ware direkt zu den Kaufhäusern liefern ließen, anstatt das Vertriebssystem von Kmart zu nutzen. Solche Probleme wurden hauptsächlich dann erkannt und diskutiert, wenn Antonini wieder eine Studie in Auftrag gegeben hatte oder externe Berater zu Rate gezogen wurden. Doch auch dann schien einer Lösung noch vieles im Wege zu stehen.

Wie ihre Kollegen bei Wal-Mart statteten auch Antonini und die Führungskräfte von Kmart ihren Filialen Besuche ab, aber bei weitem nicht so häufig. Und wenn sie auf Kaufhausvisite gingen, dann zogen sie es vor, allen voran Antonini, sich die strahlend neuen Filialen anzuschauen und nicht die älteren, problematischeren. „Es ist deprimierend, ein altes Kaufhaus zu besuchen, das muß selbst ich zugeben", äußerte Antonini einmal gegenüber einem Journalisten des Wirtschaftsmagazins Forbes.[5] Farmer vermutete, daß auch darin ein Grund lag, warum sich die Führungskräfte nicht der dringenden Notwendigkeit bewußt waren, daß die Regale immer mit neuer Ware zügig aufgefüllt werden mußten, denn in den neueröffneten Kaufhäusern, die sie besuchten, waren die gefragten Artikel alle noch vorrätig. Farmer, die regelmäßig an den „Küchenkabinett"-Sitzungen teilnahm, drängte immer wieder, den Vertrieb mehr in den Mittelpunkt der Unternehmenspolitik zu stellen. „Es war ein ständiger Kampf", sagte sie. „Ich machte sogar Schnappschüsse für Joe und zeigte ihm" Photos von leeren Kaufhausregalen. Doch das alles schien nichts zu ändern. Carlsons Zahlen waren ein Beweis dafür, daß der Warenumschlag von Kmart immer weiter fiel, bis er im Jahre 1992 schließlich unter drei Mal pro Jahr lag gegenüber einem Warenumschlag bei Wal-Mart von viereinhalb Mal pro Jahr. Ein paar der Berater in Antoninis „Küchenkabinett" begannen ihn heimlich „Teflon-Joe" zu nennen, da schlechte Nachrichten an ihm einfach abzugleiten schienen.

Allerdings wurden die schlechten Nachrichten auch nicht sehr konsequent an ihn herangetragen. Die Manager von Kmart vermieden es, auf Probleme zu sprechen zu kommen oder ihren Hals in irgendeiner Form zu riskieren. Michael

---

* Im Mai 1994 erhob der Staatsanwalt vom Verwaltungsbezirk Riverside im Bundesstaat Kalifornien Anklage gegen Kmart: Kunden sei in 42 Filialen des Bundesstaates zu viel berechnet worden. Kmart legte das Verfahren im Vergleichswege mit der Zahlung von 985.000 Dollar bei.

McClary, Assistent im Bereich Unternehmenskommunikation, wurde damit beauftragt, Vergleichseinkäufe in Kmart-, Wal-Mart- und Target-Märkten in verschiedenen Teilen des Landes durchzuführen und darüber Berichte zu schreiben, die Antonini dann vorgelegt werden sollten. Jeder seiner Berichte wurde jedoch von seinem Vorgesetzten umgeschrieben und abgemildert, und dieser dann wieder von dem Vorgesetzten seines Vorgesetzten. „Bis Antonini sie eineinhalb Monate später zu Gesicht bekam, waren es nicht mehr dieselben Berichte", erklärte er. Einmal ließ er einen Bericht Antoninis Büro direkt und ohne Überarbeitung zukommen, und wurde prompt vor einen der Leiter Bezirke zitiert. „Ich möchte mit Ihnen über ihren Bericht sprechen. Da sind eine Menge Dinge drin, die man so nicht stehen lassen kann", behauptete der Mann. McClary bestand darauf, daß seine Vergleiche der Wahrheit entsprachen. „Wir diskutierten in seinem Büro hin und her... Ich sagte: ‚Schauen Sie, es tut mir ja leid, daß wir bei diesem Artikel 1,80 Dollar höher liegen, aber so ist das nun einmal.' Er sagte: ‚Nun, Mr. Antonini möchte eine Erklärung von mir, warum ihr Bericht so katastrophal ausfällt', und ich sagte zu ihm: ‚Ich würde ihm das liebend gerne selbst erklären.' Doch er erwiderte: ‚Nein, das können Sie nicht.'"

Ein Berater erinnerte sich an eine Sitzung im Jahre 1990, als er vor einer Gruppe von Führungskräften den Fehler beging, einen jungen Mann zu fragen, was er denn von einem bestimmten Vorschlag halte. „Ich weiß nicht. Was halten Sie denn davon?", wandte sich der Mann an seinen Vorgesetzten neben ihm, der wiederum seinen Sitznachbarn fragte, und das ging weiter bis zu Parkin, dem ranghöchsten Mann in der Runde. „Es war absurd: Keiner war bereit, seine eigene Meinung zu äußern, bis er wußte, ob sein Chef für oder gegen den Vorschlag war", erinnerte sich der Berater.

„Keiner hatte den Mut, irgend etwas Negatives von sich zu geben", sagte Jeanne Golly, eine ehemalige Abteilungsleiterin von Kmart. „Sie waren alle schon seit 35 Jahren in der Firma und hatten eine Heidenangst, ihre gute Pension zu verlieren."

Ein neueingestellter Assistent der Personalabteilung machte während seiner ersten Woche mit einer Kollegin in der Mittagspause einen Spaziergang auf dem etwa eineinhalb Kilometer langen Fußweg, der um den Firmensitz des Unternehmens führte, als er zwei leitende Angestellte kommen sah, denen er kurz zuvor vorgestellt worden war. Er winkte ihnen freundlich zu und grüßte. Doch sie warfen ihm nur einen kurzen Blick zu und liefen an ihm vorbei, als würden sie ihn nicht kennen. „Was sollte denn das?", fragte er Cheryl Hagel, seine Kollegin, die ihn begleitete. „Daran werden Sie sich hier gewöhnen müssen", erklärte sie ihm.

Antonini schrieb schon früh als Firmenchef ein Memorandum an seine Mitarbeiter, in dem er alle aufforderte, ihn Joe und nicht Mr. Antonini zu nennen, doch keiner, der sich in der Hierarchie unter ihm befand, machte von diesem Angebot Gebrauch. Antonini blieb bei den Menschen an der Unternehmensbasis als Mensch bis zum Schluß beliebt, doch seine Begeisterungsfähigkeit und Freundlichkeit konnten die langjährige Unternehmenskultur von Kmart nicht ändern. Für viele Angestellte im Unternehmenssitz war es wichtiger, „sich blicken zu lassen" als mit ihrer Arbeit voranzukommen. „Wenn wir samstags von acht Uhr morgens bis mittags nicht erschienen wären, hätten wir wahrscheinlich Schwierigkeiten bekommen", erinnert sich Hagel. „Also rückten wir an und spielten auf unseren Computern stundenlang Solitaire."

Und was war mit Antoninis Beratern, die er extra zu einem unabhängig operierenden „Küchenkabinett" zusammengestellt hatte, damit sie ihm ungeschminkt und schonungslos die Wahrheit sagten? Nun, was ihre Effizienz angeht, schenkte man ihren Warnungen ebensoviel Beachtung wie den Rufen von Kassandra.

Antonini hatte einem seiner Kabinettmitglieder, Barbara Loren, der ehemaligen Leiterin der Werbeabteilung, ein Büro im benachbarten Zimmer zugewiesen. Von dort aus arbeitete sie an Projekten wie einem festen Vertrag mit dem Hausfrauen-Liebling Martha Stewart und der Zusammenstellung von Sondersendungen zu Weihnachten, die Kmart finanzieren wollte.

Zunächst war Loren von der Aussicht begeistert, mit dem Energiebündel Antonini zusammenzuarbeiten und die einst allmächtige Einzelhandelsmaschine wieder auf Kurs zu bringen. Und Antonini traf sich auch oft mit seinen ad-hoc-Beratern, besonders in seinen ersten beiden Jahren als Unternehmensleiter, als ihm noch jeder Wurf zu gelingen schien. Doch die Anzahl von Auszeichnungen, die ihm Wirtschaftsmagazine und Vereinigungen im Laufe der Jahre verliehen, sowie die glänzende Presse, die er erhielt, schienen ihm zu Kopf zu steigen. Er ließ die Wand zwischen seinem Büro und einem Nebenraum abreißen und stellte eine Vitrine auf, in der er seine Auszeichnungen, Preise und Urkunden ausstellte. Er arbeitete noch immer mit großer Energie und ging oft am Abend noch einmal ins Büro, nachdem er mit seiner Frau Kathleen und den beiden Kindern zu Hause zu abend gegessen hatte. Doch man hatte auch den Eindruck, daß er ständig irgendwo unterwegs war, um in einer guten Sache Geld zu spenden, von der einen oder anderen Organisation persönlich einen Preis entgegenzunehmen, oder aber Kmart als Sponsor für irgendwelche Veranstaltungen wie etwa Golfturnieren zu vertreten – eine nette Gelegenheit für ihn, mit Sportstars zu plaudern. Loren hatte den Eindruck, daß Antonini immer mehr Gefallen am Status seiner Position fand und immer weniger bereit schien, sich auch einmal Kritik anzuhören.

Ganz im Gegensatz zu Walton war es ein Ding der Unmöglichkeit, Antonini in Kleidern anzutreffen, die man bei Kmart hätte kaufen können. Italienische

Seidenkrawatten, Anzüge von Top-Designern, frisch gestärkte Designer-Hemden – das war sein Stil, ein Stil, der seiner Meinung nach einem Mann, der er riesiges Handelsimperium leitete, durchaus angemessen war. Bei einer Kaufhauseröffnung erklärte ihm Golly einmal stolz, daß sie die gesamte Belegschaft in Kmart-Kleider gesteckt habe, wie sie das immer bei Eröffnungen tue. Zu ihrer Überraschung runzelte er bei dieser Vorstellung mißmutig die Stirn. „Aus irgendeinem Grund gefiel ihm diese Idee überhaupt nicht", sagte sie. (Antonini leugnete, daß es ihm mißfallen habe, wenn Angestellte Kmart-Kleider trugen.)

Die Zeit verging, und bei Kmart gab es keine Anzeichen für einen durchgreifenden Wandel. Antonini begann den Druck von außen auf sich zu spüren, und es kamen negative Seiten an ihm zum Vorschein, die vor seiner Thronbesteigung nicht nach außen getreten waren: Er begann ein schroffes Verhalten an den Tag zu legen, beschimpfte oft ohne jede Rücksichtnahme Führungskräfte, mit denen er nicht zufrieden war – manchmal sogar in Videoaufnahmen für die Kaufhaus-Filialen, die über Kmarts Satellitensystem übertragen wurden. Er ging regelmäßig auf Richard Miller los, den Leiter des operativen Geschäfts, der für die Kmart-Filialen zuständig war, und nannte ihn während der Aufzeichnungen dumm und unfähig.

„Joe hackte regelrecht auf ihm herum und machte ihn völlig fertig", erinnerte sich Parkin. Antonini bezeichnete verschiedene Leute als Idioten, sagte ihnen, er könnte sie nicht ausstehen, und giftete sie an, daß sie ihr Gehalt nicht wert seien. Er beschimpfte sie auf übelste Weise, wenn sie seine Anordnungen nicht erfüllten. „Er griff auf großen Versammlungen mit 500 Besuchern einzelne Personen heraus, die der oberen Führungsebene angehörten, und stellte sie vor der versammelten Menge bloß", sagte Wellman. (In schriftlichen Antworten auf Fragen zu seinem damaligen Verhalten leugnete Antonini, jemals Führungskräfte in der Öffentlichkeit harsch kritisiert zu haben.)

Paradoxerweise schaffte es Antonini dennoch nicht, Führungskräfte, die er selbst ernannt hatte, zu feuern oder von ihrem Posten zu stoßen, selbst wenn es offensichtlich war, daß sie ihre Arbeit höchst unzureichend erledigten. In Gollys Augen hatten diese Führungskräfte deshalb fast etwas mit mißhandelten Ehefrauen gemeinsam.

Die zäheste der „Küchenkabinett"-Mitglieder, die achtunggebietende, aber sehr dickköpfige Anwältin Marge Alfus, geriet bei einigen Sitzungen so sehr in Rage, daß sie den Raum verlassen mußte, um sich wieder zu sammeln. Sie hatte den Eindruck, daß Antonini überfordert war, und drängte ihn immer wieder, sich doch einen President an die Seite zu holen. Sie und Wellman sprachen darüber, ob sich dafür nicht Jack Shewmaker eignen würde, und erwähnten diese Idee Antonini gegenüber. Doch Antonini wollte davon nichts wissen.

Alle Fehler von Kmart wurden durch die Rezession Anfang der 90er Jahre nur noch verstärkt. Das Umsatzwachstum in den Discounter-Märkten von Kmart, besonders im Sektor Bekleidung, verlangsamte sich, und der Umsatz in den älteren Niederlassungen zeigte sogar eine rückläufige Tendenz. Gegen Ende der ersten vier Jahre Amtszeit von Antonini als Chairman war der Umsatz in den Kmart-Filialen, die ein Jahr oder älter waren, nur um durchschnittlich drei Prozent jährlich gestiegen gegenüber einem durchschnittlichen Umsatzzuwachs der Wal-Mart-Märkte von zwanzig Prozent. Und es genügte ein Besuch in einem x-beliebigen Kmart-Kaufhaus, um zu begreifen, warum dies so war. In einem Kmart-Markt in Warren im Bundesstaat Michigan beschwerte sich beispielsweise die Kassiererin Wanda Mazur, daß die Kasse oft beim Einlesen eines Artikels keinen Preis anzeigte, da einer ihrer Kollegen vergessen hatte, den Preis in der Kasse abzuspeichern. Sie mußte dann erst einen Kollegen bitten, den Preis für sie am Regal nachzuschauen, während der Kunde wartete und wartete und nach ein paar Minuten normalerweise wutentbrannt davonstürmte. Es kam auch vor, daß Kunden wegen bestimmter Sonderangebote in die Kaufhäuser kamen, um dann festzustellen, daß diese ausverkauft waren, bevor die Aktion richtig begonnen hatte. Und es war überall das Gleiche: In allen Filialen, die Farmer ab und zu besuchte, konnte sie beobachten, daß Filialleiter auf alter Ware sitzen blieben, die man längst hätte preislich herabsetzen und loswerden müssen, um in den Regalen Platz für neuere Ware zu schaffen, die man wahrscheinlich zum regulären Preis verkaufen konnte.

Bei einem Treffen der Unternehmensspitze im April 1992 – die Warenbestände des Unternehmens lagen um 500 Millionen Dollar über dem Plansoll – erklärte der Hauptabteilungsleiter für Verkaufssteuerung und -förderung Glenn Smith, daß er mit seiner Abteilung bis zur nächsten Vorstandssitzung im Mai, d.h. innerhalb der nächsten drei Wochen, das Plansollniveau wieder herstellen werde.*

„Doch bei der nächsten Sitzung lagen wir sogar mit 700 Millionen Dollar über dem Soll", erinnerte sich Carlson. „Als Glenn diese Zahl nannte, hätte man ihn sofort feuern müssen."

Im Verlauf von 1993 wirkten sich die gehäuften Fehlentscheidungen von Kmart immer deutlicher aus, was sich im labilen Kursverlauf der Unternehmensaktie widerspiegelte. Quartal für Quartal sank der Gewinn gegenüber dem Vorjahr. Die großen institutionellen Anleger begannen Antonini und seinen ver-

---

* Was ist so problematisch, wenn der Lagerbestand ein gewisses Soll überschreitet? Das ist leicht erklärt: Normalerweise bezahlen Handelsunternehmen den Herstellern die Ware nicht sofort bei Lieferung. Meist wird ein Zahlungsziel von 30 Tagen vereinbart, so daß ein Handelsunternehmen die Möglichkeit hat, die Ware zwischenzeitlich zu verkaufen, und mit dem Geld, das es durch seine Kundschaft wieder einnimmt, seine Lieferanten zu bezahlen. Wenn die Ware zulange im Lager oder in den Regalen liegt, entsteht folglich ein Cash-Flow-Problem, das sich natürlich negativ auf den Unternehmensgewinn auswirkt.

schlafenen Vorstand zu drängen, sich auf die Discounter-Märkte zu konzentrieren und sie wieder auf Vordermann zu bringen. Doch das Kapital dafür war knapp. Weder die Discounter-Märkte nach die Fachmärkte erwirtschafteten genügend Kapital. Pace badete in roten Zahlen. Und dann gab es da noch die vierteljährliche Dividende, d.h. die anteilsbezogene Gewinnausschüttung zugunsten der Aktionäre. Seit 1964 hatte Kmart die vierteljährliche Dividende traditionsgemäß jedes Jahr erhöht, ganz gleich ob es in einem Jahr relativ gut oder relativ schlecht gelaufen war. Antonini hatte an dieser Tradition festgehalten, so daß die Dividende 1993 inzwischen bei 96 Cent je Aktie lag und das Unternehmen Hunderte von Millionen Dollar kostete – Kapital, das man besser dafür verwendet hätte, Kmarts Probleme zu beseitigen. Die Gewinnanteile von Kmart lagen, verglichen mit dem Kurs der Unternehmensaktie, mehr als doppelt so hoch wie die Gewinnanteile einer durchschnittlichen Aktie und mehr als acht Mal so hoch wie Wal-Marts Dividende gegenüber seinem Aktienkurs.

Im nachhinein fällt es natürlich leicht zu sagen, daß die einzige Strategie, das erforderliche Kapital aufzubringen, darin bestanden hätte, alle Bereiche bis auf die Discounter-Märkte, die das Herzstück des Unternehmens bildeten, abzustoßen und die Dividende radikal zu kürzen. Doch weder Antonini noch seine Vorstandskollegen hatten Lust, sich durch einen so gewagten Schritt wie die Kürzung der unantastbaren Dividende den heiligen Zorn der Aktionäre auf sich zu ziehen. Außerdem war Antonini noch immer viel zu sehr verliebt in seine „Leistungszentrum"-Idee, um sich von seinen Fachhandelsketten zu trennen, solange es noch zu vermeiden war.

Doch die steigenden Verlustzahlen zeigten ihm auch, daß er etwas tun mußte. Er führte eine kleine, kosmetische Veränderung durch, indem er Richard Miller in die kleine Super-Kmart-Abteilung versetzte und die Leitung der wichtigeren Discounter-Abteilung in die Hände von Joe Thomas legte, einer dieser langgedienten, autoritätshörigen Kmart-Führungskräfte, der Antoninis Befehlen ohne Wenn und Aber Folge leistete. Im Oktober 1993 erklärte Antonini, daß Kmart darüber nachdenke, kleinere Anteile an seinen Fachhandelketten Sports Authority, Borders, OfficeMax und Builders Square zu verkaufen. Zum Ende des Monats stimmte Antonini zu, Kmarts Drogeriekette Pay Less für mehr als eine Milliarde Dollar an ein kalifornisches Investmenthaus zu verkaufen.

Und schließlich – Anfang November – erklärte er sich auch bereit, bei den Verlusten im Großhandelsbereich tätig zu werden und verkaufte für 774 Millionen Dollar 91 Pace-Niederlassungen an Wal-Mart und schloß die übrigen Filialen.

Obwohl das Großhandelsgeschäft noch immer einen absteigenden Umsatztrend und nur magere Gewinnspannen verzeichnete, war es ein hervorragendes Geschäft für Wal-Mart, da diese Transaktion die Marktdominanz der Sam's-Club-

Filialen als Großhandelskette zementierte. Was Kmart angeht, kann man höchstens sagen, daß dieser Schritt besser war als gar nichts. Kmart erzielte mit diesem Geschäft etwa 300 Millionen Dollar netto, doch es mußte im Anschluß auch 450 Millionen Dollar seinem Gewinn belasten, um für die verschiedenen Kosten und Verluste aufzukommen, einschließlich der Schließung von 22 Filialen, die Wal-Mart nicht wollte.

„Wir waren aufgeregt", erinnert sich Carlson. „Kmart wäre ja sogar bereit gewesen, Pace zu verschenken und die Warenbestände abzuschreiben, wenn es nötig gewesen wäre."

Anfang 1994 war erst die Hälfte der 2.435 Discounter von Kmart renoviert und modernisiert worden, d.h. hatte eine bessere Beleuchtung, werbewirksamere Ausstellmöglichkeiten und breitere Flure erhalten. Bei einem Großteil der Ware konnten sich die Preise normalerweise mit denen von Wal-Mart messen, bei bestimmten Artikeln schnitt Kmart sogar besser ab als sein Konkurrent. Die Gewinnbilanz war allerdings eine andere Angelegenheit. Und Kmart war noch immer nicht in der Lage, den Warenbestand im Verkauf zu gewährleisten. Ständig waren Artikel ausverkauft, die am besten gingen, und ständig mußten Preise viel zu stark gesenkt werden, um beispielsweise Ware im Bekleidungssegment loszuwerden, die sich im Lager und in den Regalen stapelten. Die Personalsituation war katastrophal, und der Service daher eine Zumutung. Man konnte von Glück sprechen, wenn man überhaupt einen Verkäufer fand, der einem weiterhelfen konnte. Antonini brüstete sich damit, daß der Umsatz in den erweiterten, umgebauten Kaufhäusern um 14 Prozent angestiegen sei, doch diese Zahl relativiert sich, wenn man weiß, daß die renovierten Kaufhäuser durchschnittlich um 14 Prozent größer waren als zuvor. Das bedeutete nämlich, daß der Umsatz pro Quadratmeter nicht im mindestens gestiegen war.[6] „Es lag nicht an den Kaufhäusern, es lag an der Ware", erklärte Carlson. „Wenn man keinen anständigen Warenumschlag erzielt, braucht man keine größeren Filialen. Man braucht ein besseres Sortiment an Ware." So hatte Kmart 13 verschiedene Toaster im Angebot, obwohl auf die beiden beliebtesten Toaster 80 Prozent des Umsatzes entfielen. „Man braucht doch keine größeren Kaufhäuser, um einen vierzehnten oder fünfzehnten Toaster ins Sortiment aufzunehmen. Man muß die sechs weniger beliebten Toaster aus dem Sortiment nehmen, damit man immer genügend von den bevorzugten Modellen auf Lager hat", argumentierte Carlson.

Anfang 1994 gab Kmart bekannt, daß es im vorangegangenen Geschäftsjahr einen Verlust von 974 Millionen Dollar erwirtschaftet hatte, der vor allem darauf zurückzuführen war, daß man für die Renovierung und Modernisierung veralteter Discounter-Märkte 1,35 Milliarden Dollar dem Unternehmensgewinn bela-

stet hatte. Antonini kündigte an, daß Kmart innerhalb der nächsten Jahre mindestens 800 Filialen schließen werde – einschließlich fast aller kleineren Kaufhäuser, die noch ein Überbleibsel von Dewars unbesonnenem Ausflug in das
Mini-Kmart-Geschäft waren: Kaufhäuser, denen inzwischen die moderneren
größeren Wal-Mart- oder Target-Märkte im engeren Umkreis ihre Existenzgrundlage entzogen. Um Geld zu beschaffen, plante Antonini außerdem, vier
verschiedene Kategorien von Aktien für jede der vier Fachhandelketten von
Kmart aufzulegen, d.h. Aktien für Sports Authority, Builders Square, OfficeMax
und Borders. Er wollte jeweils ein Viertel dieser Aktien an die Öffentlichkeit verkaufen und damit 600 Millionen Dollar Kapital freisetzen.

Doch 600 Millionen Dollar bedeuteten angesichts des Nachholbedarfs von
Kmart nicht einmal einen Tropfen auf den heißen Stein. Zu jenem Zeitpunkt war
das Investmentbüro des Bundesstaates von Wisconsin, ein großer Rentenversicherungsträger, der bei Kmart eine nicht unbeträchtliche Anzahl von Anteilen
hielt, mit seiner Geduld am Ende. Der Leiter der Investmentabteilung, James Severance, verlangte öffentlich, daß Antonini alle Fachhandelketten abstoßen und
sich darauf konzentrieren solle, seine Discounter auf Vordermann zu bringen,
die – wie allgemein bekannt war – von Wal-Mart langsam aber sicher an die Wand
gespielt wurden.

Severance schaltete sogar ganzseitige Zeitungsanzeigen, in denen er den
Kursverlauf der Kmart-Aktie während der Antonini-Jahre (jährlicher Zuwachs:
drei Prozent) mit demjenigen der Wal-Mart-Aktie (jährlicher Zuwachs: 27 Prozent) verglich. Außerdem rief er die anderen Aktionäre von Kmart auf, gegen Antoninis Vorschlag zu stimmen. Das Investmentbüro von Wisconsin besaß selbst
zwar nur ein knappes Prozent an Kmart-Aktien, doch Severance hatte schon bei
anderen Unternehmen, an denen das Investmentbüro Anteile hielt, erfolgreich
Änderungen durchsetzen können, und andere große Rentenfonds in New York
und Kalifornien fielen rasch in seine Protestrufe ein.

In der Öffentlichkeit entstand eine solche Unruhe, daß Kmart im Mai offiziell Gerüchten entgegentreten mußte, Antonini würde als Chairman zurücktreten. Antonini und die Vorstandsmitglieder von Kmart schienen mit einer der-
artigen Opposition nicht gerechnet zu haben – als ob sie davon ausgegangen
wären, daß niemand außer ihnen bemerkt hatte, daß das Schiff am Sinken war.
Doch auf sie sollte noch eine größere Überraschung warten.

Am Tag vor der Hauptversammlung von Kmart im Juni schloß sich das Ka-
lifornische Rentensystem für Angestellte des Öffentlichen Dienstes (Calpers), der
größte Rentenversicherungsträger der Vereinigten Staaten, der Revolte an. „Wir
stellen uns ernsthaft die Frage, wem bei Kmart eigentlich etwas am Erfolg des
Unternehmens liegt", erklärte James Burton, Geschäftsführer von Calpers, und

gab öffentlich bekannt, wie er sich mit den zwei Millionen Anteilen seines Rentenfonds entscheiden würde. Auf der Hauptversammlung ließ Antonini selbst noch einmal seinen ganzen Charme spielen und betrieb bei einzelnen Aktionären höchstpersönlich Lobbyarbeit, um sie in ihrer Entscheidung zu beeinflussen. Es gelang ihm, die Abstimmung um acht Stunden hinauszuzögern, und er kämpfte in der gewonnenen Zeit um jede einzelne Stimme für seinen Plan. Er versprach, daß sich die Dinge bald ändern würden. Er versprach, bis zu 800 Millionen Dollar pro Jahr an Einsparungen vorzunehmen.

Doch der Feindseligkeit, die ihm entgegenschlug, war nicht zu entkommen. „Sie können doch nicht in allen Bereichen die Nase vorn haben wollen und auf allen Hochzeiten tanzen", empörte sich ein Aktionär namens Chester Bogan und forderte Antonini auf, sich von den Fachmärkten zu trennen. „Wie können wir noch Vertrauen in Ihre Führungseigenschaften haben?" fragte er herausfordernd und unter stürmischem Applaus.[7]

Das Abstimmungsergebnis zeigte, daß sich die Aktionäre mehrheitlich gegen den Vorschlag von Antonini entschieden hatten. „Das ist außergewöhnlich – ein Schlag in das Gesicht der Führungsspitze von Kmart", konnte der Einzelhandelsökonom Kurt Barnard seine Verwunderung gegenüber der Los Angeles Times nicht verbergen. Eine solche Revolte hatte es praktisch noch nie gegeben – und sie war ein eindeutiges Zeichen dafür, wie verzweifelt Antoninis Situation inzwischen war.

Doch auch noch jetzt – weit davon entfernt, aus dieser Abstimmung eine Lehre zu ziehen – versuchte Antonini, die offensichtliche Rücktrittsforderung seitens der Aktionäre zu ignorieren. Wochenlang arbeitete er an einer Lösung, nur einen kleinen Anteil an den Fachhandelketten zu verkaufen. Nachdem der Vorstand von Kmart wiederholt ein solches Ansinnen geleugnet hatte, verkaufte der Handelskonzern im August schließlich für 924 Millionen Dollar seine Anteile an einem großen australischen Einzelhandelsunternehmen namens Coles Myer Ltd. Im August beugte sich Antonini dem Unvermeidlichen und stimmte dem vollständigen Verkauf der Fachhandelketten zu.

Doch der Druck von seiten der Aktionäre gab nicht nach. Im September mußte Antonini zustimmen, einen President und Leiter des operativen Geschäfts zu ernennen, die neben ihm ebenfalls höchste Führungskompetenzen besitzen würden. Er erklärte auch, daß das Unternehmen auf der Führungsebene sein Personal um zehn Prozent kürzen, sich von hundert Filialen trennen und 7.650 Mitarbeiter – sowohl Arbeiter auf Stundenlohnbasis wie auch Führungskräfte – entlassen würde.

Richard Miller, den Antonini immer besonders gerne vor anderen beleidigt hatte, ging in Ruhestand und wurde von einer der externen Führungskräfte, die Antonini nun zunehmend anzuwerben begann, ersetzt.

Einen Monat später gab Kmart die Ergebnisse des vorangegangenen Geschäftsquartals bekannt, das zum siebten Mal in Folge einen Rückgang der Gewinnzahlen aufwies. Im November verkaufte Kmart die Fachhandelketten OfficeMax und Sports Authority, und Antonini stellte eine Spezialeinheit zusammen, mit deren Hilfe er – zusätzlich zu den vorgenommenen Schließungen und Entlassungen – die versprochenen Einsparungen von 800 Millionen Dollar realisieren wollte. Doch das war zu wenig, und es kam zu spät. Obwohl das Unternehmen im Januar 1995 ein weiteres Mal offenlegen mußte, daß die Gewinne des vorangegangenen Quartals gesunken waren, weigerten sich der Unternehmensvorstand und Antonini noch immer, die Dividenden zu kürzen, obwohl der Handelskonzern 1994 nicht einmal genügend Gewinne erwirtschaftet hatte, um die Dividendenausschüttung bezahlen zu können, die sich in der Summe auf 440 Millionen Dollar belief, und daher einen Teil der Vermögenswerte hatte verkaufen müssen, um die Differenz auszugleichen.

Über Monate hinweg war das zentrale Thema in der Hauptgeschäftsstelle von Kmart, wann der Vorstand wohl Antonini absägen werde. Dieses Thema lenkte von der größeren Angst der Menschen ab, es könnten bald noch mehr ihre Arbeit verlieren. Inzwischen beschloß der Vorstand widerwillig, Antonini dazu zu zwingen, seinen Posten als Chairman an ein Mitglied des Aufsichtsrats, Donald Perkins, abzugeben, der bei der Supermarktkette Jewel Cos. bereits Chairman gewesen war. Auf einer halbstündigen Pressekonferenz in der Geschäftsstelle von Kmart versicherten die Vorstandsmitglieder vor den Journalisten, daß sie noch immer Vertrauen in die Fähigkeiten von Antonini hatten, das Unternehmen als Chief Executive Officer aus der Krise zu führen.

Als der Vorstand allerdings monatelang versucht hatte, einen Mann für den Posten des President zu gewinnen, der neben Antonini das Unternehmen leiten sollte, war er auf Granit gestoßen. Keiner der in Frage kommenden Kandidaten – einschließlich eines Spitzenmannes von Wal-Mart – erklärte sich bereit, unter dem autokratischen Antonini zu arbeiten, es sei denn, der Vorstand wäre bereit, einen Zeitpunkt zu benennen, wann man auch den Posten des CEO würde übernehmen können. Doch der Vorstand hatte sich nicht dazu entschließen können, Antonini aller Posten zu entheben, wie es die großen Anteilseigner von Kmart immer und immer wieder verlangten.

Wie schon unter jedem früherem Chairman erinnerte der 13köpfige Vorstand unter Antonini an eine Truppe unselbständiger, willenloser Geschöpfe: Sie zeigten kaum Engagement beim Entwurf einer neuen Unternehmensstrategie und legten keinen Wert darauf, Antoninis Aktivitäten kritisch zu hinterfragen. Wenn sie etwas taten, dann Antoninis Pläne bis zum bitteren Ende zu unterstützen. Von den zehn Mitgliedern des Aufsichtsrates hatten alle nur nominellen Besitz an Kmart-Aktien, und Perkins war der einzige, der Einzelhandelserfahrung mitbrachte. Später sagte Perkins, daß er nur deshalb zugestimmt hatte, Chairman zu werden, da er hoffte, Antonini auf diese Weise mehr Zeit zu verschaffen, den Kurswechsel vorzunehmen. Kmart holte auch noch vier weitere Hauptabteilungsleiter von außen in die Führungsspitze des Konzerns, um den Wechsel unter Antonini zu beschleunigen.

Im selben Monat flog Mike Wellman zusammen mit Antonini auf eine Geschäftsreise. Der unter starkem Beschuß stehende CEO erzählte ihm munter von seinen Plänen, wie er Kmart wieder zum Erfolg führen wolle. „Ich mußte mich zwicken, ob ich nicht träumte", erinnerte sich Wellman. „Ich fühlte mich ins Jahre 1988 zurückversetzt und war schon drauf und dran, mich von seiner Begeisterung anstecken zu lassen – bis ich aus dem Flugzeug stieg. Dann dachte ich: Warte, das ist doch alles großer Mist. Er wird bald rausfliegen, und mir wird es ebenso ergehen."

Falls Perkins wirklich vorhatte, Antonini mehr Zeit zu verschaffen, so hatte das zumindest nicht geklappt. Doch wie hätte es auch funktionieren sollen? Kmart rutschte langsam aber sicher in ein schwarzes Loch. Die Finanzlage des Unternehmens war so erbärmlich, daß Kmart in jenem Jahr nur 750 Millionen Dollar für den Bau, die Modernisierung und Erweiterung seiner Filialen erübrigen konnte, d.h. ein Sechstel dessen, was Wal-Mart für diese Zwecke aufwendete. Die Lager- und Verkaufssteuerung war noch immer ein hoffnungsloser Fall, und was die Gewinnspanne anging – nun, Gewinn war eigentlich nicht mehr das richtige Wort für das, was Kmart produzierte.

Am 21. März 1995 zwang der Vorstand Antonini aufgrund des wachsenden Drucks von seiten der größten Anteilseigner des Unternehmens, seine Posten als President und CEO niederzulegen, sowie seinen Sitz im Vorstand zu räumen. Antonini verkündete diesen Schritt – man sah ihn alleine auf einem Stuhl in einem ansonsten leeren Raum sitzen – per Videoaufzeichnung, die an alle Angestellten über das Satellitenfunksystem von Kmart gesendet wurde. Antonini sprach von „externen Faktoren", die ihn gezwungen hätten, zu gehen. Wie gering sein Ansehen als Führungskraft noch war, konnte man daran ablesen, daß der Kurs von Kmart sprunghaft um einen Dollar je Aktie auf 13 Dollar anstieg, kurz nachdem das Unternehmen Antoninis Rücktritt bekanntgegeben hatte.

Als Antonini zwei Tage später von einem lokalen Fernsehsender aus Detroit interviewt wurde, schienen ihm die Gründe rätselhaft, warum man ihn hinausgeworfen hatte. Er beschuldigte den Druck durch die Medien und Aktionäre für diesen Schritt, und beklagte sich, daß man ihn seinen Job nicht habe machen lassen. „Wofür ich mir vielleicht wirklich in den vergangenen zwei Jahren die Schuld geben muß, ist, daß ich kein festes Programm hatte, mit den Anlegern regelmäßig in Kontakt zu bleiben", erklärte er. „Mit Kmart ist alles in Ordnung", wiederholte er immer und immer wieder, wobei er behauptete, daß Kmarts einziges Problem sei, daß die meisten Niederlassungen älter waren als die Filialen von Target oder Wal-Mart, daß er dieses Problem aber angesprochen habe. „Wenn wir nicht das getan hätten, was wir getan haben, Bill", sagte er dem Journalisten, „wären wir heute schon längst nicht mehr im Geschäft."[8]

Noch Jahre danach konnte man die Verbitterung der Kmart-Flüchtlinge – und es gab sehr viele von ihnen – spüren, wenn sie über die Antonini-Jahre sprachen. Parkin, der das Ganze von seiner Pferdefarm in Kansas aus beobachtete, kommentierte trocken: „Joe hat eine gute Firma ruiniert. Es würde mir nichts ausmachen, ihm das ins Gesicht zu sagen."

Als Antonini das Kommando bei Kmart übernahm, besaß das Unternehmen einen Anteil von 35 Prozent am Discount-Einzelhandel. Wal-Mart verfügte über 20 Prozent. Sieben Jahre später, nach seinem Rücktritt, kontrollierte Kmart nur noch 23 Prozent des Marktes, während Wal-Mart sich 42 Prozent gesichert hatte.

Einen Monat nach Antoninis Suspendierung kürzte der Vorstand von Kmart endlich die Dividenden um die Hälfte. Zum Ende des Jahres wurde die Dividende völlig gestrichen, um den Konkurs des Unternehmens abzuwenden. Im Juni ernannte der Konzern Floyd Hall, einen 65jährigen Einzelhandelskaufmann, der einmal Geschäftsleiter von Target gewesen war, zum neuen Chairman, CEO und President. Hall schloß sofort 72 Filialen und strich 5.800 Stellen.

Antonini hatte jetzt zwar keine Arbeit mehr. Doch er war nicht der einzige, dem es so erging.

Kapitel 14
Schlußbetrachtungen

Was ist das Erbe von Sam Walton?

Auf der Jahreshauptversammlung von Wal-Mart 1997 erklärte Don Soderquist der versammelten Menschenmenge, daß er überzeugt sei, „Sam schaut jetzt auf uns herab, und er ist sehr stolz."

„Wir unterscheiden uns von allen anderen Unternehmen der Welt", erklärte Soderquist den 17.000 Aktionären im Bud-Walton-Stadion. Er sprach leidenschaftlich von seinem Vertrauen darauf, daß das Unternehmen beim Jahresumsatz die 200-Milliarden-Dollar-Grenze erreichen und damit größter Konzern der Vereinigten Staaten würde. (Zu diesem Zeitpunkt lag Wal-Mart in Sachen Bruttoeinnahmen nur noch hinter General Motors und Exxon.) Er sprach verzückt von den neuen Möglichkeiten, Einzelhandelsgeschäfte über das Internet zu betreiben, und vom Potential Wal-Marts, auch in diesem Bereich eine führende Rolle einzunehmen.

Dann machte er eine Pause, und bevor er zu einem Lobgesang über die wohltätigen Spenden von Wal-Mart anhob – wobei er wie üblich die „freiwilligen" Beiträge von Wal-Mart-Lieferanten großzügig miteinrechnete – verkündete er den versammelten Menschen:

„Unser Unternehmen hat eine Seele."

Nur bei einem Unternehmen wie Wal-Mart und nur bei einer Veranstaltung wie der Hauptversammlung von Wal-Mart, die ein wenig an ein großes Zeltlager erinnerte, konnte jemand eine solche Aussage machen, ohne dabei rot zu werden. Doch der Applaus, der ihm auf seine Worte hin entgegenschlug, zeigt, daß viele Aktionäre und Angestellte nur allzu gerne glauben wollen, hinter Wal-Mart stecke mehr als eine geldspuckende Maschine.

Diesem Märchen möchte man gerne Glauben schenken. Doch die Unternehmensgeschichte liefert, vor allem seit Waltons Tod, ausreichend Beweise, daß Wal-Mart wie jeder andere Konzern auch nur eine herzlose Maschine ist, ein amoralisches Konstrukt, das nur einem Imperativ folgt: dem Profit.

Daß das Streben nach diesem Ziel unter Einsatz aller erdenklicher Mittel eventuell soziale Gemeinschaften oder den einzelnen Menschen in Mitleidenschaft ziehen könnte, einschließlich der Personen, die im Unternehmen arbeiten, wurde bei dieser einfachen Formel nie berücksichtigt. Auch der Wirtschaftswissenschaftler Milton Friedman erkennt dieses gewissermaßen systemimmanente Problem indirekt an. Obwohl er erklärt, daß die einzige Verantwortung eines Unternehmens in der Mehrung seines Profits liege, sagt er auch, daß diese Profite *gerecht* erzielt werden müssen. Das heißt, daß Wirtschaftsunternehmen die Gesetze und Regeln, die eine Gesellschaft aufstellt, befolgen müssen. Und Aufgabe der Gesellschaft ist damit natürlich, die unternehmensimmanente Habgier unter Kontrolle zu halten.

Der Sozialkritiker Jerry Mander behauptet, daß Menschen, die in einem Unternehmen eine leitende Position innehaben, letztendlich ihr Verhalten – unabhängig von ihrer eigenen moralischen oder ethischen Grundeinstellung – an den Imperativ der Gewinnmaximierung anpassen, ähnlich einem Fließbandarbeiter, der seinen eigenen Arbeitsrhythmus an die Geschwindigkeit der Maschine anpassen muß. Diejenigen, die das nicht tun, werden in diesem System keinen Erfolg haben. Dies demonstriert Mander am Beispiel von Warren M. Anderson, dem Chairman der Union Carbide Corp. Nachdem es in der Chemieanlage des Unternehmens im indischen Bhopal 1986 einen Unfall gegeben hatte und durch das Ausströmen von Giftgas mehr als 2.000 Menschen getötet wurden, äußerte Anderson vor Journalisten, daß er den Rest seines Lebens versuchen werde, dies wiedergutzumachen und die Misere, die sein Unternehmen verursacht habe, zu lindern. Ein knappes Jahr später behauptete Anderson jedoch gegenüber der *Business Week,* er habe überreagiert und sei nun bereit, einen Rechtsstreit anzustrengen, um die Höhe der Schadensersatzforderungen, die von den Opfern an Union Carbide gestellt wurden, zu begrenzen. Mander ist fest davon überzeugt, daß Anderson gezwungen war – wollte er Chairman bleiben – seine erste Reaktion nachträglich abzuwerten und zu erkennen, daß seine vorrangige Verpflichtung nicht gegenüber den Opfern in Bhopal, sondern gegenüber den Aktionären von Union Carbide bestand.

Dieses Argument kann vielleicht auch dabei helfen zu verstehen, warum Männer wie Soderquist, David Glass und Walton immer neue Beweise dafür, daß Wal-Mart Kleider verkauft, die in Kinderarbeit hergestellt wurden, einfach unter den Tisch kehren. Vielleicht liefert es auch eine Erklärung, warum die Führungsspitze von Wal-Mart auf dem Höhepunkt der Kontroverse um die Kinderarbeit in der Textilproduktion weniger darum bemüht schien, die Vorwürfe zurückzuweisen oder Fehler wiedergutzumachen, als vielmehr größten Wert darauf zu legen schien, daß die Umsatzzahlen bei den betroffenen Kleiderkollektionen nicht gefallen seien.*

Ein Unternehmensgründer kann – getrieben von einer bestimmten Vision oder aufgrund einer besonders stark ausgeprägten Persönlichkeit – der inneren Logik eines Unternehmens entgegenwirken. Doch es scheint außergewöhnlich schwierig zu sein, Teile dieser Vision oder dieser Werte zu institutionalisieren, wenn sie mit der vorrangigen Existenzberechtigung eines jeden Unternehmens kollidieren, nämlich dem Erzielen von Gewinnen. James Cash Penney stellte im Jahre 1913 eine Regel auf, die einmal zu seinen sogenannten goldenen Regeln für Unternehmen gehören sollte. Sie lautete folgendermaßen: „Um jede unserer Strategien und Methoden zu testen, hinterfrage sie auf diese Weise: Laufen sie dem, was recht und gerecht ist, entgegen?" In den 90er Jahren des 20. Jahrhunderts hingen Penneys Bild und seine Regeln überall in den Büroräumen seines Unternehmens – einschließlich der Einkaufsniederlassung von Penney in Guatemala, in der laufend Warenbestellungen für Penney-Filialen in den Vereinigten Staaten und anderen Ländern eingingen – Ware, die man wie selbstverständlich von Kindern herstellen ließ. Wäre Penney der Meinung gewesen, daß der Verkauf dieser Ware „recht und gerecht" ist? Doch das alles spielte keine Rolle mehr. Die Vision von Penneys Nachfolgern war viel profaner, nämlich: Wie erhöhe ich den Unternehmensumsatz?

Im Falle von Walton scheint das von ihm gegründete Unternehmen eine perfekte Umsetzung seines großen Ziels zu sein, eine noch nie dagewesene, sich selbst erhaltende Einzelhandelsmaschine zu schaffen. Walton errichtete – teilweise auch bewußt – ein Unternehmen und eine Unternehmenskultur, die sein eigenes Naturell reflektieren: Er baute eine unerbittliche, stets nach oben strebende und manipulative Firma auf, die hinter einer entwaffnend freundschaftlichen Fassade mörderische Taktiken zur Anwendung bringt.

Bereits zu einem sehr frühen Zeitpunkt stellte Walton die Weichen dafür, Wal-Mart so groß wie möglich zu machen, indem er Niedrigstpreise anbot und seinen Blick fest auf eine Steigerung der Umsatzzahlen gerichtet hielt. Seine Nachfolger, die diesen Kurs bis in die letzte Konsequenz weiterführen, treten damit eigentlich nur in seine Fußstapfen: Sie sind so sehr damit beschäftigt, Gewinne zu erzielen, daß sich jeder andere Anspruch, wie etwa Gewinne „gerecht" zu erzielen, in Luft auflöst.

Im Jahre 1635 verurteilte die Gesetzgebende Versammlung des Commonwealth in Boston einen Kaufmann puritanischen Glaubens der Habgier und Diffamierung von Gottes Namen, weil er seine Ware zu einem höheren Gewinn ver-

---

* Wal-Mart lehnte es jedoch ab, Umsatzzahlen zu liefern, die diese Behauptung belegen konnten.

kaufte als die zwei Prozent, die von Gesetzes wegen als Gewinnobergrenze zulässig waren. Die Puritaner folgten der Überzeugung des Theologen John Calvin, daß das Betreiben eines gewinnträchtigen Unternehmens eine ehrbare Angelegenheit war und daß der eigene Erfolg auf eine Erlösung im Jenseits hindeutete. Doch in jenen Tagen, lange bevor der Verbraucherkapitalismus Einzug hielt, betrachtete man es als ungeziemend, zuviel Gewinn zu erwirtschaften.

Das hat sich natürlich seither geändert. Und während der darauffolgenden drei Jahrhunderte wurde auch die Religion Opfer des Konsumdenkens, wie im übrigen jeder Aspekt des amerikanischen Lebens. Fromme Christen wie der Kaufhauspionier John Wanamaker – der Sohn eines Geistlichen war – kommerzialisierten Feiertage wie Weihnachten und Ostern und machten hemmungslos Anleihe bei den Instrumenten und Methoden der christlichen Religion, um das ins Rollen zu bringen, was wir heute die Verbraucherkultur nennen.

„Wem es gelingt, anderen eine Vision davon zu vermitteln, wie ein gutes Leben aussieht, und diese Vision auch noch aufrechtzuerhalten versteht, hat die allergrößte Macht, die es gibt", so der Historiker William Leach. „Die amerikanischen Unternehmen, indem sie ständig billigen Produktionen hinterherjagten und versuchten, ihre Ware so günstig es ging, in immer größeren Mengen und mit einem immer höheren Gewinn zu verkaufen, haben sich nach 1890 eine solche Macht gesichert ... und bis heute erhalten können."[1]

Die vielleicht höchste Errungenschaft des Konsums als Lebensphilosophie ist die Auswahl. Ein typisches Gemischtwarenkaufhaus Anfang und Mitte des 19. Jahrhunderts bot eine Auswahl von ein paar hundert Artikeln. Bis 1890 hatte Marshall Field seinen Kunden in Chicago immerhin ein Sortiment von 6.000 Produkten anzubieten. In den 90er Jahren des 20. Jahrhunderts umfaßten die Supercenter von Wal-Mart etwa 70.000 Artikel pro Kaufhaus, die zudem in unterschiedlichen Größen und Ausführungen zu erwerben waren, und zwar für Käufer in ganz Amerika.

Der Kolumnist Richard Reeves schrieb vor ein paar Jahren, daß die Einkaufszentren in Amerika das Äquivalent zu den Kirchen in italienischen Dörfern darstellten, nämlich den Dreh- und Angelpunkt für die Menschen, die in diesem Umfeld lebten. „Als ich noch ein elitärer Journalist der *New York Times* war und an der Ostküste lebte", schrieb er, „verschwendeten wir keine Zeile damit, um eine Nachricht wie etwa den Bau eines neuen Einkaufszentrums zu erwähnen. Erst Jahre später wurde uns klar, daß wir die Evolution einer neuen Gesellschaftsform verpaßt hatten, die sich nicht über Wolkenkratzer, sondern über Parkplätze definierte."[2]

Doch durch seinen Vergleich der Einkaufszentren mit Kirchen deutete Reeves auch darauf hin, daß die Konsumbewegung andere Glaubensrichtungen verdrängt hat. Wal-Mart sitzt tief im Herzen dieser Gesellschaft, ein heiliger Konsumententempel der Auswahl an Sonderangeboten. Wal-Mart hat das Erbe der damaligen übermächtigen Einzelhandelsunternehmen angetreten, und wie schon seine Vorgänger ist er einerseits Motor der Konsumbewegung und wird andererseits von ihr getragen. Es wäre unmöglich, Sam Waltons Einfluß auf unsere Kultur von dem Einfluß der Handelsunternehmen wie Penney, Wanamaker, Sears, Wood, Cunningham und anderen zu trennen. Doch Walton hat unbestritten einen großen Beitrag dazu geleistet, daß der expansionsorientierte Einzelhandel in einem größeren Umfang denn je in kleineren Städten Einzug hielt. Durch seine unermüdlichen Bemühungen um Effizienz und Kosteneinsparungen wurde die Ware nicht nur billiger, sondern Einzelhandelsunternehmen gingen auch zunehmend dazu über, Ware im Ausland herstellen zu lassen. Sein Erfolg mit immer größeren Niederlassungen bildete die Grundlage für die allgemeine Verbreitung der „Branchenräuber", die sich mit ihren Discountprodukten auf eine einzige Sparte konzentrieren und dadurch kleineren Geschäften bis heute die Existenzgrundlage entziehen. Sie sorgen dafür, daß irgendwann die Auswahl an Büchern, Videos, Schallplatten, Zeitschriften, Kleidern, Nahrungsmitteln, Spielzeugen oder Haushaltswaren von Stadt zu Stadt genau die gleiche sein wird, nicht etwa nur von New York bis Kalifornien, sondern auch von Yukon bis Tierra del Fuego. Wal-Mart hat außerdem viel zur Schaffung einer Gesellschaft beigetragen, in der Teilzeitarbeit und befristete Stellen für eine immer größere Anzahl von Menschen die Regel geworden sind.

Waltons Lebensphilosophie durchdringt jeden Teil der Gesellschaft. Sein Gedankengut hat sich beispielsweise wieder einmal durchgesetzt, wenn eine unabhängiger Buchhandlung durch eine Kaufhauskette verdrängt wurde. Oder wenn eine riesige Krankenhauskette wie Columbia/HCA Kürzungen bei der medizinischen Behandlung vornimmt und Patienten im Namen der Wirtschaftlichkeit und Kostenersparnis schneller aus dem Krankenhaus entläßt. (Einer der Geschäftsführer der Columbia/HCA, Richard Scott, erklärte einmal, er habe – während er die inzwischen größte Krankenhauskette der Vereinigten Staaten aufbaute – eifrig die Geschäftsmethoden von Wal-Mart studiert.) Oder wenn ein Unternehmen wie Sara Lee Corp. erklärt, daß es den überwiegenden Teil seiner Fabriken in den Vereinigten Staaten schließt oder verkauft und aus Kostengründen seine abgepackten Lebensmittel und Verbrauchsgüter in Zukunft im Ausland herstellen lassen wird.

Waltons Philosophie ist deshalb so verbreitet, weil sie so logisch erscheint – vorausgesetzt man geht von denselben Wertvorstellungen wie Sam Walton aus.

Doch es geht auch anders. In Rutland im Bundesstaat Vermont erklärte sich Wal-Mart nach einem längeren Streit dazu bereit, von seinem Plan Abstand zu nehmen, einen seiner riesigen Kaufhausklötze in den Stadtrandbezirk zu setzen, sondern anstatt dessen in die Räumlichkeiten eines ehemaligen Kmart-Kaufhauses im Zentrum der Stadt zu ziehen. Das Kaufhaus läuft gut, und die Innenstadt von Rutland steht in voller Blüte. Andere Kommunen mit strengen Stadtplanungs- und Bebauungsregelungen haben es ebenfalls geschafft, die Expansion von Wal-Mart und anderen Einzelhandelsriesen den Bedingungen zu unterwerfen, die sie selbst aufgestellt haben.

1998 begann Wal-Mart, mit kleineren Handelsniederlassungen zu experimentieren, d.h. Filialen mit etwa 3.700 Quadratmetern Verkaufsfläche, die für diejenigen Absatzmärkte geeigneter schienen, auf denen die riesigen Wal-Mart-Märkte und Supercenter nicht funktionieren konnten, z.B. im Innenstadtbereich von Metropolen, wo der Boden knapp ist, oder in sehr kleinen Städten. Natürlich konnte das Mini-Wal-Mart-Konzept auch als Beweis dafür herhalten, daß sich das Unternehmen endlich um ein alternatives Modell kümmerte, nachdem sich ja so viele Kleinstädte über seine bisherige Standortpolitik – riesige Verkaufsniederlassungen im Stadtrandbereich – beschwerten, mit der die Zersiedlung der Städte gefördert wurde.

In der Zwischenzeit haben Bekleidungshersteller wie etwa The Gap bewiesen, daß es möglich ist, einen passablen Gewinn zu erwirtschaften, während man gleichzeitig unabhängigen Inspektoren erlaubt zu überprüfen, ob die Kleider in den ausländischen Fabriken auch wirklich von Erwachsenen unter humanen Bedingungen hergestellt werden. Es waren Kirchengemeinden, Studentengruppen und andere Initiativen, die The Gap dazu gebracht haben, diese Kontrollen vornehmen zu lassen, und die damit bewiesen haben, daß man hier wirklich etwas bewegen kann, wenn nur eine ausreichende Anzahl von Menschen diese Thematik ernst nehmen – ganz wie Charlie Kernaghan vom Nationalen Arbeitskomitee behauptete.

1990 äußerte David Glass auf einem Einzelhandelskongreß in New York, daß seiner Ansicht nach die Hälfte aller Handelsgesellschaften, die es zu diesem Zeitpunkt gab, bis zum Jahre 2000 vom Markt verschwunden sein würden. Seither haben Wal-Mart und ähnlich dominante Filialgesellschaften alles getan, um diese Prognose wahr werden zu lassen. 1998 besaß Wal-Mart über 3.400 Filialen auf vier Kontinenten, und alles spricht dafür, daß das Unternehmen sowohl in den Vereinigten Staaten als auch im Ausland in rasantem Tempo weiter expandieren wird. Auch wenn zur Zeit die Wachstumskurve nicht mehr ganz so steil ansteigt wie bisher, ist Wal-Mart auf dem besten Weg, in den nächsten fünf bis zehn Jahren branchenübergreifend das größte Unternehmen der Welt zu werden. In ihrer Funktion als Wirtschaftsunternehmen denken Wal-Mart und seine Imitatoren nicht über ihren Einfluß auf Kleinstädte oder Kleinunternehmen nach, sie stellen sich keine Fragen im Hinblick auf ihre soziale Verantwortung oder überlegen sich, unter welchen Bedingungen die von ihnen verkaufte Ware hergestellt wurde – es sei denn, ein Druck von außen zwingt sie dazu: der Kunde.

Wenn man sich vor Augen führt, welch unglaubliche Flut an Werbung über uns seit unserer Kindheit hereinbricht, wie man uns unablässig klar machen möchte, daß wir die optimale Befriedigung durch den Kauf von Ware und am allerbesten durch Schnäppchen-Käufe und Sonderangebote erreichen können, verwundert es nicht, daß der Durchschnittsbürger selten hinters Preisetikett schaut und fragt, welche Geschichte wohl hinter dem Preis steckt. Und doch ist es sicherlich wissenswert, unter welchen Bedingungen ein Paar Basketballschuhe von Nike, die Kathie-Lee-Bluse oder das T-Shirt made in Bangladesch hergestellt wurden.

Sam Walton hat mehr als einmal darauf hingewiesen, daß der Erfolg eines Ladenbesitzers einzig und allein von seiner Kundschaft abhängt. Diese Regel gilt für den kleinen Krämerladen im Ortskern einer Provinzstadt ebenso wie für eine multinationale Kette mit Tausenden von Filialen.

Ganz gleich, um welches Thema es geht – ob das Buy-American-Programm, die Durchführung von Fabrikkontrollen durch unabhängige Inspektoren, der Stop ausbeuterischer Arbeit, z.B. Zwangs- oder Kinderarbeit, die würdevolle Behandlung von Arbeitnehmern, der Bau von Kaufhäusern mit einer Sensibilität für das Wohl einer Gemeinde oder Stadt – wird ein Handelsriese wie Wal-Mart, nicht anders als ein Krämerladen auch, darauf reagieren müssen, was die Öffentlichkeit von ihm verlangt. Mit anderen Worten: Was Sie von ihm verlangen.

Es liegt ganz an Ihnen.

Anmerkung des Autors

Als ich die Führungskräfte von Wal-Mart zum ersten Mal darüber informierte, daß ich dieses Buch schreiben würde, und sie bat, mit mir zusammenzuarbeiten, erhielt ich umgehend eine Absage. Jay Allen, ein Abteilungsleiter, erklärte mir, daß man davon ausgehe, daß jedes Buch, das man über das Unternehmen schreibe, negativ ausfallen würde. Doch davon abgesehen fragte er mich: „Warum sollten sich unsere hart arbeitenden Führungskräfte Zeit für ein Gespräch mit Ihnen nehmen, es sei denn, irgend etwas spricht dafür, daß Ihr Buch entweder unseren Aktienkurs oder unsere Umsatzzahlen in die Höhe treiben wird?"

Ich erwiderte, ich könne ihm keinen Grund nennen, warum sich das Buch für das Unternehmen finanziell positiv auswirken sollte.

Auch wenn einige Führungskräfte in begrenztem Umfang schließlich doch mit mir kooperierten, konnte ich ihr anfängliches Zögern eigentlich gut verstehen. In der Vergangenheit hatte man mir gegenüber klar zum Ausdruck gebracht, daß einige der Artikel, die ich für das *Wall Street Journal* über Wal-Mart geschrieben hatte, ganz und gar nicht auf Gegenliebe gestoßen waren. Außerdem hatte ich Wal-Mart inzwischen schon so gut kennengelernt, daß es mich nicht überraschte, daß man auf meine Anfrage mit dem Hinweis auf die Umsatzzahlen des Unternehmens reagierte.

Bevor ich 1992 damit begann, die Einzelhandelsbranche für das *Wall Street Journal* journalistisch zu begleiten, hatte ich noch nie zuvor einen Wal-Mart-Markt betreten. Wal-Mart war damals noch nicht in die Orte vorgedrungen, an denen ich bis zu diesem Zeitpunkt gelebt hatte: New York City, Alaska und Seattle. Abgesehen davon, daß ich schon einmal davon gehört hatte, daß Sam Walton der reichste Mann Amerikas war, wußte ich so gut wie nichts über das Unternehmen, seinen Gründervater oder die Unternehmensführung von Wal-Mart.

Doch je mehr ich über das Unternehmen erfuhr, desto größer wurde meine Überzeugung, daß es hier Geschichten gab, die es wert waren, erzählt zu werden. Jede Generation in diesem Land hatte bis heute ihre eigene Wirtschafts-Ikone: irgend einen Titan, der sich eine Branche vollständig zu eigen machte,

der zunächst mit der amerikanischen Kultur verschmolz und sie dann nach und nach verzerrte: Standard Oil, General Motors, Coca-Cola oder Microsoft.
Und jetzt Wal-Mart.

Als ich im Zuge meiner Recherchen Reisen ins In- und Ausland machte, fand ich immer wieder eine ganz andere Welt hinter dem so sorgfältig kultivierten All-American Image von Wal-Mart vor. Und ich begegnete immer wieder Menschen, denen Wal-Mart mehr bedeutete als Niedrigpreise für Unterwäsche und Zahnpasta. Hierzu gehörten Leute wie Don Soderquist, Wal-Marts Vice Chairman, oder Denise Bothelho, Verkäuferin in einem Wal-Mart-Markt in Massachusetts, die beide ihre Arbeit liebten und wirklich von dem Gefühl beseelt schienen, Teil der Wal-Mart-Familie zu sein.

Doch ich traf auch Angestellte wie Kathleen Baker aus Hastings, Minnesota, der man kündigte, nachdem sie mit Kollegen darüber gesprochen hatte, bei ihrem Vorgesetzten wegen einer Lohnerhöhung nachzufragen, und der man schließlich noch die „Verschwendung" von Unternehmenszeit und -material zum Vorwurf machte, weil sie einen Brief auf einer Wal-Mart-eigenen Schreibmaschine getippt hatte.

Mir begegneten auch Leute wie Mike und Paula Ianuzzo von einem Unternehmen namens Cottage Grove in Oregon, die Wal-Mart die Schuld daran gaben, daß ihr Fotogeschäft, das sie in einer Kleinstadt betrieben hatten, unter die Räder kam, die daraufhin aktiv wurden und Mitbürger davon zu überzeugen versuchten, sich gegen die geplante Eröffnung eines Wal-Mart-Marktes an ihrem neuen Standort zu wehren.

Und ich begegnete Menschen wie Rita DeVaney und Linda Brackin aus Indianapolis, denen in einem zivilrechtlichen Prozeß gegen Wal-Mart von einem US-Bundesgericht 7,1 Millionen Dollar Entschädigung zugesprochen wurde, da es die Jury als erwiesen ansah, daß sie das Opfer betrügerischer Machenschaften von Führungskräften des Konzerns geworden waren. Brackin und DeVaney hatten eine eigene Firma und führten in Kaufhäusern Demonstrationen für verschiedene Lebensmittel durch. Auch Sam's Club von Wal-Mart gehörte zu ihren Kunden. Doch als die Führungsspitze von Wal-Mart beschloß, den Auftrag an eine andere Firma zu vergeben, brachte man die Frauen unter Vortäuschung falscher Tatsachen dazu, dem Konzern ihre Geschäftsunterlagen zu überlassen, gab die Unterlagen an den neuen Auftragnehmer weiter und löste dann den Vertrag mit Brackin und DeVaney. Nach Aussage der Jury mißbrauchte der Mitbewerber die Aufzeichnungen, um Planungsarbeit und Mitarbeiterstamm der beiden Frauen für sich selbst zu verwerten. „Als ich anrief und fragte, wie sie das nur tun konnten, sagte man mir: ,So laufen die Geschäfte bei Sam's nun einmal'" erinnerte sich DeVaney.

In Guatemala traf ich auf Frauen wie die Gewerkschafterin Flor de Maria Salguedo, die sich wochenlang dafür einsetzte, daß ich Zugang zu verschiedenen Fabriken erhielt und mit den Kindern sprechen konnte, die dort für Wal-Mart, Kmart, Target und J.C. Penney Kleider herstellten. Salguedos Mann war ein paar Jahre zuvor bei einer Gewerkschaftsbewegung in einer Fabrik in Guatemala City getötet worden, und sie selbst wurde kurz nach meiner Abreise aus Guatemala entführt, geschlagen und vergewaltigt. Sie ist überzeugt, daß dieser Übergriff in Verbindung mit ihrer Arbeit steht, doch das wird sich niemals mit letzter Sicherheit nachweisen lassen. Salguedos Aussagen zufolge sagte einer ihrer Peiniger vor seinem Verschwinden: „Das hat Du davon, wenn Du Dich mit Ausländern herumtreibst."

Einmal – nach einer Jahreshauptversammlung von Wal-Mart in Fayetteville, Arkansas – hatte ich die Gelegenheit, mit Bud Walton, Sams jüngerem Bruder, darüber zu plaudern, wie sich das Unternehmen seit Sams Tod 1992 verändert hatte. Bud zeigte sich besorgt, daß die Führungsspitze nicht mehr genügend darauf achte, wie sich Entscheidungen von oben auf die Hunderttausende von Verkäufern und anderen Angestellten, die ihre Arbeit „an der Front" verrichteten, auswirkten. Bud wußte immer genau, wie es den Beschäftigten von Wal-Mart ging, denn viele von ihnen – selbst Angestellte, die ihn nie zuvor getroffen hatten – scheuten sich nicht, ihn anzurufen, um sich zu beschweren oder ihn um Hilfe zu bitten. Er gab ihnen, wie sein Bruder Sam, das Gefühl, daß er ihnen zuhörte und sich ihrer Sorgen annahm.

Begegnungen wie diese waren entscheidende Faktoren für mich, dieses Buch zu schreiben, das Sie nun in Händen halten.

Ich bin Sam Walton nie begegnet. Wie es der Zufall wollte, führte mich meine Arbeit erst ein paar Monate nach seinem Tod zu Wal-Mart. Doch überall im Unternehmen – und noch weit darüber hinaus – ist seine Gegenwart noch heute, Jahre später, zu spüren.

Ein tibetanischer Freund buddhistischen Glaubens sprach mit mir einmal über seinen Glauben in das Karma und die Reinkarnation. Er erzählte mir, daß die Tibetaner überzeugt seien, daß wir Menschen – abhängig von unseren Taten in der Vergangenheit – nach unserem Tod in andere Welten jenseits der unseren hineingeboren würden. Die Existenz dort ist manchmal angenehmer als diejenige auf unserer Erde, manchmal aber auch viel schlimmer. Zu den schlimmsten gehört ein Leben in der Welt der hungrigen Geister – ein Ort, der an Dantes Inferno erinnert. Die hungrigen Geister sind die Reinkarnation der Menschen, die in ihrem Leben gierig oder unersättlich waren. Als hungrige Geister verspüren sie permanent einen unermeßlichen Heißhunger, den sie niemals befriedigen können. Sie verschlingen und plündern alles um sich herum. Sie konsumieren und konsumieren ohne Ende und ohne spürbare Befriedigung. Dieses Bild schien mir spontan eine Metapher für unsere eigene Massenkonsumkultur zu sein.

Ich maße mir nicht an zu wissen, was aus Sam Walton nach seinem Tod geworden ist. Doch manchmal kann ich mich der Vorstellung nicht erwehren, daß sein hungriger Geist noch immer bei uns ist, und zwar in Form seines Lebenswerkes Wal-Mart.

Danksagung

Dieses Buch hätte nicht ohne die Hilfe von Hunderten von Menschen geschrieben werden können, die mir ihre Zeit, ihr Wissen, ihre Einblicke und Erfahrungen großzügig zur Verfügung gestellt haben. Ihnen allen – genannten wie ungenannten – bin ich zu Dank verpflichtet.

Einige der Personen, die für die Geschichte von Wal-Mart und seinen Wettbewerbern von zentraler Bedeutung sind, lehnten ein Interview mit mir ab, einschließlich Helen, Rob, Jim, John und Alice Walton sowie David Glass und Jack Shewmaker von Wal-Mart. Joe Antonini von Kmart lehnte zwar ein persönliches Interview ab, beantwortete jedoch einige meiner Fragen auf dem schriftlichen Weg. Die Mehrheit der gegenwärtigen Führungskräfte und Vorstandsmitglieder von Wal-Mart erlaubten es mir zwar nicht, das Gespräch mit ihnen mitzuschneiden, doch viele derzeitige und ehemalige Angestellte von Wal-Mart stimmten einem Interview zu mit der Auflage, nicht namentlich erwähnt zu werden.

Ich verwendete Material aus mehreren Interviews mit David Glass, die ich ursprünglich für Reportagen für das Wirtschaftsmagazin *Wall Street Journal* geführt hatte. Im Zuge meiner Recherchen (einschließlich der Recherchen, die ursprünglich für *Wall Street*-Artikel durchgeführt wurden) erklärten sich folgende ehemalige und gegenwärtige Angestellte von Wal-Mart zu einem aufgezeichneten Interview bereit: Bud Walton, Donald Soderquist, Nick White, Tom Seay, John Tate, Jay Fitzsimmons, Jay Allen, Don Shinkle, Becky Elliott, Randy Laney, John Lupo, Jane Arend, Dale Ingram, Thomas Jefferson, Claude Harris, Robert E. Thornton, Bob Bogle, Wesley Wright und Tom L. Harrison, alle in Arkansas, sowie – in anderen Teilen des Wal-Mart-Imperiums – Jimmy Wright, Sam Dunn, David Montoya, Larry Havener, Lannie Lee Leavell, Jack Allison, Julia Brown, Gary Benton, Edith Cossey, Connie Burkhead, Kathleen Baker, Thom Starbuck, Dorothy Rudy, Linda Regalado, Sam Johnson, Austin Teutsch, Rosemary Robinson, Denise Botelho, Margaret Rezende, Anne Bertelli, Dora Cook, Cory Constantino, Sonita Gray, Bill Golden, Nancy Ploppert, Phillip Sanders, Rhonda Ericksen und Jim Peterec.

Auch die ehemaligen Vorstandsmitglieder von Wal-Mart Robert Kahn und James H. Jones teilten mir großzügig ihre Erfahrungen und Ansichten mit. Andere Freunde und Geschäftspartner von Sam Walton bzw. der Walton-Familie stellten sich mir ebenfalls freundlicherweise für ein Interview zur Verfügung einschließlich George Billingsley, William Enfield, Dean Cannon, Adrian Williamson Jr., Elizabeth Robertson sowie der Architekt E. Fay Jones in Arkansas, Burt Stacy und Janna Jae in Oklahoma, Lou Pritchett in South Carolina und in Texas Royce Beall und Dr. Jorge Quesada, der Onkologe von Sam Walton. Viele andere Freunde einzelner Wal-Mart-Familienmitglieder teilten sich mir mit, unter der Bedingung, nicht namentlich erwähnt zu werden.

Harold Hardin und Randall Reid sprachen über ihre Begegnungen mit Alice Walton. In New York zeigte sich Jeanne Remmel Little behilflich, ein paar Einzelheiten zur ersten Aktienemission von Wal-Mart zu ergänzen.

Die Mutter von David Glass, Myrtle Glass, seine Brüder Richard und Gerald Glass sowie seine Schwester Marvalene Gustafson ließen mich an ihren Erinnerungen teilhaben. Joe Duncan und Don Brotherton sowie andere Freunde von David Glass erklärten sich ebenfalls zu einem Gespräch bereit.

Eine Reihe von Personen, die sich bereits vor mir mit Sam Walton und Wal-Mart beschäftigt hatten, teilten mit mir großzügig die Ergebnisse ihrer Arbeit, unter anderem Eric Morgenthaler, ein ehemaliger Journalist des Wirtschaftsmagazins *Wall Street Journal,* die Wirtschaftshistorikerin Sandra Vance vom Hinds Community College, Danny Miller von der École des Hautes Études Commerciales in Montreal, Edward Shils in Wharton und Kurt Petersen im Orville H. Schell Jr. Center für Internationale Menschenrechte an der Juristischen Fakultät von Yale. Auch der Schriftsteller Vance Trimble sprach mit mir über seine Rechercheergebnisse.

Professor Joseph Blasi und Dog Kruse von der Rutgers-Universität waren mir eine enorme Hilfe beim Verständnis der komplexen Sachverhalte in bezug auf das Aktienoptionsprogramm für Angestellte. Stephen Hester von American Capital Strategies Ltd. stellte mir ebenfalls seine Hilfe zur Verfügung.

Der Wall-Street-Analyst Walter Loeb von Loeb Associates, der Wal-Mart seit dessen Börsengang journalistisch begleitet, war mir von besonders großer Hilfe. Unter den Analysten und Unternehmensberatern, die ich ebenfalls interviewen durfte, befanden sich auch Janet Mangano, Donald Spindel, L. Wayne Hood, Jeffrey Edelman, Burt R. Flickinger III, Michael Exstein und Gaspar Quijano Paredes.

Discount-Pionier Sol Price in San Diego berichtete mir von seinen Begegnungen mit Sam Walton. Aus der Discounter-Branche durfte ich die folgenden Personen zu verschiedenen Geschäftspraktiken im Einzelhandel befragen: Jim

Davine und Gail Dorn von Target, Ken Russo und Barbara Bierman von Penney, Guy Epstein von Third Generation Inc., Tom Quinn von Procter & Gamble sowie William Buettner von Antonoff Miller Properties.

Bezüglich ihrer Klagen gegen Wal-Mart sprach ich mit Rita DeVaney und Linda Brackin, den Anwälten Lee McNeely und George W. Hopper und mit mehreren Geschworenen des Verfahrens.

Viele Mitarbeiter von Wal-Mart waren hilfreiche Informationsquellen im Hinblick auf die Beziehungen von Wal-Mart zu seinen Arbeitern und Angestellten und auf seine Anstrengungen, eine gewerkschaftliche Vertretung seiner Mitarbeiter zu verhindern. Auf der Gewerkschaftsseite bin ich besonders Jeffrey Fiedler beim Gewerkschafts-Dachverband AFL-CIO und den Kollegen bei FAST, die nicht genannt werden wollten, zu Dank verpflichtet. Zu diesem Thema halfen mir auch Jeff Hermanson und Reverend Tim Wagner von der Internationalen Gewerkschaft der Damenbekleidungsindustrie, Ron Heath von der Transportarbeiter-Gewerkschaft Teamster in Little Rock, Arkansas, Patrick D. Kelly in Saint Louis, Missouri, Wendell Young III, Nick J. Torpea, Dan Clifford und Greg Denier von der Nahrungsmittelgewerkschaft United Food & Commercial Workers, Liza McBride und Katie D'Urso vom Nationalen Ausschuß für Arbeitsbeziehungen und Rechtsanwalt Michael Smrtic in New Traci Angel vom *Mexico Ledger* in Mexico, Missouri, stellte mir freundlicherweise historisches Material über die dortige Wal-Mart-Filiale zur Verfügung.

Bei den Recherchen über den Einfluß von Wal-Mart auf Städte, Vororte und Kleinunternehmen gilt mein Dank Al Norman, Kenneth Stone von der Iowa State University, John Stauber von PR Watch, John Rector vom Nationalen Verband für Einzelhandelsdrogisten, dem Rechtsanwalt Matt Adlong in Conway, Arkansas, der Projektentwicklerin Deborah George in Los Angeles, Richard Moe, Constance Beaumont und Kennedy Smith vom Nationalen Denkmalschutz sowie Edward Robb von der Universität von Missouri.

Meine Gesprächspartner in bezug auf die Auseinandersetzungen in Ithaca im Bundesstaat New York waren unter anderem Paul Glover, Stephanie Marx, Joe Wetmore, Tim Allen, Elizabeth Dissin, Bob Stewart, John Schroeder, Daniel Hoffman, Erica Van Etten, Michael Robinson, Reubin Weiner und David Kay.

In Steamboat Springs im Bundesstaat Colorado sprach ich unter anderem mit Anne Muhme, Charla Palmer, Richard Tremaine, Tom Ross, Anthony B. Letturnich, Robert G. Weiss, Nancy Clapsaddle, Joan Hoffman, Roy Struble, Ken Stratton und Julie Schwall. Auch Dan Strammiello aus Denver lieferte mir wichtige Informationen.

Glenn Falgoust ließ mich an seinen Erfahrungen mit Wal-Mart teilhaben, die mit der Ankunft des Unternehmens in Donaldsonville, Louisiana, begannen.

In Donaldsonville erwiesen sich Joe Acosta, James E. Abadie und Charles J. Lemma Jr. und nicht zuletzt der Wirtschaftswissenschaftler Loren C. Scott von der Louisiana State University als hilfreiche Quellen.

Es ist mir ein großes Anliegen, mich in Lancaster, Pennsylvania, bei folgenden Personen zu bedanken: Dawn Rapchinski, Don Scanlin, Carol Rettew, Ron Ettelman, Jim und Margie Pape, Mark Hemlick, Randolph Harris, John Jarvis und Ron Bailey. Zu meinen Gesprächspartnern gehörten auch John Blowers, William Crosswell, Mark Stanley, Chris Fortna, Linda McNell, Melvin Martin, Rebecca Huyard, Mahlon und Arlene Stauffer, Tom Rapchinski, John Sprecher, Nancy Hurst und Clark Stauffer.

In Greenfield, Massachusetts, waren mir Wendy Sibbison, Kevin J. O'Neill und David L. Bete von besonders großer Hilfe. Ich sprach auch mit den folgenden Personen über die Widerstände gegen geplante Eröffnungen von Wal-Mart-Discountern: Spenser Havlick, Carol Goodwin, Linda Convissor, Ann Cousins, Bob Trostle, Jordan Yin, Cynthia Heslen, Steve Bradish, Ann Leary, Sylvia Mignon, Arthur Frommer, Shelby Robinson, Alan Wolf und Alice Doyle. Peter Calthorpe gab mir Hilfestellung beim Verständnis der Stadtstrukturen.

Zu den Themen Verhaltenskodex von Unternehmen, Kinderarbeit und Zwangsarbeit in Gefängnissen erhielt ich generöse Hilfe von Jeff Fiedler von AFL-CIO, Charlie Kernaghan und Barbara Briggs vom National Labor Committee, Harry Wu von der Laogai Foundation und Stephen Coats sowie Rhett Doumitt vom Amerikanisch-Guatemalischen Projekt für Arbeitserziehung. Auch Simon Billenness und Stephanie Leighton von Franklin Forschung & Entwicklung sowie Reverend David Dyson von der Presbyterianischen Kirche Lafayette Avenue in Brooklyn waren mir eine große Hilfe.

Kathie Lee Gifford lehnte ein Interview ab, doch ich hatte die Möglichkeit, mit ihrem Sprecher Gary Lewi von Howard Rubinstein Associates Kontakt aufzunehmen.

Zu dieser Materie erhielt ich unter anderem Hilfe von Heather Wily von Amnesty International, Kenneth Klothen von Defense for Children International, Per Engebak von UNICEF und Sonia Rosen vom amerikanischen Arbeitsministerium sowie einigen ihrer Kollegen, die darum baten, anonym bleiben zu dürfen. Zu meinen Gesprächspartnern zählten auch Brian Ross und Rhonda Schwartz von NBC sowie der ehemalige Nachrichtenintendant von NBC News, Michael Gartner.

Interviews gewährten mir zudem Joe Allen, ein Gewerkschaftskämpfer aus Texas, sowie Ken Wolfe, Pressesekretär des Abgeordneten Christopher Smith, sowie eine Reihe anderer Personen, die ungenannt bleiben wollten.

In Guatemala standen mir Flor de Maria Salguedo und Rhett Doumitt unermüdlich und gutgelaunt zur Seite. Ich möchte mich bei den Arbeitern Ana Par,

Alicia Perez, Blanca Alvarez, Matilda Pop, Leti Iscajoc, Luz Amelda Chimilio, Adela Agustin, Claudia Villanueva bedanken, und bei den vielen anderen, die nicht namentlich erwähnt werden wollten. Ich interviewte Gewerkschaftskämpfer wie Pauline Cifuentes, Luis Merida, Byron Morales, Vinicio Hernandez, Sylvia Lilia Escobar und Rodolfo Robles. José Asenico von J.C. Penney sowie der Wirtschaftswissenschaftler Werner Ramirez unterstützten mich ebenfalls bei meiner Arbeit.

Im Arbeitsministerium von Guatemala sprach ich mit Gladys Anabela Morfin, Mariano Santizo Diaz, Ana Mendoza de Rivera und Juan Castillo Rodriguez.

Zu Interviews standen mir folgende Personen auf seiten der Fabrikbesitzer und -leiter zur Verfügung: Carlos Arias Macelli, Fernando Kim, Doong Joon Kim, Daniel Triolo und Michael Patillo. Ich führte auch Gespräche mit Robert H. Rahn von GHR Industries, Kathryn Connors von Leslie Fay Cos., Jerry Pomar von Next Day, Luisa Fernanda Migoya von Vestex und Kim Delaney von U.S. AID.

Bei Kmart baten mich viele der derzeitigen und früheren Angestellten sowie andere Personen, die mit dem Unternehmen in Verbindung stehen, darum, nicht namentlich genannt zu werden. Zu denjenigen, die sich zur Nennung ihres Namens bereit erklärten, gehören Marjorie Alfus, Barbara Loren, Larry Parkin, Robert Dewar, Jeanne Golly, David Carlson, Gene D. Hoffman, Michael Wellman, Charles Steinbrueck, Carol Farmer, Reno S. J. Cyr, Thomas Vander Ark, Bruce Quinnell, Michael McClary, Cheryl Hagel, Tom Watkins und Juan Suberville. Ich möchte mich auch bei Joe Antonini dafür bedanken, seine Erinnerungen in bezug auf die Antonini-Familie mit mir zu teilen. Die anderen Bekannten der Familie, mit denen ich sprach, baten darum, anonym zu bleiben.

Ich hätte dieses Buch nicht schreiben können ohne eine großzügige Beurlaubung von seiten des *Wall Street Journal.* Hierfür möchte ich mich bei Paul Steiger und den Herausgebern des *Journal* bedanken. Auch Carolyn Phillips bin ich zu Dank verpflichtet. Die Journalisten Tina Duff und Teri Agins halfen mir besonders großzügig mit ihren Quellen, Artikeln und Vorschlägen. Außerdem möchte ich Robert Berner, Alecia Swasy und Louise Lee für ihre Unterstützung danken.

Ich empfinde große Dankbarkeit gegenüber meinem Verleger bei Random House, Jonathan Karp, der geduldig war, mich unterstützte, mich forderte und mit dem es eine Freude war zusammenzuarbeiten. Ich möchte mich auch besonders bei meinem Agenten Andrew Blauner bedanken, der mich davon überzeugte, dieses Buch überhaupt zu schreiben.

Während ich meine Recherchen in Arkansas betrieb, fand ich Unterkunft im Gästezimmer von Diane Stull von Eureka Springs, die mir zuweilen auch bei einem Bier fröhlich Gesellschaft leistete, wofür ich ihr stets verbunden sein werde. Mit ihrer Gastfreundschaft halfen mir auch Irene Cavanaugh, Ruth und Susan Ruth Gasca in Mesa im Bundesstaat Arizona, mein Bruder Dan in Oakland, Kalifornien, und meine Mutter Ann, meine Schwester Nancy und mein Schwager Joel in Kansas City.

Jeanne und Karen Ruth, Julie, Jenny und Susan Ortega waren mir ebenfalls eine große Hilfe mit ihren Vorschlägen und ihrer Unterstützung, wofür ich ihnen danken möchte. Danke auch an Mario Gasca für die Arbeit, die er in die Gestaltung der Web-Seite zu diesem Buch investierte.

Und schließlich kann ich nicht genug zum Ausdruck bringen, wie sehr ich meiner Frau für ihre selbstlose und felsenfeste Unterstützung zu Dank verpflichtet bin: für ihre Bereitschaft, meine Nörgeleien zu ertragen, für ihre Ermunterungen, wenn ich sie brauchte, für ihre Unterstützung in so vielfältiger Weise – ob durch kleine oder große Gesten – und dafür, daß sie mich bei jedem Schritt auf meinem Wege inspiriert hat. Danke.

Wie Wal-Mart unseren Markt verändern wird

Herausforderungen und Antwortstrategien des deutschen Handels

Peter J. Rohleder

Einleitung

Wal-Mart beherrscht zur Zeit die Medien. Kaum ein Tag vergeht, an dem nicht neue Erfolgsmeldungen der Presse entnommen werden können, wie ein kleiner Ausschnitt der Nachrichten dieses Sommers zeigt:

- 14. Juni 1999: Übernahme der Nr. 3 des englischen Handels, ASDA, mit mehr als 229 Läden und starkem Expansionspotential für ca. 10 Milliarden Dollar. ASDA könnte, mehr als die Übernahme von Wertkauf und der Interspar-Häuser in Deutschland, zum Sprungbrett der weiteren internationalen Expansion von Wal-Mart in Europa werden.

- 21. Juni 1999: Wal-Mart berichtet über die erfolgreiche Testphase der Wal-Mart „Neighborhood Markets", die mit ca. 3–4000 m2 Verkaufsfläche, 20000 Food und Non-Food Artikeln und Drive-thru-Apotheken die größte künftige Herausforderung für die gesamte Supermarktindustrie in den USA und international darstellen werden. Analysten gehen davon aus, das Wal-Mart innerhalb von 5 Jahren zum größten Lebensmittelhändler Amerikas werden könnte.

- 22. Juni 1999: Französische Händler werden durch eine Meldung im *Wall Street Journal* hochgeschreckt, die von Gesprächen zwischen Wal-Mart und Auchan SA berichten, einem Unternehmen mit mehr als 200 SB – Warenhäusern und 500 Supermärkten, das hervorragend zu den Akquisitionen in Deutschland und England passen würde.

- 1. Juli 1999: Wal-Mart schließt eine strategische Allianz mit „Books-A-Million", dem drittgrößten online-Buchhändler in den Vereinigten Staaten, um gemeinsam das online-Geschäft mit Büchern zu betreiben.

- 1. Juli 1999: Wal-Mart teilt den Einstieg in das Finanzdienstleistungsgeschäft durch Übernahme der Bank „The Federal BankCentre" in Broken Arrow, Oklahoma mit. Wal-Mart will dabei 1 Jahr lang das Bankgeschäft erlernen, danach mit ca. 5 Prototypen experimentieren, bevor eine nationale Expansion in Angriff genommen wird.

- 1. Juli 1999: Wal-Mart informiert Wall Street, daß die Voraussetzungen für einen nachhaltigen Einstieg in das e-commerce-Geschäft durch die Vereinbarung mit Fingerhut Business Services nun gegeben sind. Fingerhut, eine

Tochter von Federated Department Stores wird die gesamte Auftragsabwicklung und den Heimversand für Wal-Mart übernehmen.

● Anfang Juli 1999: Don Soderquist, Vice Chairman von Wal-Mart, teilt mit, daß Wal-Mart den Anteil des internationalen Geschäftes in den nächsten Jahren auf ca. 25-30% des Gesamtumsatzes von Wal-Mart steigern möchte. Bei einem erwarteten Gesamtumsatz von mehr als 200 Mrd. Dollar im Jahr 2001 würde dies bedeuten, daß Wal-Mart International zum zweitgrößten Einzelhändler der Welt, noch vor der Metro AG, aufsteigen könnte.

Müssen die deutschen Händler von daher besorgt sein? Ist Wal-Mart neben den anderen großen Herausforderungen in Deutschland, wie dauerhafter Nachfrageschwäche, rückläufigen Umsätzen, zunehmenden Sättigungsgrenzen im Absatz von dauerhaften Konsumgütern und Textilien, zunehmender Austauschbarkeit und Uniformität insbesondere der Großvertriebsformen des Handels mit hohem Renovations- und Investitionsstau, weiter sinkenden Konsumausgaben (die vermehrt in Freizeit, Telekommunikation, Sport, Urlaub und Entertainment fließen), sowie mangelnder Faszinationskraft der meisten deutschen Vertriebsformen die größte Gefahr für den deutschen Handel?

Sind es die Großverteiler, Discounter, Warenhäuser, die speziell durch den europäischen Markteintritt von Wal-Mart unter Konsolidierungs- und Veränderungsdruck gelangen oder gilt dies auch für Fachgeschäfte, Supermärkte und Kaufhäuser?

Wie wirken sich die feststellbaren Veränderungen des Einkaufsverhaltens, die demographischen Verschiebungen, die Zuwanderung anderer ethnischer Gruppen sowie die Freizeitkonsumtrends auf den deutschen Handel aus?

Die seit mehr als 5 Jahren stagnierenden Realeinkommen eines großen Teiles der deutschen Bevölkerung haben zu einer zunehmenden Preisorientierung oder Discountorientierung für Güter des täglichen Bedarfes geführt. Insbesondere Familien geraten unter Kostendruck und vermeiden alle unnötigen Ausgaben. Die Austauschbarkeit der Angebote und Sortimente vieler deutscher Vertriebsformen, speziell im SB-Warenhausbereich, trägt auch nicht zu einer Steigerung der Ausgaben bei. Zusätzliche negative Entwicklungen im Handel wurden durch weitere externe und interne Faktoren hervorgerufen, z.B. durch die Monotonisierung der Innenstädte und das vermehrte Auftreten von Shopping Centern und SB-Warenhäusern, aber auch durch das mangelnde Eingehen auf neue Konsumwünsche und Verhaltensänderungen insbesondere von Alleinlebenden, Senioren, unterschiedlichen ethnischen Gruppen und Familien mit Kindern.

Veränderte Wertstrukturen werden unser Leben in den kommenden Jahren prägen: hohe Ansprüche an die Lebensqualität, Individualisierung, Pluralität von Lebensstilen, gestiegenes Qualitätsbewußtsein, hohes Umwelt- und Gesundheitsbewußtsein, globaler Zugang zu Kultur, Bildung und Urlaubsreisen. Ein hybrides Konsumverhalten ist beobachtbar geworden, gekennzeichnet durch das „sowohl als auch", „heute dies, morgen das" sowie durch nützlichkeitsorientierten Einkauf im Rahmen der Grundversorgung (Aldi, Penny) beziehungsweise erlebnisorientierten Einkauf (Kaufhof Galleria). Die gleichzeitige Informations- und Reizüberflutung macht die klare Ansprache von Konsumenten immer schwieriger.

Dabei sind zwei gegenläufige Trends miteinander verbunden: die Rückbesinnung auf Familie und Freunde, auf Selbsthilfe – beispielsweise beim Hausausbau – und soziales Engagement auf der einen Seite ist gekoppelt mit der Suche nach besonderen Erlebnissen, sei es auf Reisen, beim Bungee Jumping oder bei spannenden realen bzw. virtuellen Abenteuern.

Der deutsche Handel tut sich zunehmend schwer mit der Differenzierung und geringer werdenden Vorhersehbarkeit von Lebensstilen, mit dem vielschichtigen Verhalten einer zunehmend multikulturellen, multiethnischen Bevölkerung und deren Nachfrage. Aber eines wird deutlich: ohne differenzierte, klar fokussierte Angebote sind heute weder Jugendliche, Senioren noch die übrigen Käufersegmente im deutschen Markt ansprechbar.

Warengruppen, die keinen nachvollziehbaren Wert für Konsumenten haben oder nicht stark genug auf die jeweiligen Käufersegmente abgestimmt sind und keinen Neuigkeitswert haben, werden gemieden. Das bedeutet, das bei dem völligen Überangebot austauschbarer Produkte nur diejenigen Händler zu Gewinnern werden können, die ihr Unternehmensmodell völlig auf den Konsumenten einstellen. Kundengewinnung und Kundenerhaltung werden zu einer immer wichtigeren Top-Management-Aufgabe. Heute sind die meisten Händler in ihrem Supply-Chain Management, Marketing, Werbung, Merchandising und in der Warenverteilung nach wie vor viel zu stark produktgetrieben. Wenn es nicht gelingt, zu einer völligen Umkehrung des Unternehmensmodells, bei dem Produkt – Ware – Sortiment im Mittelpunkt stehen, hin zu einem Konsumenten – Relationship – zentrierten Geschäftsmodell zu kommen, werden die Händler unter noch viel spürbareren Druck von Wal-Mart geraten, sobald die Umstellung der Informationstechnologie sowie der Aufbau der deutschen Wal-Mart-spezifischen „Knowledge Colony" vollzogen ist.

Marketing, Logistik, Werbung und Merchandising inklusive des Sortiments- und Produktmanagements müssen alle auf Basis eines wirklich konsumentenfokussierten Business Models neu definiert und ausgerichtet werden.

In den nächsten 10–20 Jahren wird ein großer Transfer von Vermögen in Deutschland stattfinden. Schon jetzt hat die Börse trotz weiterhin stagnierender

Realeinkommen die Ausgabemöglichkeiten für den Einzelnen spürbar erhöht. Nur: die Ausgaben fließen zu einem großen Teil nicht mehr in Ersatzbedarf für Bekleidung, Einrichtung, Bequemlichkeit, Essen, sondern werden gezielt für Reisen, Wellness und besondere Erlebnisse ausgegeben. Der klassischen Marktansprache über Werbung ist es nur ungenügend gelungen, die Konsumenten zu „Prosumern" zu machen, sie in die Entscheidungsfindung wirklich zu integrieren und Gruppen von Konsumenten mit gleichen Bedürfnissen und Verhaltensweisen zu schaffen.

Diejenigen Händler, die ähnlich wie Wal-Mart bereit sind, in die notwendigen IT-Voraussetzungen für ein kundengetriebenes Informationssystem zu investieren, Netzwerke mit Kunden ähnlich den Netzwerken mit den Lieferanten aufzubauen, Kunden in den Dialog mit einzubeziehen sowie „Communities" ähnlich denen im Internet zu schaffen, werden den neuen Herausforderungen des Marktes sowie den Herausforderungen von Wal-Mart aktiv begegnen können.

Innovation, neue Betriebstypen, neue Ladenkonzepte, begleitet von einem systematischen Kundenakquisitions- und Bindungssystem, und das Denken und Arbeiten in Netzwerken werden zwingend für deutsche Händler, wenn sie im neuen Jahrzehnt zu den Gewinnern gehören wollen.

Die Konsolidierung im weltweiten Handel allerdings bedingt, das man zu den größten Drei des jeweiligen Segmentes gehören muß, will man langfristig erfolgreich sein. Ähnlich wie Microsoft nicht nur den Standard für eine gesamte Industrie setzt, sondern den Sektor dominiert, ist Wal-Mart auf dem Weg, das globale Retailing in den kommenden 10–20 Jahren zu dominieren.

Der Informationsvorsprung von Wal-Mart hat auf der Lieferantenseite bereits zu komparativen Kostenvorteilen von mindestens 5% geführt, gekoppelt mit niedrigeren Logistik – und Marketingkosten, höherer Flexibilität und reduzierten Gemeinkosten. Auf der Marketingseite war es hilfreich, nicht nur ein effizientes „Relationship"-Marketing aufzubauen, sondern die Märkte, Sortimente, POS-Präsentation und den entsprechenden Personaleinsatz auf die systematisch erfassten Kundenbedürfnisse und das erlebte Kundenverhalten anzupassen.

Was aber bedeutet die Wal-Mart-Herausforderung für den deutschen Handel?

Die Wal-Mart Herausforderung

Um besser zu verstehen, warum Wal-Mart eine solche Herausforderung für deutsche Händler darstellt, muß man sich die Struktur und Entwicklungsrichtung von Wal-Mart im heimischen US-Markt genauer ansehen. Die folgende Übersicht zeigt, in welchen Gebieten Wal-Mart in der Zukunft maßgeblich wachsen wird:

1. Wal-Mart Supercenter
2. Wal-Mart Neighborhood Markets
3. Wal-Mart International
4. Wal-Mart Online

Die Zahl der Läden ist jeweils pro Vertriebslinie und Jahr angegeben

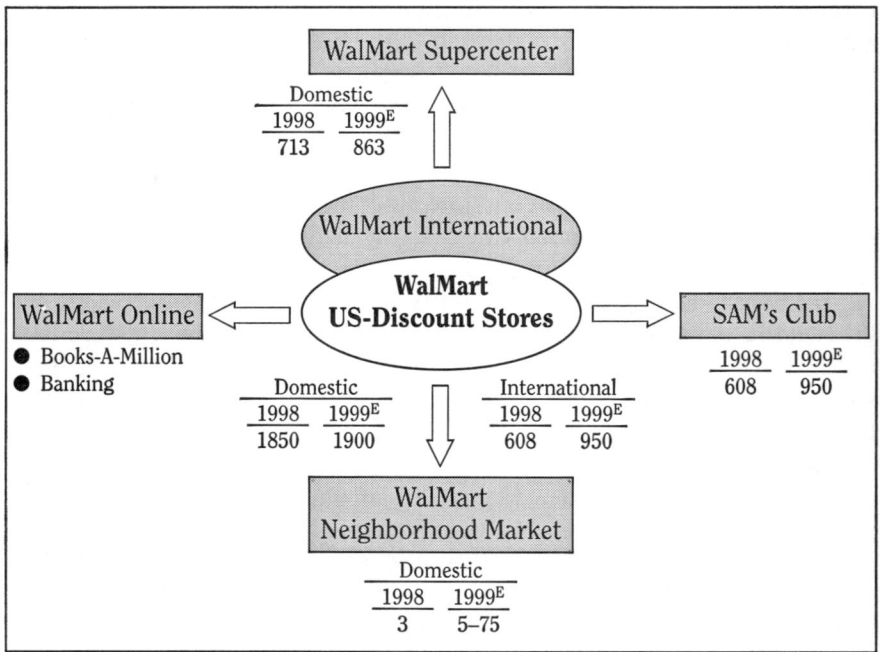

Quelle: Lehmann Brothers, Merril Lynch, Wall Street Journal und SCG eigene Untersuchungen

Wal-Mart verfügt bereits heute über eine unglaubliche Wachstumsmaschine im heimischen Markt durch die Supercenter und die internationalen Wachstumsmöglichkeiten. Wall Street schätzt die jährlichen Wachstumsmöglichkeiten für Wal-Mart in den nächsten Jahren auf über 20% pro Jahr ein, wobei 50% des Wachstums durch die Supercenter und 25% durch die internationale Expansion erzielt werden. Durch die Expansion in den Supermarktbereich hat Wal-

Mart die Chance, in den nächsten fünf Jahren ohne Akquisitionen, nur durch organisches Wachstum, der größte Lebensmittelhändler Amerikas zu werden. Was heißt das in nackten Zahlen?

Der Umsatz von Wal-Mart wird von dem erwarteten Ergebnis 1999 von $ 160 Milliarden in den nächsten fünf Jahren auf ca. $ 300 Milliarden steigen. Gleichzeitig wird der Gewinn nach Steuern von $ 5.4 Milliarden auf ca. $ 10 Milliarden pro Jahr steigen.

Und das soll uns nicht zu denken geben, uns dazu zwingen, über geeignete Antwortstrategien nachzudenken? Neben dem ursprünglichen Stammgeschäft Discount Stores und Sam's Club hat Wal-Mart es verstanden, mit nur wenigen Vertriebslinien weiteres überproportionales Wachstumspotential freizusetzen. Wal-Mart verfügt zudem über das Managementpotential und die Managementfähigkeiten, in Ruhe geeignete neue Vertriebskonzepte zu testen, zu verbessern und nach mehrfachen Tests mit Kunden, Mitarbeitern, der Gemeinde, Management etc. systematisch im Markt einzuführen. Wal-Mart denkt „big", Wal-Mart denkt „kurz- und langfristig", Wal-Mart ist eine wirklich lernende Organisation, Wal-Mart setzt Größe und Macht bewußt und zielgerichtet ein, Wal-Mart hat sein Business System um den Kunden herum aufgebaut, Wal-Mart entwickelt sich zu einer Knowledge Colony und Wal-Mart ist ein Weltmeister der Exekution. Um die kulturprägenden Elemente herum, die in ihrer Adaption auf den deutschen und internationalen Markt sicher überprüft werden müssen, werden neue Vertriebslinien aufgebaut – und dies ohne jeden Kompromiß, um von den Stärken des Stammgeschäftes (Business System, Warenwirtschaft, Informationstechnologie, Zusammenarbeit Wal-Mart-Lieferanten, Einkaufsmacht, etc.) entsprechend profitieren zu können.

Deutsche Händler glauben vielfach, daß die Wal-Mart-Kultur etwas ist, was nicht auf den deutschen Markt paßt. Sie vergessen dabei allerdings folgendes: Nichts ist süßer als der Erfolg. Nichts ist attraktiver, als für einen Weltmarktführer zu arbeiten, der Jahr für Jahr wächst, neue Arbeits- und Karrieremöglichkeiten schafft, Beteiligungsmodelle offeriert und Menschen mit Respekt behandelt. Ist es attraktiv, für Firmen zu arbeiten, die sich durch nachgewiesenes Unvermögen, ständige Notwendigkeit der Restrukturierung, Personalabbau, eingeschränkte Karrieremöglichkeiten, mangelnde internationale Perspektive und wenig Respekt für den einfachen Mitarbeiter auszeichnen? Wohl kaum.

Die vermeintlichen Hauptherausforderungen, die Wal-Mart dem deutschen Handel stellt, also
- Dauerniedrigpreise
- Aggressives Value Pricing

- Einkaufsmacht
- Logistik und Warenwirtschaft
- Informationstechnologie
- Kundenorientierung
- Servicebereitschaft

stellen allein noch keinen wirklichen Grund zur Beunruhigung dar. Wirklich beunruhigend ist die Tatsache, daß Wal-Mart dabei ist, zu einer Global Brand wie Coca Cola, Procter & Gamble, Colgate, Pepsi, Daimler Chrysler zu werden, die entsprechende Ansprüche und Erfüllung der Konsumentenversprechen garantiert. Wal-Mart International setzt durch die Investition in den europäischen Markt, durch den Kauf von ASDA in England, sowie durch die Übernahme von 95 SB-Warenhäusern in Deutschland klare Zeichen:

- Wir sind hier, um hier zu bleiben
- Wir lernen, verbessern, wachsen
- Wir wollen in dem jeweiligen nationalen Markt eine Spitzenposition einnehmen
- Wir setzen den Standard für alle anderen (wie Microsoft im Bereich Software)
- Wir setzen so viele Mittel ein wie nötig, um dieses Ziel zu erreichen
- Wir bauen weltweit die größte Kundenbasis auf mit Potential für alle anderen discountierfähigen Merchandising-Kategorien
- Wir nehmen unsere Kunden, Mitarbeiter, Lieferanten und Wettbewerber ernst
- Wir haben den „Financial Muscle", um jede Akquisition – wenn nötig – vornehmen zu können

Wal-Mart International wird über die nächsten Jahre, speziell wenn die Informationstechnologie, die zur Zeit eingeführt wird, dies zuläßt, den Standard im Einzelhandel in Deutschland setzen. Schon heute, 18 Monate nach dem Eintritt in Deutschland, läßt sich feststellen, daß die Service-Philosophie von Wal-Mart mit morgendlichem Einkauf ab 7.00 Uhr, massiven Preissenkungen auf mehr als 2000 Artikeln, Kundenfreundlichkeit, der Möglichkeit, mit Kreditkarten zu zahlen, Hilfsbereitschaft an der Kasse und Respekt vor den Mitarbeitern starke Spuren hinterläßt. Der Zwang zur Refokussierung, wie ihn Hans-Joachim Körber, der Vorstandsvorsitzende der Metro AG, beschreibt, sowie die Konsolidierungswelle, die durch Deutschland und Europa zu rollen beginnt, sind nur die ersten Anzeichen für einen spürbaren Wandel der deutschen Handelsszene. Der Zwang zu Größe, zu Economies of Scale, zu nationaler und internationaler Entwicklungskraft, zu einer adäquaten Börsenkapitalisierung, Shareholder Value und internationaler Brandentwicklung ist ein Vorbote der neuen Einzelhandelswelt, die maßgeblich von Wal-Mart durch Setzen des Standards bestimmt wird. Die folgende Übersicht zeigt die Größenverhältnisse der europäischen Lebensmittelhändler gegenüber Wal-Mart / Wal-Mart International. Die Zahlen basieren auf einer Erhebung von Morgan Stanley Dean Witter in der *Financial Times*, 23. Juni 1999.

Europas Top-Lebensmittelhändler

Weltumsatz 1998 in Milliarden Euro

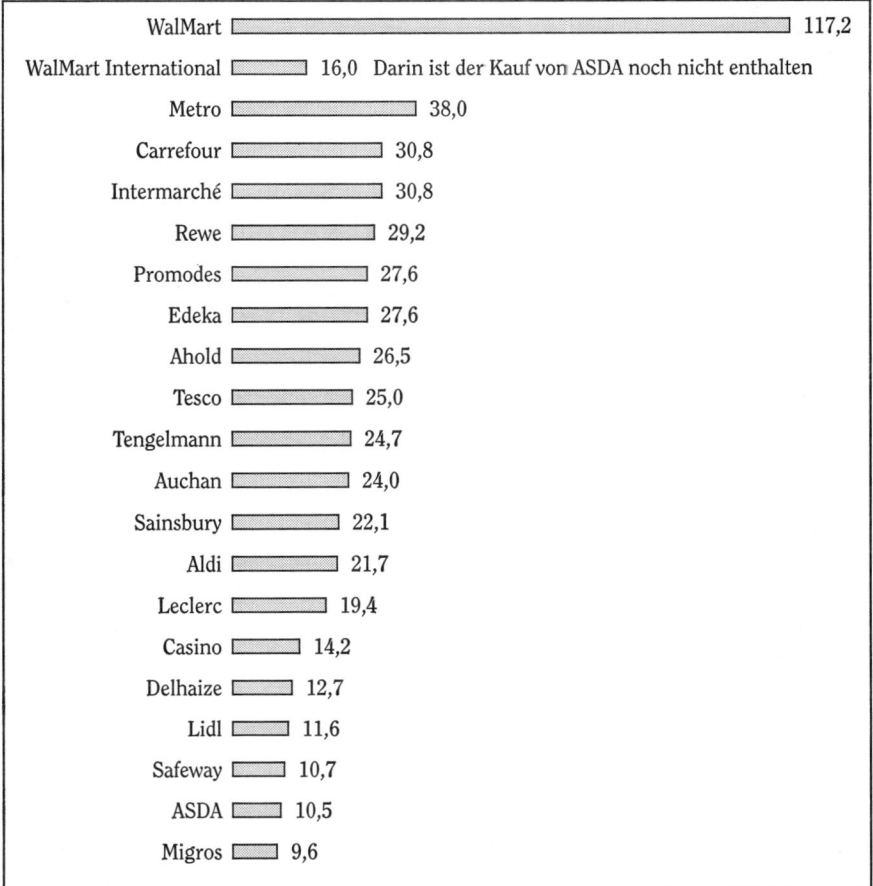

WalMart	117,2
WalMart International	16,0 Darin ist der Kauf von ASDA noch nicht enthalten
Metro	38,0
Carrefour	30,8
Intermarché	30,8
Rewe	29,2
Promodes	27,6
Edeka	27,6
Ahold	26,5
Tesco	25,0
Tengelmann	24,7
Auchan	24,0
Sainsbury	22,1
Aldi	21,7
Leclerc	19,4
Casino	14,2
Delhaize	12,7
Lidl	11,6
Safeway	10,7
ASDA	10,5
Migros	9,6

Quelle: Morgan Stanley Dean Witter in Financial Times, 23. Juni 1999

Durch die Übernahme von Asda ist Wal-Mart International bereits der sechstgrößte Lebensmittelhändler der Welt. Mit einer zu erwartenden Akquisition in Frankreich wird Wal-Mart International die Metro AG möglicherweise bereits bald von der Nr. 2 Position verdrängen und könnte damit auch der größte europäische Retailer werden.

Der Herausforderer Metro AG wird trotz der begonnenen Refokussierung, sowie der für den Konzern heute möglichen Expansion im In- und Ausland, dem eingeschlagenen Wachstumstempo und den stark limitierten finanziellen Mitteln nur dann Wal-Mart International und Wal-Mart Gesamt ernsthaft Gegenwehr bieten können, wenn schnell über weitreichende internationale Kooperationen und Zusammenschlüsse nachgedacht wird.

Die Metro AG muß neben anzustrebender kritischer Größe, hohem Wachstumspotential, weiteren international durchsetzbaren Vertriebs-, Marketing- und Markenkonzepten und internationalem Managementpotential zusätzliche Wachstumskonzepte und –ideen generieren, um mit der Herausforderung Wal-Mart einigermaßen Schritt halten zu können. Dabei geht es nicht darum, Wal-Mart zu kopieren oder zum einzigen Benchmark-Standard zu erheben, sondern beispielsweise weitere potentielle Angreifer in Europa (wie Home Depot) schon im Vorfeld in ihrer Wirkung auf das gesamte Baumarktgeschäft zu antizipieren. Wenn das nicht passiert, könnte die Metro AG sowie alle übrigen ernstzunehmenden Wettbewerber wie Edeka / AVA, Rewe und Tengelmann unter existentiellen Druck geraten.

Die Versäumnisse der Vergangenheit, die im heutigen europäischen und globalen Wettbewerb zu suboptimaler Größe, Zersplitterung in zu viele unterschiedliche, wenig Synergien beinhaltende Vertriebslinien, häufig zu starkem nationalem Fokus, mangelnder Internationalität des Managements, hohem Nachholbedarf in allen Management- und Marketingfragen und zu mangelnder Kunden-, Mitarbeiter- und Anteilseignerorientierung geführt haben, lassen sich nicht mit einem Vorgehen in kleinen und langsamen Schritten lösen. Um international langfristig wirklich „mitspielen" zu können, um der Wal-Mart Herausforderung wirklich begegnen zu können, sind mutige, für viele heute nicht vorstellbare Schritte nötig.

Wal-Mart wird diese Schritte allerdings nicht abwarten, sondern gezielt seine Fühler nach geeigneten Übernahmekandidaten in Frankreich, der Schweiz, Deutschland und eventuell Holland ausstrecken.

Die Marktregeln in Deutschland würden sich auf der Einkaufs- und Verkaufsseite massiv ändern, sollte es Wal-Mart gelingen, die anvisierten „Targets" Aldi und/oder AVA in Deutschland, Auchan SA, Casino oder Promodes in Frankreich, Denner AG in der Schweiz ganz oder teilweise übernehmen zu können.

Fassen wir die Herausforderungen durch Wal-Mart nochmals zusammen:

- Wal-Mart setzt den Einzelhandelsstandard
- Hohe Expansionskraft, Finanzkraft
- Global Brand
- Unternehmenskultur, Unternehmenserfolg
- Klare Vision, Mut zu Experimenten
- Systematische Vorwärtsstrategie
- Maximale Einkaufsmacht bei internationalen Lieferanten
- Kundenservice und systematische, effiziente, langfristig angelegte Kundenakquisition und –bindung
- Dauerniedrigpreise
- Umsetzungseffizienz, geringste Kosten
- Internationales Management (Wal-Mart und Asda)
- Erfolgreiche Eigenmarken (z.B. George „Fashion Basics", Sam's Choice, etc.)
- Börsenkapitalisierung
- Der Wille zum Sieg

Die Stärken und Schwächen des deutschen Handels – Warum Wal-Mart überhaupt eine Gefahr bedeutet

In den letzten zehn Jahren hat der deutsche Handel zunächst durch die Expansion in den Neuen Bundesländern Systemmängel und mangelnde Innovations-, Erneuerungs- und Marketingkräfte überdecken können. Die meisten Unternehmen, speziell im filialisierten Einzelhandel, haben durch gezielte Flächenexpansion das Wachstumspotential nutzen können, um die Stagnation im Stammgeschäft zu überdecken. Allerdings war in den meisten Fällen diese Expansionsstrategie nicht mit wirklicher Innovation und einer Erneuerung der Betriebstypen- und Sortimentskonzepte gekoppelt. Meist wurden die bestehenden Vertriebstypen „gespiegelt" und über den neuen Marktraum gestülpt. Einzelstandorte wurden erschlossen, nur in wenigen Fällen gelang eine aus Marketinggründen notwendige, systematische, dichte Marktabdeckung, um die jeweilige „Vertriebsmarke" im Bewußtsein der Kunden nachhaltig zu verankern. Der Versuch, nationale Ketten zu etablieren, die die notwendigen Economies of Scale haben, ist speziell im SB-Warenhausbereich nur unzureichend gelungen. Real (inkl. Allkauf, Kriegbaum) und Marktkauf, um nur einige der unterschiedlich am Markt auftretenden Vertriebslinien zu nennen, wurden mehr und mehr austauschbar. Sie verloren gegenüber den Harddiscountern wie Aldi an Glaubwürdigkeit (Preis/Value), und hielten nicht mehr Stand mit den geänderten Verbrauchsgewohnheiten, Einstellungen und Erwartungen der Konsumenten. Gleichzeitig wurde der deutsche Markt durch neue Marktteilnehmer beeinflußt wie Hennes & Mauritz, die die Lücke von „Fashion zum vernünftigen Preis" erkannten (ähnlich wie die Swatch im Uhrenbereich „Fashion am Handgelenk" definierte) und durch konstante Erneuerung, Veränderungsbereitschaft und Mut zum Risiko den Wettbewerb um die Gunst der Kunden gewannen.

Wenn man einen Vergleich zwischen dem traditionellen und dem notwendigen zukünftigen Verhalten deutscher Händler zieht, zeigen sich unmittelbar die wesentlichen Schwächen, die den Markterfolg von Wal-Mart überhaupt erst möglich machen:

Das traditionelle Verhalten deutscher Händler	*Das notwendige zukünftige Verhalten deutscher Händler*
Innenorientierung	Außenorientierung
Einkaufsorientierung	Verkaufsorientierung / Brandmanagement
Produkt / Sortimentsorientierung	Kunden- und Mitarbeiterorientierung
Preis, Preis, Preis	Value
Imitation statt Innovation	Ideen und schnelle Innovation
Produktivitätsorientierung	Auswahl, Verfügbarkeit, Angebot
Gemischtwarenladen	Fokus auf das, was wir am besten können
Ungenügender Blick über den Zaun	Markt- und Wettbewerbsorientierung
Kundenbedürfnisse spielen untergeordnete Rolle	Kundenproduktivität, Einkaufseffizienz, Zeiteffizienz für Kunden
Mitarbeiter = Kostenstelle	Respekt, Förderung, Steigerung des „Mitarbeiter-Value"
Statisches „Tunnelverhalten"	Kreativität, Mut, Verantwortungsbereitschaft in die Läden zurückzubringen
Schwache Unternehmenskultur	Customer Value <-> Employee Value <-> Shareholder Value

Die Innenorientierung und die relativ geringe Wettbewerbsintensität außerhalb des Faktors „Preis" haben dazu geführt, daß die filialisierten Handelsbetriebe in vielen Bereichen, speziell im Non-Food Sektor, stark verwundbar geworden sind. Die Textilangebote auf der Großfläche, meistens dargeboten wie in den 60er Jahren auf Rundständern oder Schütten, lieblos ohne Achtung vor dem Produkt bzw. dem Kunden, der diese Waren kaufen soll, sind schon seit vielen Jahren quasi in die Bedeutungslosigkeit zurückgefallen – nicht etwa wegen der mangelnden Kaufbereitschaft der deutschen Kundinnen und Kunden, sondern wegen des völligen Mangels an Glaubwürdigkeit, Kompetenz und kundenorientiertem Verhalten. Ein typischer Kreislauf beinhaltet folgende Merkmale: sinkende Umsätze, sinkende Margen, geringerer Personaleinsatz, verminderte Werbung, sinkender Aktualitäts-/Qualitätsstandard der Waren und daraus folgende Überlager, Abschriften und unzufriedene, nicht kaufende Kunden.

Der Handel hat sich mit zwei Faktoren gar nicht oder nur unzureichend auseinandergesetzt, erstens der *Kundenproduktivität,* und zweitens der *Umsatz- und Ertragssteigerung.*

Die Kundenproduktivität wird maßgeblich von den folgenden fünf Punkten bestimmt:

Faktoren	Bestimmende Größen	Beispiele USA, Europa
Klarheit des Angebots	● Fokussierung, Erkennbarkeit, Marke ● Kontinuität der Leistungserbringung ● Klare Positionierung, Differenzierung ● Einfach, klar, glaubwürdig	The Gap Douglas Sephora
Auswahl	● zielgruppengerecht, maßgeschneidert ● Hauptlinien, Produkte in allen Größen immer auf Lager ● Basics and Mode	Bed, Bath & Beyond P & C Media Markt
Problemloser Einkauf	● Klares Kundenleitsystem ● Einfaches Store Layout ● Kundenorientierte Warenzuordnung, Zweitplazierungen ● Verkäufer = Berater = Service	Crate & Barrel Marks & Spencer

Faktoren	Bestimmende Größen	Beispiele USA, Europa
Kommunikation	• Integrierte Kommunikation • Händlermarke versus Lieferantenmarken • Kontinuität und Erlebnis • Emotionale Aufladung	Target Best Buy Saturn H & M
Zeitmanagement	• Effizienter Check Out • Fax, e-mail Bestellungen • Genügend Kassen / Mitarbeiter • Einkäufe einpacken	Target Safeway

Quelle: SCG St. Gallen Consulting Group, 1999

Die Kundenproduktivität als Maßstab für deutsche Händler

Der Mangel an glaubwürdiger Befriedigung dieser Basiswünsche der Kunden bietet neu eintretenden Wettbewerbern wie Wal-Mart die Chance, diese Schwächen standortbezogen auszunutzen, die Positionierungslücke im Bereich Service-/Kundenorientierung mit seinem Image zu schließen und ähnlich wie Aldi im Hard-Discountbereich langfristig glaubwürdig zu besetzen.

Die innengerichtete Produktivitätsorientierung des deutschen Handels – weitgehend kostengetrieben – hat dazu geführt, daß dem Stellenwert der neuen Wertdimensionen der deutschen Kunden zuwenig Rechnung getragen wurde. Diese Wertdimensionen, die Ansatzpunkte für den Aufbau von neuen Händlerstärken geben und maßgeblich die Kundenproduktivität erhöhen, geben klare Hinweise auf mögliche zu schließende Positionierungs- und Differenzierungslücken:

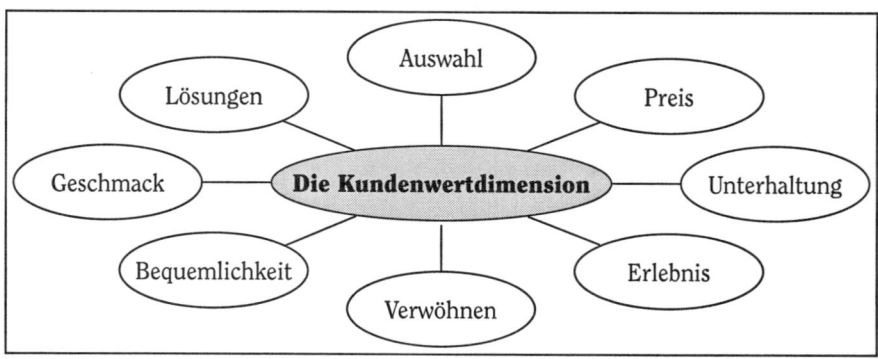

Quelle: SCG St. Gallen Consulting Group, 1999

Systematische Markt- und Zielgruppensegmentierung, Überprüfung der transnationalen Übertragbarkeit der Konzepte, glaubwürdige Positionierung und klare Differenzierung werden zu Schlüsselerfolgsfaktoren.

Dabei wird das Bearbeiten von klaren, eng beschriebenen Marktnischen immer wichtiger, wie sich am Erfolg von Ketten wie Douglas, The Gap, Custom Shop, Starbucks, Body Shop und Aveda ablesen läßt.

„Sich wohlfühlen", „sich etwas Gutes tun", sich verwöhnen zu lassen, steht im Vordergrund von Konzepten wie Starbucks, Douglas, etc. Der Lösungsverkauf steht bei Konzepten wie der Sportsarena, Emotions oder dem Custom Shop im Vordergrund. Auswahl ist bei US-amerikanischen Konzepten wie Bed, Bath & Beyond, Sports Authority, Barnes & Noble großgeschrieben. Angepaßte „Category Killer" sind nur in wenigen Bereichen wie z.B. bei Media / Saturn zu finden. Die Immobilienbetreiber versuchen „Unterhaltung" durch entsprechende „Urban Entertainment Center" mit Kernbereichen wie Multiplexkinos, Musikbühnen, Diskotheken, Themengastronomie, intelligenten Fast-Food-Angeboten (Sushi, Nescafé,...), Disney-/Warner-Brothers-Konzept-Läden, Sammlergeschäften, Billiardhallen etc. eine neue Dimension zu geben.

Es zeigt sich, daß die deutschen Händler in vielen der Wertdimensionen nach wie vor verwundbar sind und die Chancen zur Profilierung noch nicht flächendeckend genutzt haben. Einzelne Anstrengungen sind punktuell sichtbar – es fehlen aber die Angebote, die wirklich internationalisierungsfähig sind.

Die Umsatz – und Ertragssteigerung

Die deutschen Händler haben in den letzten Jahren dieses magische Erfolgsdreieck aus den Augen verloren und dadurch mögliche Umsatz – und Ertragssteigerungspotentiale nicht nutzen können.

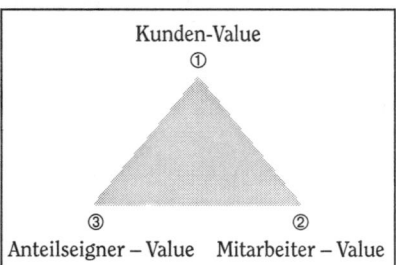

Kunden-Value
①

③   ②
Anteilseigner – Value   Mitarbeiter – Value

Die starke Ausrichtung auf Kostensenkung, Rationalisierung, Einkauf hat wenig Raum dafür gelassen, durch neue, innovative, risikobehaftete Konzepte aktive Kundenakquisition und –bindung zu betreiben, maßgeschneiderte, kundengetriebene Lösungen zu erarbeiten und die Voraussetzungen für neue Betriebstypen oder Vertriebskonzepte im Markt zu testen.

Der mit der Rationalisierung verbundene Personalabbau, die anhaltende Konsumschwäche, sinkende Realeinkommen der Handelsmitarbeiter, wenig attraktive Karrieremöglichkeiten, ungenügende Beteiligungsmodelle der Mitarbeiter und mangelndes Unternehmenswachstum haben nicht dazu beigetragen, den Mitarbeiter-Value zu erhöhen. Nach wie vor ist der Handel nur ungenügend attraktiv für die Besten, um ihre Karrieremöglichkeiten dort zu suchen. Die zunehmende Internationalität und damit verbundene Aufgaben bieten aber die Möglichkeit, diesen Zustand zu ändern.

Das mangelnde Wachstum vieler Handelsunternehmen und das zu langsame Einleiten notwendiger Restrukturierungsmaßnahmen haben ihren Nachhall an der Börse gefunden, so daß der Shareholder Value nicht im notwendigen Maß gestiegen ist (z.B. AVA).

Dem Brandmanagement als einem klaren „Werttreiber" wurde zu wenig Bedeutung beigemessen. Markenmanagement für die Händlermarke ist in den wenigsten Unternehmen Chefaufgabe! Die erfolgreichen Markenstrategien von Target (z.B. Michael Graves Top line Products), K-Mart (Martha Stewart Home) oder von The Gap zeigen, welche unglaublichen Potentiale noch im deutschen Handel schlummern. Allerdings ist es Zeit, von anderen Beispielen zu lernen, zu hinterfragen, und zielgerichtet umzusetzen. Ansonsten wird diese Entwicklung von den Herstellern beherrscht und dem Handel quasi aufgezwungen.

Insgesamt läßt sich feststellen, daß der deutsche Handel in der Regel mehr reagiert als agiert, und dabei Kunden- und Markttrends und internationale Erfolgsbeispiele nur unzureichend auf seine Konsequenzen für eine entsprechende Marktbedeutung und mögliche Markteinführung in Deutschland überprüft. Ein Markt- und Wettbewerbsinformationssystem, interne „Innovationsschmieden", proaktives „Abkupfern" von guten Wettbewerbsideen und systematisches, professionelles Marketing- und Markenmanagement sind nur unzureichend vorhanden.

Alle diese Gründe geben einem Wettbewerber wie Wal-Mart, der von außen in den Markt eintritt und sich nicht an die (abgesprochenen) Spielregeln hält, hervorragende Möglichkeiten, die Ineffizienz der jeweiligen angegriffenen Sparten, Betriebstypen oder regionalen Märkte für sich auszunutzen.

Das Erkennen der jeweiligen Stärken und Schwächen hingegen gibt den betroffenen Unternehmen allerdings die Chance entsprechende „Abwehrdispositive" aufzubauen.

Optionen für deutsche Händler – Angriff oder Ausweichen vor Wal-Mart

Um die Optionen beleuchten zu können, müssen die vermutlichen Handlungsszenarien von Wal-Mart kurz dargestellt werden:

Szenario 1: Wal-Mart International wird der führende europäische Händler im Großflächen-Discount-Geschäft

- Ausbau der Marktposition in England durch interne Markterschließung ASDA im SB-Warenhaus- / Supermarktbereich / selektive Akquisition. Angestrebte Zielumsatzgröße 2004 = Euro 20 Milliarden
- Kauf entweder von Auchan SA, Promodes oder Casino in Frankreich inkl. der internationalen Standorte. Angestrebte Zielumsatzgröße 2004: > Euro 20 Milliarden
- Ausbau der deutschen SB-Warenhäuser durch internes Wachstum sowie Zukauf, voraussichtlicher Übernahme Kandidat: AVA AG Zielumsatz der deutschen Wal-Mart 2004: Euro 20 Milliarden
- Ausbau der internationalen Präsenz in weitere als die heute bearbeiteten 9 Ländermärkte

---

Szenario 2: Wal-Mart International wächst unterdurchschnittlich in Europa (z.B. nur 5% statt 20% im Konzern) und begnügt sich mit selektiver europäischer Marktdurchdringung

- Ausbau Marktposition in England durch Nutzung der internen Wachstumsmöglichkeiten, Effizienzsteigerung (z.B. Asda heute: Verkaufsfläche / Nebenflächenanteile 55 : 45, Wal-Mart 88 : 12), Kostensenkung, gekoppelte Einkaufsmacht, Erhöhung Flächenproduktivität, Steigerung Kundenservice) Zielumsatz 2004: Euro 15 Milliarden
- Langsames Herantasten an französichen Markt, Joint Venture, oder bei „Ablehnung" Verzicht auf französischen Markteintritt
- Ausbau Deutschlandgeschäft auf Basis der internen Wachstumsmöglichkeiten, Versuch der Übernahme von Globus, selektive Einzelakquisitionen. Zielumsatz 2004: Euro 10 – 15 Milliarden

Aus unserer Sicht spricht vieles für Szenario 1, denn die europäischen Handelsunternehmen sind sich aus vielen Gründen noch nicht im Klaren darüber, wie die weitere Konzentrationswelle aussehen kann und soll – und speziell unter welcher Führung sie stattfinden wird.

Viel Zeit zu überlegen wird aber nicht bleiben, denn entgegen der Ansicht mancher Handelsmanager wird Wal-Mart parallel zu den Engagements in England und Deutschland eine Akquisition in Frankreich vornehmen, um auf einen Schlag auch von deren Internationalisierungstrategie z.B. in Spanien oder Portugal zu profitieren. Im übrigen ist aufgrund der Kapitelschwäche der meisten

Herausforderer der Zeitpunkt so günstig wie nie, eine solche aktive, zukunfts-gerichtete Strategie umzusetzen. Dafür spricht, daß durch die Übernahme von Asda und dem Verbleib des ASDA Managements bei Wal-Mart die notwendige Managementkapazität für ein solches Vorgehen vorhanden ist. Die ähnlichen Kulturen von ASDA und Wal-Mart erleichtern natürlich einen solchen Schritt. Von ASDA werden in einem solchem Fall hervorragende Anstöße zur Entwicklung von Eigenmarken, sowie speziell der Internationalisierung des Textilkonzeptes „George", das heute in England bereits ca. 900 Millionen Pfund umsetzt, ausgehen. Marketing, Merchandising, Store Design und Kundenorientierungssysteme könnten beispielsweise auf den deutschen Markt angepaßt übertragen werden. Wal-Mart International wird sich die Chance nicht nehmen lassen, aus der Schwäche der übrigen, insbesondere deutschen Herausforderer, schnellstmöglich zu profitieren, die Spielregeln in Europa zu verändern und einen neuen Maßstab zu setzen.

Wenn man Szenario 1 zugrunde legt für unsere Überlegungen bezüglich der Handlungsoptionen deutscher Händler, dann sollen am Beispiel der Metro AG (dem Herausforderer Nr. 1), Aldi und Rewe mögliche Ansatzpunkte diskutiert werden:

Metro AG: Szenario 1: Flucht nach vorne

- Die Metro AG kann durch Refokussierung und selektives Wachstum in Zentraleuropa mit den Vertriebslinien Metro / Macro, Media / Saturn, Real, Extra, Kaufhof Galleria und Praktiker nur unterdurchschnittlich Marktanteile gewinnen. Marktwachstum von 20% aus eigener Kraft und eigenen Mitteln ist nicht möglich.
- Die Metro AG versucht Nischenkonzepte wie Sportarena, Emotions und Lust for Life schnell im In- und Ausland zu multiplizieren. Wesentliche Umsatz-/Ertragsbeiträge sind in den nächsten 3 Jahren nicht zu erwarten.
- Die Metro AG wird zu einer aktiven Brandmanagement Marketing Company, die die vermarktungsfähigen Konzepte emotional richtig plaziert und professionell vermarktet.
- Die Metro AG erkennt, daß sie gegenüber Wal-Mart in Europa und der Welt mehr und mehr Marktanteile verliert und beschließt Quantensprung, Economies of Scale, Wachstum durch Zukauf
- Die Metro AG nimmt die globale Herausforderung mit den durch Merger gewonnenen Partnern an

Was würde ein solches Szenario aus unserer Sicht für die Metro AG bedeuten?

1. Mögliche Verdreifachung des Umsatzes durch Zukauf, Merger, „Fusion von Gleichen" der folgenden Unternehmen, die sich im neuen Unternehmen „Futura" der Herausforderung Wal-Mart stellen:

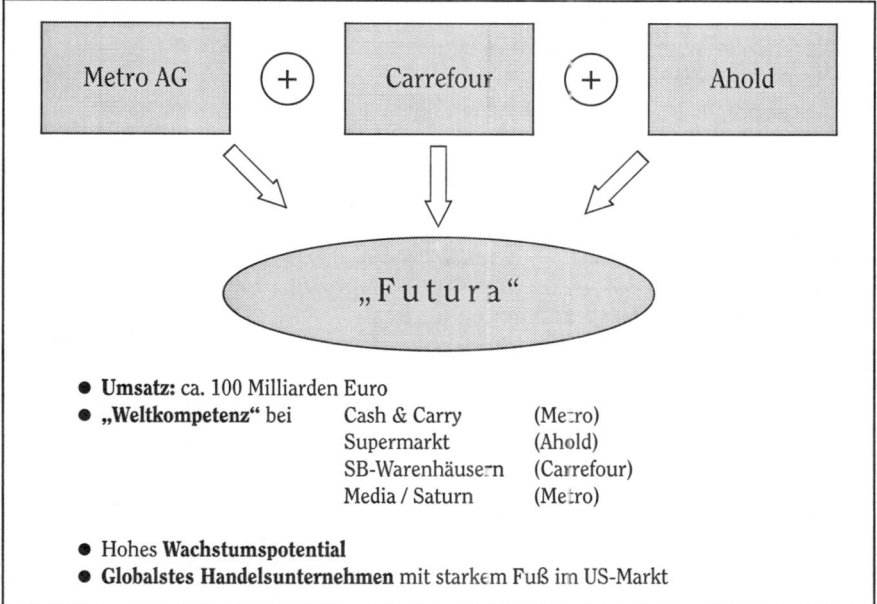

- **Umsatz:** ca. 100 Milliarden Euro
- **„Weltkompetenz"** bei   Cash & Carry   (Metro)
                           Supermarkt   (Ahold)
                           SB-Warenhäusern   (Carrefour)
                           Media / Saturn   (Metro)

- Hohes **Wachstumspotential**
- **Globalstes Handelsunternehmen** mit starkem Fuß im US-Markt

Quelle: SCG St. Gallen Consulting Group, 1999

Wie wahrscheinlich ist eine solche Entwicklung?

Wenn sich Eigner und Management über eine solche zukunftsentscheidende Ausrichtung einig werden könnten, dann könnte „Futura" sehr schnell Wirklichkeit werden.

Die Vorteile:

⇨ Die jeweiligen Unternehmen, die in einem Sektor besonders kompetent sind, z.B. Carrefour im SB-Warenhausbereich, übernehmen die weltweite Leadership zur Führung und Ausbau des Geschäftes

⇨ Starke Händler- und Handelsmarken als Basis für weltweite Entwicklung

⇨ Äußerst attraktiv für Kunden, Mitarbeiter, Anteilseigner und Börse

⇨ Wachstumsmotor, der auf allen Zylindern läuft

⇨ Weltstandard in bezug auf Internationalisierung

⇨ Neue Einkaufsmacht
⇨ „Futura", der ernsthafte Herausforderer von Wal-Mart

Die Nachteile:
⇨ Aufgabe nationalen, speziell deutschen Denkens
⇨ Deutschland ist nicht mehr der Mittelpunkt der Welt
⇨ Aufgabe von Kompetenzen
⇨ Verlust einzelner Vorstandsmandate
⇨ Neue internationale Zentrale
⇨ Notwendiges Post Merger Management

Szenario 2: Die Metro AG initiert eine „Defensivstrategie" durch professionelles Marketing, Brandmanagement und die Schaffung eines „Lifestyle-Retailings" im SB-Warenhausbereich „Real"

- Die Metro AG nutzt die Einkaufsmacht bei europäischen Lieferanten zur Erreichung von Bestkonditionen für Real
- Die Metro AG und Real erarbeiten ein neues Marketing- / Vertriebskonzept, das auf den beiden Schlüsselerfolgsfaktoren (1) Value: Auswahl, Preis, Bequemlichkeit, Marke und (2) Kundenloyalität: Schnelligkeit, Praktitabilität, Effizienz, Service aufbaut
- Die Metro AG und Real orientieren sich z.B. an Target, KMart im Bereich von proaktivem SB-Warenhausgerechten Lifestyle Retailing
- Real verhandelt z.B. mit US-Unternehmen wie JC Penney über die Übernahme geschlossener Eigenmarkenprogramme
- Real übernimmt von Unternehmen wie Bed, Bath & Beyond, Best Buy, etc. wesentliche Elemente zur Steigerung der Non-Food Attraktivität
- Die Metro AG lanciert in-house/Merchandising/Design/Sourcing Teams zur Schaffung von Eigenkollektionen
- Die Metro AG stellt sich in der Kundenkommunikation als die deutsche (europäische) Alternative dar

---

Für Real und die Metro AG bedeutet dieses Szenario, daß der deutsche Heimatmarkt erfolgreich gegenüber den übrigen deutschen Wettbewerbern verteidigt werden kann, da deren Möglichkeiten, Mittel und internationale Ausrichtung die Umsetzung einer solchen Zielsetzung nur bedingt zuläßt.

Gegenüber Wal-Mart ist diese Strategie mittelfristig nur erfolgreich, wenn die folgenden Punkte starke Berücksichtigung finden:
- Glaubhafte Service- und Kundenorientierung
- Service, Service, Service

- IT – Voraussetzungen zum aktiven Kunden-, Sortiments-, Flächen- und Lieferantenmanagement
- Micromarketing
- Der Mitarbeiter ist König
- Customer Value ↔ Employee Value ↔ Shareholder Value
- Aktives Brand- und Produktmanagement
- „Das geht bei uns nicht" gibt es nicht mehr
- Zentralisierung des modularen „Produkts – Sortiments – Brand Managements" bei gleichzeitiger Dezentralisierung des „Flächenmanagements"

Für Aldi – als Harddiscounter – ist die Herausforderung durch Wal-Mart weit weniger groß. Aldi muß möglichst lange vermeiden, über vergleichbare Produkte in den direkten Preisvergleich gezogen zu werden. Von daher sollten alle Markenprodukte, die für Wal-Mart attraktiv sein könnten, wie bspw. Nestlé, Kellog's etc. durch Eigenmarken ersetzt werden.

Aldi ist – in den Augen von Herrn Körber, dem Vorstandssprecher der Metro AG – als Kultmarke stark genug, die Eigenmarkenstrategie sehr erfolgreich weiter zu betreiben und im direkten Vergleich zu Wal-Mart hervorragend zu bestehen.

Rewe oder Edeka wären nur dann kurz- bis mittelfristig von Wal-Mart wirklich herausgefordert, wenn eine Übernahme von Tengelmann erfolgen würde. Solange die Expansion auf der Großfläche seitens Wal-Mart nicht abgeschlossen ist, ist eine solche Entwicklung eher unwahrscheinlich. Im Hinblick auf eine Wettbewerbsstrategie gegenüber der Metro AG hingegen sind weitergehende Überlegungen der oben genannten Unternehmen für einen europaweiten Zusammenschluß nicht ausgeschlossen.

Für alle deutschen Händler, die über die Entwicklungen der neuen Handelslandschaft besorgt sind, gilt insbesondere das folgende Modell, das in Anlehnung an Torsten Tomczak's Basismodell entstanden ist.

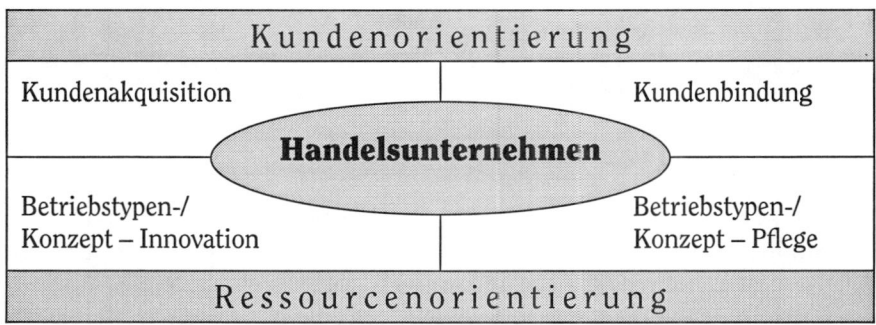

Quelle: In Anlehnung an Tomczak, Torsten 1998

Diese vier Felder müssen offensiv und mutig aufgebaut werden. Die Chance, durch entsprechendes Micromarketing und aktives Standort- und Marktmanagement die Initiative wieder zurückzugewinnen, ist groß. Wenn das dazu führt, daß sich die Kunden wieder als Kunden fühlen, die Mitarbeiter als wertvolles Gut und nicht als beliebige manipulierbare „Produktionsfaktoren", und die Anteilseigner wieder Freude an ihren Aktien haben, dann war der Einstieg von Wal-Mart in den deutschen Markt genau das richtige, um für die seit Jahren notwendigen Veränderungen zu sorgen.

Wie sollten die Unternehmen systematisch vorgehen, um eine dynamische Wettbewerbsstrategie gegen Wal-Mart in Deutschland und Europa zu entwickeln?

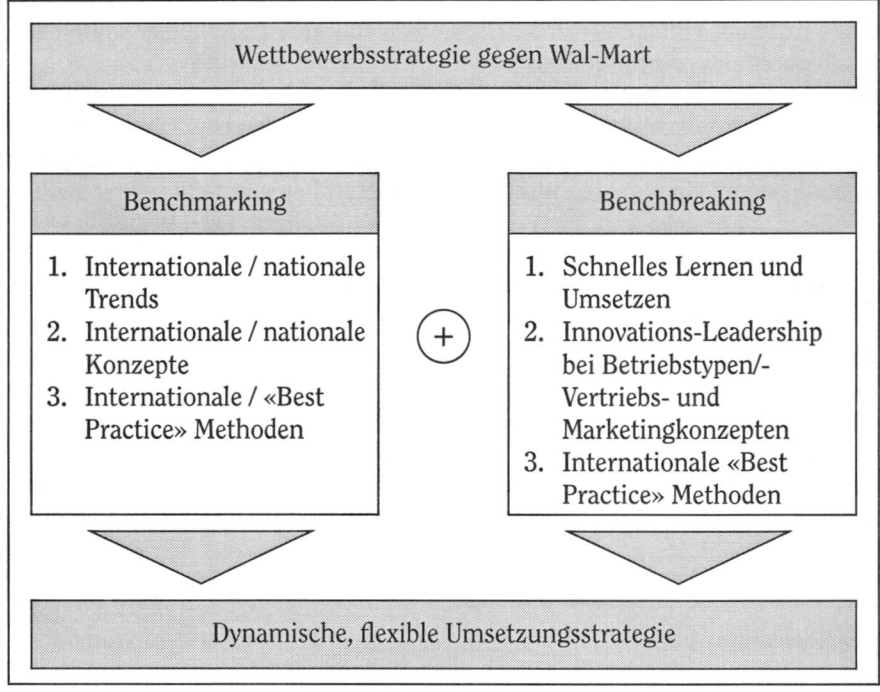

Quelle: Peter J. Rohleder, 1998

Wie aus der obigen Abbildung ersichtlich, reicht Benchmarking allein nicht aus. Um wirklich in die Position eines Home Depot, The Gap, Crate & Barrel etc. zu gelangen, ist es notwendig, neue, innovative Ansätze zu entwickeln.

Das vollständige Verstehen des „Spielfeldes", die Wirkungsweise der operativen und strategischen Value Driver der unterschiedlichen Geschäftssysteme sind Voraussetzung für einen Zero-Base-Ansatz, die Entwicklung neuer Standards und innovativer neuer Geschäftsmöglichkeiten.

Die folgende Abbildung zeigt den Gesamtzusammenhang nochmals auf:

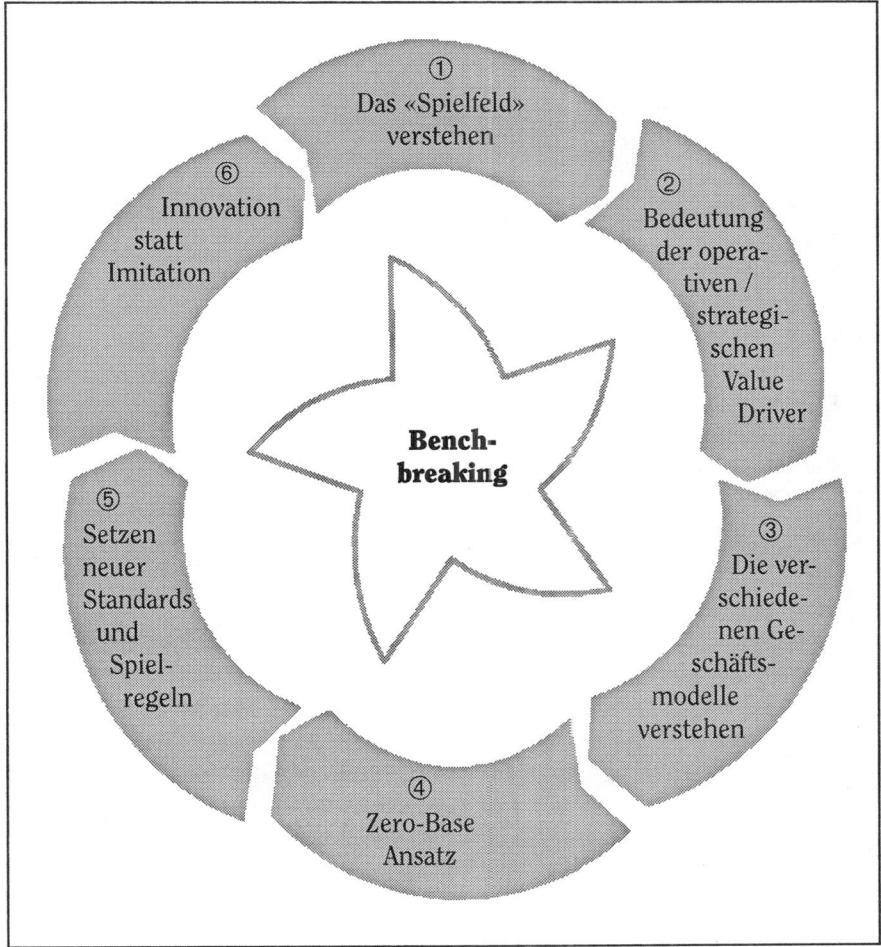

Quelle: Peter J. Rohleder, 1998

Gewinner werden also diejenigen deutschen Händler sein, die im Rennen um „Mindspace" und „Value Space" gegenüber Wal-Mart erfolgreich sind und durch innovative Betriebs- und Vertriebskonzepte langfristig die Position verteidigen bzw. ausbauen. Dabei sind folgende Punkte besonders wichtig:

Professionelles Händler-Marketing

„Mindspace"

- Zu der Zahl der möglichen Einkaufsalternativen gehören
- Image
- Lifestyle
- Power Händlermarke
- Marketing- und Kundenorientierung
- Aktives Stammkundenmanagement
- Kundenloyalität
- Kreativität
- Micromarketing
- Vertrauen, Sicherheit

„Value Space"

- Hoher angenommener Wert des Angebotes
- Klare Positionierung, Differenzierung
- Klar verständliche Strategie
- Fokussierung
- Eigenständiges Angebot
- High Tech – High Touch
- Service, Service, Service
- Kundenproduktivität
- Alle Prozesse auf Kunden ausgerichtet
- Umsetzungskompetenz
- Outside-in statt Inside-out Denken

Nachhaltige Kundenbindung und Kundenloyalität

Quelle: SCG St. Gallen Consulting Group, 1999

Aktives Chancenmanagement setzt voraus, daß die Unternehmenskultur den Blick über den Zaun zuläßt und die sich bietenden Chancen als Gelegenheit wahrgenommen werden können. Das sollte geschehen auf Basis einer dynamischen „Risikokultur", die Neuem gegenüber offen ist und kontrollierte Experimente ausdrücklich bejaht.

Schlußfolgerung

Aus unserer Sicht wird durch den europäischen Markteintritt von Wal-Mart nichts mehr so sein, wie es einmal war.

Die Gewinner:
(1) Die Kunden
Der Kunde in Deutschland und Europa erfährt besseren Service durch eine nachhaltige Verbesserung der deutschen „Servicewüste": bessere Angebote, niedrigere Preise, mehr Wettbewerb, Respekt vor Kunden und Mitarbeitern

(2) Proaktive Händler
Die Händler, die an der Schaffung von nachhaltigem Customer Value – Employee Value – Shareholder Value arbeiten, sich auf die deutschen Grundtugenden besinnen, in Chancen denken und im Ringen um attraktive, loyale Kunden erfolgreich sein wollen

Die Verlierer:
Diejenigen Händler, die aus Unwissenheit, Sturheit oder Dummheit die Veränderungen der deutschen (europäischen) Handelslandschaft nicht rechtzeitig in ihre Gesamtüberlegungen mit einbeziehen.

Diejenigen Händler, die sich gedanklich von der Preis- über die Service- hin zur Marketingorientierung bewegen, dabei entsprechendes Investment in Informations- und Knowledge Management vornehmen und über professionelles Brand Management und entsprechende kundengerechte Marketing Intelligenz ihre Kunden genügend emotionalisieren können, brauchen vor Wal-Mart keine Angst zu haben.

Es wird sich in den nächsten Jahren zeigen, welche deutschen Händler tatsächlich mit Mut, Geschick, Weitsicht und Können zu den feststellbaren Gewinnern geworden sind.

Hoffen wir, daß es möglichst viele sind.

Quellenangaben

Kapitel 1

1. Dieser Bericht beruht auf Interviews mit Royce Beall, einem von Waltons Gefährten auf diesem Jagdausflug, und mit Dr. Jorge Quesada, und teilweise auf einer Darstellung von Vance **Trimble** in seinem Buch *Sam Walton: The Inside Story of America's Richest Man* (New York: Dutton, 1990). Trimbles Bericht weicht insofern von Bealls Erinnerungen ab, als er sagt, daß Walton versuchte, in seinen Caravan zu klettern. Außerdem erwähnte er das Detail mit der Hundepfeife, an welches sich Beall nicht erinnerte, das aber nach Quesadas Aussage von Walton ihm gegenüber erwähnt wurde. Walter Schiel lehnte – nach eigenen Angaben auf Anweisung von Jim Walton – ein Interview ab.
2. **Walton,** Sam und John **Huey:** *Sam Walton, Made in America: My Story.* New York: Doubleday, 1992, S. 258
3. **Walton,** Sam und John **Huey,** S. 6
4. **Gibbs,** Larry W.: „What Can We Learn from Sam and Helen Walton?". In: *Trusts & Estates.* August 1995, S. 60–62
5. **Walton,** Sam und John **Huey,** S. 6
6. **Walton,** Sam und John **Huey,** S. 71
7. **Annin,** Peter: „The Reluctant Chairman". In: Newsweek. 25. Mai 1992, S. 67
8. **Vance,** Sandra und Roy V. **Scott:** *Wal-Mart: A History of Sam Walton's Retail Phenomenon.* New York: Twayne Publishers. 1994, S. 98 u.a.
9. **Reddish,** Jeannette M.: „People of the Financial World". In: *Financial World.* 15. August 1976, S. 28–29

Kapitel 2

1. *Kingfisher Times,* 5. September 1901, zitiert in: **Trimble,** Vance: *Sam Walton: The Inside Story of America's Richest Man.* New York: Dutton. 1990, S. 14

2. **Walton,** Sam und John **Huey:** *Sam Walton, Made in America: My Story.* New York: Doubleday, 1992, S. 3
3. **Walton,** Sam und John **Huey,** S. 4–5
4. **Walton,** Sam und John **Huey,** S. 11
5. **Walton,** Sam und John **Huey,** S. 68
6. „Sam Walton: Bargain Billionaire" in der Fernsehsendung von Arts & Entertainment *Biography* am 2. Dezember 1997
7. „Sam Walton: Bargain Billionaire"
8. **Walton,** Sam und John **Huey,** S. 17
9. Dieser Bericht stammt von Trimble, S. 41–43
10. „Sam Walton: Bargain Billionaire"
11. **Trimble,** Vance, S. 43
12. **Walton,** Sam und John **Huey,** S. 27
13. **Walton,** Sam und John **Huey,** S. 29
14. **Trimble,** Vance, S. 50
15. „Sam Walton: Bargain Billionaire"
16. **Walton,** Sam und John **Huey,** S. 35
17. **Vance,** Sandra und Roy V. **Scott:** *Wal-Mart: A History of Sam Walton's Retail Phenomenon.* New York: Twayne Publishers. 1994, S. 12

Kapitel 3

1. **Chandler** Jr., Alfred D.: *The Visible Hand.* Cambridge, Mass.: Belknap Press. 1974, S. 213
2. **Tedlow,** Richard S.: *New and Improved: The Story of Mass Marketing in America.* New York: Basic Books. 1990, S. 272
3. Zitiert in **Chandler,** S. 232, und **Tedlow,** S. 276
4. **Weil,** Gordon L.: *Sears, Roebuck, USA.* Briarcliff Manor, N.Y.: Stein & Day. 1977, S. 64
5. **Wood,** Robert E.: *Mail Order Retailing: Pioneered in Chicago.* New York: Newcomen Society. 1948, S. 9 wie zitiert in **Tedlow,** S. 297
6. **Farrington,** Frank: *Meeting Chain Store Competition.* Chicago: Byxbee Publishing. 1922, wie zitiert in **Tedlow,** S. 217
7. Zitiert in **Tedlow,** S. 219
8. Wie zitiert in **Tedlow,** S. 383
9. **Tedlow,** Richard S., S. 384
10. **Walton,** Sam und John **Huey,** S. 42

Kapitel 4

1. **Trimble,** Vance H.: *Sam Walton: The Inside Story of America's Richest Man.* New York: Dutton. 1990, S. 100
2. **Vance,** Sandra und Roy V. **Scott:** *Wal-Mart: A History of Sam Walton's Retail Phenomenon.* New York: Twayne Publishers. 1994, S. 45
3. **Trimble,** Vance H., S. 104–105
4. **Trimble,** Vance H., S. 106
5. **Walton,** Sam und John **Huey:** *Sam Walton, Made in America: My Story.* New York: Doubleday, 1992, S. 50-51
6. **Walton,** Sam und John **Huey,** S. 50
7. **Trimble,** Vance H., S. 104
8. **Kelly,** Mary Ellen: „DIY Distribution Set Stage for Growth". In: *Discount Store News.* 18. Dezember 1989, S. 199
9. **Walton,** Sam und John **Huey,** S. 48
10. **Walton,** Sam und John **Huey,** S. 91
11. **Walton,** Sam und John **Huey,** S. 95

Kapitel 5

1. **Walton,** Sam und John **Huey:** *Sam Walton, Made in America: My Story.* New York: Doubleday, 1992, S. 110
2. **Walton,** Sam und John **Huey,** S. 110
3. **Trimble,** Vance H.: *Sam Walton: The Inside Story of America's Richest Man.* New York: Dutton. 1990, S. 180
4. **Walton,** Sam und John **Huey,** S. 149
5. **Walton,** Sam und John **Huey,** S. 158
6. *Geschäftsbericht 1975* der Wal-Mart Stores Inc., S. 1
7. *Geschäftsbericht 1975,* S. 2
8. **Walton,** Sam und John **Huey,** S. 150–151
9. „Wal-Mart Stores Chief Resigns, Is Succeeded by Company's Founder". In: *Wall Street Journal.* 29. Juni 1976, S. 15
10. **Walton,** Sam und John **Huey,** S. 153

Kapitel 6

1. **Seneker,** Harold: „A Day in the Life of Sam Walton". In: *Forbes.* 1. Dezember 1977, S. 45

2. **Walton,** Sam und John **Huey,** S. 127

3. **Walton,** Sam und John **Huey,** S. 128

4. **Walton,** Sam und John **Huey,** S. 129

5. **Walton,** Sam und John **Huey,** S. 120

6. **Teutsch,** Austin: *The Sam Walton Story: The Retailing of Middle America.* Austin, Texas: Golden Touch Press. 1991, S. 33–34

7. **Ely,** Kristy: „ ‚One of the Good Ones' – Miss Jackie Recalls Early Days". In: *Wal-Mart World.* Mai 1990, S. 5

8. Shewmaker lehnte ein Interview ab. Die Geschichte, wie es zu seiner Einstellung kam, beruht auf **Gilman,** Hank und Karen **Blumenthal:** „Two Wal-Mart Officials Vie for Top Post". In: *Wall Street Journal.* 23. Juli 1986 und auf Trimble, Vance H., S. 190–91, und wurde von dritter Seite durch Führungskräfte des Unternehmens im Ruhestand bestätigt.

9. **Owen,** Rhonda: „Wal-Mart Employees Seek Teamsters Union". In: *Arkansas Democrat.* 11. Oktober 1981

Kapitel 7

1. „Teamsters Make Bid at Local Wal-Mart". In: *Searcy Daily Citizen.* 11. Oktober 1981, S. 1

2. **Vance,** Sandra und Roy V. **Scott:** *Wal-Mart: A History of Sam Walton's Retail Phenomenon.* New York: Twayne Publishers. 1994, S. 30–31

3. „Kmart 1962–1992: A Historical Overviews". In: *Discount Store News.* 17. Februar 1992. Auch der Bericht über die von Sturges durchgeführte Studie beruht auf diesem Artikel.

4. **Halberstam,** David: *The Reckoning.* New York: William Morrow & Co. 1986, S. 68

5. **Kunstler,** James Howard: *The Geography of Nowhere.* New York: Simon & Schuster. 1993, S. 191

6. **Walton,** Sam und John **Huey:** *Sam Walton, Made in America: My Story.* New York: Doubleday, 1992, S. 81 u. 190

7. **Walton,** Sam und John **Huey,** S. viii

8. **Stevens,** Charles W.: „Kmart Stores Try New Look to Invite More Spending" In: *Wall Street Journal.* 26. November 1980, S.29

Kapitel 8

1. **Walton,** Sam und John **Huey:** *Sam Walton, Made in America: My Story.* New York: Doubleday, 1992, S. 214

2. **Walton,** Sam und John **Huey,** S. 213
3. **Taub,** Stephen: „Gold Winner, Sam M. Walton of Wal-Mart Stores Takes the Top Prize". In: *Financial World.* 15. April 1986, S. 31
4. **Gilman,** Hank und Karen **Blumenthal:** „Two Wal-Mart Officials Vie for Top Post". In: *Wall Street Journal.* 23. Juli 1986

Kapitel 9

1. **Walton,** Sam und John **Huey:** *Sam Walton, Made in America: My Story.* New York: Doubleday, 1992, S. 80
2. **Jakobson,** Cathryn: „They Get It for You Wholesale". In: *New York Times,* 4. Dezember 1988, Sec. VI, S. 24
3. **Jakobson,** Cathryn, S. 54
4. **Jakobson,** Cathryn, S. 54
5. **Walton,** Sam und John **Huey,** S. 201
6. **Gilliam,** Margaret A.: „Wal-Mart Stores Inc.". In: *Equity Research Report.* First Boston. 14. März 1988, S. 13

Kapitel 10

1. **Barmash,** Isadore: „Kmart's Heir Apparent: Joseph E. Antonini, A Discounter Who Counts on Consumer Research". In: *New York Times.* 21. Dezember 1986, S. 6 f
2. **Barmash,** Isadore, S. 6 f
3. **Katz,** Donald R.: *The Big Store: Inside the Crisis and Revolution at Sears.* New York: Viking. 1987, S. 478
4. **Hazel,** Debra: „Kmart Launches American Fare". In: *Chain Store Age Executive und Shopping Center Age.* 1. März 1989, S. 16
5. **Lisanti,** Tony: „Antonini Ushers in a New Era of Risk-taking, Trendsetting". In: *Discount Store News.* 17. Dezember 1990, S. 51

Kapitel 11

1. **Walton,** Sam und John **Huey:** *Sam Walton, Made in America: My Story.* New York: Doubleday, 1992, S. 158
2. **Walton,** Sam und John **Huey,** S. 163

3. **Ricketson,** J. B.: „6,000 Wal-Mart Faithful Gather". In: *Arkansas Democrat.* 6. Juni 1987, p. 1D

4. **Moss,** Phil: „What It's Like to Work for Wal-Mart". In: *Business Week Careers.* Februar 1987, S. 26

5. **Behar,** Richard: „They Gave Too Much". In: *Forbes.* 1. Oktober 1984, S. 65

6. **Walton,** Sam und John **Huey,** S. 240

7. **Fetterman,** Mindy: „Walton Starting Own Firm". In: *USA Today.* 5. Juli 1988, S. 2B

8. Vgl. beispielsweise **Steele,** Peter: „The Caribbean Clothing Industry: The U.S. and Far East Connections". In: Special Report 1147. *The Economist Intelligence Unit.* Oktober 1988; **Petersen,** Kurt: „The Maquila Revolution in Guatemala. In: *Orville H. Schell Jr. Center for International Human Rights at Yale Law School.* 1992; **Klothen,** Kenneth L.: „Child Labor in the Export Manufacturing Sectors of Central America and Mexico". In: *TADD International.* Mai 1994; und **U.S. Department of Labor:** „By the Sweat and Toil of Children: The Use of Child Labor in American Imports". In: *Report to the Committees on Appropriations.* 1994

9. „Wal-Mart Sells ‚Buy American' Proudly Converts $16M in Textiles". In: *HFD, The Weekly Home Furnishings Newspaper.* 30. Juni 1986, S. 10

10. **Barrier,** Michael: „Walton's Mountain". In: *Nation's Business.* April 1988

11. **Walton,** Sam und John **Huey,** S. 241

12. **Ming,** Marcia: „Retailers Honor Wal-Mart Founder". Gannett News Service. 1. Januar 1988

Kapitel 12

1. **Crane,** Tim: „Travelin' with Sam!". In: *Wal-Mart World.* Mai 1989, S. 38

2. „Exceeding our Customer's Expectations". In: *Wal-Mart World.* August 1989, S. 3

3. *Wal-Mart Associate Handbook.* Juli 1991, S. 1

4. **Moss,** Phil: „What It's Like to Work for Wal-Mart". In: *Business Week Careers.* Februar 1987, S. 26

5. Letztendlich nagelte sie ihn nicht fest. Vgl. **Morris,** Roger: Partners in Power: *The Clintons and Their America.* New York: Henry Holt. 1996, S. 143

6. Der Bericht über das Gerichtsverfahren von Sears beruht – ebenfalls wie das Zitat – auf **Faludi,** Susan: *Backlash: The Undeclared War Against American Women.* New York: Crown. 1991, S. 378–388

7. *Wal-Mart World.* Juni 1989 zitiert in: **Trimble,** Vance H.: *Sam Walton: The Inside Story of America's Richest Man.* New York: Dutton. 1990, S. 153

8. **Dold,** Catherine A.: „Muddle at the Market". In: *Audubon*. Sept.–Okt. 1990, S. 120
9. Diese Darstellung beruht auf **Maraniss, David:** *First in His Class*. New York: Simon & Schuster. 1995. S. 459–460
10. **Gilbert,** Les: „Wal-Mart Scores and Soars". In: *HFD, The Weekly Home Furnishings Newspaper*. 18. Juni 1990, S. 1

Kapitel 13

1. „Head Office Systems: Primarily Mainframe-based, but Changing". In: *Chain Store Age Executive*. Juni 1993, S. 19A
2. „Exploring New Worlds". In: *Discount Store News*. 17. Februar 1992, S. 99
3. **Blumenthal,** Karen: „Shopping Clubs Ready for Battle in Texas Market". In: *Wall Street Journal*. 24. Oktober 1991, S. B1
4. „Wal-Mart Hits Target Stores' Rebuttal Ads". In: *Women's Wear Daily*. 30. März 1993, S. 2
5. **Chakravarty,** Subrata N.: „The Best Laid Plans". In: *Forbes*. 3. Januar 1994, S. 44
6. **White,** George: „Kmart Gets Red Light on Specialty Stock Plan". In: *Los Angeles Times*. 4. Juni 1994, S. D1
7. **Duff,** Christina: „Kmart Weighs Its Options After Defeat by Shareholders of Stock-Sale Proposal". In: *Wall Street Journal*. 6. Juni 1994, S. A2
8. „The Antonini Transcript". In: *Discount Store News*. 17. April 1995, S. 12 als Nachdruck eines Interviews, geführt am 23. März 1995 von Bill Bonds für Bonds Tonight auf WJBK TV, Detroit

Kapitel 14

1. **Leach,** William: *Land of Desire*. New York: Vintage Books,1994, S. xiii.
2. **Reeves** Richard: „We Are What We Buy". In: *Travel & Leisure,* Aug. 1990, S.19

Index